GESTÃO *de* PESSOAS *na* INDÚSTRIA 4.0

SANDRO MÁRCIO DA SILVA ▪ RICARDO GABRIEL

GESTÃO *de* PESSOAS *na* INDÚSTRIA 4.0

desafios e **oportunidades** na **era digital**

ALTA BOOKS
GRUPO EDITORIAL
Rio de Janeiro, 2025

Gestão de Pessoas na Indústria 4.0

ISBN:978-85-508-2625-7

Impresso no Brasil — 1ª Edição, 2025 — Edição revisada conforme o Acordo Ortográfico da Língua Portuguesa de 2009.

Dados Internacionais de Catalogação na Publicação (CIP)
(BENITEZ Catalogação Ass. Editorial, MS, Brasil)

S586g
1.ed. Silva, Sandro Márcio da
Gestão de pessoas na indústria 4.0 : desafios e oportunidades na era digital / Sandro Márcio da Silva. - 1.ed. - Rio de Janeiro : Alta Books, 2025.
400 p.; 15,7 x 23 cm.

ISBN 978-85-508-2625-7

1. Administração de empresa. 2. Gerenciamento de pessoas. 3. Indústria - Administração. 4. Inteligência artificial - Inovações tecnológicas. I. Título.

04-2025/84 CDD 658.1

Índice para catálogo sistemático:
1. Gerenciamento de pessoas : Administração 658.1
Aline Graziele Benitez - Bibliotecária - CRB-1/3129

Grupo Editorial Alta Books

Produção Editorial: Grupo Editorial Alta Books
Diretor Editorial: Anderson Vieira
Editor da Obra: Rosana Arruda
Vendas Governamentais: Cristiane Mutüs
Gerência Comercial: Claudio Lima

Produtora Editorial: Ana Clara Tambasco
Revisão: Christiano Sensi e Denise Fernanda Lutfi
Diagramação: Rita Motta
Capa: Rita Motta

ALTA BOOKS
GRUPO EDITORIAL

Rua Viúva Cláudio, 291 — Bairro Industrial do Jacaré
CEP: 20.970-031 — Rio de Janeiro (RJ)
Tels.: (21) 3278-8069 / 3278-8419
www.altabooks.com.br — altabooks@altabooks.com.br
Ouvidoria: ouvidoria@altabooks.com.br

Editora **afiliada à:**
ASSOCIADO

Sumário

Prefácio

Esta obra de excelência foi elaborada durante o período da pandemia, quando era impossível viver sem um instante de dificuldade em controlar emoções fortes e superlativas, sem que sentíssemos cada vez mais a nossa vida real sendo tomada por contingências tais como virtualidade, imprevisibilidade, ansiedade e perdas de entes queridos. Mas precisamos fazer acontecer e seguir em frente, e esta coletânea de conhecimentos de grandes profissionais é um exemplo disso. Podemos afirmar, como Winston Churchill acreditava, que grandes oportunidades surgem em períodos de crises.

Aconteceu que, nesse momento ainda turbulento, eu me deparei com um convite muito bondoso e especial para escrever este prefácio. Diante deste projeto ímpar, eu me vi tomada por aquele mesmo sentimento imortalizado por François Rabelais em um de seus romances: "*Rompre l'os et sucer la substantifique moelle!*"[1] Eu me vi pronta para atacar os prazeres do aprendizado, nutrindo-me da substância ímpar que, para o nosso deleite, é oferecida a nós pelos talentosos profissionais, idealizadores deste projeto, professores Sandro Márcio da Silva, Ricardo Alexander Gabriel e Mardele Rezende. Parabéns!

Não queremos ficar doentes juntos, queremos é ficar bem juntos. Somos essencialmente seres sociais e, consequentemente, necessitamos uns dos outros. "*Vou te contar, os olhos já não podem ver coisas que só o coração pode entender; fundamental é mesmo o amor, é impossível ser feliz sozinho.*"[2] O mesmo se dá com esta obra, fruto de cada experiência e aprendizado nas respectivas carreiras, que irá nos inspirar com temas relevantes para se fazer a tão sonhada gestão de pessoas com excelência. Mais ciência, mais arte e mais beleza nas relações.

Há um ano, os especialistas diziam que o mundo era "VUCA" — *Volatility* (volátil), *Uncertainty* (incerto), *Complexity* (complexo) e *Ambiguity* (ambíguo). Hoje, o acrônimo que explica nosso *zeitgest* (espírito

1 "Quebre o osso e chupe a medula", em tradução livre.

2 Trecho da música "Wave", de autoria de Tom Jobim, lançada no álbum homônimo, em 1967.

da época) é "BANI": *Brittle* (frágil), *Anxious* (ansioso), *Nonlinear* (não linear) e *Incomprehensible* (incompreensível). Mais do que definidor do mundo, o acrônimo BANI é uma lógica que determina como sua postura pessoal deve ser daqui por diante.

Entretanto, algumas competências não saem de moda. Os grandes gestores de pessoas possuem, combinadas de maneira diferente, autoconhecimento, autocontrole, motivação, empatia e destreza social. E uma das mais admiradas e necessárias competências nos grandes líderes é a capacidade de tomar decisões, principalmente sob pressão e em momentos de crise. Sermos resilientes se faz necessário como nunca para seguirmos em frente.

Lembrando decisões que podem mudar as nossas vidas, conto sobre a minha. Nosso desafio era oferecer para o empresariado brasileiro uma plataforma digital, americana, científica, validada por Harvard. E esse desafio foi vencido há trinta anos com a ajuda do PI — Predictive Index.

Fundado em 1955, o *assessment* comportamental PI é uma tecnologia que permite construir o perfil comportamental dos respondentes. Com ele se tornava possível atingir nosso propósito: prospectar indivíduos certos, transformando-os em pessoas mais felizes e, muitas vezes, em grandes lideranças; direcionar e manter as pessoas certas nos lugares certos. Simples assim!

Outra decisão evolucional: assumir a presidência da ABRH — Associação Brasileira de Recursos Humanos —, Seção Minas Gerais, dedicando, de forma voluntária, o meu tempo para inspirar as pessoas e as organizações a cuidar do seu capital humano e, ouso escrever, sair do pensamento só de processos da área de gestão de pessoas e falar do negócio, do financeiro, da comunicação, de estratégia, tecnologia, marketing — que sempre são feitos por gente. Pessoas conectadas que fazem acontecer.

Um ensinamento que inspira: o que é comum nas empresas feitas para durar, com *mindset* de mudança? Investimento em tecnologia e liderança sob a premissa de que "*a habilidade executiva número um é escolher as pessoas certas e colocá-las nas posições certas*" (frase de Jim Collins). Trabalho, persistência e as pessoas certas são componentes indissociáveis do sucesso!

Mas quem são as pessoas certas? Aquelas que querem e podem experimentar a visão, a expectativa e o propósito da organização.

Não temos somente um perfil para definirmos os talentos; tudo funciona como um escrete de futebol. Precisamos de bons atacantes, mas se faz necessário escalarmos o goleiro, zagueiros, técnicos, preparadores físicos, médicos e, não duvide, até "cartolas". Muito mais no sentido do filme *Os Vingadores*, da Marvel, cada um deve usar sua melhor versão, pois não existe mais um super-herói, mas, sim, um time bem formado. E, como um personagem pode fazer falta para compor a esquadra, criar equipes de alta performance é essencial.

Por isso, o tema diversidade e inclusão é essencial para formar um grupo vitorioso e deve ser pensado em seu espectro amplo, abarcando peculiaridades de gênero, raça, orientação sexual, geração, pensamento, formação, comportamentos e de pessoas com deficiência — PCD. Um ambiente diverso é mais desafiador, mas também é responsável pela alta performance. Buscar e aprender com o diferente é essencial. Gerir pessoas é fazer a gestão da diversidade.

Contudo, o papel da liderança é fundamental. O grande herói da vida real é, antes de tudo, o líder consciente, porque ele, como canta o poeta, é o grande motivador, muito mais que um amigo. É parte indissociável do caminho, aquele que nos ensina o jogo da vida e por quem nunca vamos ficar mudos para falar de amor, ou seja, o modelo ideal personalíssimo de líder que cuida, é humano, busca atingir resultados conscientes e alinha o propósito à estratégia organizacional.

Os profissionais precisam de um trabalho no qual possam desenvolver a sua melhor versão, crescendo em uma equipe de bons colegas e com um líder inspirador. As pessoas abandonam um chefe ruim, bem como situações frustrantes e ambientes tóxicos, onde não se sentem engajadas, não têm desafios e ficam paralisadas. A confiança verdadeira só existe entre indivíduos, sendo produzida pela ocitocina — uma substância mágica que ajuda a definir a nossa vulnerabilidade, para sermos empáticos nas relações.

Então, para a boa construção de um relacionamento saudável, a confiança é fundamental. É uma crença edificada aos poucos e conquistada por meio dos nossos comportamentos e ações. Após dez anos de estudo, o Google concluiu que as equipes de alta performance não são fruto somente da pressão por resultados, mas, notadamente, da segurança psicológica.

E, para que possamos nos adaptar a este mundo em permanente transformação, precisaremos atualizar constantemente o nosso "aplicativo" cerebral. A professora de psicologia de Stanford Carol Dweck defende, em seu livro *Mindset*, que as atitudes mentais das pessoas podem ser fixas ou progressivas. Os que têm a atitude mental fixa não poderão fazer nada para mudar. Por outro lado, as pessoas de atitude mental progressiva investem no esforço como agente transformador, capaz de construir competências e (porque não?) mundos melhores. Nunca deixem de seguir o fantástico ensinamento de Alvim Toffler: "*O analfabeto do século XXI não será aquele que não consegue ler e escrever, mas aquele que não consegue aprender, desaprender e reaprender.*" O único jeito de permanecer vivo neste mundo é se reinventar.

E, para funcionar, sejamos perenes, tendo sempre este ponto para abrirmos a nossa mente, lembrando: nunca é cedo ou tarde demais para aprender. Só assim podemos nos fortalecer com habilidades necessárias e em constante evolução.

"*Conhece-te a ti mesmo*": Cuide melhor da sua agenda e foque o que é prioritário e indispensável. Estamos sob teste do destino para criarmos uma nova organização de sociedade. É a lição de Comte-Sponville, mais atual ainda em tempos de incertezas: "*Que cada um seja o seu próprio mestre, como convém, e seu juiz, para ser humano, mais forte e doce.*" Pratique intensamente seu autoconhecimento e saiba fazer a gestão das suas emoções.

O sujeito que não é protagonista da sua própria carreira, do seu desenvolvimento e da sua felicidade está perdendo tempo vital, investindo a sua energia negativa em culpar os outros e não se autorresponsabilizando.

Fato: as empresas de sucesso estão buscando profissionais que almejem a autogestão. Se você está sendo selecionado, tenha certeza de que está reciprocamente escolhendo a sua organização.

Sigamos juntos, incentivando oportunidades para que todos exerçam o ofício profissional. Em tempos de um excesso de trabalho causador de distúrbio emocional com sintomas de exaustão extrema, estresse e esgotamento físico, doença chamada de "Síndrome de Burnout", devemos compartilhar a prevenção: o equilíbrio.

A pergunta mudou. Não será mais quanto custa investir na saúde física, mental, espiritual e social dos nossos empregados e de nós mesmos, e sim: quanto custará se deixarmos de investir?

Aí reside a essencialidade dos Recursos Humanos, trazendo a experiência de profissionais do mercado, com temas fundamentais propostos nos capítulos a seguir, para que seja possível gerar mais resultados, elaborando estratégias, motivando, criando uma missão e construindo uma cultura. E, claro, gerando o clima ideal para as pessoas se sentirem engajadas.

O que a vida quer de nós, sempre e notadamente nos tempos da Covid-19, é coragem para ser humano e amar o próximo como a si mesmo. Afinal, temos um verdadeiro compromisso com a humanização dessas mudanças e com a educação das pessoas. Enquanto estivermos conectados ao desejo de resolver o problema de alguém ou de uma empresa, encontraremos um trabalho, um propósito e um sentido no nosso ofício como gestores de pessoas.

Vale dizer que, à frente ou por trás das inovações, como origem ou destino de toda e qualquer transformação, estão as pessoas e suas conexões. Conforme advertiu Simon Sinek, "*se você não entender de gente, está perdido*".

E aqui está, para não deixar ninguém perdido, tal como um farol iluminando a amplidão de um mar de incertezas, esta maravilhosa obra dos talentosos profissionais Sandro Márcio da Silva, Ricardo Alexander Gabriel e Mardele Rezende!

Eliane Ramos

Presidente da ABRH-MG e Diretora Regional
do Grupo Arquitetura Humana — PI Brasil

Introdução

Quando encontramos uma organização que busca intencional e deliberadamente melhorar seus processos, ter mais qualidade e menores custos nos serviços e produtos, podemos dizer que ali existe potencial para soluções inovadoras.

As soluções inovadoras, que aumentam a chance de um melhor posicionamento no mercado, vieram para romper com *modi operandi* antigos, propondo, na maioria das vezes, algo nunca visto, e oferecendo ao mercado alternativas mais interessantes a preços mais competitivos.

E parte disso começou há mais de um século, quando a Revolução Industrial fez isso em cada criação, descoberta e inovação. No começo, ela contribuiu para que serviços feitos de maneira manual, com máquinas de uso geral e que faziam operações básicas, fossem substituídos por processos de fabricação com máquinas que produziam em larga escala, automatizando grande parte dos processos. Esse avanço trouxe consigo a padronização das tarefas e dos processos, a seleção da matéria-prima, a separação de funções e a organização das fábricas em setores que permitem a entrega de grandes lotes de fabricação, contribuindo para altos estoques de produtos e, consequentemente, para a expansão das vendas por diversas partes.

E, à medida que outras descobertas aconteciam, surgiam novas tecnologias e inovações que rompiam com o modo antigo de se fazer as coisas. Isso trazia benefícios para o processo produtivo e para os produtos que eram vendidos. Essa constante evolução na fabricação, e no produto que era entregue, permite-nos até mesmo citar um exemplo de produto que sofreu mudanças ao logo do tempo e que afeta todos no mundo até o momento.

O telégrafo transmitia, por meio de pulsos elétricos, códigos que podiam ser interpretados e virar mensagens. A constante busca por melhorias e avanços na utilização desse meio de comunicação nos trouxe um novo produto, o telefone. Se no início e durante grande parte do século XX não era possível imaginar um telefone funcionando sem que cabos os interligassem às redes de comunicações, atualmente os aparelhos celulares têm ficado cada vez menores, perderam os fios e vêm ganhando centenas de funcionalidades muito além de uma simples ligação telefônica.

Todas essas transformações vêm ocorrendo devido, principalmente, ao rápido desenvolvimento científico e tecnológico. Tal desenvolvimento afeta não só a maneira como produtos, serviços e processos são desenvolvidos, mas também a maneira como são produzidos e o modo como impactam diferentes dimensões organizacionais e a sociedade como um todo.

E, quando pensamos nessa evolução tecnológica e nas mudanças que ela traz, algumas perguntas vão surgindo, como, por exemplo: o que as organizações estão fazendo dentro deste cenário de transformação digital e quais são os impactos na gestão de pessoas? Podemos transformar os processos de gestão de pessoas de nossas organizações, beneficiando-nos daquilo que a tecnologia está nos proporcionando atualmente? Como a atuação da área de gestão de pessoas pode contribuir ainda mais para ajudar as organizações a se tornarem mais competitivas e inovadoras? A gestão de pessoas pode ser estratégica para os negócios da organização?

De tanto pensar e conversar com outros especialistas sobre essas questões, este livro começou a criar formas e a ser construído. Um sonho de alguns anos de discussões que foi alimentado pelas observações e interações com alunos, gestores organizacionais e profissionais da área de Gestão de Pessoas.

Todos temos acompanhado os desafios dos profissionais da área de Gestão de Pessoas, que tem passado por um turbilhão de mudanças jurídicas, tecnológicas e de mundo, que foram todas absurdamente aceleradas pela pandemia da Covid-19, recentemente.

Testemunhamos uma evolução sem precedentes nas relações empresa x profissionais, profissionais x trabalho, lado profissional x lado humano. E o *home office* (ou *anywhere office*...) vai consolidando a indissociabilidade dos diferentes aspectos de um mesmo ser humano. É o reinado da integralidade; o chamado pela diversidade e pela pluralidade; o encontro de águas tão diferentes na construção de alternativas.

Este livro, portanto, é um exemplo desse encontro de águas de tão diferentes vertentes. A finalidade é uma só: fortalecer os profissionais da área de Gestão de Pessoas e os gestores, cuja principal fonte de sucesso é, cada vez mais, saber conciliar diferenças. Ao estimular essa interação, mediada por ferramentas digitais e sob o comando de um volume incrível de novas leis e portarias, acreditamos estar contribuindo para um novo contexto organizacional, onde o trabalho repetitivo vai passando para as máquinas e para a Inteligência Artificial, deixando ao ser humano a nobre tarefa de aprofundar o conhecimento sobre a verdade, sobre as relações de causa e efeito, sobre o papel da crítica e do aperfeiçoamento, e sobre a criatividade. A máquina faz o rotineiro e o operacional. O ser humano exerce o que lhe distingue: o livre arbítrio, a crítica, a operação respeitosa dos recursos naturais, a evolução.

Ao conceber este livro pensamos, portanto, num cenário em que o homem se livra das tarefas que fazem pouco uso das suas competências distintivas.

Naturalmente, ele levanta polêmicas. Num tempo de tanto desemprego, seria o caminho digital uma boa alternativa, visto que pode diminuir ainda mais os índices de ocupação humana? Não tivemos preocupação em "ter certeza" sobre as respostas. Acreditamos que elas não estão prontas. Ainda precisam ser construídas. E a construção de boas respostas se inicia com boas perguntas; e elas nunca se esgotam.

Nossa vontade é que o livro seja provocativo, inspire a busca e a pesquisa, e estimule a profissionalização dos profissionais da área de Gestão de Pessoas e dos gestores de áreas e departamentos.

Este livro tenta unir, de maneira equilibrada e sistêmica, as contribuições sobre o passado, o presente e o futuro para compreender a gestão das relações entre pessoas e diferentes tipos de organizações. Em termos de passado, entendemos que o livro não pode se furtar de falar um pouco da história do trabalho desde seus primeiros registros ao redor do mundo. Igualmente, entendemos ser impossível falar de trabalho nas empresas brasileiras de hoje sem contar nossa história e as suas consequências para a construção da cultura nacional, da cultura das organizações e do relacionamento das pessoas com o trabalho e com as organizações brasileiras. A menção e a tentativa de conexão dos ¾ iniciais da história do nosso país (de 1500, ano do descobrimento, até 1888, quando se deu a extinção, pelo menos do ponto de vista legal, da escravidão) com o nosso mundo moderno passam por um esforço de compreender melhor alguns "porquês" de sermos como somos e de fazermos o que fazemos da forma como fazemos, de forma que seja possível, ao trazer esta discussão para a luz, aumentar a probabilidade de compreendermos tais porquês e, daí então, buscar alternativas mais adequadas e respeitosas à nossa cultura e à nossa forma de tratar as pessoas, de maneira que as organizações consigam merecer delas seu comprometimento, suas melhores ideias e sua dedicação.

Essa discussão ocorrerá entre os capítulos 1 e 4 deste livro. No Capítulo 1, vamos voltar no tempo para entender o que estava acontecendo na Europa, pois os pensadores da época influenciaram mudanças que se transformaram em revoluções, e essas revoluções impactaram todo o modelo de trabalho que temos atualmente. Assim como no exemplo do telefone, as revoluções nos trouxeram mudanças nos processos produtivos, tecnologias e inovações constantes. Se tivemos mudanças nos processos produtivos, tivemos também nos padrões de relacionamentos dentro das organizações, que sempre tiveram pessoas que sofriam os impactos diretos da sociedade e do tempo em que viviam — e isso se refletia no ambiente de trabalho. Por isso, nem sempre era fácil fazer mudanças estruturais ao passo que as organizações progrediam. Veremos isso no Capítulo 2.

Mais recente em nossas histórias de revoluções, temos a revolução da tecnologia da informação, que só ocorreu devido às criações e às inovações surgidas no início e durante o século XX. O Capítulo 3 vai destacar toda essa evolução tecnológica que abriu os caminhos das indústrias, seja em seu processo produtivo ou mesmo na entrega e na busca de produtos a cada dia melhores e inovadores. E nos mostra como a tríade pessoas, tecnologia e gestão é importante nos dias atuais e para o futuro das organizações. Destacando mais o assunto, o Capítulo 4 apresenta uma nova revolução que muitos estão chamando de "A Quarta Revolução", baseada nas tecnologias digitais, com suas redes de comunicação, computadores e sistemas inteligentes que estão interagindo e modificando a forma como vivemos, reduzindo o tempo das atividades cotidianas e melhorando o trabalho dentro das organizações, algo que pode ser aplicado também no RH das organizações.

O início de toda organização e gestão está na atração e captação de pessoas, e dentro do cenário apresentado, principalmente dos últimos dois capítulos do livro, sofre diretamente os impactos da velocidade da tecnologia e precisa se adaptar para conseguir melhores resultados. O Capítulo 5 mostra as abordagens, metodologias e técnicas mais recentes para um mercado de trabalho cada vez mais digital. Dando continuidade a esse assunto, o Capítulo 6 prepara o leitor para compreender a importância do processo seletivo em um mercado competitivo e digital, e para saber identificar oportunidades a fim de reduzir o retrabalho nos processos seletivos, usando de maneira correta as ferramentas e as tecnologias disponíveis. E o interessante de falarmos sobre usar de maneira correta as ferramentas e tecnologias é que ninguém aprende automaticamente cada uma delas, mas elas estão inseridas em todas as áreas das organizações atualmente. Por isso, precisamos de tempo e, principalmente, de treinamentos para que as pessoas possam desenvolver melhor suas funções. E o Capítulo 7 nos mostra exatamente isso, o papel da área de treinamento, definindo quais caminhos podemos seguir para levar o conhecimento e contribuir para novas competências individuais e organizacionais.

Uma vez dentro da organização e executando algum trabalho, temos que receber algo em troca, ou seja, temos que ter alguma forma de pagamento. O Capítulo 8 apresenta a evolução desse processo de pagamento por um trabalho executado, explica os conceitos de remuneração, relação de trabalho e emprego, e esclarece como a tecnologia melhora a gestão de pagamentos nas organizações. A gestão organizacional também é importante, portanto precisamos entender e saber trabalhar com a gestão dos cargos e com as carreiras. O Capítulo 9 apresenta modelos de gestão participativos dentro do contexto digital.

Precisamos também lidar com o processo de sucessão dentro das organizações, por isso, no Capítulo 10, destacamos o tema sucessão, que provou sua relevância em meio à pandemia, quando muitas organizações tiveram que lidar simultaneamente com os desafios e desconfortos de diferentes naturezas pela falta de lideranças preparadas para assumir posições de profissionais que, infelizmente, sucumbiram ao vírus Covid-19.

Diante de tantas mudanças, como é feita a gestão de pessoas e quais são os esforços para a modernização dessa área no setor público? O Capítulo 11 apresenta uma visão da gestão e os desafios no contexto atual, destacando o quanto o desenvolvimento tecnológico, as metodologias de pesquisa e as novas diretrizes nacionais de "reforma administrativa" podem tornar a prestação de serviço aos cidadãos mais eficiente e menos onerosa.

No Capítulo 12, falamos sobre *global mobility*, com o objetivo de ajudar profissionais de RH a enfrentar o desafio de lidar com o fluxo de profissionais de diferentes nacionalidades entre seus diferentes *sites*. Para além das questões legais, leva-se em conta os aspectos práticos para implementação e boas consequências da mobilidade global.

O Capítulo 13 discute sobre um dos papéis mais jovens nas organizações: o *Business Partner*. Dotado de características específicas, pois precisa sair do ar-condicionado e se relacionar, de verdade, com os diferentes ambientes organizacionais, conhecendo não só as diferentes possíveis contribuições da área de Gestão de Pessoas, mas também as idiossincrasias de cada um de seus atuais e potenciais clientes internos, o Business Partner é um marco importante da carreira dos profissionais da área de Gestão de Pessoas. Considerando-se o aumento do uso da tecnologia e da valorização das competências de interpretar relatórios e tomar decisões, o papel do Business Partner será fundamental no encontro e na alocação de profissionais diferenciados com papéis versáteis em áreas de negócio cada vez mais dinâmicas dentro e fora da organização.

Outro avanço, que também foi viabilizado pela evolução tecnológica e conceitual, foi o desenvolvimento dos processos de cálculo e utilização dos indicadores em gestão de pessoas. O uso otimizado de planilhas, indicadores, *dashboards* e da programação em "R" está permitindo o avanço e a consolidação do *people analytics* como ferramenta prognóstica de gestão. Acompanhe a discussão super bem articulada sobre indicadores e people analytics no Capítulo 14.

Finalmente, o Capítulo 15 se atreve a lançar luz sobre o futuro das organizações e suas consequências sobre o futuro do trabalho. Percorrendo o pensamento de diferentes filósofos, pensadores e economistas, o Capítulo 15 vai discutir algumas tendências em termos de gestão de pessoas. Mais trabalho e menos emprego; trabalhos temporários em vários postos na empresa, inclusive na atividade-fim... Um conjunto de pessoas que talvez não trabalhe nunca mais e, talvez, precise da ajuda do sistema (empresas, governo e sociedade) para garantir sua sobrevivência, situação que pode atingir até 1/3 da população mundial. Desafios que não seremos capazes de resolver sozinhos. Mas precisamos entender seus fundamentos, pois parte da solução pode depender do seu ponto de vista.

Portanto, junte-se a nós, explore essas novas perspectivas e divirta-se!

Forte abraço,

Os coordenadores!

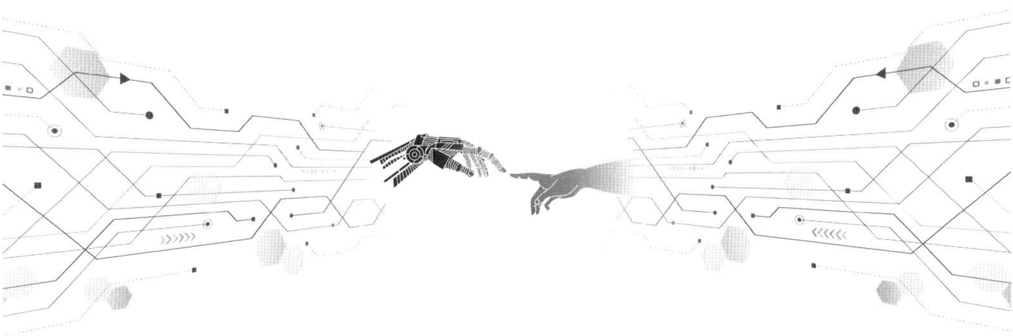

As revoluções como mecanismo de transformação do trabalho

Ricardo A. Gabriel

OBJETIVOS DO CAPÍTULO

Neste primeiro capítulo vamos compreender o cenário vivido na Europa a partir do século XVII, que foi marcado por diversos movimentos, pensadores e revoluções que iriam transformar a Europa e influenciar outros povos até se espalhar pelo mundo.

Naquele período surgia o Iluminismo, com seus grandes pensadores que iriam promover mudanças nos campos político, econômico e social e que influenciariam as revoluções que viriam mais à frente. Uma delas, a Revolução Industrial, transformou a Inglaterra e, à medida que o tempo passava, espalhou-se pela Europa, atingindo outros continentes a ponto de ser possível identificar fases dentro da mesma revolução que se estendeu até o século XX e ainda transforma os dias atuais (século XXI).

Ao visualizar todas as transformações daquela época na Europa e os impactos que tiveram na organização do trabalho, ficará mais fácil entender a organização da sociedade, o desenvolvimento dos mecanismos de tecnologia aplicados à produção e o fortalecimento do capitalismo.

O capitalismo trouxe novos comportamentos sociais, acúmulo de capital e mudanças políticas que construíram a estrutura socioeconômica que caminhou lado a lado com todas as revoluções que serão vistas neste capítulo.

Compreender a evolução e a organização do trabalho e as fases da Revolução Industrial permitirá que o leitor tenha um entendimento mais amplo do momento atual em que estamos inseridos na sociedade, cercado de tecnologias e considerado por muitos como um momento de transformação digital tão forte que pode ser visto como mais uma fase da Revolução Industrial, também conhecida como a "Quarta Revolução".

1 INTRODUÇÃO

O trabalho sempre fez parte da história da humanidade e seu principal objetivo era a sobrevivência. Isso fazia os seres humanos buscarem na natureza seu sustento, dentro de uma rotina nômade, ou seja, mudando permanentemente de lugar, andando em grupos e sem líderes permanentes ou algum tipo de diferenciação política-social, porque cada um só acumulava ou tinha aquilo que conseguisse carregar.

Mas, quando a humanidade deixou de buscar os alimentos apenas para sua sobrevivência e começou a plantar pensando em aumentar a quantidade e a produção de alimentos, as coisas começaram a mudar.

O século XVII e principalmente o século XVIII trouxeram para a Europa um novo movimento cultural, que se baseava na crença das capacidades do homem esclarecido pelas luzes da razão e do saber. Esse movimento transformou o século XVIII no "Século das Luzes", indo contra o mercantilismo, o absolutismo monárquico, o poder da igreja e as verdades reveladas pela fé. Ele promoveu mudanças políticas, econômicas e sociais baseadas nos ideais de liberdade, igualdade e fraternidade, com o apoio direto da burguesia e de pensadores da época, e inspirou diversas revoluções — algumas que mostraremos neste capítulo e que foram fundamentais para a organização do trabalho e para a evolução e o desenvolvimento da sociedade.

À medida que conhecermos as revoluções, ficará mais fácil entender a transformação e o processo de industrialização e automação do trabalho. Esse caminho de evolução diária, que tinha impacto direto na produção, foi articulando forças e indo além do chão de fábrica das organizações. Atualmente, a Indústria 4.0 está interligando todos os processos em áreas diferentes e precisamos entender isso para que o desenvolvimento de uma área não atrapalhe a cadeia produtiva ou prejudique os resultados da empresa.

2 A EVOLUÇÃO E A ORGANIZAÇÃO DO TRABALHO

Nas sociedades primitivas, o trabalho era necessário para assegurar a própria sobrevivência e, por isso, o ser humano tinha que caçar, pescar, coletar alimentos, proteger-se com vestimentas e buscar abrigos para se defender dos perigos que existiam naquela época. Conforme aumenta seu conhecimento sobre esses trabalhos, o homem passa a explorar as terras e a ter domínio sobre os animais tanto para corte quanto para tração. Então, começa a viver em pequenos grupos ou tribos, exigindo maior participação de todos para que se tenha um produto e um bem comum a todos os envolvidos naquela sociedade criada.

Esse trabalho coletivo organiza as forças produtivas e a vida dessa tribo, que precisa em paralelo desenvolver novos instrumentos de apoio ao trabalho e planejar a produção. Ou seja, mesmo que ainda não exista nesse momento uma divisão entre tempo destinado ao trabalho e tempo livre, as necessidades que surgem começam a ditar o ritmo e os rumos do trabalho, a ponto de o homem ver a necessidade de fixação em uma terra para se organizar como tribo e ali produzir, distribuir e guardar os excedentes daquilo que foi produzido e que se transformou em uma riqueza para a tribo.

As relações de trabalho existentes eram igualitárias e cada um desenvolvia sua atividade pelo bem-estar de toda sociedade, mas, quando o homem começou a guardar os excedentes produzidos, estocando os alimentos e, consequentemente, as riquezas, surgiram novas formas de interação dentro da sociedade. E, assim, nasceram as hierarquias.

Na Antiguidade, ou Idade Antiga, surgem os primeiros povos civilizados e com eles a descoberta e o uso da escrita, mas podemos destacar nesse período a perda da liberdade que transformou o homem em escravo, não tendo a escolha de ir e vir, não sendo recompensado e sendo submetido por meio da força e do poder a todos os tipos de trabalhos. Grandes civilizações, como Egito, Grécia e Roma (outras civilizações da Antiguidade também mantinham o trabalho escravo, como os assírios, os hebreus e os babilônios, variando as suas características dependendo do contexto e da localidade), mantinham esse regime de trabalho que ocorria quando determinados povos se tornavam prisioneiros de guerra dominados por civilizações mais fortes que conquistavam seus territórios.

Como as civilizações grega e romana são os pilares das sociedades ocidentais contemporâneas e encaixam-se no contexto deste livro, vamos entender um pouco mais sobre como era o regime de escravidão nelas.

A Grécia se desenvolveu por meio de cidades-estados (ou *polis*), destacando-se nesse contexto Atenas e Esparta, onde a escravidão era algo comum. Em Atenas, por exemplo, apenas os homens livres tinham direito à propriedade de porções de terras, à participação em assembleias, a cargos públicos e ao acesso à educação. Os escravos vinham das sociedades dominadas e tinham que fazer serviços domésticos, tarefas agrícolas e mineração. Os escravos agrícolas e mineradores tinham as piores situações possíveis de trabalhos braçais e condições de vida, ao contrário dos escravos domésticos que, se conseguissem, poderiam comprar sua liberdade.

Esparta era outra cidade grega que se destacava por sua força militar, e tanto homens quanto mulheres recebiam uma formação voltada para a guerra. A escravidão nessa cidade era uma prática estatal, ou seja, os escravos pertenciam a um dono e realizavam todos os tipos de tarefas, desde as agrícolas até as domésticas, e eram adquiridos em guerras e por meio do comércio.

Roma, que também era uma potência antiga, conquistou vários territórios, e dividia sua sociedade em: patrícios, plebeus e escravos. Os patrícios eram os donos do poder e das propriedades; os plebeus eram os trabalhadores das terras, pequenos comerciantes e artesãos. E os escravos eram pessoas adquiridas nas conquistas de territórios e no comércio humano. Os escravos faziam os trabalhos agrícolas, mas também havia escravos que eram treinados para ser gladiadores, músicos, malabaristas e escribas.

Não poderíamos deixar de falar um pouco da escravidão nas Américas e no Brasil, já que o sistema escravista se estendeu além da antiguidade e desenvolveu-se em diversas regiões do mundo. Essa escravidão moderna teve início nas Américas com a colonização desses continentes por portugueses, espanhóis, franceses, ingleses, holandeses e outros povos. E foi a primeira vez na história que a escravidão ocorreu por motivo racial. No Brasil, os escravos trabalhavam tanto nas lavouras de cana-de-açúcar e café quanto na mineração, nas construções e nos serviços domésticos e urbanos. Suas condições de sobrevivência eram as piores possíveis.

Com a redução da escravidão durante a Idade Média, predominou a "servidão", que era um tipo de trabalho que impunha aos servos obrigações em troca do direito de permanecer nas terras do seu senhor e poder cultivá-las. Essa forma de organização econômica e social vivenciada na Europa ficou conhecida como Feudalismo, nome derivado dos feudos ou vilas, que eram unidades de habitação e produção características do período. Os feudos eram formados pelo senhor feudal, por escravos (minoria na época) e por camponeses livres ou em condição de servidão. A nobreza era a classe mais alta dentro do feudalismo e controlava as grandes propriedades agrícolas, além de prover os senhores feudais e os principais membros do clero.

Os servos não eram escravos, pois tinham liberdade; os senhores feudais não tinham direito sobre as vidas deles, já que o pacto estabelecido entre eles era espontâneo. Os servos cultivavam as terras e o seu trabalho era para o sustento de sua família.

Existia no feudalismo uma rígida estrutura hierárquica social chamada de estamentos ou ordens. Era quase impossível passar de um grupo social para o outro, já que, desde o nascimento, as pessoas eram enquadradas dentro daquele grupo, com exceção dos clérigos. Veja a seguir um desenho de como era essa estrutura:

Figura 1. Divisão da sociedade feudal

Fonte: Autor.

Dessa forma, as principais características do feudalismo eram:

- Divisão da sociedade em três principais grupos: clero, nobreza e servos.
- Relações de suserania: o suserano doava o feudo para um vassalo em troca de proteção e favores militares.
- Economia agrária: o comércio ainda era fraco.
- Divisão dos feudos em três partes: a parte do senhor feudal, o manso servil e o manso comunal.
- Fusão dos costumes germânicos com os romanos.
- Concentração de poder: senhores feudais tinham os poderes jurídico, econômico e político.
- A Igreja Católica era o principal vínculo de unidade da sociedade.
- Guerras por terras eram comuns.

Vários fatores destruíram o feudalismo, como doenças, o surgimento da burguesia e das grandes cidades, devido ao aumento populacional, entre outros. O cristianismo católico, como principal sistema ideológico do período, controlado pela Igreja, que moldou os comportamentos, a cultura e os ideais do homem medieval, além de ser detentor de um grande número de terras e de servos, e de explorar bastante o trabalho camponês — igualzinho faziam os senhores feudais —, também contribuiu para a destruição do feudalismo e o surgimento de um movimento intelectual e filosófico, sobre o qual vamos falar mais à frente, que transformou as relações de trabalho e mudou o mundo para sempre.

Passamos rapidamente por dois momentos das relações de trabalho e da organização da sociedade dentro da Idade Antiga e da Idade Média (feudalismo). Agora, vamos para os fatos marcantes em dois outros períodos: a Idade Moderna e a Idade Contemporânea.

3 O ILUMINISMO CONTRIBUIU PARA O PROGRESSO DA SOCIEDADE

O Iluminismo surgiu na França durante o século XVIII como um movimento cultural da elite intelectual que combatia o mito e o poder a partir da razão. Os pensamentos desta época mapearam todo o campo teórico que temos hoje e contribuíram para o progresso da sociedade.

Pensadores como Copérnico, Galileu, Newton (fundadores da ciência natural), e filósofos como Locke, Montesquieu e Rousseau desenvolveram o pensamento iluminista, que aprofundou o processo de transformação social e técnica em oposição aos pensamentos antigos, que não possuíam precedentes na história da humanidade. Entre suas características, predominava a ideia de que a razão era superior à fé, e, dessa forma:

- Por não existir provas, negava a origem divina dos reis.
- Se não houvesse provas científicas, a crença religiosa era ignorada.
- Defendiam menor, ou nenhuma, intervenção do Estado na economia, o que era conhecido como liberalismo econômico (Adam Smith).
- Eram contrários ao absolutismo, ou seja, uma pessoa não poderia ter o poder absoluto.
- Tinham o apoio predominante da burguesia.

Com essas características, o Iluminismo criava um ideal à extensão dos princípios do conhecimento crítico a todos os campos do mundo humano. Dessa forma, os iluministas acreditavam que poderiam contribuir para o progresso da humanidade e para a redução e superação da tirania e da superstição, que diziam ser o legado da Idade Média.

4 A ERA DAS REVOLUÇÕES

O Iluminismo contribuiu para que, entre 1789 e 1848, o mundo sofresse a maior transformação da história humana, bem maior que outras anteriores como a invenção da escrita, a agricultura, a metalurgia, a criação e a formação de cidades e estados. As revoluções e os acontecimentos daquele período transformaram e criaram o mundo em que vivemos atualmente.

O mundo naquela época era gigante e, apesar dos grandes avanços marítimos, com navios atravessando oceanos de ponta a ponta, as terras ainda eram desconhecidas e pouco se sabia de outras regiões distantes da Europa, com exceção da China e da Índia. Ou seja, o mundo tinha uma população significativamente menor e que vivia bem mais espalhada, e as dificuldades de comunicação deixavam os povos mais distantes do que hoje em dia.

As embarcações que cortavam as águas naquela época eram o melhor meio de transporte de passageiros e de carga, tendo o custo mais baixo e acesso facilitado aos portos, além do menor tempo de viagem.

O historiador e escritor E. J. Hobsbawm escreveu, em seu livro *A Era das Revoluções*, que "estar perto de um porto era estar perto do mundo"; visto que as distâncias ficavam menores quando era possível navegar e chegar ao seu destino em outro porto. Segundo Hobsbawm, era mais fácil ligar capitais distantes do que o campo e as cidades (com embarcações).

O mundo em 1789 era muito grande e somente acontecimentos marcantes eram capazes de fazer as pessoas mudarem e conhecerem lugares mais distantes, como, por exemplo, o recrutamento militar. Existiam poucas notícias de outras partes do mundo e, quando apareciam, eram compartilhadas entre as classes média e alta — e aquilo que chegava ao restante da população eram boatos. Não havia jornais e os poucos periódicos que existiam circulavam entre essas classes; e, para piorar, poucas pessoas sabiam ler.

Aquilo que se sabia de outros lugares chegava por meio de viajantes, mercadores, mascates, artesãos itinerantes, trabalhadores de temporada, andarilhos e soldados. Os únicos canais oficiais de notícias eram o Estado e a Igreja, formada em sua grande maioria por pessoas da localidade e poucas com experiência de vida fora das regiões onde haviam nascido.

Outro fato marcante dessa época é que existiam poucas áreas comerciais e industriais bem desenvolvidas, a ponto de termos na Europa quatro em cada cinco habitantes em áreas rurais, ou seja, eram camponeses. As duas cidades que mais se destacavam nessa época eram Londres, com cerca de um milhão de habitantes, e Paris, com meio milhão de habitantes. Abaixo delas existiam várias cidades espalhadas pela Espanha, Itália, Alemanha e a própria França com população um pouco superior a 100 mil habitantes.

Para piorar a situação, existia um grande problema agrário, provocado principalmente pelas divergências de quem cultivava a terra, quem as possuía, os que produziam sua riqueza e os que a acumulavam. A agricultura era atrasada e poucas localidades tinham um desenvolvimento agrário, como, por exemplo, a Inglaterra, partes do norte da Itália e os Países Baixos, onde se produziam safras comerciais especializadas.

Como o século XVIII foi de expansão demográfica, de urbanização crescente, de fabricação e comércio, a agricultura se viu em uma situação complicada e precisava melhorar devido à demanda de consumo que só aumentava. As atividades comerciais também cresciam nesse momento, e uma das principais formas existentes de se expandir a produção era o chamado "bota fora", ou sistema doméstico, no qual um mercador comprava os produtos dos artesãos, ou da mão de obra agrícola, para vendê-los num mercado mais amplo. Começaram a se destacar os mercadores que forneciam a matéria-prima e arrendavam os equipamentos produtivos, incluindo mais trabalhadores na fabricação dos produtos, melhoravam os processos e criavam funções para trabalhadores camponeses, coisa que antes ficava apenas com os artesãos.

4.1 A Revolução Agrícola

Quando o homem deixou de buscar alimentos para sua própria sobrevivência e começou a plantar focado no aumento da produção de alimentos, as coisas começaram a mudar. Foi a primeira revolução, por assim dizer, pois os países da Europa, como a Inglaterra, começaram a empregar técnicas que permitiam aumentar a produção de alimentos.

Dessa forma, além da política pública que transformou diversas terras camponesas em privadas (processo violento de expropriação de terras), certas classes inglesas passaram a ter também terras que mais tarde iriam gerar mão de obra para o cultivo de alimentos, trazendo os camponeses que agora não tinham trabalho para ocuparem os cargos disponíveis nessas terras.

As principais causas dessa revolução foram:

- O aumento populacional da Inglaterra, que exigia o aumento da produção de alimentos para suprir as necessidades de consumo.
- O crescimento do sistema capitalista, que tinha parte da sua lucratividade proveniente das indústrias que estavam surgindo e a outra parte da produção e comercialização dos produtos de gêneros agrícolas.
- A necessidade de produção de matéria-prima para a indústria têxtil.
- Lei dos Cercamentos de Terras, que tomou as terras de pequenos proprietários e passou-as para grandes latifundiários.

A Revolução Agrícola tinha como principais características a substituição do sistema de produção agrícola extensivo pelo intensivo, transformando a produção em larga escala. Foi adotado um sistema de rotatividade de culturas, ou seja, para evitar o desgaste e a exaustão do solo, trocava-se as culturas a cada plantio de forma que a adubação fosse diferente e alternando as espécies de vegetais numa mesma área agrícola. Outra novidade foi a utilização de semeadeiras mecânicas, tornando mais eficiente a distribuição das sementes no campo e o uso de cavalos para aumentar a produtividade, reduzindo a necessidade da força humana empregada nos plantios.

A Revolução Agrícola de maior importância ocorreu durante a Revolução Industrial, pois o processo de industrialização das sociedades transformou também as terras, com mais tecnologia sendo empregada nas terras e mais insumos das indústrias fornecidos para a agricultura, por exemplo, maquinários, fertilizantes e ferramentas de uso geral.

4.2 A Revolução Francesa

Os pensamentos iluministas cresciam e diversos pensadores e cientistas se destacavam. Nesse contexto, era preciso romper com o passado para que as novas ideias fossem implementadas, e isso foi acontecendo à medida que a crise e os problemas sociais aumentavam nos países europeus. Na França, o marco foi a Revolução Francesa, que veio para abrir caminhos para todas as mudanças.

A Revolução Francesa agitou a política e a sociedade e, além de impactar o próprio país, influenciou posteriormente todo o continente europeu. Os franceses sofriam com a desigualdade social e econômica, a má gestão econômica, o fracasso agrícola e a dívida nacional que só aumentava.

A revolução levou ao colapso a monarquia absolutista na França. Os políticos, com o apoio das massas nas ruas e de camponeses das regiões rurais do país, atacavam os privilégios feudais, aristocráticos e religiosos existentes.

Nessa época, a França era governada por Luís XVI, e a sociedade era dividida em classes sociais, conhecidas como Estados:

Figura 2. Divisão de classes na França antes da Revolução

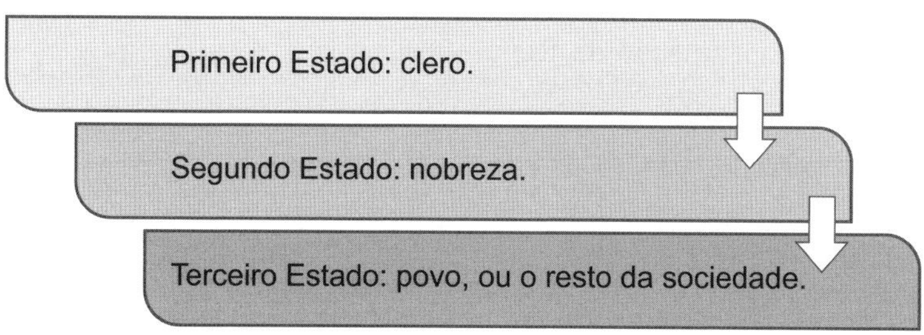

Fonte: Autor.

Conforme vimos na Figura 1, a sociedade francesa era muito bem definida, tendo um pequeno grupo que possuía uma série de privilégios em detrimento do restante do país. Toda essa desigualdade, que dava ao Primeiro e o Segundo Estados privilégios — como, por exemplo, a isenção de determinados tributos e o direito de cobrar impostos por suas terras —, era a raiz da crise que a França vivia no século XVIII.

A economia francesa não acompanhava o restante da Europa, a nobreza e o clero impediam qualquer tipo de reforma que resultasse na perda de seus privilégios e havia um gasto elevado do governo francês com coisas desnecessárias. A França chegou ao ponto de se envolver na Revolução Americana, provocando o aumento de tributos e a exploração maior ainda do Terceiro Estado, ou seja, do povo.

As pessoas do Terceiro Estado, que eram opositores do absolutismo francês, eram presas em Bastilha, uma fortaleza medieval utilizada como prisão. E, embora a prisão tivesse poucos presos quando o povo se rebelou contra todo sistema francês, invadiu e ocupou essa prisão, a "Queda da Bastilha" marcou o início da Revolução Francesa e espalhou o fervor de mudanças por todo o país, e também pela Europa. Em tempos de mudanças, tempos de revoluções, a queda de um símbolo como foi a Bastilha, que simbolizava a autoridade real, foi saudada como o princípio de libertação do povo e esse acontecimento levou a revolução para outras partes da França.

O resultado disso foi que, após três semanas da queda da Bastilha, ocorrida em 14 de julho de 1789, a estrutura social do feudalismo rural francês e a máquina estatal real estavam em pedaços, e a classe média e a aristocracia aceitaram o fim dos privilégios feudais.

A criação da Assembleia Constituinte Nacional (criada após a Queda da Bastilha), para elaborar a constituição da França, trouxe para o mundo a "Declaração dos Direitos do Homem e do Cidadão", documento com dezessete artigos que definiam os "direitos naturais" dos cidadãos, como a liberdade de expressão e de crença religiosa, e delimitavam os poderes dos governantes e agentes do Estado. Mas trouxe também dois grupos que começavam a se destacar dos outros dentro da Assembleia, e foram fundamentais para a continuação da Revolução:

Figura 3. Divisão burguesa na França

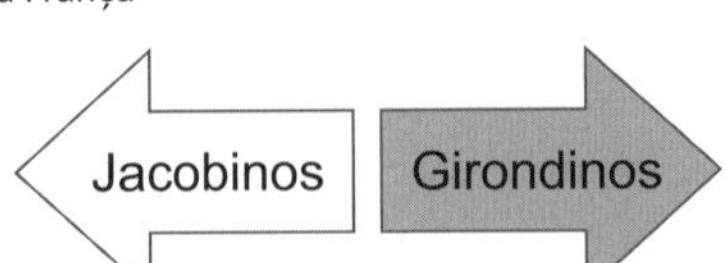

Fonte: Autor.

Os Jacobinos, representantes da baixa burguesia, formada por intelectuais, advogados, trabalhadores da justiça e médicos, queriam uma revolução mais profunda, com reformas econômicas, fiscais e políticas, e tinham pensamentos fortes de erradicação total da monarquia constitucional, defendendo o estabelecimento de um regime republicano.

Os Girondinos, representantes da alta burguesia, composta por empresários e comerciantes, queriam uma reforma com foco principalmente no liberalismo econômico e no fim das isenções de impostos e privilégios da nobreza francesa. Eram moderados nas pautas que apoiavam e defensores da monarquia constitucional, ou seja, diferente dos Jacobinos.

A revolução mexeu também com o poder político e econômico da Igreja, reduzindo e confiscando suas terras, que equivaliam a 20% do território francês, e reduzindo as tradições católicas dentro do país.

Podemos dizer que, sem um líder, partido ou movimento organizado, a revolução ocorreu por causa do consenso de ideias gerais entre um grupo social, a burguesia, que acreditava no liberalismo econômico, formulado pelos pensadores franceses da época e difundido pela maçonaria e por associações informais. A Revolução Francesa sofreu interferência direta do Iluminismo, que rompeu com as ideias antigas graças à mente de vários pensadores e revolucionários, e serviu de base também para outras revoluções no mesmo período.

A economia do mundo sofreu influência direta da Revolução Industrial britânica (o que será visto mais à frente) principalmente no século XIX. A formação da política e da ideologia deve muito à Revolução Francesa. Enquanto os ingleses forneceram os modelos para ferrovias e fábricas, os franceses fizeram resoluções que influenciaram a política europeia entre 1789 e 1917, fosse a favor ou contra seus pensamentos. Conforme nos conta E. J. Hobsbawm, "os franceses forneceram o vocabulário e os temas da política liberal e radical-democrática para a maior parte do mundo. A França forneceu os códigos legais, o modelo de organização técnica e científica e o sistema métrico de medidas para a maioria dos países. A ideologia do mundo moderno atingiu as antigas civilizações que tinham até então resistido às ideias europeias, inicialmente por meio da influência francesa".

A Revolução Francesa agitou o mundo e o fim do século XVIII foi de crises para os velhos regimes da Europa e para seus sistemas econômicos. A consequência disso foram diversas revoltas, movimentos coloniais em busca de autonomia, em países como Irlanda, Bélgica, Holanda e dois que podemos destacar: Estados Unidos e Inglaterra.

4.3 A Revolução Americana

Para entendermos um pouco mais sobre a Revolução Americana, precisamos primeiro compreender como foi o processo da colonização americana feito pela Inglaterra. A colonização que se iniciou por volta de 1607, na região onde se localiza atualmente o estado da Virgínia, assumiu três formas diferentes:

- Concessão de terras às companhias de comércio para exploração e implantação das colônias.
- Doação real a famílias nobres e da alta burguesia.
- Colonização por grupos puritanos (comunidade protestante radicais desenvolvidas na Inglaterra), que criariam ali uma nova sociedade.

Essas três formas de colonização levaram para o continente americano milhares de colonos durante o século XVII, tomando nesse processo de colonização as terras que pertenciam aos povos indígenas originais.

Na colonização ao sul, por exemplo, estados como Virginia, Carolina do Norte, Carolina do Sul e Geórgia sofreram uma colonização de exploração. Tinham mão de obra escrava, produção para a exportação de riquezas e bens de consumo para a Inglaterra. E a colonização do norte, feita por protestantes europeus, principalmente ingleses, buscava transformar a região em um próspero lugar para se morar com as famílias. Nessa região, a mão de obra era livre, a economia era baseada no comércio e a produção e o consumo eram voltados para o mercado interno.

Na Guerra dos Sete Anos, entre a Inglaterra e a França, pela posse dos territórios na América do Norte, da qual a Inglaterra saiu vitoriosa, quem acabou pagando por isso foram as colônias, principalmente as colônias do norte, com o aumento das taxas e dos impostos, e novas leis que tiravam a liberdade, provocando protestos e a revolta dos colonos contra a Inglaterra.

Todas as revoltas e os protestos pelas mudanças impostas pela Inglaterra levaram à realização de um congresso em 1774, no qual os colonos do norte pediram o fim das medidas restritivas e menor participação dos ingleses na vida política da colônia. Porém o rei George III não aceitou as propostas do congresso e adotou mais medidas controladoras e restritivas para as colônias americanas.

Dessa forma, ocorreu um segundo congresso em 1776, com um objetivo maior: conquistar a independência americana. Nesse congresso, Thomas Jefferson redigiu a "Declaração de Independência dos Estados Unidos da América", provocando a ira da Inglaterra, que não aceitava a independência de suas colônias e viu aquilo como uma declaração de guerra. A guerra, que ocorreu de 1776 a 1783, conhecida como Guerra da Independência, foi vencida pelos Estados Unidos com o apoio da França e da Espanha.

E, em 1787, ficou pronta a Constituição dos Estados Unidos com fortes características iluministas, na qual existia a garantia à propriedade privada (interesse da burguesia), que manteve a escravidão; optou-se pelo sistema de república federativa; e defendia-se os direitos e as garantias individuais do cidadão.

Na Declaração de Independência, Thomas Jefferson escreveu sobre os direitos naturais dos americanos à "vida, liberdade e busca de felicidade", que eram ideias vindas do Iluminismo.

Vários pensadores iluministas influenciaram a Revolução Americana, entre eles:

- **Montesquieu**, que influenciou principalmente a separação de poderes.
- **Locke**, que influenciou principalmente os direitos naturais.
- **Hobbes**, que influenciou principalmente os indivíduos que obedecem ao poder.
- **Rousseau**, que influenciou o contrato social.

4.4 A Revolução Industrial

Se você tivesse a oportunidade de voltar no tempo até o século XVIII para comprar uma mesa, por exemplo, será que você conseguiria escolher o modelo e comprar facilmente em qualquer localidade?

Antes da Revolução Industrial, durante a Baixa Idade Média, toda produção era feita de forma artesanal, tinha caráter familiar e o produtor, que era conhecido como artesão, possuía os meios de produção (era dono da oficina e das ferramentas). Ele trabalhava em sua própria casa junto com a sua família, e realizava ali todas as etapas da produção, desde o preparo da matéria-prima até o acabamento final, sem a divisão de trabalho ou especialização.

Ou seja, você teria que conversar com o artesão e esperar que ele fizesse a sua mesa, utilizando os materiais e recursos disponíveis em sua oficina e, se você no final resolvesse levar mais uma mesa, teria que esperar ele repetir o processo todo de novo sem a garantia de ter o mesmo material e qualidade na outra mesa.

Tudo isso porque, nessa época, os produtos eram feitos manualmente, a produção era pequena e o tempo gasto na produção era maior. As poucas máquinas que existiam, e que eram utilizadas por esses artesãos, eram simples e só ajudavam em parte do processo de produção.

Com o tempo, para tentar tornar a produção mais rápida, os artesãos se organizaram e dividiram as tarefas, criando, assim, etapas de processos para a elaboração dos produtos que seriam comercializados. Dessa forma, podemos dizer que, antes da primeira Revolução Industrial, todo processo produtivo era dividido de duas maneiras:

Figura 4. Processo produtivo antes da Revolução Industrial

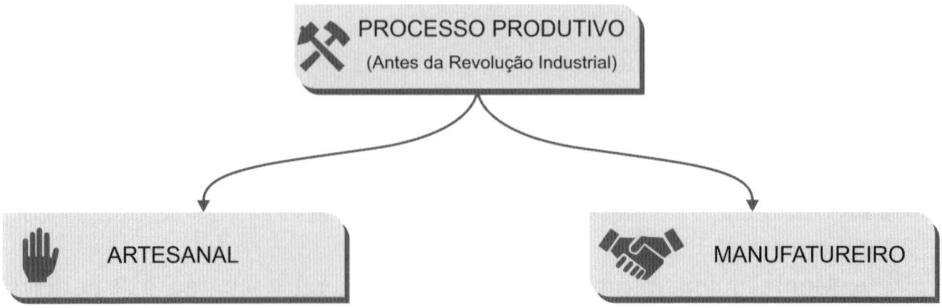

Fonte: Autor.

No processo produtivo artesanal, que era um sistema doméstico de produção, tínhamos o artesão como o dono de tudo — todos os meios de produção, capital investido e lucro. No processo produtivo manufatureiro, tínhamos a figura do burguês, que era o dono dos meios de produção e do capital investido e lucro; com isso, ele pagava pela mão de obra, criando dessa forma uma separação entre o capital e o trabalho e aumentando as etapas de produção.

Olhando para o contexto manufatureiro, os trabalhadores foram perdendo tanto o controle da produção quanto a posse da matéria-prima e do produto acabado, pois existia o burguês por trás do processo produtivo. Em consequência disso, o artesão perdia também o próprio lucro.

Cada vez mais o trabalho era disciplinado e o burguês intensificava a divisão do trabalho, trazendo para esse cenário, além dos artesãos, a classe proletária, que tinha apenas sua força de trabalho e ganhava baixos salários.

A manufatura predominou ao longo da Idade Média, ampliando o mercado consumidor e o comércio monetário. Nesse momento houve o aumento da produtividade, já que as tarefas eram divididas e cada trabalhador realizava uma etapa na confecção do produto.

Ainda falando de mercado consumidor, sua ampliação se deve também à expansão do comércio para outras regiões do mundo, fazendo os mercadores obterem altos lucros com as mercadorias comercializadas.

Ainda naquela época uma invenção iria mudar para sempre o processo produtivo e daria um pontapé para o início da Revolução Industrial. Você sabe dizer qual foi essa invenção?

4.5 A máquina a vapor

A transformação da energia térmica em energia mecânica por meio da expansão da água é a base de funcionamento de uma máquina a vapor. Essas máquinas foram bastante utilizadas no início da Revolução Industrial e evoluíram até o início do século XX.

Antes das máquinas, a produção de tecido era manual e feita por artesãos, por isso o volume de produção dependia diretamente da velocidade que se tinha para tocar o tear. Quando a máquina a vapor começou a ser utilizada na fabricação de tecidos, houve o aumentou da produção e os preços dos produtos caíram, o que fez o lucro dos donos das fábricas aumentar bastante. Com isso, as fábricas se espalharam rapidamente e provocaram uma mudança profunda no estilo de vida e na cultura de milhões de pessoas.

Figura 5. Exemplo de uma máquina a vapor do século XIX

Fonte: https://pixabay.com/pt/photos/m%C3%A1quina-a-vapor-tecnologia-hdr-2017648/.

Mais tarde, a máquina a vapor começou a ser utilizada também nos meios de transporte, dentre os quais podemos destacar as locomotivas a vapor, que utilizavam a pressão do vapor para produzir movimento e tinham como combustível a madeira ou o carvão.

As estradas de ferro por onde passavam as locomotivas diminuíram o tempo das viagens e isso foi ótimo para o comércio, pois a produção de tecidos, que agora era mais rápida, precisava de um transporte mais rápido para atender aos novos mercados.

Podemos afirmar que o desenvolvimento da máquina a vapor contribuiu para a expansão das indústrias e para a Primeira Revolução, pois a força de produção, que antes era tirada de operários e de cavalos, agora provinha de máquinas a vapor. Para se ter uma ideia, apenas uma máquina a vapor realizava o trabalho de centenas de cavalos. Uma locomotiva a vapor podia transportar cargas pesadas a lugares distantes em um ou poucos dias. Também surgiram os navios a vapor, que eram um transporte rápido, econômico e seguro.

4.6 Por que a Revolução Industrial ocorreu na Inglaterra?

Até agora falamos de outros acontecimentos e revoluções que antecederam a Revolução Industrial, destacando a importância da máquina a vapor, mas ainda não explicamos por que tudo isso aconteceu na Inglaterra.

De forma rápida, podemos dizer que esse país reunia todas as condições necessárias para que ocorresse essa transformação no processo produtivo e nas relações de trabalhos existentes.

Primeiro, porque a burguesia na Inglaterra conquistou o poder cedo por meio da Revolução Gloriosa, que trouxe estabilidade política e econômica e submeteu o poder dos reis ao Parlamento — que, sendo burguês, tomava medidas que fortaleciam e atendiam a seus interesses economicamente, contribuindo assim para o desenvolvimento tecnológico e industrial.

Outro fato importante, que ocorreu antes da entrada da burguesia no Parlamento, foram os "Atos de Navegação", uma lei que obrigava as mercadorias compradas ou vendidas pela Inglaterra a serem transportadas apenas por embarcações inglesas. E o resultado disso nós já sabemos: a Inglaterra alterou as rotas marítimas e transformou-se na maior potência naval e comercial do mundo naquela época. Com isso, teve um acúmulo de capitais que mais tarde foram aplicados no desenvolvimento das máquinas.

A "Lei dos Cercamentos" de terras permitia que as terras comuns utilizadas pelos camponeses fossem cercadas e transformadas em pasto para a criação de ovelhas. Essas terras comuns eram parte de um sistema feudal que separava determinadas áreas para pequenos proprietários que as utilizavam para seu próprio sustento. Com essa lei inglesa, esses camponeses eram retirados de suas terras, dando lugar a grandes proprietários que eram produtores ovinos e de algodão que abasteciam as indústrias em crescimento. Esses camponeses, obrigados a deixar suas terras (êxodo rural), iam para as cidades e a consequência disso foi exploração desses trabalhadores, cuja mão de obra era mais barata (queda dos salários).

Outro fato importante naquela época é que a Inglaterra possuía uma grande reserva das duas matérias mais importantes para o desenvolvimento industrial: carvão e ferro. O ferro era usado para construir as máquinas a vapor e o carvão para alimentá-las e mantê-las em funcionamento.

É interessante notar que, de todos os aspectos falados, nenhum foi por causa dos avanços tecnológicos e científicos, que naquele momento deixavam os ingleses bem atrás de outros países. Os franceses estavam à frente nas ciências naturais, principalmente após a Revolução Francesa, que incentivou e colocou em destaque a matemática e a física. Nas ciências sociais, os ingleses também deixavam a desejar, mas isso acabou mudando com a Revolução Industrial. Como dissemos, existiam diversas condições favoráveis, principalmente porque havia mais de um século que o rei havia sido formalmente julgado e executado pelo povo e o país vinha em desenvolvimento econômico acelerado, com base na política governamental.

5 O QUE FOI A PRIMEIRA REVOLUÇÃO INDUSTRIAL?

Como vimos até agora, a Inglaterra do século XVIII (1760 a 1850) foi responsável por um conjunto de mudanças no setor político-econômico e social impulsionadas pelos avanços tecnológicos. Esses avanços criaram outra maneira de produção e deram início à primeira Revolução Industrial, que estabeleceu um novo padrão de consumo na sociedade e modificou as relações de trabalho.

Figura 6. A Primeira fase da Revolução Industrial

Fonte: Autor.

Podemos dizer que a substituição do processo produtivo manufatureiro pela maquinofatura, ou seja, a substituição do trabalho humano por máquinas que eram capazes de realizar os trabalhos com maior precisão em um tempo bem menor, impactou drasticamente o trabalho artesanal.

Esse período foi marcado pela expansão do comércio, e o uso das máquinas possibilitou a produção em larga escala, aumentando os lucros. As indústrias cada vez mais se expandiam e a Inglaterra se encontrava em um cenário de progresso nunca visto antes. Segundo o historiador E. J. Hobsbawm, "nenhuma sociedade anterior tinha sido capaz de transpor o teto que uma estrutura social pré-industrial, uma tecnologia e uma ciência deficientes, e consequentemente o colapso, a fome e a morte periódicas, impunham à produção".

O interessante na Revolução Industrial é que, mesmo ocorrendo na Grã-Bretanha, o país não era o que tinha superioridade tecnológica e científica. Os franceses estavam à frente nas ciências naturais e isso se destacou durante a Revolução Francesa. Os franceses também produziram inventos mais originais, como o tear de Jacquard (1804), bem mais avançado que qualquer outro projetado na Grã-Bretanha, e também melhores navios. Os alemães possuíam as melhores instituições de treinamento técnico, como a Bergakademie prussiana; não existia igual em toda Inglaterra. A educação inglesa não era boa, e tentava compensar isso com duras escolas e universidades democráticas da Escócia calvinista, de onde surgiram:

- **James Watt** — matemático e engenheiro que melhorou o projeto das máquinas a vapor.
- **Thomas Telford** — arquiteto e engenheiro que se destacou na construção de estradas, pontes e canais.
- **Loudon McAdam** — engenheiro que se destacou na construção de estradas, inclusive inventando um sistema de drenagem de água das chuvas.
- **James Mill** — filósofo, economista e historiador que foi um famoso representante do radicalismo filosófico e que deu suas contribuições à psicologia, com a aplicação da doutrina do mecanicismo à mente humana.

As escolas escocesas se destacavam, levando as famílias aristocráticas inglesas a confiar a educação de seus filhos aos tutores escoceses da época. Os ingleses também não possuíam qualquer sistema de educação primária e a educação em massa era vista com temor por eles (desencorajavam a educação dos pobres), mas isso acabou mudando durante o século XIX.

Mesmo assim, as condições eram favoráveis na Grã-Bretanha para o crescimento. A política governamental visava ao lucro privado e ao desenvolvimento econômico. As atividades agrícolas estavam dirigidas para o mercado e acompanhavam a industrialização, pois a produção e a produtividade aumentavam de modo a alimentar uma população não agrícola que estava crescendo e que se concentrava nas cidades trabalhando nas indústrias. A frota mercante crescia, assim como as facilidades portuárias, além da construção de estradas e de vias navegáveis.

A expansão industrial e comercial e a mecanização da produção fizeram da Grã-Bretanha uma referência, e a Revolução Industrial começava ali a se expandir para outros países da Europa devido à facilidade de comercialização para novos mercados consumidores (Índia, África e as Américas) e porque a população consumidora crescia na Europa e aumentava a reserva de mão de obra.

Podemos destacar nesta primeira fase:

- O desenvolvimento da máquina a vapor e sua utilização no processo de produção.
- A utilização do carvão como fonte de energia para as máquinas a vapor.
- A criação da locomotiva a vapor, sendo utilizada para transporte de cargas e, mais tarde, de passageiros.
- Invenção do telégrafo.
- O aparecimento das indústrias têxteis.
- O crescimento da indústria siderúrgica.

Como falamos anteriormente, o processo produtivo era dividido de duas maneiras e, no processo manufatureiro, a produção era manual, porém o trabalhador realizava seu trabalho por meio de sua capacidade artesanal. E, com o surgimento das primeiras máquinas, elas assumiram o papel mais importante no processo de produção, visto que, antes, a produção dependia das habilidades do trabalhador/artesão. Agora isso não era mais necessário porque qualquer trabalhador poderia manejar a máquina e realizar o processo sozinho.

Novamente aqui falamos da troca do trabalhador artesão pelo trabalhador proletário, que não possuía as mesmas habilidades manuais de um artesão, mas tinha sua força de trabalho. E o resultado direto dessa troca foi que o salário dos trabalhadores diminuiu.

Além da queda dos salários, o uso das máquinas também obrigara os trabalhadores a aceitar uma jornada de trabalho excessivamente elevada (até dezesseis horas diárias) e com um repouso para almoçar de trinta minutos. Os trabalhadores que não aguentavam essa carga de trabalho eram substituídos por outros e aqueles que se afastavam por problemas de saúde não recebiam o salário. Não existiam equipamentos de proteção para os trabalhadores, por isso era comum a ocorrência de acidentes que mutilavam ou que tiravam a vida desses trabalhadores.

Os burgueses, agora patrões, gostavam de contratar mulheres e crianças, porque eram mais sujeitas a obedecer às ordens e os salários eram, no mínimo, 50% menores do que os de homens adultos. Com isso, seus lucros aumentariam mais.

Por causa desse cenário, os trabalhadores se mobilizaram e criaram organizações de trabalhadores, conhecidas na Inglaterra como *trade unions*, para reivindicar melhorias nas condições de trabalho, redução das jornadas e melhores salários.

Figura 7. Impactos da Primeira Revolução

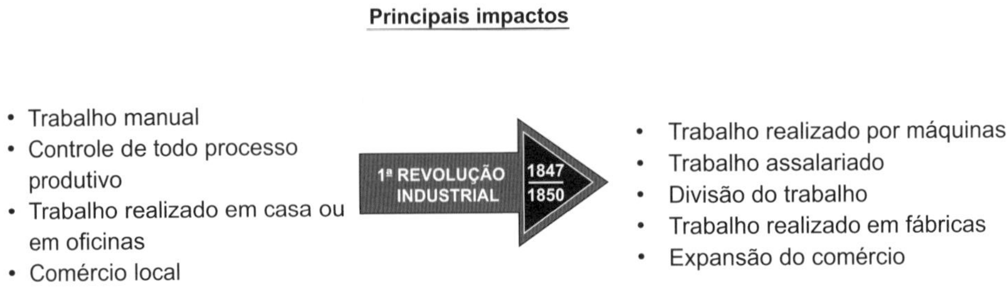

Fonte: Autor.

Quando olhamos para essa fase, temos um grande impacto no processo produtivo, que deixou de ser artesanal para ser feito por máquinas e com a divisão do trabalho. Nesse contexto, surge também o trabalho assalariado, já que o trabalhador começa a receber uma remuneração pela sua produção, e dessa forma surgem também novas relações de trabalho.

Mas um fato marcante nessa fase foi a evolução e o uso das locomotivas a vapor, fosse para transportar carvão ou passageiros. Vários protótipos e testes haviam sido feitos em outros países um século antes, sem sucesso. Mas os ingleses, primeiro com Trevithick e John Blenkinsop, e mais tarde com George Stephenson, tiveram um papel importante no desenvolvimento desse tipo de transporte. Stephenson, que era mecânico das minas de Killingworth, construiu em 1814 sua primeira locomotiva a vapor para o trem mineiro de Killingworth. Essa primeira locomotiva puxava trinta toneladas de carga a uma velocidade de 6km/h e resolvia problemas dos projetos de inventores anteriores. O sucesso desse projeto o deixou entusiasmado e entre 1823 e 1825 ele construiu uma linha férrea que ligava a pequena cidade de Stockton ao vale mineiro de Darlington, no norte da Inglaterra. Essa via possuía 61km de extensão e depois dela houve uma expansão das ferrovias pela Inglaterra, principalmente porque agora tinha apoio financeiro. Esse transporte foi um marco nessa fase da Revolução Industrial.

Mais tarde, em 1829, Stephenson foi encarregado de construir a estrada de ferro Liverpool-Manchester (inaugurada em 15 de setembro de 1830). Chamada de "The Rocket" (em português, "O Foguete"), a caldeira tubular, inventada pelo engenheiro francês Marc Séguin, multiplicava a capacidade de aquecimento ao fazer passar o ar quente, procedente da combustão, através de um sistema de tubos imersos na água da própria caldeira. Esse feito deixava a locomotiva mais veloz e ela atingia até 32km/h, velocidade maior que a do projeto anterior, que era de 24km/h. Nessa ferrovia tivemos o primeiro transporte de passageiros em horários regulares.

Figura 8. George Stephenson e a locomotiva "the rocket"

Fonte: Photography and formatting by George P. Landow. Courtesy of the Science Museum.

Figura 9. Locomotiva a vapor

Fonte: https://pixabay.com/pt/photos/locomotiva-a-vapor-partida-2980988/.

Com a evolução do projeto das locomotivas a vapor, os trens começaram a ficar maiores e mais potentes, e esse meio de transporte foi o mais utilizado durante um século. Outros países compraram a ideia da locomotiva e a Alemanha foi o primeiro país a comprar locomotivas do projeto de Stephenson para transporte de passageiros, ligando as cidades de Nurenberg a Furth. Além disso, ele padronizou as bitolas adotadas nas ferrovias por ele construídas, e grande parte da Europa e da América do Norte adotou também seus padrões.

E sabe qual foi o resultado da evolução das locomotivas?

Várias ferrovias foram implantadas rapidamente na Inglaterra e espalharam-se também pelo continente europeu e pelos Estados Unidos. A estrutura de transporte por locomotivas, com linhas principais e auxiliares, estava construída no fim do século XIX. E os Estados Unidos fizeram o mesmo trabalho de implantação de ferrovias e importaram as locomotivas inglesas.

6 O QUE FOI A SEGUNDA REVOLUÇÃO INDUSTRIAL?

A primeira fase da Revolução Industrial foi um divisor no mundo do trabalho e, dali para frente, o trabalho não seria mais o mesmo. Os burgueses, que eram os investidores da época, estavam cada vez mais interessados em aumentar os seus lucros. Com isso, aquele modelo de produção do início da Revolução Industrial começou a sofrer mudanças, e, em 1870, devido às demandas tecnológicas e às inovações que surgiram, iniciou-se a Segunda Revolução Industrial.

Figura 10. A Segunda fase da Revolução Industrial

Fonte: Autor.

Nessa nova fase da revolução, a principal e mais importante inovação tecnológica foi a eletricidade, seguida pela transformação do ferro em aço, o petróleo, o surgimento e aumento dos meios de transportes, o avanço dos meios de comunicações e o desenvolvimento da indústria. Uma das principais características dessa fase foi a expansão da industrialização para outros países europeus e para fora do continente.

A França iniciou sua expansão industrial após a Revolução de 1789, e a Bélgica o fez após se tornar independente dos Países Baixos, em 1830. Em seguida, a Alemanha e a Itália seguiram os mesmos passos de industrialização e, fora do continente, os Estados Unidos tiveram sua industrialização acontecendo de forma muito intensa, principalmente após a Guerra de Secessão (Guerra Civil Americana). No Japão, ocorreu após a restauração Meiji (com diversas mudanças que modernizaram o país). A Rússia também teve mudanças, mas sua industrialização não chegou perto da dos outros países europeus; foi tímida e impulsionada pelo capital estrangeiro.

Com essa expansão industrial que agora atingia outros continentes, o processo produtivo também sofreu mudanças. O carvão, que era o principal combustível utilizado para movimentar as máquinas a vapor da Primeira Revolução Industrial, estava sendo substituído aos poucos por outras fontes de energia, como a eletricidade e o petróleo.

A eletricidade, antes utilizada apenas em ambientes de pesquisa, agora fazia parte das indústrias e do dia a dia de toda a população. A energia elétrica permitiu o desenvolvimento de diversos instrumentos que iriam facilitar a produção dentro das fábricas. A iluminação e o transporte, o trem elétrico e a comunicação se desenvolveram em função dessa fonte de energia.

O uso do petróleo como fonte de energia, por exemplo, permitiu a criação e a evolução dos motores a combustão que utilizavam gasolina ou gás. E a utilização desses tipos de motores possibilitou às indústrias maior produtividade do que se utilizassem o carvão mineral. Houve aumento na produção de alimentos com as novas técnicas inseridas na produção agrícola, levando essa produção a atender ao mercado consumidor.

Figura 11. Outras fontes de energia passaram a ser mais utilizadas que o carvão

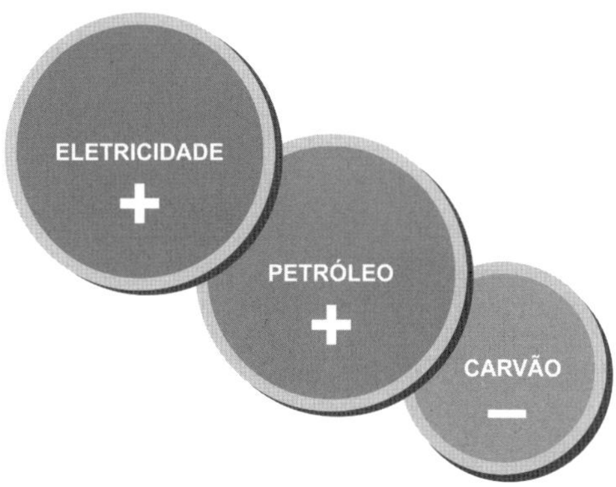

Fonte: Autor.

Essas mudanças que estavam acontecendo nas fontes de energia movimentavam outros setores da indústria. Com isso, houve também a expansão das indústrias de base (indústrias que produzem máquinas ou matérias-primas para outras indústrias), como a siderurgia — produção de aço — e a indústria petroquímica — produção de derivados do petróleo. Tivemos também o desenvolvimento das indústrias farmacêuticas.

Houve nessa fase também um forte desenvolvimento tecnológico, conforme mencionamos anteriormente, e esse desenvolvimento era aplicado principalmente nas indústrias elétricas, químicas, metalúrgicas, farmacêuticas e de transportes.

Nesse momento, a revolução não estava mais localizada apenas na Inglaterra, e países como Estados Unidos e Alemanha despontavam como grandes potências industriais e econômicas, juntamente com a França. Com incentivos para pesquisas e métodos de produção, as máquinas, cada vez mais aperfeiçoadas e modernas, aumentavam a produtividade e a lucratividade. Assim, podemos destacar na segunda fase da revolução:

- O desenvolvimento tecnológico intenso nas indústrias.
- Grandes invenções que revolucionaram a medicina, a eletricidade, os meios de transporte e até as guerras.
- O surgimento dos Estados Unidos como grande potência econômica mundial.
- A migração da população das áreas rurais para os centros urbanos.
- A utilização dos motores à combustão (usando o petróleo como combustível).
- A disputa territorial por países da África, Ásia e América Latina.

A segunda fase da Revolução Industrial foi marcada também pelo surgimento do capitalismo financeiro, que foi responsável pelo período de grandes inovações, pesquisas e aperfeiçoamentos tecnológicos em várias áreas, principalmente no campo da medicina. Por causa do capitalismo financeiro, tivemos muitos investimentos em pesquisas e na criação de novas tecnologias para os processos produtivos, máquinas, equipamentos, entre outros — tudo isso para acelerar a produtividade e, em consequência, os percentuais de lucros.

Com o surgimento de indústrias de grande porte nessa fase (siderúrgicas, metalúrgicas, petroquímicas, automobilísticas, transporte ferroviário e naval), tivemos também profundas modificações no contexto geográfico dos países envolvidos nessa fase, já que os crescimentos das cidades nesses países acompanhava o crescimento industrial. Fica evidente nesse momento que os avanços tecnológicos são o combustível das revoluções que ocorreram e que viriam em sequência.

7 O QUE FOI A TERCEIRA REVOLUÇÃO INDUSTRIAL?

A terceira fase da Revolução Industrial teve a liderança dos Estados Unidos e início depois da Segunda Guerra Mundial, na década de 1950. Essa terceira fase transformou os Estados Unidos em uma grande potência econômica e a principal característica desse período foi o uso das tecnologias avançadas (eletrônica e a informática) no sistema de produção industrial.

Figura 12. A Terceira fase da Revolução Industrial

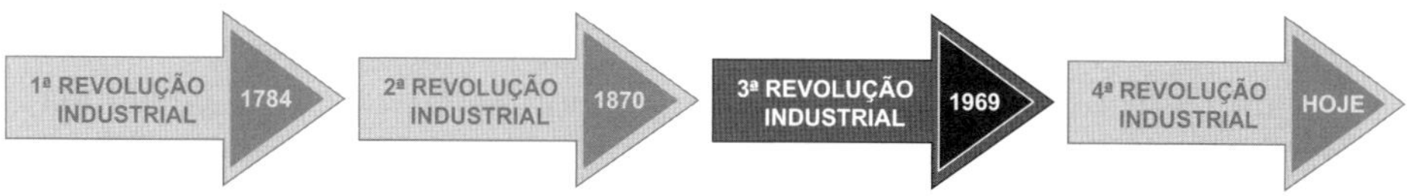

Fonte: Autor.

Nesse mesmo período, o petróleo ganhou concorrentes em outras formas alternativas de se obter energia com força e investimento. Exemplos foram a energia eólica, a hidrelétrica, a geotérmica e a solar. A crise do petróleo, que ocorreu na década de 1970, contribuiu bastante para esses investimentos em outras fontes de energia.

A Terceira Revolução Industrial foi chamada também de "Revolução Técnico-científica Informacional", pois nessa fase apareceram os processos de inovações no campo da informática e suas aplicações nos campos da produção e do consumo. Essa fase também foi responsável pela integração da ciência, da tecnologia e da produção. Tanto que a maioria das descobertas científicas foram voltadas para o mercado, ou seja, surgia uma inovação e logo era pensado como aquilo poderia se transformar dentro do cotidiano das pessoas. Veja, por exemplo, os aparelhos eletrônicos que, pouco tempo depois de anunciados, já estavam nas prateleiras para o consumo.

A integração da ciência, da tecnologia e da produção foi responsável por grandes realizações nessa fase, como o desenvolvimento da química fina, da biotecnologia, da escalada espacial, da robótica, da genética, entre outros avanços importantes. Houve um aumento da produtividade nos países desenvolvidos, intensificando a competição entre eles e acelerando o processo de recuperação e desenvolvimento econômico.

Nessa terceira fase da revolução tivemos mudanças que foram além do setor produtivo industrial e ocorreram também no âmbito cultural. As pessoas passaram a ter mais acesso a diferentes culturas globais, especialmente quando a internet começou a evoluir e a chegar em todos os lares.

O que essa fase teve de diferente em relação às anteriores?

Nas duas primeiras fases ficaram visíveis a crescente substituição do homem pela máquina e a transformação do homem em um indivíduo que operava máquinas, em um processo produtivo cada vez mais amplo e complexo. Nessa fase ainda ocorreu outro fato interessante, pois, na medida em que novas tecnologias foram surgindo e sendo adaptadas aos maquinários das fábricas, a informática passou também a contribuir na melhoria dos processos produtivos. Agora, além de ser substituído por equipamentos mecânicos, o homem também passou a ser substituído por softwares, que, em muitos casos, passaram a gerir a produção fabril.

Outra novidade nessa fase foi a crescente terciarização da economia, que concentrou a maior parte dos empregos gerados em setores como o de comércio e o de serviços.

O impacto dessa terceira fase da revolução não se limitou às indústrias, mas afetou também as empresas comerciais, prestadoras de serviços e até mesmo as pessoas mais comuns dentro da sociedade.

Tivemos nessa fase a ligação entre o conhecimento científico e o sistema produtivo, passando-se a produzir, portanto, mais em menos tempo, assim como bens e produtos antes não imaginados nas fases anteriores. Na fase anterior haviam se destacado as grandes indústrias metalúrgicas, siderúrgicas e automobilísticas. Nessa fase surgiram as indústrias de alta tecnologia, que desenvolviam pesquisas e produtos nas áreas de genéticas, robótica, informática, telecomunicações e eletrônica.

As consequências da terceira fase da revolução podiam ser vistas em todos os lugares, pois as indústrias cada vez mais empregavam tecnologia, mas as tecnologias inseridas também alcançavam as populações, mudando a relação entre as pessoas no mundo todo e até mesmo a forma de comunicação. Esse fenômeno, que fez os produtos, as tecnologias e as informações alcançarem todo mundo, aliado a formas de comunicação que passaram a ser instantâneas, rompeu as barreiras físicas. E essa interligação econômica, política, social e cultural ganhou um nome: globalização.

As invenções criadas nesta fase transformaram a medicina, com a criação de medicamentos, formas de prevenção, tratamentos e instrumentos utilizados em laboratórios e em procedimentos médicos e cirúrgicos. Os computadores, cada vez menores e com maior capacidade, os softwares e o aprimoramento da internet facilitaram a vida de milhares de pessoas e impulsionaram ainda mais o crescimento e o desenvolvimento econômico no mundo.

Entre as principais descobertas desse período estão:

- O uso da computação e a automação dos processos produtivos.
- A utilização de energia atômica para a produção de eletricidade e uso na medicina.
- A invenção dos aparelhos celulares que, devido aos avanços, tornaram-se *smartphones* e *tablets* com diversos outros recursos.
- A conquista espacial, com satélites, estações espaciais e sondas para estudo de outros planetas.
- Surgimento e desenvolvimento da internet.

A terceira fase da Revolução Industrial influenciou diretamente o modo de produção e trouxe um diferencial das outras fases, que foi a influência sobre as relações sociais.

O capitalismo financeiro, mencionado na segunda fase da revolução, se consolidou nessa fase. As empresas multinacionais se multiplicaram cada vez mais, enquanto o crescimento da economia acelerou. As indústrias passaram a ser instaladas em diversas regiões do mundo, principalmente naquelas que oferecessem mais vantagens econômicas.

Mas não tivemos apenas pontos positivos nessa fase, pois os recursos naturais passaram a ser explorados de forma descontrolada e a natureza sofreu as consequências dessa exploração desordenada. Os problemas ambientais e as mudanças climáticas foram tema de diversas discussões nessa fase. Com o aumento das indústrias também aconteceu o aumento das emissões de gases poluentes na atmosfera, provocando e agravando o "efeito estufa".

8 QUADRO COMPARATIVO DAS REVOLUÇÕES

COMPARATIVO DAS REVOLUÇÕES INDUSTRIAIS							
Revoluções	**Período**	**Principais países**	**Fonte energética**	**Tecnologias**	**Principais indústrias**	**Transformações**	**Trabalho**
1ª REVOLUÇÃO	Entre o final do século XVIII e o início do século XIX.	Inglaterra e depois França, Bélgica, Holanda, Rússia, Alemanha e Estados Unidos.	Carvão	Máquina de fiar, tear mecânico, máquina a vapor.	Têxtil	A utilização de máquinas movidas a carvão revolucionou a produção e aumentou as fábricas. Com isso, houve um aumento de pessoas que saiam dos campos à procura de trabalho nessas indústrias, aumentando a população urbana e a pobreza nos grandes centos.	O poder militar e a produção industrial colocaram a Inglaterra na hegemonia da economia mundial. O mundo se divide entre os países que fornecem matéria-prima e aqueles que produzem produtos industrializados. Os produtores tornam-se países desenvolvidos.
2ª REVOLUÇÃO	Segunda metade do século XIX até a 2ª Guerra Mundial (1939-1945).	Estados Unidos, Alemanha, Inglaterra, França.	Petróleo, energia elétrica	Motor a combustão, aço, energia elétrica, metalurgia, petroquímica Desenvolvimento das linhas de montagem, produção padronizada, em série e em massa.	Química, elétrica, metalúrgica, farmacêutica e de transportes	Devido ao êxodo rural, temos neste momento uma população maior nas cidades que nos campos. Surgem sindicatos para melhorar as condições de trabalho. Desaparecem os artesões e camponeses e surgem os operários e as máquinas.	O aumento da atividade industrial faz os países europeus buscarem novos mercados consumidores e fornecedores de matéria--prima. Em paralelo, os países industrializados entram em choque, devido à disputa por mercado, e temos a 1ª Guerra Mundial.
3ª REVOLUÇÃO	Início em meados de 1940, chegando até os dias de hoje.	Estados Unidos como potência liderou este período econômico.	Diversas fontes de energia, como: petróleo, energia elétrica, eólica, nuclear...	O computador é a máquina da Terceira Revolução. Além da produção de componentes eletrônicos, robótica, telecomunicações, softwares e informática em geral.	Informática, biotecnologia, automação, telecomunicações	Aumento do fluxo de informações, produtos e pessoas. Globalização dos produtos e dos serviços. Empresas multinacionais.	O aumento da tecnologia reduz o número de trabalhadores nas indústrias, que migram para o setor de serviços. Os países produtores de tecnologia de ponta comandam o mercado de produção e consumo de bens e serviços.

9 O RESULTADO DA REVOLUÇÃO INDUSTRIAL PARA O MUNDO

Vimos até este momento que o mundo passou por diversas transformações e revoluções. Dividimos a Revolução Industrial em quatro fases, sendo que três delas destacamos neste capítulo. E vamos falar sobre a Quarta Revolução no Capítulo 4, "Tecnologias viabilizadoras do futuro". Com base em tudo que você leu até agora, eu pergunto: a Revolução Industrial ocorrida no passado deixou as pessoas em melhores ou piores condições de vida?

Vamos trazer essa resposta para os nossos dias, imaginando uma dona de casa que tenha uma máquina de lavar roupas, capaz de entregar a roupa quase seca para ser colocada no varal e outra dona de casa que não tenha esse eletrodoméstico em casa. Qual dessas duas donas de casa estaria mais feliz e menos cansada no fim do dia?

Vamos deixar o exemplo acima um pouco de lado e voltar ao passado, afinal de contas, foram os ingleses os primeiros a sentir os impactos da Revolução Industrial. Será que nos séculos XVIII e XIX a maioria dos ingleses conseguiram mais alimentos e melhor alimentação, vestuário e habitação devido à Revolução Industrial?

Conforme nos explicou o historiador E. J. Hobsbawm, "a Revolução Industrial transformou a vida dos homens a ponto de torná-la irreconhecível, pois destruiu seus antigos estilos de vida, deixando-os livres para descobrir ou criar outros novos, se soubessem e pudessem. Contudo, raramente ela lhes indicou como fazê-lo". E o que ele quis dizer com isso?

Que a Revolução Industrial foi provedora de conforto e transformadora social. É claro que não podemos nos esquecer das condições dos trabalhadores no início da revolução, com o trabalho infantil, a remuneração péssima para as mulheres, que não ganhavam nem a metade do valor que os homens recebiam, e todos os protestos por melhores condições de trabalho nas fábricas inglesas.

A sociedade que estava se transformando em industrial tinha uma mão de obra diferente da de outras épocas. A industrialização trouxe consigo os proletários (assunto já explicado no livro) que viviam do salário dado pelo trabalho e pago pelos donos das fábricas, ao contrário do período anterior, que era formado em grande parte por famílias donas de suas propriedades agrícolas e oficinas artesanais que tinham acesso direto aos pagamentos pela produção.

Outra mudança trazida pela industrialização foi a regularidade do trabalho. Dentro de uma fábrica, o operário tinha uma rotina totalmente diferente daquela que ele exercia fora da fábrica, pois tinha que cumprir horários, ritmos de trabalho diferente e, independentemente da estação, ele tinha que trabalhar.

A indústria trouxe consigo o relógio e o controle das jornadas de trabalho, e aqueles que não se acostumavam com o novo ritmo tinham que pagar multas e eram disciplinados, naquela época, por leis de senhor e servo, que podiam até prender quem não cumprisse um contrato, sendo que aos patrões poderiam apenas multar.

Nas primeiras gerações do industrialismo, os pobres ficaram mais pobres enquanto as classes rica e média enriqueceram. Vimos, assim, que a mudança no ritmo de fabricação reduziu o tempo de fabricação, mas com um custo alto para os trabalhadores e as populações que migraram para as cidades que surgiam e que não paravam de crescer.

A economia inglesa nesse período cresceu assustadoramente, mas as condições de vida, os baixos salários e a exploração do trabalhador começaram a mudar apenas quando surgiram os conflitos e as resistências dentro das fábricas, o que resultou em greves e mais tarde na formação dos sindicatos que lutavam por direitos e melhores condições de trabalho.

Vários historiadores consideram a Revolução Industrial como o evento mais importante da história da humanidade, pois a revolução impulsionou uma era de forte crescimento econômico na Inglaterra e nas economias capitalistas da época. E essa revolução colocou a Inglaterra no centro do mundo no século XIX, com hegemonia no progresso econômico-tecnológico, da expansão colonialista e das primeiras lutas e conquistas dos trabalhadores.

As fábricas se espalharam pela Inglaterra e, por mais que outros países tentassem acompanhar, eram considerados uma "miniatura de Inglaterra", já que não tinham o mesmo ritmo e a tecnologia empregada em suas fábricas.

A revolução levou desenvolvimento para outras cidades e localidades da Europa, porém, à medida que a industrialização se expandia pelo mundo, cada país se desenvolvia em um ritmo e com condições econômicas diferentes.

A revolução ainda foi a grande precursora do capitalismo, servindo de elo entre o capitalismo comercial e o capitalismo industrial, e aumentou a produção e o consumo de produtos no mundo. Surgiram novos comportamentos sociais, novas formas de acumulação de capital, novos modelos políticos e uma nova visão do mundo e da sua economia, em que a economia de um país poderia impactar a economia de outro.

Todas as transformações trazidas pela industrialização se refletiram no crescimento populacional nos grandes centros. Além disso, temos várias características no mundo de hoje que são consequências da Revolução Industrial, como:

- Divisão e especialização do trabalho.
- Divisão de classes.
- Crescimento econômico.
- Grandes indústrias multinacionais.
- Metodologias de trabalho aliadas à gestão de processos.
- Aumento do rendimento do trabalho.
- Redução dos custos de produção.
- Progresso científico e tecnológico constante.
- Avanço dos sistemas de comunicações e de transportes.
- Desenvolvimento industrial e urbano.
- Expansão do comércio pela internet.

Podemos dizer que todos os acontecimentos na Europa que se espalharam pelo mundo tiveram influência direta em tudo que vivemos no século XX, e que agora estamos vivendo no século XXI, e que essa evolução continuará mudando o modo de vida das pessoas e como elas interagem em sociedade e no trabalho.

Atualmente, a Revolução Industrial ultrapassou os limites das fábricas, das cidades ou mesmo de cada país e já pode ser vista em tudo que temos na sociedade. Os avanços tecnológicos estão mudando novamente comportamentos, negócios e a forma como vivemos.

10 CONCLUSÕES

Neste primeiro capítulo foi possível entender todos os cenários e acontecimentos vividos na Europa que aos poucos transformaram a visão que se tinha do trabalho, que deixou de ser apenas para a sobrevivência da humanidade e tornou-se o principal mecanismo para a evolução da economia e da sociedade.

Muitos pensadores contribuíram para que a Europa tivesse mudanças de pensamentos em diversas áreas, como a política, a econômica e a social, baseadas nos ideais de liberdade, igualdade e fraternidade, que trouxeram com elas todas as revoluções que vimos no capítulo.

Cada revolução teve seu papel e sua importância na evolução da humanidade. Por exemplo, com a população aumentando na Europa, seria impossível alimentar todos os indivíduos caso não houvesse uma revolução (agrícola) que tinha como principal objetivo alimentar a população nos grandes centros, que se mudavam do campo à procura de trabalho nas grandes fábricas que eram criadas. E, assim, surgiu a produção de alimentos em larga escala.

O processo produtivo foi sofrendo cada vez mais modificações, deixando de ser artesanal, e apareceu a figura do burguês, que era o dono dos meios de produção e precisava da mão de obra do artesão. Novas ferramentas foram criadas para facilitar o trabalho até surgir a primeira máquina a vapor, que foi utilizada em diversos segmentos da indústria e também em locomotivas de transporte.

A Revolução Industrial criou um novo modelo de trabalho e de produção, substituiu cada vez mais o trabalho humano por máquinas capazes de realizar as mesmas tarefas com maior precisão e em menor tempo. A produção em larga escala expandiu o comércio para outras localidades da Europa e, consequentemente, do mundo.

É interessante lembrar também que, mesmo a Inglaterra não possuindo superioridade tecnológica e científica, tendo países como a França, a Alemanha e a Escócia bem à frente nesse quesito, tinha as condições ideais ou favoráveis para o crescimento. A política governamental buscava o lucro e o desenvolvimento econômico; as atividades agrícolas acompanhavam o ritmo acelerado da industrialização, permitindo que a população tivesse alimentos; e a frota mercante se expandia juntamente com as estradas e vias navegáveis para escoar os produtos. Ou seja, a expansão industrial somada à mecanização da produção e ao avanço comercial fez da Inglaterra o berço da Revolução Industrial.

Essa revolução foi dividida em fases ou períodos. Em cada uma dessas fases aparecem novos países, fontes de energias que contribuíam para o avanço da industrialização, novas tecnologias que criavam novas indústrias e geravam mais transformações nos produtos, no comércio e também na mão de obra empregada nessas fábricas.

Nessa caminhada, vivemos atualmente a quarta fase da Revolução Industrial, que possui tecnologias que vão além dos meios de produção e de seus produtos, tendo um poder de transformação, mudando comportamentos, criando novos negócios e alterando a maneira como lidamos com as informações e vivemos em sociedade.

BIBLIOGRAFIA

HOBSBAWN, Eric J. *Da Revolução Industrial inglesa ao imperialismo*. Editora Forense Universitária. São Paulo, 5 ed., 2000.

HOBSBAWN, Eric J. *A era das revoluções*. Editora Paz e Terra S. A. Rio de Janeiro, 1977.

De MELLO, Vico Denis S.; DONATO, Manuella Riane A. *O pensamento Iluminista e o desencantamento do mundo: Modernidade e a Revolução Francesa como marco paradigmático*. Disponível em: https://www.seer.ufal.br/index.php/criticahistorica/article/view/2776, 2011. Acesso em 04/01/2020.

SUGESTÕES DE PERGUNTAS E RESPOSTAS PARA DISCUSSÃO DO CAPÍTULO

1. O que foi o Iluminismo e por que ele foi importante?

2. Quais foram as principais características do Iluminismo que contribuíram para o desenvolvimento da sociedade?

3. Os pensamentos iluministas contribuíram diretamente com diversas revoluções pelo mundo. Cite três revoluções que mudaram para sempre o cenário dos países onde ocorreram, e que contribuíram também para a Revolução Industrial.

4. No período antes da Revolução Industrial, certo escritor disse em seu livro que "estar perto de um porto era estar perto do mundo". O que ele quis dizer com isso?

5. O que foi a Revolução Agrícola?

6. O que foi a Revolução Francesa?

7. Como eram divididas as classes sociais na França antes da revolução?

8. O que era a Bastilha e qual foi a influência de sua queda para a Revolução Francesa?

9. O que foi a Revolução Americana e quais foram as interferências dos pensamentos iluministas na Declaração de Independência?

10. O que foi a Revolução Industrial?

11. A Revolução foi dividida em fases para melhor entendimento dos acontecimentos. Marque abaixo quais foram os acontecimentos da: (1) Primeira Fase da Revolução, (2) Segunda Fase da Revolução e (3) Terceira Fase da Revolução:

( ) O aparecimento das indústrias têxteis.

( ) A utilização dos motores a combustão (uso do petróleo como combustível).

( ) A criação da locomotiva a vapor, sendo utilizada para transporte de cargas e, mais tarde, de passageiros.

( ) A invenção dos aparelhos celulares que, devido aos avanços, tornaram-se smartphones e tablets com diversos outros recursos.

( ) O desenvolvimento da máquina a vapor e sua utilização no processo de produção.

( ) A invenção do telégrafo.

( ) A migração da população das áreas rurais para os centros urbanos.

( ) O crescimento da indústria siderúrgica.

( ) O surgimento dos Estados Unidos como grande potência econômica mundial.

( ) A utilização do carvão como fonte de energia para as máquinas a vapor.

( ) A conquista espacial, com satélites, estações espaciais, sondas para estudo de outros planetas.

( ) Desenvolvimento tecnológico intenso nas indústrias.

( ) A utilização de energia atômica para a produção de eletricidade e uso na medicina.

( ) Grandes invenções que revolucionaram a medicina, a eletricidade, os meios de transporte e até as guerras.

( ) A disputa territorial por países da África, Ásia e América Latina.

12. Cite e comente um resultado positivo da Revolução Industrial para o mundo em nossos dias.

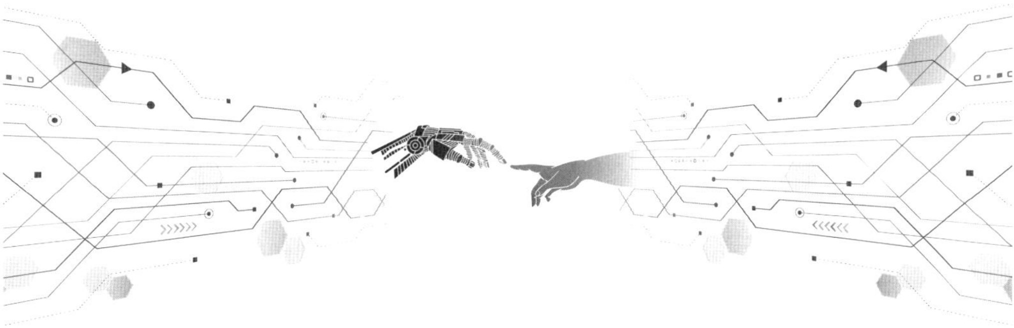

História, cultura e poder nas organizações

Silvia Loyola Vieira da Silva

OBJETIVOS DO CAPÍTULO

Queremos, neste capítulo, despertar a atenção do leitor para a relação que existe entre os nossos padrões de relacionamentos nas organizações e a nossa história. Esperamos, assim, esclarecer os motivos das resistências às mudanças estruturais, das dificuldades e dos fatores invisíveis que dificultam ou impedem o progresso das organizações e das pessoas no ambiente corporativo. Esperamos que essa discussão alimente a intenção e as oportunidades de trazer para a luz temas por vezes delicados e desconfortáveis, mas sem os quais nossas chances de evolução ficariam comprometidas.

1 INTRODUÇÃO

A interferência da cultura da sociedade nos diferentes planos da vida humana, e em particular na cultura organizacional, é fato conhecido e tratado por autores de várias correntes ou sistemas de pensamento e, certamente, deve ser um pressuposto para qualquer trabalho (artigo, ensaio e outros) sobre cultura.

O reconhecimento dessa dificuldade implica escolhas de recortes que não abrangem o todo, mas tão somente alguns ângulos que possam ser didaticamente compreendidos por aqueles que atuam em organizações e não no universo acadêmico.

Os profissionais que compõem a organização carregam, em si, o processo de socialização próprio dos ambientes em que foram criados, cresceram e formaram seus pressupostos. Pode-se dizer que todo indivíduo é único e, ao mesmo tempo, múltiplo, posto que sua identidade, seus valores e sua forma de ver o mundo são consequências de interações dos antepassados próximos e distantes. Assim, ao entrar para o mundo do trabalho, uma das principais tarefas dos profissionais é entremear seus pressupostos com aqueles que também deverão nortear seus comportamentos.

Sem pretensão de esgotar a temática, faremos referências ao impacto que a nossa história, brasileira, tem na formação dos nossos pressupostos básicos, que, por sua vez, impactam a nossa cultura, a forma como lidamos com o poder e as nossas organizações. Vamos abordar os níveis de cultura segundo Schein, e as três camadas que os embasam, buscando identificar suas relações com o consciente, o inferido e o internalizado. Esses aspectos são relacionados com os três tipos de poder abordados por Galbraith (poder condigno, poder compensatório e poder condicionado), primados pelos traços culturais da formação do brasileiro, sob o ângulo do Laurentino Gomes. Outros autores são citados, mas, por recorte teórico, optou-se por dar mais ênfase às três vertentes, não se limitando a elas.

Vamos discorrer sobre o que nos trouxe até aqui para que possamos pensar "o que somos", "por que somos" e "quem queremos ser". E quem sabe não comecemos por aí um processo de mudança que afrouxe as amarras do nosso passado... Por isso, este capítulo foi desenhado com um olhar de gestão e faz um pequeno recorte da história brasileira, trazendo reflexões sobre a sua influência na forma como exercemos, como nos submetemos e como nos comportamos em relação ao poder em função da formação dos nossos traços culturais. Um alerta de Harari (2018) deve orientar essa leitura: toda narrativa é incompleta e o indivíduo precisa dar a ela sentido para entender o seu papel e atuar dentro do que dele se espera e que ele pode entregar. Esse sentido é dado pela história e pelas ciências sociais.

Esperamos que você tenha a atenção despertada para a relação existente entre os nossos padrões de relacionamentos nas organizações e a nossa história. Ficará mais claro o porquê de algumas resistências às mudanças estruturais e a presença de alguns traços invisíveis que dificultam ou até mesmo inviabilizam o progresso das organizações e das pessoas no ambiente corporativo. Essa discussão pode trazer à luz temas por vezes delicados e desconfortáveis, mas sem os quais nossas chances de evolução ficariam comprometidas.

2 A CULTURA, ESTA FILHA DA HISTÓRIA

Para Migueles (2003), há muitas dificuldades para o estudo da cultura, termo que é apresentado como um "imenso guarda-chuva" sob o qual são abrigados os mais variados fenômenos. Esse é um problema bem abordado por Geertz (1989), mas ainda não trabalhado de forma adequada no universo empresarial.

O ponto de partida, já clássico, é o conceito de cultura de Schein (1992), provavelmente um dos autores mais citados nessa temática. Para ele, cultura organizacional é um "conjunto de pressupostos básicos que determinado grupo inventou, descobriu ou desenvolveu no processo de aprendizagem para lidar com os problemas de adaptação externa e de integração interna". Ao se mostrarem efetivos na solução dos desafios que o grupo enfrentou, esses pressupostos terminam sendo assumidos como adequados e, assim, ensinados para os novos membros. De acordo com Schein (1992, 2009), a cultura organizacional possui aspectos que podem ser identificados mais facilmente do que outros. Para o autor, a dificuldade encontrada para diferenciá-los contribui para a confusão essencial do conceito e apresenta um modelo que ilustra os níveis de cultura.

A camada externa, mais facilmente observável, é denominada "artefatos visíveis" e é representada na organização pelas estruturas e pelos processos visíveis. Nessa camada incluem-se o ambiente, vestimentas, mobiliário etc. Apesar de serem facilmente vistos, interpretá-los é uma tarefa complexa. A segunda camada, conhecida como "valores compartilhados", representa estratégias, metas e filosofias, compreensíveis por meio de entrevistas, políticas internas de gestão de pessoas, sistemas de recompensa e outros que oferecem explicações racionais ou idealizações relacionadas a valores, não necessariamente a um significado interno, genuíno. As razões reais encontram-se de fato protegidas no universo do inconsciente, formando a última camada, denominada "pressupostos básicos", mais profunda, que abrange as suposições básicas, os valores fundamentais, percepções, pensamentos e sentimentos conscientes e inconscientes, ou seja, processos intrapsíquicos, subjetivos e singulares. Valores da empresa, quando alinhados com os valores do sujeito, migram de uma camada para outra, de forma sutil, nem sempre perceptível pelo próprio sujeito.

Figura 1. Os níveis da cultura, segundo Schein (1992)

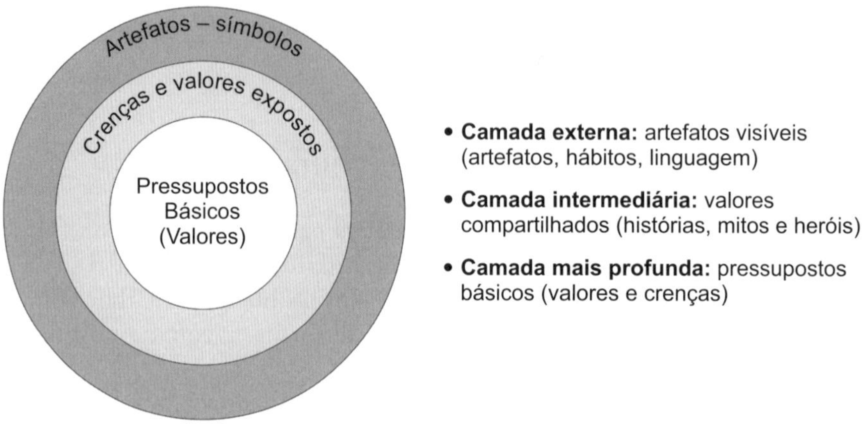

Fonte: Adaptado de Schein, 1992

Tais pressupostos básicos estariam fundados em cinco grandes questões (FLEURY e FISCHER, 2007, p. 21):

1. A relação do homem com a natureza (dominação, submissão ou harmonia).
2. A natureza da realidade é de verdade (a verdade é revelada ou descoberta).
3. A natureza humana (é boa, má ou neutra).
4. A natureza da atividade humana (ativo, passivo ou se autodesenvolver).
5. A natureza das relações humanas (como é distribuído o amor e o poder nas organizações? A vida é cooperativa ou competitiva, individualista ou coletiva, baseada na autoridade, na tradição ou no carisma?).

Schein atribui grande importância aos fundadores da empresa, considerados fontes dos principais valores imanentes que vão permear o "jeito de fazer as coisas" da empresa, configurando, aos poucos, a sua cultura. Por essa razão, muitos pesquisadores procuram compreender a história de uma empresa, desde a sua fundação, mesmo que ultrapasse dezenas de anos.

A discussão sobre cultura no âmbito organizacional tem crescido e alcançado espaço nas agendas de gestores, e há estudos que defendem que o sucesso — ou o insucesso — de processos de fusão ou aquisição depende da possibilidade de integração de culturas. Mais recentemente, entretanto, com a introdução de metodologias ágeis e mudanças mais rápidas, tudo ao mesmo tempo e agora, o interesse nas pesquisas sobre entendimento da cultura têm perdido relevância, conforme demonstra o gráfico a seguir, extraído do Google trends.

Figura 2. Interesse no tema "cultura organizacional" nas pesquisas do Google entre jan. 2004 (início da medição) e out. 2021

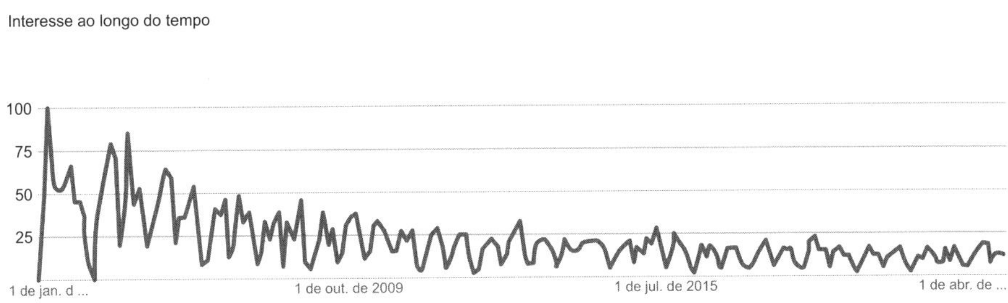

Fonte: Adaptado de https://trends.google.com.br; acesso em 31 out. 2021.

É possível observar que o interesse sobre o tema caiu consideravelmente durante o período. Chegou ao pico (100) em setembro de 2004 e em outubro de 2021 ficou com o índice 12. Esse fato pode demonstrar que, se o debate está acontecendo nas organizações, ele não é feito com base na literatura. É possível supor, portanto, que o tema tem recebido tratamento superficial, talvez pela complexidade e pela dificuldade em se associar, de maneira objetiva, os resultados diferenciados de uma abordagem mais robusta, conforme demanda a natureza deste assunto. Um novo texto, como o presente, tem a pretensão de alcançar os novos profissionais de RH e os gestores, e atraí-los para uma abordagem que, sem negligenciar a rapidez dos processos de mudança, traga reflexões que indiquem a distância entre resultados de curto prazo e valores individuais, de longo prazo.

Também percebemos o uso do termo "cultura" como se fosse uma "entidade externa" para caracterizar uma inadequação que imobiliza para a ação. Da mesma forma pensam a mudança pela adoção de novas tecnologias que conduzem ao foco do que seria ou não valorizado. Fazem isso por meio da adoção de *frameworks* ágeis que se repetem, de forma padronizada, nas chamadas "empresas de ponta". Outras vezes o tema é abordado como uma externalidade independente, de fácil implantação: cultura empreendedora, inovadora, disruptiva. Um exemplo disso é a prática, relativamente comum, de se expressar os valores da empresa por documentos escritos, letras metalizadas e iluminadas no hall de entrada, nos crachás ou nos sites das empresas. É como se, ao redigi-los e comunicá-los extensivamente, eles se transformassem, num passe de mágica, nos valores reais da empresa.

Esse tipo de crença demonstra desconhecimento da natureza simbólica e, muitas vezes, inconsciente dos valores. Valores, recomenda a literatura, seriam algo a ser descoberto, muito mais do que algo a ser criado. Mais do que técnicas de comunicação dos valores redigidos, a gestão da cultura teria início a partir de técnicas antropológicas, de observação, de entrevista, de percepção, de escuta e de validação. A gestão dos valores começaria de dentro para fora, a partir da sua descoberta, da sua revelação. Depois disso, o estudo das histórias, das lendas e dos seus símbolos permitiria um tratamento mais cuidadoso e respeitoso da realidade, alterando-a em direção a uma mudança real na maneira de a organização olhar para os desafios a que se propõe, pela adesão a um novo olhar sobre o que, de fato, move o universo das pessoas e das práticas empresariais.

Para mudar, os pressupostos básicos precisam ser revelados, trazidos à luz, discutidos e reacomodados na realidade da empresa, por meio, dentre outras coisas, da alteração dos processos de gestão de pessoas, do redesenho dos processos e da edição dos ritos e rituais organizacionais. Mais reflexões sobre isso serão apresentadas ao final deste capítulo.

Os processos organizacionais não acontecem isoladamente, como algumas pessoas entendem. A partir da estratégia, as empresas definem seus objetivos e metas organizacionais, seus processos e a gestão de pessoas e subsistemas de RH, mas desconsideram que a cultura é a liga desses processos. Como diz a famosa frase de Peter Drucker: "A cultura come a estratégia no café da manhã." Uma grande multinacional, com filiais em vários países da Europa e das Américas, incluindo o Brasil, há quase três anos vêm tentando implantar a chamada "transformação digital" que, sem dúvida, reduz o número de empregados e, naturalmente, o de gestores. Para fazer isso acontecer, implantou a plataforma Ágil, em que um dos princípios é a gestão por projetos multidisciplinares, em que se elimina a hierarquia. Por exemplo, um especialista pode ser o *scrum master* (líder)[1] de um projeto em que o seu próprio chefe pode ser um recurso, ou pode ter, na equipe, profissionais de outras diretorias. Parece uma prática moderna e circular. No entanto, a despeito da "inexistência da hierarquia", o líder tinha dificuldades de assegurar a agenda do seu superior e, sempre que havia incompatibilidade entre o cronograma do projeto e o de outra diretoria, o recurso alocado não tinha como negociar a sua participação, prevalecendo a determinação do

1 Scrum master: líder de um projeto cujo papel é facilitar a integração de equipes interdisciplinares, de diferentes níveis organizacionais, com o objetivo de facilitar o trânsito, acelerar os resultados, garantir as condições e os recursos alocados, dentro do framework Agile. Fonte: setecnet.com.br/scrummaster. Acesso em 06/01/2021.

seu superior, ainda que o cronograma-mestre tenha sido por ele aprovado. Esse simples exemplo demonstra como a falta de conhecimento das relações de poder e da cultura dita "tradicional e conservadora" pode — e isso frequentemente acontece — barrar o que se chama de "cultura disruptiva". O diretor responsável por essa mudança informou que gastaram milhões em consultoria especializada que não trouxe nenhum resultado, levando, ao contrário, ao desgaste de todas as partes.[2]

Já se fala de "fit cultural", ou seja, avaliar, já no processo seletivo, se um profissional tende a se adaptar ou não à cultura daquela organização. Isso ainda não resolve a questão fundamental, pois o indivíduo vai lutar para manter a sua identidade e a sua estabilidade em seus eixos de autorreferência ou de decisão, ainda que tenha "aprendido" a se dar bem em processos de *assessment*. Ele necessita de algo que estruture o seu pensamento e que tenha um sentido de permanência, mesmo em situações de readequação ou mudança organizacional.

O fracasso na implantação de mudanças ou, pelo menos, dentro dos custos e no tempo desejado, está levando as empresas a reverem o que não estão considerando ao implantar os processos. A resposta pode estar nos elementos da cultura, na distribuição de poder e nos fatores relacionais, pois o indivíduo não está sozinho: ele tem que se adequar às normas formais e informais de um grupo.

O debate sobre o tema da cultura muitas vezes traz desconforto, pois coloca os decisores diante de fenômenos sobre quais não têm controle. E, mesmo quando recorrem a profissionais mais afins com o tema, não encontram práticas confiáveis. Isso porque, conforme se constatou em inúmeras "lives" no último ano, tais profissionais não tiveram a formação competente e, assim, não tiveram a oportunidade de entender as consequências da cultura e, principalmente, de como lidar com seus fundamentos e prever consequências. Ou seja, não conseguem operacionalizar o conceito. Talvez, por conta disso, tratem o tema "cultura" como de fácil gestão e mudança. O espaço entre as máquinas e os profissionais que as operam é o exatamente o ponto de desconforto, por se tratar de habilidades subjetivas e não controláveis que, desejando ou não, tendo consciência ou não, trazem à tona o que os gestores podem não dominar: a cultura e suas bases. Assim, esse debate pode ser considerado impertinente. A força que a nossa história pode exercer sobre a cultura organizacional ressalta ainda mais a complexidade e a subjetividade inerentes ao tema, corroborando com o afastamento do assunto nas pautas estratégicas das organizações, em parte, talvez, pelo conteúdo desconfortável que precisaria ser abordado.

2 Relatório de consultoria organizacional, março de 2020. Os nomes da empresa e da consultoria, por motivo de sigilo, foram omitidos.

3 O PODER NAS ORGANIZAÇÕES

Na visão de Maria Tereza Fleury (FLEURY e FISCHER, 2007, p. 22), a linha de estudos conduzida por Edgar Schein assume os sistemas culturais em sua capacidade de comunicação e de expressão. A visão do poder, intrínseca aos sistemas simbólicos, e o seu papel na ordem vigente e nos ocultamentos das contradições, das relações de dominação, estão ausentes nesses estudos. Fleury considera relevante estender o conceito de cultura incorporando a dimensão simbólica e as suas consequências sobre os profissionais que atuam na empresa. No entender da autora, "a cultura organizacional é concebida como um conjunto de valores e pressupostos básicos expressos em elementos simbólicos que, em sua capacidade de ordenar, atribuir significações e construir a identidade organizacional, também agem como elemento de comunicação e consenso, assim como ocultam e instrumentalizam relações de dominação".

Por outra vertente, que considera as superestruturas sociais e suas estratégias de dominação, Foucault (2008) aponta que a organização espacial, os horários e a escala hierárquica (ou seja, artefatos da cultura) decorrem de uma disciplina que produz corpos maleáveis e moldáveis, passíveis de serem submetidos a variadas tecnologias de poder. Ou seja, há outras razões para se explicar o "domínio do corpo" que, como colocadas por Foucault, advém mais dos modelos de sociedade, informando, assim, a natureza dessa dominação como antes colocamos. Ou seja, o corpo dócil não é apenas uma herança de um passado escravocrata, mas esse passado decorre exatamente da predominância de um dado modelo social.

O autor entende que o poder é relacional e, portanto, acontece como uma relação de forças. Estamos todos envolvidos nessa relação, pois é algo que circula e se exerce em redes. Não está localizado aqui ou ali, nunca está apenas nas mãos de alguns, pois estamos todos em posição de exercer ou sofrer sua ação distribuindo-o e agindo em todos os lugares e em todas as pessoas. Exemplos de como esse poder pode ser exercido em níveis hierárquicos inferiores são descritos por vários autores que não são foco neste momento. Basta apenas lembrar um exemplo recente do Brasil: a greve dos caminhoneiros em 2018,[3] de que todos nós nos lembramos e sofremos o

[3] A paralisação e os bloqueios de rodovias em 24 estados e no Distrito Federal causaram a indisponibilidade de alimentos e remédios ao redor do país, escassez e alta de preços da gasolina, com longas filas para abastecer. Além disso, várias aulas e provas foram suspensas; a frota de ônibus foi reduzida; voos foram cancelados em várias cidades; enormes quantidades de alimentos foram desperdiçadas etc. Resultou na decretação de estado de calamidade pública em inúmeras cidades em todo o Brasil.

efeito. O exercício do micropoder acontece nos níveis operacionais de uma organização.

Assim, o tema "poder" exibe a sua complexidade e a impossibilidade de se dar conta de um conceito único e coerente do que o constitui.

A despeito da complexidade do conceito de poder, vamos assumir que há traços nacionais (flexibilidade, valorização do que é de fora, a forma como cuidamos uns dos outros etc.) e centrar-nos em como nossas organizações lidam com tais características, essas, sim, mais evidentemente oriundas de uma colonização autoritária e paternalista.

Supõe-se assim que o sistema de significados incorpora a forma de exercer o poder nas organizações. Abrir esse tema seria incorporar uma trilha com vários caminhos ou desvios, o que não é o foco. Optou-se, então, por uma conceituação mais simples, como a proposta por Galbraith (1989).

O autor aborda três formas de poder:

1. Poder condigno.
2. Poder compensatório.
3. Poder condicionado.

O **poder condigno** obtém submissão pela capacidade de quem detém o poder de impor suas preferências ao grupo por meio de uma alternativa desagradável, como uma punição ou uma reprimenda áspera. Já o **poder compensatório** oferece uma recompensa pelo bom desempenho, conseguindo impor a sua vontade. Essa recompensa pode ser econômica ou de outra forma, como um elogio. Nessas duas primeiras formas de poder o indivíduo está consciente de sua submissão, ao contrário do que acontece no poder condicionado. Este consegue a submissão pela mudança e/ou confirmação de convicção. O indivíduo se submete ao poder por lhe parecer apropriado ou correto. A persuasão é um elemento importante para se conseguir a submissão. A personalidade do líder, a sua capacidade de persuadir ou gerar crenças e a sua firmeza de propósito estão associados a esse poder. Enquanto os dois primeiros seguem uma lógica utilitária, o **poder condicionado** está vinculado às convicções pessoais e, portanto, mais aderentes ao indivíduo. A figura a seguir sintetiza a categorização de poder, segundo Galbraith.

O poder é procurado por diversos interesses. Nas organizações, muitas vezes são interesses econômicos ou alguma outra visão social do bem público. Mas muitas vezes, além do interesse verbalizado consciente, o poder é buscado pelas recompensas emocionais e materiais inerentes a ele. Nosso inconsciente ainda guarda o nosso passado, quando fomos submetidos a chibatadas e a um poder coercitivo, cujas memórias ainda estão presentes no imaginário social e em diversas práticas de discriminação social. O poder condigno, da forma como foi concebido, foi perdendo o caráter físico das punições, com a abolição da escravatura, para um caráter mais simbólico de alienação, de exposição pública do erro, pelos diferentes tipos de assédio. As chamadas "organizações modernas" passaram a usar, com mais frequência, o poder compensatório, seja pelas políticas de remuneração por resultados, por premiações daqueles que se destacaram, por palestras motivacionais ou por incentivos monetários e não monetários para induzir a um tipo de comportamento considerado "adequado". Ou seja, as recompensas externas simbolizavam o valor que a empresa conferia a determinadas atitudes.

Figura 3. Tipos de poder, segundo Galbraith (1989)

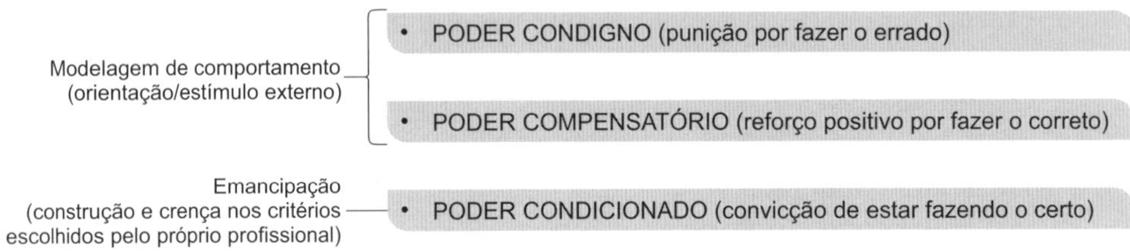

Fonte: elaborado pelos autores, adaptado de Galbraith (1989).

"Incentivo" passou a ser a palavra da vez. Isso não quer dizer que o poder condigno tenha sido abolido; conforme afirma Galbraith (1989, p. 12) a "sua antiga aura sobrevive", seja nas relações violentas do marido com a esposa, seja pelo uso desproporcional da força policial conforme vemos nos noticiários todos os dias. "Argumenta-se que essas relíquias de um passado geralmente mais violento são imprescindíveis para a defesa da lei e da ordem, ou para lograr uma conduta social aceitável. O que mais importa notar é que todas são manifestações do poder condigno. Tal poder foi consideravelmente mais importante no passado do que hoje; e a função natural dos conservadores é conservar ou recuperar o passado." (GALBRAITH, 1989 p. 12).

É preciso discutir se o poder condigno está perdendo espaço realmente. Há formas sutis de punições (bullying, assédio moral, alienação do grupo, delegação de tarefas aquém da capacidade do profissional) que funcionam como importante motivador para a expressão de comportamentos que evitem tais agressões. O poder compensatório, por sua vez, nunca será o suficiente, pois, sempre que se atinge determinada recompensa (distribuição de lucros, promoção, prêmios, bônus), ou se quer mais ou se percebe como punição quando, por algum motivo, esta lhe é negada. De forma nomeada ou não, o exercício de tais poderes está presente nas discussões empresariais: a remuneração é justa? Se eu promover alguém, vou desmotivar seu par? Como reforçar o bom desempenho e como corrigir o mau desempenho?

Além do medo da punição e do incentivo da recompensa, os funcionários aceitam a submissão também por considerá-la uma forma de comportamento adequada, prestigiosa, aceita ou decente. É o sentido do trabalho, que deve ser produtivo (GALBRAITH, 1989).

Já o poder condicionado, por ser uma opção ou uma identidade interna, não é guiado por motivadores externos e garante o esforço do trabalhador para uma empresa, independentemente se afetará a remuneração do profissional. Claro, todos trabalham para ter uma renda, mas não só por isso. O funcionário movido pelo poder condicionado se orgulha do seu trabalho, das suas entregas, da integração de seus propósitos com os da empresa. Normalmente isso se torna cada vez mais importante, à medida que esse funcionário ascende na hierarquia da organização. Embora a remuneração seja ainda uma grande motivação, o que mais movimenta o indivíduo é, segundo Galbraith (1989), a incorporação dos propósitos da empresa como seus próprios, profundamente incorporados à sua crença e dotados de força independente, uma vez que acredita que os objetivos são corretos e fazê-los acontecer é uma responsabilidade voluntariamente assumida.

4 BREVE RECORTE HISTÓRICO DO BRASIL

Esse breve recorte visa tão somente conectar "história" e "cultura", não sendo, portanto, a história o foco deste capítulo. No entanto, é preciso recorrer a aspectos da nossa história que contribuíram de forma relevante para a construção do "quem somos" e "como nos vemos". Apesar das possíveis críticas, diversos autores destacam-se nesse tema, como Gilberto Freyre, Roberto DaMatta, Caldas e Wood, Darcy Ribeiro e, mais recentemente, Laurentino Gomes, apenas para nos fixar naqueles autores cujas obras foram e estão sendo as mais disseminadas.

Um ponto que merece destaque é o legado cultural da colonização portuguesa, e os desdobramentos advindos dos diversos arranjos desse processo histórico. Se, como europeus e ibéricos os portugueses carregavam determinados traços, como colonizadores de territórios não explorados precisaram trazer da África mão de obra escravizada e também escravizar os povos indígenas que aqui já habitavam. Somos fruto, pois, de três raízes culturais díspares. Isso se considerarmos a África como uma única raiz cultural, o que, hoje já se sabe, não o é. (GOMES, 2019; GONÇALVES, 2018). Mais à frente, com a abolição da escravatura e com a primeira e a segunda guerras, o país abriu suas fronteiras para novos imigrantes, como os japoneses, os italianos, os alemães, os sírios e outras nacionalidades que vieram para cá em busca de um novo mundo e de um lugar onde pudessem vencer as mazelas e as incertezas das guerras e da fome, substituindo a mão de obra escrava e trazendo seus artefatos e suas tecnologias próprias, incorporando novos saberes e novos fazeres, ao mesmo tempo em que também absorviam a cultura local.

O processo de ocupação, no entanto, não foi homogêneo, concentrando-se cada povo em determinadas regiões como se pode notar nos traços mais europeus no Sul do país e mais africanos em alguns estados do Nordeste e mesmo no Sudeste.

Fala-se muito de um país miscigenado e dotado de uma cultura rica e homogênea. Entretanto, análises mais recentes da história revelam diferenças de visão de mundo, de valores e de tendências. Em um país com as dimensões do Brasil, as regionalidades aparecerão, mas não serão aqui consideradas. Um ponto, no entanto, deve ser destacado: pelos tratados Portugal/Espanha, o Brasil é o único país das Américas que fala o português, consequência do isolamento imposto pela corte portuguesa, única destinatária das relações de comércio. Esse é um grande legado dos portugueses: dotar-nos de um único idioma, apesar de vários sotaques. Embora não se vá aprofundar nesse aspecto, poucos são os países que não possuem dialetos em suas distintas regiões. O idioma único, certamente, é um fator fundamental para compreender nossos traços gerais, pois a língua é uma construção e também uma modelagem cultural.

O "fantasma do corpo escravo" está presente, ainda hoje, nas narrativas sociais, na exclusão de determinados grupos sociais e na desigualdade brutal de renda e de tratamento social (MOTTA, 2008). O Brasil foi o maior território escravista do hemisfério ocidental por quase três séculos e meio. Recebeu sozinho 40% do total de 12,5 milhões de africanos nativos. É hoje o segundo país de maior população negra[4] ou de origem africana no mundo, inferior apenas à população da Nigéria (GOMES, 2019). Essa proporção está demonstrada no gráfico a seguir. O Brasil foi o último país das américas a libertar os escravizados. Os dados levantados por Laurentino Gomes (2019), com base no IBGE, são suficientes para demonstrar que o país não integrou ainda esse enorme contingente de pessoas, consequência dos preconceitos que ainda hoje persistem e que impedem uma representatividade proporcional dos afrodescendentes (ou pessoas de cor preta e parda) nos segmentos decisórios mais representativos. Herança, sem dúvida, do papel a que eram relegados os escravizados — estendido ao longo do tempo sob outras formas de dominação/subjugação.

4 Palavra usada pelo autor.

Figura 4. Brasil: maior território escravista do ocidente. Número absoluto de escravizados recebidos pelo Brasil em comparação com países da colônia espanhola

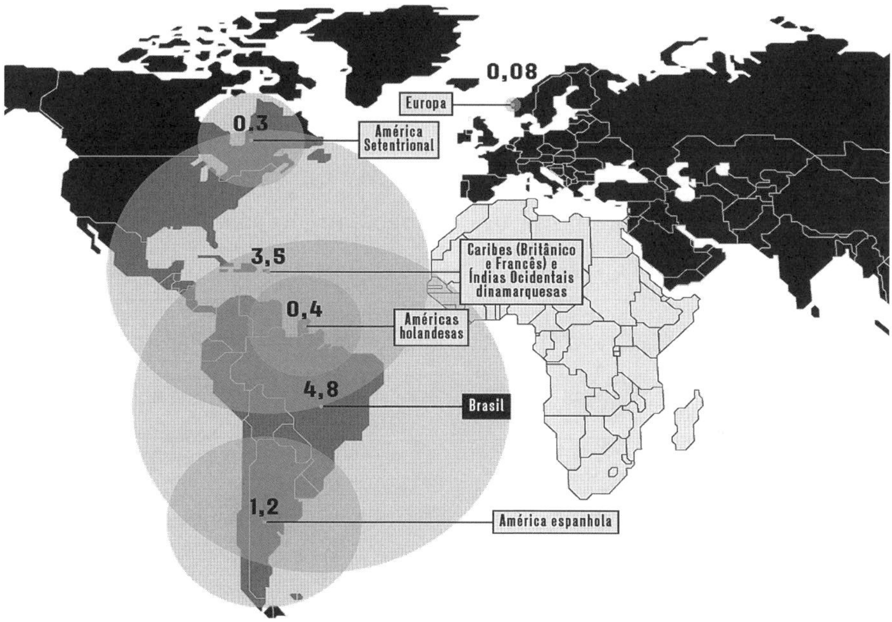

Fonte: Estúdio Nono/Superinteressante.[5]

O forte sentido de desigualdade, segundo Freitas (1997), decorre dessas primeiras relações sociais fundamentadas na força de trabalho escravo e na estratificação social. A família patriarcal forneceu o modelo moral que regula as relações entre governantes e governados, definindo as normas de dominação, conferindo a centralização de poder nas mãos dos governantes e a subordinação aos governados.

Freyre (2003), na sua obra fundamental — *Casa Grande e Senzala* — utiliza o aparato simbólico de uma e de outra para discorrer sobre o nosso sistema econômico, social e político, baseado em quatro vetores:

1. Monocultura latifundiária (representando a produção).
2. Forma de trabalho (escravo).
3. Religião (católica).
4. Configuração familiar (a autoridade é conferida ao patriarca).

5 Extraído de: https://super.abril.com.br/especiais/a-era-da-escravidao/. Acesso em 7 jan. 2021.

Para Freyre (2003), os senhores rurais eram os verdadeiros donos do poder. Eram os donos das terras e dos meios de produção, e também eram donos dos homens e das mulheres, sobre os quais tinham poder de vida e morte. O complexo *Casa Grade e Senzala* também traz uma reflexão sobre a ambiguidade. Ao mesmo tempo em que observamos uma enorme diferença social entre os senhores rurais e os escravos, observamos também uma proximidade física. Até hoje essa ambiguidade é usada nas organizações para reforçar o poder, como será exposto logo à frente.

Ainda que de forma simplificada, até então percorremos uma linha teórica em que tentamos promover um diálogo entre as suas fontes, conforme figura a seguir.

Figura 5. Cultura e poder: integração do trajeto teórico escolhido (SCHEIN, GALBRAITH e GOMES)

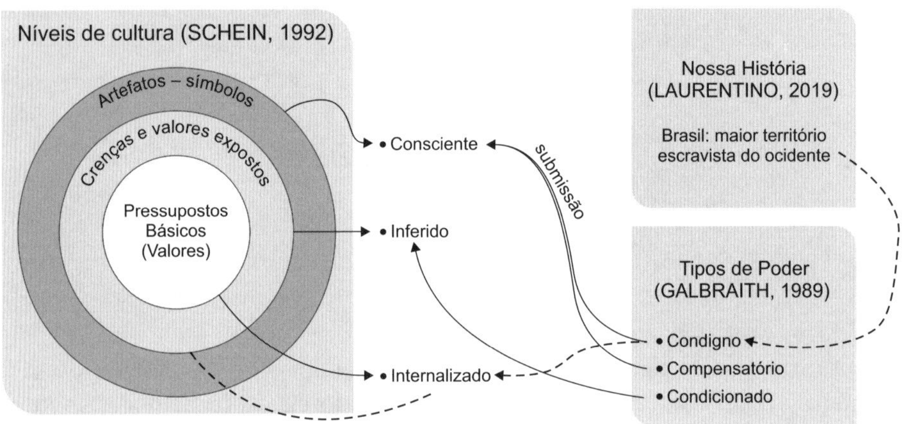

Fonte: Autor

Conceituados os níveis de cultura de Schein (1992), nós os correlacionamos com um grande marco na nossa história: nosso passado escravocrata. Isso faz parte do nosso inconsciente, passando de geração para geração, e reforça o poder condigno de Galbraith (1989). Lembrando os três tipos de poder na visão desse autor conceituado: a) condigno (punição); b) compensatório (recompensa); c) condicionado (persuasão).

Nos dois primeiros, o exercício do poder e a submissão estão no nível consciente. Já no terceiro, isso não é tão claro, mas é possível de se inferir a partir dos comportamentos e das falas.

Entretanto, as pessoas em condições de trabalho escravo conscientemente se submeteram a um poder claramente condigno, com punições inclusive físicas, e isso acabou sendo internalizado. Esse comportamento pode ter se incorporado no nosso inconsciente, moldando nossos valores e nossas suposições básicas. Essa última relação está representada na figura pelas setas pontilhadas.

Se tal figura faz certo sentido, a pergunta que vem a seguir é se tais constructos fazem sentido em um mundo dominado pela tecnologia que, aparentemente, minimiza o papel da história e da cultura, uma vez que o *Big Data* e seus algoritmos modificarão, para sempre, não apenas algumas profissões e carreiras, mas principalmente a forma como as sociedades se organizam. As organizações — produtos dessas sociedades — terão de se defrontar com escolhas que talvez estejam além dos próprios controladores. É o que será discutido mais adiante como questão relevante.

Estabelecidos alguns pontos que conectam história e cultura, conforme exemplifica a figura anterior, precisamos entrar no universo das organizações.

5 NOSSAS ORGANIZAÇÕES

As organizações são espaços socioculturais formados por vários pilares, um dos quais a cultura da sociedade brasileira. Sem dúvida, nosso passado influencia como somos, mas outros pilares também contribuem para a formação cultural. Pode-se destacar com grande força a liderança, que incorpora os valores, os desejos e as marcas dos fundadores. Outras características — como as setoriais, tipo de origem de capital e lógica de formação predominante — interagem de forma dinâmica e peculiar a cada organização, incorporando e alterando, simultaneamente, a cultura (TANURE, 2010). Pesquisas desenvolvidas por Hofstede levaram à categorização de seis dimensões que estruturam a cultura da sociedade, também usadas para as organizações, a saber:

1. A distância do poder.
2. O grau de individualismo ou de coletivismo.
3. O grau de masculinidade ou feminilidade.
4. A necessidade de controle da incerteza.
5. Orientação a longo ou a curto prazo.
6. Indulgência ou restrição (tradução nossa) (HOFSTEDE, 1991).

Os estudos do Hofstede[6] indicam que uma das características nacionais predominantes no Brasil é a distância do poder, em que a hierarquia é um grande simbolismo. O Brasil se situa entre os 30% dos países (dentre 78) que apresentam maior distância do poder. Tais características guardam coerência com o que foi anteriormente abordado, estabelecendo um nexo entre

[6] Referenciados em 2015 (https://geerthofstede.com – acesso em 21/12/2020).

a sociedade civil e as organizações. No entanto, dependendo da origem do capital da empresa, essa característica pode ser diluída por estar submetida a valores centrais dos países que sediam o controle das operações no país. Outros fatores também podem influenciar essa característica, como o setor de atuação e os valores dos fundadores e dos principais líderes. Ou seja, a cultura organizacional, embora dependente da história local, não decorre dela somente. Tal fato aponta para a conexão entre cultura nacional e cultura organizacional.

Como elemento estruturante da nossa cultura, a dimensão "distância do poder" pode ser resultante das características da formação da sociedade brasileira, o que justifica a forma como lidamos com as desigualdades entre os indivíduos. Pode-se citar, em âmbito organizacional, a grande assimetria de poder refletida na estrutura organizacional, na dependência personalizada de quem detém o poder, na centralização das decisões e nas diferenças salariais entre os níveis mais baixos e mais altos. A dependência se revela na falta de autonomia e na crença de que os chefes devem prover as orientações e ter todas as respostas, legitimando, assim, a sua posição e a sua remuneração. Em consequência, os privilégios e símbolos de *status* são absorvidos naturalmente. É fácil vermos nas organizações os artefatos que ilustram essa distância: salas bem decoradas, mesas enormes, carro do ano, o melhor celular, roupas que exibem a marca, assistentes, refeições ou serviços especiais.

A aceitação e, em algumas vezes, até o desejo de ser liderado, é parte da herança do nosso passado em que grandes núcleos familiares dominavam as cidades e os meios de produção. Nossas organizações, por consequência, acabam sendo uma extensão dessa tradição familiar. Espera-se que as crianças sejam obedientes aos pais e aos mais velhos. A contrapartida é uma repetição de processos do desenvolvimento infantil: na família, ternura e atenção em troca da obediência e submissão; na escola, o processo educativo centrado no professor que, por sua vez, elege os que receberão méritos compensatórios (TANURE, 2010).

No contexto organizacional, as estruturas repetem um modelo fortemente piramidal e integrado no nível hierárquico mais elevado, pensamento que mapeou e produziu o comportamento social por eles gerado. Migueles (2003) reforça esse paradigma quando indica que a divisão social do trabalho distribui desigualmente a informação e o acesso ao conhecimento, ao mesmo tempo que ignora os saberes da base da pirâmide organizacional.

Em parte, isso pode ser interpretado como consequência de uma forte concentração do poder e do personalismo, sendo um reflexo da desigualdade existente na sociedade, o que é visto como natural. Os subordinados esperam que seus líderes indiquem o caminho e o que deve ser feito. O chefe ideal é aquele autocrata benevolente. A gestão participativa é vista com desconfiança, pois não é coerente com os traços da distância do poder da cultura nacional. Embora os brasileiros demonstrem emoções, tendem a evitar o conflito, pois o confronto é uma subversão de papéis. Esses conflitos não são tratados de forma aberta e direta, a não ser por quem detém o poder (TANURE, 2010). Assim, torna-se difícil separar o que é racional e o que é emocional, o que é profissional e o que é pessoal. Tais fatores, sem dúvida, afetam as decisões.

Além da distância hierárquica, também caracteriza o brasileiro a "postura de espectador", legado da prática autoritária do patriarca no meio rural. O mandonismo, a proteção e a dependência são características presentes nessa atitude paternalista. Essa postura é refletida no medo de errar e na tendência a concordar com as posições superiores, ainda que delas discorde. Esse fator pode levar à baixa inovação, pouca iniciativa e tendência à concordância, o que pode comprometer os processos organizacionais, os resultados de longo prazo e a capacidade de se transformar.

Os brasileiros foram orientados a valorizar o que vem de fora e, assim, a aceitar o desequilíbrio de poder, inclusive adotando modelos que não se adaptam à cultura local. Nota-se que algumas lideranças dessas empresas multinacionais consideram natural trazer padrões e procedimentos do país de origem sem entender como funcionariam nas unidades locais, restando aos profissionais acatá-los e implantá-los. Isso pode gerar baixa iniciativa da equipe, que se torna descrente de seu potencial e tendente a transferir a responsabilidade para o líder, ainda que detenham, por exemplo, o mesmo conhecimento. Por sua vez, o líder critica a falta de iniciativa, atribuindo-a ao caráter nacional, sobre o qual se deve manter um controle mais rígido, o que legitima a sua atitude autoritária e centralizadora, alimentando um círculo vicioso (TANURE, 2010).

As formas de perceber o trabalho e hierarquizar as pessoas pelo tipo de função que exercem determinam as maneiras como os papéis são atribuídos e exercidos. Um engenheiro, por princípio, pode se relacionar com um operário de maneira democrática enquanto outro, na mesma empresa, reafirma a diferença hierárquica. Ou seja, há diferentes formas de se entender a hierarquia em uma empresa brasileira, mas não seria assim, por exemplo, em uma empresa japonesa, cuja cultura valoriza tanto o conhecimento técnico-teórico quanto o saber-fazer, situação em que um operário especializado pode ter uma posição superior a um engenheiro, algo não admissível no Brasil (MIGUELES, 2003).

Uma terceira característica é a ambiguidade, já identificada nas relações entre os senhores rurais e os escravizados — abismo social e proximidade física —, que se repete na sociedade e nas organizações (TANURE, 2010). No Brasil, quase tudo tem um duplo sentido, porque as leis deixam brechas para interpretações diversas. A linguagem e as brincadeiras relevam e encobrem, ao mesmo tempo, essas ambiguidades. De certa forma, fala-se por metalinguagem o que é interditado de se expressar. Para dar conta dessas ambiguidades, muda-se até mesmo a narrativa. Exemplificam essa situação as cores da nossa bandeira. Originalmente, no Brasil imperial, representavam as cores dos brasões das famílias portuguesas (verde, os Bragança, e amarelo, referência à primeira esposa de Dom Pedro I, Imperatriz Leopoldina). Para desvencilhar da colonização recente, as autoridades republicanas brasileiras de então desenvolveram um novo constructo que hoje remete à nossa natureza (o verde), ao nosso ouro (amarelo) e o azul e as estrelas que fazem referência ao céu na noite de 15 de novembro de 1989. E até hoje desenvolvemos uma forma peculiar de mudar a versão dos fatos, sem alterar a sua realidade. Não é de se estranhar que o mesmo aconteça nas organizações em que as decisões não são claras, as regras são implícitas e o discernimento do que é o certo ou errado cabe a quem detém o poder decisório.

Com o advento acelerado da Inteligência Artificial e da transformação digital em que as máquinas determinam, cada vez mais, o sucesso ou o insucesso das empresas, faz-se necessário um ensaio de aproximação dos temas "cultura" e "indústria 4.0".

6 E, AGORA, COMO A CULTURA ESTÁ SENDO GERIDA NA INDÚSTRIA 4.0?

Nossa história gerou padrões de relacionamento entre fazendeiros, feitores e escravizados que, na falta de algum movimento de ruptura suficientemente capaz de alterar esse jogo de forças, se mantêm até hoje, apesar de nomes diferentes. Quem mandava (em termos de cor, posses e poder constituído) continua mandando, com algumas exceções. Cogita-se a visão de que queremos mudar o exercício do poder devido ao nosso passado, que o associa ao poder coercitivo. Entretanto, assim como dito por Galbraith (1989), o exercício do poder é inevitável na sociedade moderna. Nada se realiza sem ele.

As organizações estão evoluindo, acompanhando os movimentos da sociedade. Ao mesmo tempo, a sociedade vai se modificando pelo peso das corporações e pelo capital financeiro que consegue influenciar decisões de estado e de governo. Mudam alguns "artefatos do poder" e surgem novas nomenclaturas que procuram amenizá-lo ("colaboradores" no lugar de "empregados" ou de "trabalhadores", que, de fato, é a nomenclatura correta; "líder", no lugar de "chefe", embora alguns ainda carreguem consigo tais sentidos).

Estruturas organizacionais, uma simbologia do poder, estão se transformando e recebendo novas denominações: holocracia, humanocracia, sociocracia etc. O *home office* transformou vários símbolos e artefatos do poder. Não vemos mais as mesas diferentes, as grandes salas, vagas reservadas e outros. A questão que surge é se a forma que lidamos com o poder irá mudar ou se apenas os artefatos passarão por esse processo. A distância entre as pessoas diminuiu. Não se precisa mais atravessar os corredores e passar pelas secretárias para chegar ao principal executivo da empresa. Mas isso diminuiu o poder desse executivo?

As novas gerações estão chegando ao mercado de trabalho e buscam uma organização que permita a realização de seu propósito. Mas será que as organizações acabam se valendo desse propósito para manter o indivíduo, como uma manipulação? Até que ponto o exercício do poder condicionado é genuíno e até que ponto é manipulação?

As relações de dominação, que antes eram — ou ainda o são — dadas pela estrutura organizacional, cederam seu domínio às plataformas tecnológicas? Como colocado por Harari (2018), em seu livro *21 Lições para o Século 21*, algoritmos do Big Data poderiam criar ditaduras digitais comandadas por uma minúscula elite, enquanto a maior parte das pessoas não mais sofre exploração do capital: pior do que isso, tornam-se irrelevantes. O poder passará então para os poucos que detém o uso da tecnologia? Como ficará a distância hierárquica quando os gestores dependerem da linguagem 4.0, de quem programa, desenvolve, interpreta, arquiteta dados, mas não tem o controle financeiro da empresa? Surge também uma nova cultura de segurança da informação. Ao criar mecanismos de como não ser invadido, esse profissional, portanto, detém o poder de invadir. A *deep web* coloca em xeque quaisquer possibilidades de uma sociedade (a ocidental) proteger as individualidades e que, agora, são levadas, de forma aparentemente não intencional, a fazer escolhas que são muito mais induzidas pelo Big Data e pela inteligência analítica do que por convicções e valores próprios. E, nesse ciclo de captação de dados e segurança da privacidade ou da informação, muda-se também o aparato jurídico, adequando-se a legislação a um novo mundo que ainda não domina. Dominará um dia? Graças aos *hackers*, às estratégias de invasão de dados governamentais, empresariais e pessoais, à quebra de barreiras entre o público e o privado, entre o expresso e o confidencial ou sigiloso, a sociedade passa por intensas transformações que a obrigam a se reinventar. Temática para cenaristas.

São questões para as quais não temos respostas e, provavelmente, não teremos em um futuro próximo. Resta-nos entender essas novas questões para com elas saber lidar, pois a própria sociedade também se coloca diante de novas problemáticas que precisam estar associadas ao mundo do negócio, quais sejam: a redução da pobreza e da desigualdade, o respeito à diversidade, o respeito ao meio ambiente e a preservação e restauração dos recursos naturais, a pressão para indústrias não poluentes, a geração de energia renovável, dentre outras. Já estamos vendo um forte movimento de associar o consumo a um produto obtido sem agressões sociais (mão de obra infantil ou escrava, exploração de terceiros, subempregos), agressões ambientais e outras. Movimentos diversos impõem políticas de diversidade. Assim, o mundo se reorganiza em várias frentes simultâneas e contraditórias, cabendo ao homem definir o que quer para si e para os seus descendentes, o que vai implicar na reflexão sobre o passado e na reconstrução de uma cultura. É possível então gerir uma cultura?

7 BREVES CONSIDERAÇÕES PRÁTICAS

Naturalmente, a discussão sobre a cultura, a possibilidade de modelar ou administrar uma dada cultura e a acelerada transformação digital fazem com que nossas considerações práticas sejam mais questões de reflexão do que uma orientação. Discutimos, anteriormente, que é difícil operacionalizar o conceito. Nesse item, iremos propor algumas possibilidades para entender a cultura, a distribuição do poder e os valores organizacionais:

- Diagnóstico com base antropológica e etnográfica para entender quais são, de fato, os pressupostos culturais que ajudam a compreender as diferentes escolhas, comportamentos e políticas empresariais e como são interpretadas pelos seus agentes (gestores, líderes, profissionais do conhecimento, profissionais operacionais e administrativos).
- Aplicação de metodologias advindas principalmente da Psicologia Social (comportamento dos grupos, grupos focais, facilitação social, comunicação verbal e não verbal, dentre outras).
- Outras metodologias, como as funcionalistas e gerenciais, também podem ajudar nessa compreensão.

Para buscar uma mudança cultural:

- Sem dúvida, o primeiro passo é a compreensão.
- Redesenho dos rituais que comuniquem os novos valores a serem adotados, avaliando o grau de aderência das pessoas à nova proposta. Essa proposta precisa estar alinhada com o planejamento organizacional e, principalmente, os (principais) executivos precisam, verdadeiramente, querer essa mudança e ter esses valores. Caso contrário, a tendência é voltar a ser como era. É importante considerar também o setor de atuação da empresa e a forma com que quer se posicionar no mercado.
- Pesquisas derivadas das ciências sociais e humanas são importante auxílio para se entender "o antes" e focar as essencialidades — e o "depois" para entender o que mudou e se, de fato, mudou.
- Reavaliação dos processos de Gestão de Pessoas para que reforcem e simbolizem essa nova forma de pensar e agir. Alguns segmentos necessitam de ações continuadas para entender e aplicar a mudança.

Outros são mais velozes. O certo é que não pode ser ação pontual, fruto de um projeto, mas um modo de ser que, na proposta de Ulrich (2001), converta o RH em "guardião da estratégia", principalmente pela adoção de práticas eficazes, e também em um "agente de mudanças". Por exemplo, uma indústria que estava buscando a internacionalização tentou, de diversas formas, incentivar a equipe a ter o domínio principalmente do idioma inglês, disponibilizando aulas gratuitas durante o turno de trabalho e contratando professores especializados. Apesar de uma boa adesão inicial, o número de matriculados, em pouco tempo, reduziu tão drasticamente que o programa teve que ser interrompido. O RH então redesenhou e divulgou uma nova política: só seriam contratadas pessoas que dominassem o idioma e a promoção para cargos superiores dependeria do domínio do idioma. Assegurou-se a todos que ninguém seria demitido, mas que a carreira dependeria dessa habilidade. Foi o suficiente para uma intensa mobilização interna espontânea e autofinanciada. Da mesma forma, incentivou-se o estudo de nível médio e superior, outra tentativa frustrada. Por meio de novas políticas, grande parte dos profissionais procuraram a graduação superior, melhorando todos os indicadores de gestão de pessoas (SILVA, BASQUES e FACCO, 2006). Isso apoiou a transição de uma empresa conservadora com negócios locais para uma empresa flexível, também voltada para o mercado externo.

- Coerente com as novas perspectivas a serem obtidas, a empresa deve rever a sua política salarial e a remuneração, e tomar decisões, como se prefere recompensar o mérito individual ou o mérito de uma equipe ou outras características; realizar a gestão do clima destacando o importante papel da liderança em manter os níveis desejados; prover a comunicação interna personalizada para os diferentes públicos; e dar visibilidade às competências valorizadas na empresa e ao plano de sucessão, desenvolvimento, desligamento e outros.
- A avaliação de desempenho é outra ferramenta que, se bem construída e reforçando os valores culturais e comportamentos desejados, pode ser diferencial nesse processo, principalmente se for utilizada para prover novas aprendizagens e permitir o ensaio e o erro.
- Estabelecimento de um processo de Comunicação Integrada em que as diferentes modalidades de comunicação (comunicação interna, comunicação institucional e corporativa) estejam em sintonia entre si e com o marketing e a gestão da marca. A identidade da empresa precisa ser única. Uma grande empresa multinacional brasileira, a primeira no ranking nacional, antes de divulgar qualquer propaganda em nível nacional, garantia que, um pouco antes de ser

veiculada, todos os líderes, do supervisor ao diretor, assistissem à propaganda, monitorados por profissionais de comunicação, para que se tornassem capazes de entender e explicar como tal mensagem pública guardava coerência com as mensagens internas, fortalecendo uma narrativa única, embora com linguagens diferenciadas. Esse tipo de mensagem fortalece o orgulho de pertencer e disseminar os valores e a cultura da empresa.

- A implantação de projetos ou comitês com grupos multidisciplinares (como comitês de comunicação, reuniões com todos os líderes) é outra medida que contribui para que diferentes perspectivas estratégicas sejam incorporadas e desdobradas em iniciativas integradas, cuidando que o êxito de uma área não signifique sacrifício para outras, quando, por exemplo, os resultados são apenas de uma área. Dessa forma, evita-se conflitos de interesse e promove-se a justaposição de diferentes perspectivas.
- Estímulo ao rodízio de funções para criar conhecimentos transdisciplinares, contribuindo para a compreensão das dificuldades vivenciadas pelos setores, e exercitando um nível adequado de empatia.

Para facilitar a integração de novos membros à cultura organizacional:

- Processos seletivos mais rigorosos, menos preocupados com o conhecimento e mais preocupados com "quem a pessoa é". É possível mudar o que a pessoa sabe via treinamento. Mudar o que ela é demanda esforço pessoal profundo, tempo e dispêndio financeiro, nem sempre disponíveis.
- Transparência no processo seletivo, transmitindo desde o primeiro contato como é a cultura da empresa. Isso pode ser trabalhado, inclusive, com o Employee Value Proposition (proposta de valor da empresa) e a sua marca empregadora, mas não deve deixar de abordar as questões que eventualmente podem afastar profissionais da empresa.
- Estímulo à indicação de candidatos por "pessoas da casa". Embora corra-se o risco da formação de "panelinhas", geralmente os indicados para determinados cargos tendem a ter as características mais aderentes ao que a empresa valoriza.
- Plano de integração à empresa muito bem estabelecido, em que se acelera a aprendizagem organizacional, os ritos e as condutas desejados, e a contribuição de cada área aos resultados da empresa.

Evidentemente, a modelagem/gestão da cultura não se restringe ao que se propôs acima, que são apenas algumas possibilidades para se pensar na operacionalização do conceito de cultura.

8 CONCLUSÕES

Procuramos, neste capítulo, construir uma síntese do conceito de cultura e suas interrelações com a história e a sociologia. Questionamos a proeminência — ou não — da cultura nacional sobre a cultura organizacional. Confrontamos, embora de forma superficial, a interrelação entre a história colonial e os valores nacionais. Propusemos um debate, ainda que limitado, sobre a importância conferida ao tema da cultura em tempos de profundas mudanças tecnológicas e se tais conceitos conseguem ser operacionalizados, dado o caráter imediatista e pragmático das exigências empresariais em tempos de competição acirrada por mercados e tecnologia. Procuramos incluir, nos tradicionais conceitos de cultura, o exercício do poder. Buscamos trazer exemplos, na medida do possível, para ilustrar o capítulo e pincelamos algumas ideias para a gestão cultural.

Esperamos com as questões acima colocadas que esse capítulo provoque reflexões nos profissionais e nas empresas, abordando temas que sabemos que podem causar incômodos. Ao mesmo tempo que se estimula a inovação no âmbito organizacional, nós temos a tendência de querer continuar no lugar seguro, que já conhecemos e com que já sabemos lidar. Trazer à tona esse tema e ampliar esse debate pode ajudar na compreensão de quem somos, a fim de fazermos a transição para quem queremos ser. Contra quais padrões estamos lutando? Que força é essa que nos segura e não nos deixa tirar as amarras do nosso passado?

A gestão da cultura de uma organização não é uma relação direta de causa e efeito. Nós não controlamos vários fatores e os resultados podem ser diferentes do que esperávamos. Isso torna a gestão cultural um trabalho constante e, muitas vezes, repetitivo. Mas, ao mesmo tempo, rico e complexo, e que, por isso, demanda habilidades alinhadas com o que o Fórum Econômico Mundial (2020) indica como mais relevantes para 2025,[7] tais

[7] O Fórum Econômico Mundial, em seu relatório "The Future of Jobs", divulgou em outubro de 2020 as habilidades para 2025. As dez primeiras são: (tradução nossa)

1. Pensamento analítico e inovação.
2. Aprendizagem ativa.
3. Capacidade de resolver problemas complexos.
4. Pensamento crítico e analítico.
5. Criatividade, originalidade e iniciativa.
6. Liderança e influência social.
7. Utilização, monitoramento e controle da tecnologia.
8. Programação e design de tecnologia.
9. Resiliência, tolerância ao estresse e flexibilidade.
10. Raciocínio voltado a resoluções de problemas.

como pensamento analítico, capacidade de aprender e de resolver problemas complexos, resiliência e flexibilidade.

BIBLIOGRAFIA

FLEURY, Maria Tereza Leme e FISCHER, Rosa Maria. *Cultura e Poder nas organizações*. Editora Atlas. São Paulo, 2 ed., 2007.

FOUCAULT, Michel (2008). *Uma Análise do Poder Michel Foucault*: Power Analysis Edimar I. Brígido.

FREITAS, A. B. (1997). *Traços brasileiros para uma análise organizacional. In*: Motta, F. C. P. e Caldas, M. P. (org.). Cultura organizacional e cultura brasileira. São Paulo: Atlas.

FREYRE, Gilberto (2003). *Casa-grande e senzala*: Formação da família brasileira sob o regime da economia patriarcal. 48 ed. Recife: Global Editora.

GALBRAITH, John Kennedy (1989). *Anatomia do poder*. Trad. Hilário Torloni. 3 ed. São Paulo: Pioneira.

GEERTZ, C. (1989). *Uma descrição densa: por uma teoria interpretativa da cultura. In*: Geertz, C. A interpretação das culturas. Rio de Janeiro: Guanabara Koogan, [13-41].

GOMES, Laurentino (2019). *Escravidão*: do primeiro leilão de cativos em Portugal até a morte de Zumbi dos Palmares. 1 ed, Rio de Janeiro, Globo Livros, 2019 (1º vol.).

GONÇALVES, Ana Maria (2018). *Um defeito de cor*. 18 ed. Rio de Janeiro: Record, 2018.

HARARI, Yuval Noah (2018). *21 lições para o século 21*. 1 ed., São Paulo, Companhia das Letras. Disponível em: https://geerthofstede.com. Acesso em 05 dez. 2020.

MIGUELES, Carmem Pires (2003). *O estudo da cultura organizacional*: as dificuldades estão no objeto ou nas formas de defini-lo? FGV, Cadernos EBAPE.BR – Volume I – Número 2 – dezembro 2003.

MOTTA, F. C. P. (2008). *Cultura nacional e cultura organizacional*. Disponível em: http://fernandoprestesmotta.com.br/doc/Cultura_nacional_e_cultura_organizacional.pdf.

SCHEIN, E. H. (1992). *Organizational culture and leadership*. 2 ed., San Francisco: Jossey-Bass Publishers.

SCHEIN, E. H. (2009). *Cultura organizacional e liderança*. 3 ed. São Paulo: Atlas.

SILVA, G. A. V; BASQUES, P; FACCO, F. C. (2016). *Conectando recursos humanos e estratégia: em busca de indicadores de resultados na gestão de pessoas*. Revista de Gestão USP, São Paulo, v. 13, n. 3, p. 87-100, julho/setembro.

TANURE, Betânia. (2010). *Gestão à brasileira*. 2 ed. São Paulo: Atlas.

WORLD ECONOMIC FORUM. (2020). *The Future of Jobs*. Disponível em: http://www3.weforum.org/docs/WEF_Future_of_Jobs_2020.pdf. Acesso em 17 jan. 2021.

GOOGLE TRENDS. Disponível em: https://trends.google.com.br. Acesso em 5 dez. 2020.

SUGESTÕES DE PERGUNTAS E RESPOSTAS PARA DISCUSSÃO DO CAPÍTULO

1. O que é cultura organizacional?
2. Quais são os níveis de cultura de acordo com Schein?
3. Cite alguns fatores que podem contribuir para a formação da cultura organizacional.
4. É possível administrar a cultura organizacional?
5. Quais são os três tipos de poder, segundo Galbraith, e como se obtém a submissão em cada um deles?
6. Como os três tipos de poder podem ser observados nas organizações atualmente?
7. Cite alguns dados históricos brasileiros que sustentem esta afirmação: "O 'fantasma do corpo escravo' está presente, ainda hoje, nas narrativas sociais, na exclusão de determinados grupos sociais e na desigualdade brutal de renda e de tratamento social" (Motta, 2008).
8. De acordo com os estudos de Hofstede, o Brasil está entre os 30% dos países com maior distância do poder. Discorra sobre alguns artefatos que podemos encontrar nas nossas organizações que simbolizem essa Distância do Poder.
9. Exemplifique como alguns artefatos de poder estão alterando na Indústria 4.0, assim como o home office.
10. Elenque alguns pontos-chave na gestão da cultura.

A revolução da informação e a nova economia do futuro

RICARDO A. GABRIEL

OBJETIVOS DO CAPÍTULO

A tecnologia da informação é para a revolução atual o que as novas fontes de energia foram para cada uma das fases da Revolução Industrial anteriores, apresentadas no Capítulo 1 deste livro. O início foi a máquina a vapor, em seguida a eletricidade, depois os combustíveis fósseis e a energia nuclear como base de sustentação para as inovações que aceleraram as tecnologias que viriam no futuro.

A tecnologia da informação produz hoje os insumos para a nova Revolução Industrial, e a crescente integração entre homem e máquina está alterando o modo como vivemos, aprendemos, trabalhamos, produzimos e consumimos. A velocidade e a capacidade de processamento das informações são aplicadas atualmente no próprio desenvolvimento de novas tecnologias, conectando pessoas, máquinas, organizações e o mundo globalizado.

Dessa forma, veremos neste capítulo que a evolução que tivemos nos últimos cinquenta anos em vários campos da tecnologia — como microeletrônica, telecomunicações e computadores — abriu caminhos para as mudanças nas indústrias, em seus produtos e na sociedade de consumo.

Além disso, tivemos o desenvolvimento da tríade tecnologia da informação, pessoas e gestão, que contribuiu para o desenvolvimento de organizações inteligentes, ao construírem sistemas de informações e de apoio a decisões gerenciais e estratégicas que têm impactos diretos nos resultados das empresas.

Mas, afinal, por que a tecnologia da informação também pode ser considerada uma revolução? Essa transformação tecnológica interage com a economia e a sociedade, assim como nas outras revoluções? O futuro das organizações dependerá de como elas estão aplicando as tecnologias oferecidas no mercado?

Veremos agora essa sequência histórica da evolução tecnológica (sem entrar nos aspectos técnicos) para que você possa, por meio de evidências claras, compreender que a tecnologia utilizada por nós hoje foi baseada em muitas inovações e invenções de décadas atrás; e elas foram responsáveis pelo papel que a Quarta Revolução Industrial vem tomando na sociedade. Isso empurra (cada vez mais) as organizações para um caminho onde tecnologia, processos e pessoas precisam se integrar para a permanência (sobrevivência) e o sucesso dos negócios no mercado e na sociedade.

Além disso, veremos que a economia mundial vem se transformando e que vários fatores estão contribuindo para essas mudanças, que darão uma nova cara para o mundo até 2030.

1 INTRODUÇÃO

Apesar da evolução e das descobertas eletrônicas até o início século XIX terem sido mais lentas, tivemos um processo de descobertas importantes e, com o aumento das invenções e das descobertas com o passar dos anos, Podemos afirmar que os estudos científicos desenvolvidos até os dias atuais impulsionaram evoluções nas formas de representar, armazenar, transmitir e até processar informações.

O desenvolvimento da eletrônica ocorreu a partir de início do século XX, como consequência da quantidade de estudos que ocorreram em séculos anteriores. Pessoas como Benjamin Franklin, Faraday, Henry, Ohm, Maxwell e Kirchhoff dedicaram seus trabalhos ao uso generalizado da eletricidade e ao desenvolvimento de sistemas de comunicação, e daí surgiu o telégrafo.

O americano Thomas Alva Edison observou, durante seus experimentos que resultaram nas lâmpadas elétricas incandescentes, que o interior delas ficava negro por causa da emissão de elétrons provocada pelo aquecimento dos filamentos. Um engenheiro inglês, John Ambrose Fleming, confirmou posteriormente que a eletricidade poderia se propagar na ausência de um material transmissor e, com base nas práticas de Edison, idealizou uma aplicação prática (emissão termiônica) e afirmou que esse efeito poderia ser usado para detectar ondas de rádio. Mais tarde, também teve importante aplicação na construção de válvulas eletrônicas usadas em aparelhos de TV e de rádio da época e, junto com vários outros experimentos, construíram os fundamentos da eletrônica moderna.

Apesar de todos os estudos científicos e descobertas como as mencionadas acima — e outras como a invenção do telefone por Alexander Graham Bell junto com seu auxiliar Thomas Watson, em 1876, do rádio por Guglielmo Marconi, em 1898, e da válvula a vácuo por Lee De Forest —, foi durante a segunda Guerra Mundial e nos anos seguintes que a indústria eletrônica teve grande desenvolvimento. Por exemplo, em 1947, foi inventado o transistor, componente constituído por um semicondutor que amplia, modula e detecta oscilações elétricas; ele substituiu a válvula e permitiu a fabricação de sistemas complexos que mais tarde seriam a base dos computadores e o início da revolução da tecnologia da informação.

O tamanho dos circuitos foi reduzindo consideravelmente com o surgimento na década de 1970 dos circuitos integrados, formados por elementos fixos instalados em um único suporte ou placa semicondutora, que abriram novos caminhos na eletrônica em virtude de sua miniaturização e da possibilidade de fabricação em série. Os anos seguintes ao surgimento destes circuitos integrados foram de desenvolvimento contínuo da eletrônica, e a consequência disso foi o crescimento das indústrias de componentes eletrônicos. O desenvolvimento de circuitos integrados revolucionou os campos da comunicação, do tratamento das informações e da computação. Os circuitos integrados diminuíram o tamanho dos dispositivos e os custos de produção e, ao mesmo tempo, proporcionaram o aumento da velocidade e da confiabilidade dos produtos. Tivemos o desenvolvimento de três campos da tecnologia que, devido às suas integrações, constituíram a história das tecnologias com base na eletrônica, que são:

Figura 1. Principais campos da evolução da tecnologia

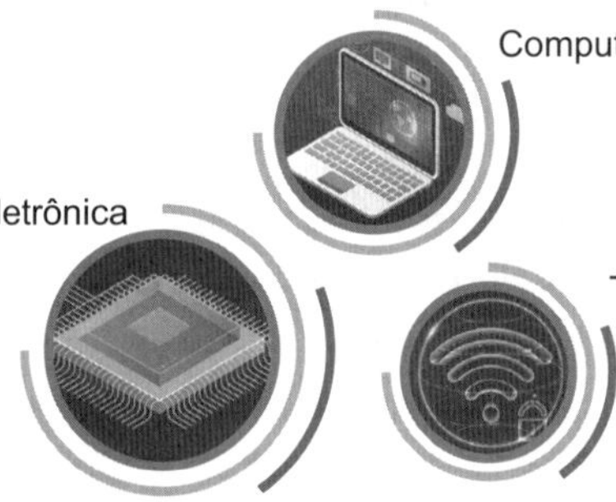

Fonte: Autor.

Com a invenção do transistor em 1947 pela empresa Bell Laboratories, no estado de New Jersey (EUA), seria possível processar os impulsos elétricos em alta velocidade e em modo binário de interrupção e amplificação, o que permitiria a codificação da lógica e da comunicação com e entre as máquinas. O transistor sofreu modificações e teve seu passo decisivo em 1957, quando o circuito integrado foi inventado pela Texas Instruments, e quando Bob Noyce, um dos fundadores da Fairchild e parceiro de Jack Kilby na invenção, fabricou o primeiro circuito integrado usando o processo plano. Esse feito provocou uma explosão tecnológica que, entre os anos de 1959 e 1962, fez os preços dos semicondutores caírem 85% e aumentou em vinte vezes a produção nos dez anos seguintes.

Na década de 1960, a tecnologia de fabricação se desenvolveu e, com isso, os chips começaram a ter melhor *design e* mais velocidade, e o preço dos circuitos integrados despencaram até a década de 1970, chegando a custar US$1 em 1971.

Quando o engenheiro da Intel Ted Hoff inventou o microprocessador em 1971, que é um "computador" em um único chip, ocorreu grande difusão da microeletrônica. Dessa forma, a capacidade de processar informações poderia ser instalada em todos os lugares. Dali para a frente, teríamos uma disputa pela capacidade de integração cada vez maior dos circuitos contidos em apenas um chip, e a tecnologia de produção e design passou a exceder aquilo que até então era impossível utilizando o silício como matéria-prima, que era os limites da integração dos circuitos. A invenção e a evolução dos microprocessadores aumentaram continuamente a capacidade da computação. Cada vez menores e mais rápidos, eles começaram a ser utilizados em máquinas de lavar roupas, fornos de micro-ondas e automóveis na década de 1990.

Os computadores, tirando, é claro, as ferramentas desenvolvidas com objetivos bélicos durante a Segunda Guerra Mundial, surgiram por volta de 1946 na Filadélfia. O primeiro computador eletrônico pesava cerca de 30 toneladas, e foi construído sobre estruturas metálicas com 2,75m de altura, com 70 mil resistores e 18 mil válvulas a vácuo, ocupando uma área de um ginásio esportivo.

O primeiro computador para uso geral surgiu em 1946 e chamava-se ENIAC (sigla em inglês para "calculadora e integrador numérico eletrônico), mas a primeira versão comercial só apareceu em 1951, com o nome de UNIVAC-1, e foi utilizada no processamento dos dados do censo norte-americano de 1950 com sucesso.

Em 1975, o engenheiro Ed Roberts criou uma pequena empresa fabricante de calculadoras, a MITS, em Albuquerque, no Novo México (EUA). Apesar de ser um objeto primitivo e possuir um microprocessador, essa "caixa de computação", que tinha o nome de Altair, personagem da série de TV *Jornada nas Estrelas*, serviu de base para o design do Apple I e do Apple II. Esses computadores colocaram no mercado os jovens Steve Wozniak e Steve Jobs, transformando-os em lendas no início da era da informação.

Fundada em 1976 com três sócios, a Apple Computers, que tinha um capital de US$91 mil, alcançou em 1982 a marca de US$583 milhões em vendas, anunciando a era da multiplicação dos computadores. Mas isso não ficaria barato, porque a IBM rapidamente respondeu e lançou sua versão de microcomputador, colocando um nome bem sugestivo: computador pessoal (PC), que mais tarde acabaria virando o nome genérico de todos os computadores pessoais. E, mesmo com essa rapidez na resposta, a IBM não conseguiu segurar sua hegemonia nos negócios de computadores, surgindo dali para a frente diversos fabricantes de computadores pessoais ao redor do mundo. O Macintosh da Apple, lançado em 1984, criou o mercado de computadores de fácil utilização, introduzindo a tecnologia baseada em ícones e interfaces com o usuário, que foi desenvolvida pelo Centro de Pesquisas Palo Alto da Xerox.

O Altair também contribuiu para outros projetos e dois jovens desistentes de Harvard, Bill Gates e Paul Allen, adaptaram o BASIC (*Beginner's All-purpose Symbolic Instruction Code*), uma linguagem de programação desenvolvida por Bill Gates e Paul Allen para operar a máquina Altair em

1976 e, vendo que o negócio poderia dar certo, fundaram a Microsoft, que transformou seu predomínio em software de sistemas operacionais para o mercado de computadores pessoais que estava em crescimento.

No início da década de 1980, os computadores estavam evoluindo rapidamente; já se podia aumentar sua memória, os recursos de processamentos e o armazenamento de dados. No início da década de 1990, já era possível transformar o processamento e o armazenamento, que antes eram centralizados em um sistema compartilhado e interativo de computadores em rede, e tivemos grande mudança no sistema de tecnologia e nas suas interações sociais e organizacionais. E tudo isso só foi possível porque tivemos grandes avanços na área de telecomunicações, que permitiram a integração de computadores em rede (iniciada em 1970), porém essa comunicação entre computadores em redes evoluía na proporção que surgiam novos dispositivos microeletrônicos e a capacidade de computação aumentava.

Outra combinação que revolucionou as telecomunicações foram as tecnologias de "nós" (roteadores e comutadores eletrônicos) e novas conexões (tecnologias de transmissão). A empresa Bell Laboratories foi pioneira na produção de comutadores eletrônicos (1969). Com a entrada de concorrentes no mercado a partir de 1970, a empresa precisou mudar suas estratégias para retomar o mercado de computadores eletrônicos.

Uma onda de luz é igual a qualquer outra onda eletromagnética (por exemplo, rádio e TV), com algumas diferenças na frequência, que é muito mais alta. Isso lhe dá o poder de transportar mais dados. Com esse pensamento, tivemos avanços importantes em optoeletrônica (transmissão por fibra ótica e laser) e na tecnologia de transmissão por pacotes digitais, o que promoveu um aumento surpreendente da capacidade das linhas de transmissão. Para entendermos um pouco sobre a importância da transmissão de dados por fibras óticas, tínhamos uma ISDN (sigla em inglês para rede digital de serviços integrados) em 1970 com capacidade de transmissão por meio de fios de cobre em torno 144 mil bits. Em 1990, as IBNs (redes de banda larga integradas) com capacidade de transmissão por fibras óticas, mesmo tendo um custo muito elevado para implantação, transmitiam em torno de um quatrilhão de bits. Veja outro comparativo: em 1956, os primeiros cabos telefônicos transatlânticos transportavam cinquenta circuitos de voz compactada e, em 1995, 85 mil desses circuitos eram transportados por meio das fibras óticas.

A transmissão de dados com base na tecnologia optoeletrônica combinada com arquiteturas avançadas de comutação e roteamento, como ATM (modo de transmissão assíncrono) e TCP/IP (protocolo de controle de transmissão/protocolo de interconexão), é o alicerce da internet.

As diferentes maneiras de utilização do espectro de radiodifusão (transmissão tradicional, transmissão direta via satélite, micro-ondas, telefonia celular digital), assim como cabos coaxiais e fibras óticas, permitem que sejam empregadas diversas tecnologias de transmissão de acordo com as necessidades.

Figura 2. Comparativo da evolução da transmissão de dados

Fonte: Autor.

Os celulares começaram a invadir o mundo no início da década de 1990 e tornaram-se um símbolo de status juntamente com os pagers, e no ano 2000 já existiam tecnologias que permitiam que um aparelho pessoal de comunicação tivesse cobertura mundial. Cada avanço tecnológico que ocorria em uma área permitia ampliar a tecnologia também em outra área e todos eram beneficiados com isso. Essa convergência de todas as tecnologias eletrônicas no campo da comunicação interativa levou à criação da internet, que mudou para sempre a era da informação.

2 A INTERNET TRANSFORMOU O MUNDO

A criação e o desenvolvimento da internet foram consequência dos trabalhos e das estratégias militares, de grande cooperação científica, da iniciativa tecnológica e da inovação contracultural. Sua origem se deve aos trabalhos da Agência de Projetos de Pesquisa Avançada (Arpa) do Departamento de Defesa dos EUA.

Quando os Estados Unidos viram o lançamento do foguete Sputnik pela URSS na década de 1950, várias estratégias e iniciativas surgiram para tentar mudar a história da tecnologia.

Uma dessas estratégias desenvolvidas criava um sistema de comunicação invulnerável a ataques nucleares e, com base nessa tecnologia de comunicação e troca de pacotes de dados, seria possível deixar uma rede independente de centros de comando e controle, para que a mensagem procurasse suas próprias rotas ao longo da rede e chegasse ao seu destino.

Com a entrada da tecnologia digital, seria possível empacotar todos os tipos de mensagens, inclusive de som, imagens e dados, e fazer essa comunicação ocorrer entre duas partes sem usar centros de controles. As linguagens digitais, junto com a lógica das redes do sistema de comunicação, deram condições tecnológicas para que a comunicação ocorresse. Dessa maneira, em setembro de 1969 surgia a primeira rede de computadores, batizada de Arpanet, em homenagem ao seu principal patrocinador, a Agência de Defesa dos EUA. A rede ligava a Universidade da Califórnia em Los Angeles, o Stanford Research Institute, a Universidade da Califórnia em Santa Bárbara, e a Universidade de Utah. Ou seja, a rede ligava os centros de pesquisas que colaboravam com o Departamento de Defesa dos EUA. Os cientistas começaram a usá-la para suas próprias comunicações, criando até mesmo uma rede de mensagens entre entusiastas de ficção científica. Começou assim a tomar proporções o fato de que era difícil separar a pesquisa voltada para fins militares das comunicações científicas e das conversas pessoais. Em 1983, ocorreu a divisão entre a Arpanet, que era dedicada a fins militares científicos, e a Milnet, dedicada a aplicações militares. Mas, antes disso, já existia outra rede científica chamada CSNET, criada pela National Science Foundation em parceria com a IBM, além de uma rede para fins acadêmicos não científicos, a BITNET (1980). Porém, todas as redes criadas usavam a Arpanet como espinha dorsal do sistema de comunicações, criando a ARPA-Internet, que mais tarde passou a se chamar internet e que continuava mantida pelo Departamento de Defesa dos EUA em parceria com a National Science Foundation. Essa rede funcionou até o início da década de 1990, quando foi desativada.

A National Science Foundation assumiu o posto de espinha dorsal da internet, operando a NSFNET, mas as pressões comerciais e o crescimento de redes de empresas privadas e cooperativas sem fins lucrativos levaram ao encerramento dessa última espinha dorsal operada pelo governo norte-americano em 1995, já prevendo a privatização total da internet, porque inúmeras ramificações comerciais das redes regionais da NSF uniram forças para formar parcerias entre redes privadas. Uma vez privatizada, a internet não teria mais uma autoridade supervisora e diversas instituições criadas durante todo o desenvolvimento da internet assumiriam algum papel informal na coordenação das configurações técnicas e os custos para a atribuição de endereços da internet. Em 1992, a National Science Foundation outorgou à Internet Society, instituição sem fins lucrativos, a responsabilidade sobre as organizações coordenadoras da internet existentes, a Internet Activities Board e a Internet Engineering Task Force.

Por mais que os Estados Unidos tentassem manter o controle da internet, criando órgãos, não existia uma autoridade clara e que assumisse seu controle. Além disso, para que a rede pudesse sustentar o crescimento no volume de comunicações, era preciso melhorar a tecnologia de transmissão. Para se ter uma ideia de volume de dados, na década de 1970, a Arpanet usava um link de 56.000 bits por segundo. Em 1987, a rede transmitia 1,5 milhão de bits por segundo e, por volta de 1992, a NSFNET, que era a espinha dorsal da internet, operava com a velocidade de transmissão de 45 milhões de bits por segundo, capacidade o suficiente para enviar 5 mil mensagens por segundo. Mesmo assim, não era a capacidade de transmissão ideal ou suficiente para instituir uma rede mundial de comunicação com um protocolo de comunicação em que todos os tipos de redes pudessem entrar e os computadores pudessem se comunicar um com o outro.

Nesse contexto, houve um trabalho árduo para que existisse um protocolo padrão de comunicação entre os computadores, já que os norte-americanos haviam criado um modelo diferente do europeu. Com algumas adaptações, o TCP/IP conseguiu conquistar aceitação como padrão mais comum de protocolos de comunicação entre computadores.

Outra invenção que contribuiu com a internet foi o modem (1978), criado pelos estudantes Ward Christensen e Randy Suess e feito em um primeiro momento para transferir programas entre computadores via telefone, pois eles não queriam percorrer longos caminhos durante o inverno em Chicago. O modem permitia a transferência direta de arquivos entre computadores sem passar por um sistema principal. O modem contribuiu para os inventos, e mais tarde três alunos de uma universidade da Carolina do Norte (não inclusa na Arpanet) fizeram a interligação de computadores via linha telefônica comum e criaram um fórum online de conversas de informática, a Usenet, que se tornou um dos primeiros sistemas de conversas eletrônicas em larga escala. As duas invenções foram compartilhadas e os conhecimentos distribuídos para que todos soubessem como foi feito. Isso permitiu que qualquer pessoa com conhecimentos tecnológicos e que tivesse um PC pudesse desenvolver seus projetos ou até mesmo continuar aquilo que foi descoberto. Vários projetos surgiram, vários computadores passaram a se comunicar em rede e fóruns foram criados para discutir tecnologia, criando as primeiras "comunidades virtuais". O resultado disso foi que, no fim da década de 1980, existiam milhões de usuários de computadores se comunicando em redes cooperativas ou comerciais que não faziam parte da internet. Como essas redes usavam protocolos que não eram compatíveis entre si, ao adotar os protocolos da internet na década de 1990, garantiu-se a integração dessas redes e a expansão da internet.

Porém surgia outro problema, pois muitas pessoas não sabiam usar a internet e, devido à baixa capacidade de transmissão de gráficos, era difícil localizar e receber informações. O grande salto da internet, que permitiu sua difusão, foi a criação de um novo aplicativo, o www (world wide web), que organizava o teor dos sítios da internet por informação, e não por localização, oferecendo aos usuários um sistema mais fácil para pesquisar as informações desejadas.

Essa ideia pioneira de Tim Berners-Lee e da sua equipe de pesquisas do CERN para o "www" incluiu novas tecnologias adaptadas do mundo multimídia para oferecer uma linguagem audiovisual ao aplicativo. Foi criado um formato para os documentos em hipertexto, surgindo o HTML. Além disso, para que os computadores se adaptassem às suas linguagens específicas dentro desse formato compartilhado, foi acrescentada essa formatação ao protocolo da internet (TCP/IP). Outra coisa importante foi a configuração de um protocolo para transferência do hipertexto, conhecido como HTTP. Esse protocolo orientava a comunicação entre programas navegadores e servidores do "www".

E, para facilitar mais ainda as coisas, foi criado um formato padronizado de endereços, o localizador uniforme de recursos, também conhecido como URL. Seu papel era criar um endereço virtual com um caminho para indicar onde está o que o usuário procura, que pode ser um arquivo, um computador, uma página da internet, uma pasta e assim por diante. O URL é composto pelo protocolo HTTP para comunicação e pelo FTP para transferência rápida de arquivos na internet.

A equipe do CERN distribuiu o software www gratuitamente pela internet e o desenvolvimento dos primeiros sites foi feito pelos grandes centros de pesquisas espalhados pelo mundo.

Um desses centros de pesquisas, o National Center Supercomputer Applications (NCSA), da Universidade de Illinois, tinha diversos pesquisadores à procura de novas tarefas e entre eles Marc Andreessen, um estudante universitário. Ele desenvolveu um dos primeiros navegadores da web, batizado de Mosaic, que funcionava em computadores pessoais. Esse navegador foi disponibilizado gratuitamente na web da NCSA e, após milhões de cópias de uso, um lendário empresário do Vale do Silício, Jim Clark, gostou do projeto e o convidou para criar uma empresa. E assim fundaram a Netscape, que produziu e comercializou o primeiro navegador da internet digno de confiança, chamado de Netscape Navigator, lançado em 1994. Após o lançamento desse navegador surgiram outros mecanismos de pesquisa, e o mundo inteiro adotou e abraçou a internet, criando uma verdadeira rede mundial de computadores.

Outra novidade que veio com o www foi o endereçamento de domínios. Um domínio da internet é um conjunto de caracteres que colocamos no navegador da internet para encontrar um site. Essa ideia de atribuir um nome, ou seja, um domínio, para identificar um website, foi um mecanismo criado alguns anos após o início da internet e foi uma convenção criada para tornar o acesso aos sites mais fácil de lembrar e mais amigável para quem os procurasse. A razão disso é que os sites são localizados pelos provedores de internet por meio de um rótulo numérico (endereço IP) atribuído a cada dispositivo (computador, impressora, smartphone etc.) conectado a uma rede de computadores que utiliza o Protocolo de Internet para comunicação. Atualmente os domínios são importantes para a identidade de marcas e organizações e movimentam um mercado milionário.

O surgimento dos domínios deu origem também a um mercado milionário, no qual diversos empreendedores compravam endereços aos montes para vendê-los por preços mais altos. Era como uma especulação imobiliária virtual, em que determinados domínios, em especial nomes simples e óbvios, eram extremamente lucrativos para quem saísse na frente e conseguisse registrá-los, visto que um domínio adequado era importante para a visibilidade e a identidade de um negócio. Para se ter uma ideia, em apenas um dia de 2012, Mike Mann, um desses especuladores, comprou quase 15 mil domínios.

Outro ponto importante nisso era o fato de o domínio sozinho não ser suficiente para que um site estivesse disponível na internet. Era preciso ter um servidor para hospedar, ou melhor, armazenar todo conteúdo do site e torná-lo acessível a todas as pessoas na internet, para acesso por meio do endereço eletrônico (URL). Vamos fazer uma analogia: dessa forma, o domínio seria o endereço da sua casa, a hospedagem ou o armazenamento corresponderia à sua casa e o seu site seria composto pelos seus móveis e tudo mais que você tivesse dentro dela.

Um estudo feito em 2018 pela União Internacional de Telecomunicações (UIT), uma agência das Nações Unidas, apontou que mais da metade da população mundial, cerca de 4 bilhões de pessoas (um pouco mais de 50% da população mundial), utilizava a internet. Para o secretário geral da UIT naquele período, Houlin Zhao, esse era um importante passo para uma "sociedade mais inclusiva".

E esse avanço da internet se deve à chegada dos smartphones, pois eles conectaram as pessoas à rede mundial de computadores. Outro dado importante da UIT é que a cobertura móvel atingiu mais de 96% das áreas povoadas do planeta, e a conexão móvel com a internet chegou a cerca de 90% das regiões habitadas.

3 A REVOLUÇÃO DA TECNOLOGIA DA INFORMAÇÃO

Se no século XVIII a primeira Revolução Industrial ocorreu na Inglaterra, podemos dizer que a primeira Revolução da Tecnologia da Informação ocorreu nos Estados Unidos da América. Tanto na Revolução Industrial quanto na da Tecnologia da Informação tivemos a participação importante de cientistas e industriais de outros países. Na Revolução Industrial, a França e a Alemanha foram grandes fontes de talentos e aplicações para que todas invenções e inovações ocorressem. Na Revolução da Tecnologia da Informação, países como Inglaterra, França, Alemanha e Itália criaram a base das novas tecnologias eletrônicas. Sem falarmos da capacidade das empresas japonesas, que melhoraram o processo de fabricação dos componentes eletrônicos e colocaram no mercado mundial diversos produtos inovadores como videocassetes, fax, videogames e bips.

Na década de 1980, as empresas japonesas se tornaram referências e líderes na produção de semicondutores no mercado internacional. Foi somente na década de 1990 que os norte-americanos conseguiram brigar e competir em igualdade com os japoneses. Nos dias atuais, temos a participação de empresas de outros países como China, Índia e Coreia do Sul, assim como da Europa, no desenvolvimento de equipamentos e componentes eletrônicos. Mesmo assim, os Estados Unidos continuarão fortes com suas empresas e instituições inovadoras neste século XXI.

3.1 A importância do Vale do Silício

Para entendermos o motivo da Revolução da Tecnologia da Informação ocorrer nos Estados Unidos, segundo Castells, é preciso entender as raízes sociais por trás dela, além dos mitos que a cercam. Ele nos conta em seu livro *A Sociedade em Rede — Vol. 1*, que foi no Vale do Silício que surgiu toda fonte de tecnologia que colocou os norte-americanos na ponta da inovação tecnológica. De lá saíram o circuito integrado, o microprocessador e o microcomputador, além de outras tecnologias importantes para o momento atual que vivemos no setor da tecnologia da informação.

O Vale do Silício, além do famoso Palo Alto, possui outros municípios importantes, como Newark, Menlo Park, Campbell, Union City, Milpitas, Sunnyvale, Cupertino, Los Gatos, Santa Clara, Fremont, Redwood City, Saratoga, Los Altos, Mountain View e San Jose.

Castells nos fala que essa região foi transformada em meio de inovação pela convergência de vários fatores atuando no mesmo local, como:

- Novos conhecimentos tecnológicos.
- Um grupo de engenheiros e cientistas talentosos nas universidades da região.
- Investimentos do Departamento de Defesa Americano.
- Investimentos de outras empresas.
- Formação de uma rede eficiente de empresas de capital de risco.
- Apoio da Universidade de Stanford.

A instalação do Parque Industrial de Stanford pelo visionário diretor da Faculdade de Engenharia da Universidade daquela cidade em 1951, Frederick Terman, contribuiu para isso. Veja que interessante; ele patrocinou dois de seus pós-graduandos, William Hewlett e David Packard, para a criação de uma empresa de eletrônicos em 1938.

A segunda Guerra Mundial trouxe prosperidade para a Hewlett-Packard e para outras empresas que iniciaram no ramo da eletrônica dentro do parque industrial, onde Terman de perto analisava quem poderia ou não entrar, pois ali no parque só entravam empresas que a Stanford julgasse inovadoras. Rapidamente o parque ficou lotado, e a consequência disso foi a instalação de empresas ao longo da rodovia 101, na direção de San Jose.

Outro acontecimento interessante foi que William Shockley, inventor do transistor, não conseguiu apoio de empresas na costa leste dos Estados Unidos e, para desenvolver a sua descoberta, teve que arrumar emprego em uma empresa (a Beckman Instruments) no Vale do Silício. Com o apoio dessa empresa, ele conseguiu criar a sua própria, a Shockley Transistors, em 1956. Sua empresa fracassou devido à sua teimosia (ele não queria trabalhar com silício), o que também levou oito dos principais engenheiros a saírem da empresa e criarem a Fairchild Semiconductors, onde o processo plano e o circuito integrado foram inventados nos anos seguintes. Os engenheiros que fundaram a Fairchild, ao descobrirem o potencial tecnológico e comercial de seus conhecimentos, seguiram seus caminhos separados. Cada um montou sua própria empresa e recrutou outras pessoas para trabalhar para eles. Mais tarde, esse ciclo se repetiu com aqueles que foram recrutados, que, à medida que foram saindo das empresas criadas, abriram suas próprias empresas. Dessa forma, segundo Castells, metade das 85 maiores empresas norte-americanas de semicondutores, inclusive as grandes fabricantes atuais como Intel, AMD – Advanced Micro Devices, National Semiconductors, Signetics e assim por diante, são oriundas da cisão parcial da Fairchild.

Todas as transformações que ocorreram das divisões de empresas constituíram a fonte inicial de inovação, e formaram a base do Vale do Silício e da revolução da microeletrônica. Na década de 1950, o MIT era o principal centro de eletrônica e isso refletiu na localização e na mudança das indústrias mais tarde.

Outro fato importante para a formação do Vale do Silício, segundo explicações de Castells, foi "a existência de uma rede de empresas de capital de risco desde o início". Esses investidores eram oriundos do ramo da eletrônica, o que lhes permitia ter o conhecimento necessário de cada projeto antes de investir. Estimava-se em 1988 que "o capital de risco representava cerca de metade dos investimentos em novos produtos e serviços associados aos ramos da informática e da comunicação".

Os computadores seguiram o mesmo caminho no Vale do Silício e introduziram uma linha divisória histórica no uso da tecnologia da informação. As jovens mentes brilhantes, que viam no local uma espécie de "Meca" da eletrônica, reuniam-se em clubes para discutir tecnologias, ideias e projetos. Um desses locais era o Home Brew Computer Club, que reunia várias mentes brilhantes, como Bill Gates, Steve Jobs e Steve Wozniak. E dessas reuniões surgiram 22 empresas, entre elas a Microsoft, a Apple, a Comenco e a North Star.

O que podemos concluir dessa história do Vale do Silício? Primeiro, que o desenvolvimento tecnológico nessa região contribuiu para a formação dos meios de inovação em que as descobertas e as aplicações interagiam e eram testadas várias vezes até dar certo. Segundo, que, uma vez que o ambiente tecnológico esteja consolidado, ele gera sua própria dinâmica para atrair novas pessoas e conhecimentos, ideias inovadoras e investidores de todas as partes do mundo. Prova disso foi que todos os outros desenvolvimentos que vieram após a consolidação da região tecnológica criada foram capturados pelas empresas da região e, quando a internet explodiu, as principais empresas de equipamentos para a internet, implantação de redes de computadores, softwares e portais da internet começaram ali, por exemplo, Cisco Systems, Sun Microsystems, Oracle, Yahoo! e Ebay.

3.2 O PARADIGMA DA TECNOLOGIA DA INFORMAÇÃO

O cientista Thomas Kuhn dizia que a ciência evolui por meio de paradigmas, ou seja, modelos, representações e interpretações de mundo universalmente conhecidas, que fornecem problemas e soluções modelares para uma comunidade científica. Ele queria dizer com isso que a prática científica, ao fomentar leis, teorias, explicações e aplicações, criava modelos que fomentavam as tradições científicas. Como assim? Vejamos os exemplos (KUHN, 1991, p. 32):

> "...a teoria geocêntrica de Ptolomeu, que afirmava ser a Terra o centro do universo, foi substituída por um novo modelo, a teoria heliocêntrica de Copérnico, que afirmava ser o sol o centro. Outro exemplo é a teoria da gravitação de Newton, que afirmava ser a gravidade uma força fundamental existente em todos os corpos. Essa teoria foi completamente modificada por um novo modelo explicativo, a teoria da relatividade-geral de Einstein. Segundo esse novo modelo, a gravidade não seria uma característica dos corpos, mas das distorções do espaço-tempo local causadas pelo peso das massas dos corpos. Essas transformações de paradigmas são revoluções científicas e "a transição sucessiva de um paradigma a outro,

por meio de uma revolução, é o padrão usual de desenvolvimento da ciência amadurecida."

De acordo com Kuhn, um paradigma científico é a forma de se fazer ciência, ou seja, trazer leis e conceitos implícitos do que deve ou não ser feito e, para isso, é necessário que ele sempre esteja associado a embasamentos experimentais, e não apenas teóricos. Se um paradigma sofre de uma anomalia, ou seja, um problema existente e de difícil solução, ocorre uma crise que leva à necessidade de troca desse paradigma e que deve estar associado a quatro condições fundamentais:

1. Devem existir insatisfações com o paradigma vigente, as quais podem ser visíveis pela falta de resultados.
2. O novo paradigma deve ser inteligível.
3. O novo paradigma deve também ser plausível, ou seja, capaz de resolver problemas e gerar novos resultados.
4. Deve trazer a possibilidade de um programa de investigação frutífero.

Esse conceito é mais abrangente que um programa de pesquisa, pois leva consigo fatores sociais, políticos e pessoais; caso contrário, não há necessidade de se substituir um pelo outro.

Com base nesses conceitos, Carlota Perez, Christopher Freeman e Giovanni Dosi elaboram o paradigma tecnológico e organizaram a essência da transformação tecnológica atual à medida que ela interage com a economia e a sociedade. Segundo Castells, o paradigma da tecnologia da informação elaborado por eles é a base material da sociedade da informação. E, por isso, vamos destacar suas principais características:

1. **São tecnologias para agir sobre a informação:** a informação é sua matéria-prima, não apenas para agir sobre a tecnologia, como aconteceu nas revoluções anteriores.
2. **Penetrabilidade dos efeitos das novas tecnologias:** como a informação é parte integral de toda atividade humana, todos os processos de nossa existência individual e coletiva são diretamente moldados pelo novo meio tecnológico.
3. **Lógica de redes:** graças à tecnologia da informação, em qualquer sistema ou conjunto de relações, essa configuração topológica, a rede, pode ser implementada materialmente em todos os tipos de processos e organizações. A rede é necessária para estruturar o não estruturado, preservando a flexibilidade, pois o não estruturado é a força motriz da inovação na atividade humana.

4. **Flexibilidade:** o paradigma da tecnologia da informação é baseado na flexibilidade, ou seja, os processos são reversíveis, as organizações e as instituições podem ser modificadas pela reorganização de seus componentes.
5. **Convergência de tecnologias específicas para um sistema altamente integrado:** é impossível distinguir a trajetória das tecnologias antigas separadamente. Dessa forma, a microeletrônica, as telecomunicações, a optoeletrônica e os computadores são todos integrados nos sistemas de informação.

Portanto, Castells conclui "que o paradigma da tecnologia da informação não evolui para seu fechamento como um sistema, mas rumo à abertura como uma rede de acessos múltiplos. É forte e impositivo em sua materialidade, mas adaptável e aberto em seu desenvolvimento histórico. Abrangência, complexidade e disposição em forma de rede são seus principais atributos".

Isso nos mostra um cenário em plena revolução, em que mitos e paradigmas são quebrados e somos surpreendidos por mais e mais informações que nos levam a uma nova onda tecnológica, capaz de substituir a revolução anterior e nos proporcionar novidades, mesmo que seja uma reinvenção ou uma modernização de algo obsoleto. Nessa visão, novas ocupações são criadas, oportunidades se abrem e habilidades ou competências são demandadas, trazendo a ideia de uma nova classe social, baseada em trabalhadores do conhecimento.

4 NOVA ECONOMIA

No fim do século XX, surgiu uma economia em escala global, segundo Castells. Ele a chama de informacional, global e em rede para identificar suas características fundamentais e diferenciadas e enfatizar sua interligação. Conforme ele explica, ela é informacional porque a produtividade e a competitividade das empresas, regiões ou nações dependem basicamente da sua capacidade de gerar, processar e aplicar de forma eficiente a informação baseada em conhecimentos. Ela se torna global porque as principais atividades produtivas, o consumo e a circulação, assim como seus componentes (capital, trabalho, matéria-prima, administração, informação, tecnologia, mercados), estão organizados em escala global, ligada a uma rede de conexões entre agentes econômicos. E em rede porque, devido às novas condições históricas, a produtividade é gerada, e a concorrência é feita em uma rede global de interação entre redes empresariais. E porque essa nova tecnologia surgiu apenas no fim do século XX? Castells nos explica que "isso se deve à revolução da tecnologia da informação, que forneceu a base material indispensável para a sua criação. Essa conexão entre a base de informações e conhecimentos da economia, seu alcance global, sua forma de organização em rede, cria um novo sistema econômico distinto".

Se juntarmos a informação, conhecimentos e a evolução da tecnologia teremos elementos importantes para o crescimento da economia, pois esses elementos podem determinar a capacidade produtiva da sociedade, os padrões de vida e as formas sociais de organização econômica.

A informação se tornou um produto do processo produtivo, criando um novo paradigma tecnológico baseado na tecnologia da informação. Como assim?

Conforme Castells explica, "os produtos das novas indústrias de tecnologia da informação são dispositivos de processamento de informações ou o próprio processamento das informações". As novas tecnologias transformam as informações que agem sobre todos os domínios da atividade humana e criam conexões infinitas entre diferentes domínios, entre elementos e agentes dessas atividades. Essa economia que surge em rede aplica seu progresso em tecnologia, conhecimentos e administração num ciclo que se repete, que aumenta a produtividade e a eficiência e que é capaz de transformar as organizações.

Como vimos neste livro, o mundo está conectado em uma rede global sem precedentes e as ideias e inovações podem ser disseminadas em pouco tempo.

O livro *Visualizing Change: A Snapshot of Our World*, escrito por Jeffrey Desjardins (Paperback, 2018), apresenta diversos infográficos e visualizações de dados interessantes sobre as forças que moldam os negócios, a riqueza, a tecnologia e a economia. Com base nas informações desse livro, a rede de TV britânica BBC (British Broadcasting Corporation) fez uma reportagem na qual enumerou no fim de 2018 as sete forças que mudarão o futuro da economia global. Neste capítulo, falamos sobre o paradigma da tecnologia da informação e a chegada da internet ao mercado no início de 1990. Segundo o autor do livro, a internet foi uma das quebras de paradigmas que transformaram a economia e a vida das pessoas a ponto de ser comparada com "o impacto do modelo heliocêntrico de Nicolau Copérnico ou a teoria da relatividade de Albert Einstein". A transformação tecnológica é capaz de promover mudanças nos mercados e ela pode ocorrer de diversas formas diferentes:

- Impulsionadores individuais, como: Steve Jobs, Warren Buffett ou Jeff Bezos, entre outros.
- Modelos inovadores, como: SpaceX, Uber, Netflix, Spotify, entre outros.

- Mudanças na mentalidade dos consumidores: uso apenas de energias renováveis.
- Alterações no equilíbrio da influência econômica no mundo: ascensão da China, por exemplo.

Mas gostaríamos de destacar, a seguir, as sete forças que estão mudando a economia global, apresentadas em uma reportagem da BBC e baseadas no livro de Jeff Desjardins.

4.1 A invasão dos gigantes da tecnologia

Durante a maior parte da história dos negócios, as empresas líderes no mundo tinham a visão voltada para a produção industrial em série e em larga escala ou para a extração e o processamento de recursos naturais. Essas empresas usavam matérias-primas para transformá-las em produtos e investiam grande quantidade de capital em novas fábricas para continuar produzindo seus produtos em escala global, pagando milhares de trabalhadores para multiplicar seus produtos no mercado. São exemplos empresas como Ford, General Eletric e ExxonMobil.

Com o passar dos anos, outras corporações da área de finanças, telecomunicações ou vendas de produtos de varejo entraram na lista das dez empresas com maior valor de mercado.

Porém, as coisas foram mudando e a realidade empresarial mudou. Em um mundo onde a tecnologia da informação encontrou o comércio como ponte para novos negócios, os dados se tornaram mais valiosos do que os objetos físicos e tangíveis. A prova disso é que, nos últimos anos, a lista das empresas mais valiosas do mundo mudou radicalmente. Segundo a consultoria Brand Finance, nos últimos três anos (dados de 2020), o ranking das 500 marcas mais valiosas do mundo traz a Amazon, de Jeff Bezos, no topo. A marca está avaliada em US$220,7 bilhões. Na segunda colocação aparece o Google, com US$159,7 bilhões, ultrapassando a Apple, que foi para o terceiro lugar com US$140,5 bilhões.

Segundo a Brand Finance, Estados Unidos (45,4%), China (18,9%) e Japão (6,85%) são os países com mais empresas no ranking, mas o que chama a atenção é o setor mais presente nesse ranking. Cerca de 14% das 500 marcas mais valiosas do mundo são de tecnologia, 13% são bancos e o setor de varejo, com 11,3%, ocupa o terceiro lugar.

Mas observem os dez primeiros lugares de empresas mais valiosas do mundo:

Figura 3. Empresas mais valiosas do mundo, segundo a Consultoria Brand Finance

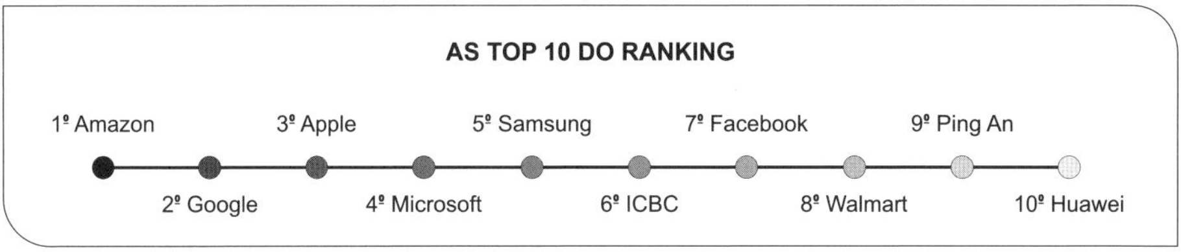

Fonte: Autor.

O estudo, realizado pela Brand Finance, é baseado na análise de investimentos em marketing, patrimônio e contribuições para o desempenho financeiro das empresas. Nesse ranking aparecem quatro empresas brasileiras entre as 500 maiores, que são: Itaú (298°), Bradesco (308°), Caixa Econômica (428°) e Banco do Brasil (461°).

Esse ranking nos prova que as empresas de tecnologia superaram as empresas tradicionais que constroem e vendem produtos físicos. Isso nos mostra que a tecnologia da informação, com seus produtos, está criando plataformas globais com as quais é difícil de competir. Essa "invasão tecnológica" está tomando conta do varejo e da publicidade e começa a crescer em outras frentes, de olho nas áreas de saúde, finanças, manufatura e educação.

4.2 Aceleração do crescimento chinês

Não é novidade para ninguém a velocidade com que a economia e o desenvolvimento tecnológico chineses avançam. Conforme já comentamos, a produtividade econômica de algumas cidades da China é maior do que a de países inteiros. A China possui mais de cem cidades com mais de um milhão de habitantes e elas foram desenvolvidas com base na criação de fábricas, na extração de recursos naturais e no gerenciamento de dados. O que impressiona nesse cenário é que temos cidades que ficam ao redor do rio Yangtze, (Xangai, Suzhou, Hangzhou, Wuxi, Nantong, Ningbo, Nanjing e Changzhou) com um Produto Interno Bruto (PIB) de US$2,6 trilhões, superior ao de muitos países como, por exemplo, a Itália (dados de 2018). A tabela a seguir nos ajuda a ter uma ideia da capacidade que essas cidades tinham antes da pandemia, cada uma com uma produtividade econômica mais alta do que países inteiros.

Tabela 1. Comparativo do PIB de algumas cidades chinesas com alguns países

PIB de Cidades chinesas	Comparativo - Pais
Chengdu - $306B	Noruega
Nanjing - $272B	Dinamarca
Suzhou - $440B	Áustria
Guangzhou - $524B	Suíça
Wenzhou - $131B	Croácia
Changhou - $147B	Servia
Hanghou - $275B	Grécia
Shenzhen - $491B	Suécia
Dalian - $245B	Finlândia
Yantai - $184B	Bielorrússia
Tianjin - $478B	Romênia
Wuhan - $324B	Israel
Beijing - $664B	Emirados Árabes
Shanghai - $810B	Filipinas
Dongguan - $186B	Etiópia
Tangshan - $191B	Nova Zelândia
Hong Kong - $ 414B	Peru
Chongqing - $425B	Chile

Fonte: https://www.visualcapitalist.com/the-8-major-forces-shaping-the-future-of-the-global-economy/

A BBC estimava que, entre 2017 e 2019, a China seria a economia com a taxa de crescimento mais alta do mundo (35,2%) e que, em 2030, poderia ultrapassar os Estados Unidos como líder na economia mundial.

4.3 Ascensão das megacidades

Existe a previsão de que, nas próximas décadas, o crescimento populacional das cidades transformará a economia global. As projeções sugerem a estabilização das taxas de natalidade nos países ocidentais e na China, e será observado um crescimento demográfico e a rápida urbanização em nações africanas e no restante da Ásia. Esse fenômeno bastante estudado é conhecido como a ascensão das megacidades.

Em termos comparativos, podemos dizer que essas megacidades para um país são como uma rua principal para uma comunidade, onde se tem um laboratório de coisas diferentes, criando novos modos urbanos de vida.

Mas essas megacidades trarão problemas conhecidos dos brasileiros, como transportes públicos lotados, racionamento de água, custo de vida mais alto e violência.

E, analisando um relatório da ONU, além das megacidades teremos em 2050 uma população mundial de mais de 9,7 bilhões de pessoas. O que obriga o mundo a preparar o futuro agora para que o futuro não pague a conta dos erros e dos problemas atuais que impactam o clima, a saúde e a alimentação.

4.4 O aumento da dívida

Segundo o FMI, em 2020 tivemos o maior aumento da dívida em um ano desde a Segunda Guerra Mundial, cerca de US$226 trilhões, e os empréstimos contraídos pelos governos foram responsáveis por parte desse aumento.

Além dos recordes de dívida pública e privada, nos últimos anos os governos ainda tiveram que lutar contra as variantes da Covid-19 e a inflação crescente. Os dados da *Global Debt database* (base de dados do FMI) nos mostram que em 2020 a dívida mundial já estava alta, com 256% do PIB. E, como o cenário só piorou nos últimos anos, ainda estamos vivendo a alta da dívida das economias avançadas, o que inclui as dívidas de empresas e das famílias.

Existe também um abismo no financiamento, diferenciando a dinâmica da dívida entre os países do mundo. Por exemplo, as economias avançadas como a China foram responsáveis por 90% do aumento de US$28 trilhões na dívida em 2020, segundo o FMI. E, durante a pandemia, esses países continuaram ampliando seus endividamentos, graças às baixas taxas de juros, às medidas tomadas pelos bancos centrais e aos seus mercados financeiros bem desenvolvidos. E do outro lado, nas economias consideradas em desenvolvimento, os países tiveram acesso limitado ao crédito e taxas de empréstimos, em geral bem mais altas que nos países com a economia avançada.

E, se considerarmos apenas o período de pandemia, o grande aumento da dívida dos países pode ser justificado pela necessidade de proteger a vida das pessoas, garantir os empregos e evitar que as empresas quebrassem de forma sistêmica. Ou seja, sem a ação dos governos, as consequências teriam sido piores do que aquilo que estamos vendo atualmente.

Mesmo com essas ações, o aumento da dívida amplia vulnerabilidades, principalmente à medida que as condições de financiamento se tornam mais restritivas, impedindo que os governos apoiem a recuperação dos setores privados.

O desafio, agora, segundo o FMI, é encontrar a combinação certa entre políticas fiscais e monetárias em um ambiente de dívida elevada e inflação crescente. Além disso, o panorama incerto e o agravamento das vulnerabilidades vão exigir muito dos países pobres e em desenvolvimento, que precisarão do apoio das grandes economias mundiais para evitar mais problemas.

4.5.5 *A velocidade das mudanças tecnológicas*

Voltando ao Capítulo I deste livro, lembramos que tivemos diversas invenções tecnológicas — como a criação da máquina a vapor, a eletricidade, combustíveis fósseis, o automóvel, o telefone e o avião — e, para que esses produtos tivessem bastante consumidores, foram necessárias várias décadas entre o tempo de desenvolvimento dos primeiros protótipos e testes e a ampla adesão e alcance dos consumidores.

O automóvel, por exemplo, demorou cerca de sessenta anos para ter ampla adesão dos consumidores; o telefone, cinquenta anos, e os cartões de crédito, vinte anos.

Agora, se compararmos com os produtos derivados da tecnologia da informação, a taxa de adesão e o alcance se tornam muito mais rápidos e o mercado pode levar poucos meses para adotar uma nova tecnologia. Veja o exemplo do Pokémon Go: o jogo acumulou 50 milhões de usuários em apenas 19 dias. Isso nos leva a concluir que o ritmo de aceitação de novas tecnologias está cada vez mais baixo e o seu alcance, em escala global, impressiona os especialistas.

4.6 Barreiras comerciais

O mundo começou a eliminar progressivamente as barreiras comerciais entre os países, principalmente depois da Segunda Guerra Mundial. Os próprios economistas concordam que o livre comércio é benéfico para os países envolvidos. Um exemplo disso são os Estados Unidos e o Canadá, que se configuram nesse cenário como o melhor cliente um do outro.

Mesmo assim, recentemente os norte-americanos impuseram tarifas a vários produtos chineses, desencadeando uma guerra comercial de bilhões de dólares entre Washington e Pequim. A expectativa agora é se o mundo continuará avançando rumo ao livre comércio ou se vão surgir novas regras nas relações comerciais entre os países.

4.7 A revolução verde

O uso de energias renováveis acelerou nos últimos anos, à medida que os custos de produção diminuíram e as tecnologias avançaram. Segundo a BBC, existem projeções indicando que, em duas décadas, a energia solar e a eólica responderão por quase metade da capacidade elétrica do mundo. Existem estudos apontando também que em 2047 haverá cerca de 1 bilhão de carros elétricos em trânsito pelo mundo. E o investimento global em energias mais limpas pode chegar a US$10,2 trilhões no ano de 2040, segundo aponta o livro de Jeff Desjardins. O mundo possui uma matriz energética composta, principalmente, por fontes não renováveis, como carvão, petróleo e gás natural. Temos que trabalhar para inverter a utilização das matrizes energéticas, porque, conforme pode ser visto a seguir, as fontes renováveis não são muito exploradas:

Figura 4. Matriz Energética Mundial 2019

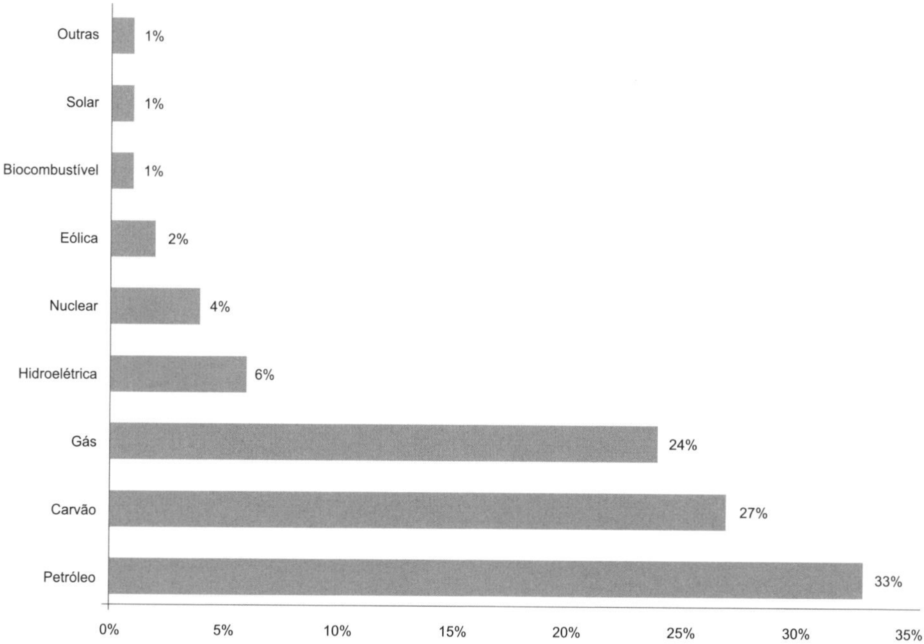

Fonte: FGV - https://fgvenergia.fgv.br/dados-matriz-energetica

Esse gráfico nos mostra algo muito importante. As fontes não renováveis de energia são as mais utilizadas no mundo e também as maiores responsáveis pela emissão de gases de efeito estufa (GEE). Dessa forma, com a evidência do desequilíbrio entre desenvolvimento econômico e meio ambiente em que a Terra se encontra atualmente, fica cada vez mais importante a discussão sobre as fontes renováveis e não renováveis de energia, sendo que muitos esforços têm acontecido para promover a adoção de energias renováveis na matriz energética dos países do globo.

5 CONCLUSÕES

Este capítulo nos deu uma sequência da evolução tecnológica que vivemos no passado e que influenciou todas as descobertas e inovações que surgiram entre as décadas de 1960 e 1980. A evolução dos componentes eletrônicos e a redução de seu tamanho permitiram que as empresas melhorassem a qualidade de seus produtos, deixando-os cada vez menores, mais rápidos e eficientes. A produção em larga escala dos componentes eletrônicos e os investimentos em pesquisa, além da criação de diversos polos de tecnologias, permitiram a expansão dos computadores, que se tornaram populares no início da década de 1980 nos Estados Unidos e depois se espalharam pelo mundo.

Isso quer dizer que, nos últimos 50 anos, a evolução da microeletrônica foi importante para a tecnologia da informação e para a Quarta Revolução Industrial que vivemos hoje. Os transistores revolucionaram a eletrônica a partir da sua criação e do seu desenvolvimento. Outro ponto importante foi o trabalho para o desenvolvimento das redes de computadores, que no início fazia um computador se comunicar com o outro e, depois, com redes pequenas e internas. Assim, a forma de transmissão de dados foi evoluindo e melhorando a velocidade de tráfego de dados até chegarmos à fibra ótica e às redes de alta velocidade que fizeram a internet ganhar proporções mundiais.

O desenvolvimento da internet trouxe consigo um novo mundo de informações de alcance global e com negócios e empresas que passaram a lucrar com as informações. Ou seja, surgiam ali empresas que possuíam como matéria-prima a informação. E essas empresas cresceram tanto que, nos últimos dez anos, podemos falar sem medo que elas ocupam os primeiros lugares nos rankings de qualquer avaliação mundial sobre empresas mais valiosas, inovadoras e outros parâmetros.

Castells considera que essas empresas, que hoje lideram todos os rankings de ações e valores, criaram uma nova economia, baseada na informação. Conforme foi explicado no capítulo, a produtividade e a competitividade dessas empresas dependem basicamente da sua capacidade de gerar, processar e aplicar de forma eficiente a informação baseada em conhecimentos. E suas principais atividades produtivas, o consumo e a circulação, assim como seus componentes (capital, trabalho, matéria-prima, administração, informação, tecnologia, mercados) estão organizados em escala global, ligados a uma rede de conexões entre agentes econômicos.

Ligado a esse cenário tecnológico de invasão de gigantes da tecnologia, temos o crescimento de várias cidades chinesas que são mais fortes que a economia de muitos países do mundo; a ascensão de diversas megacidades; a velocidade das mudanças tecnológicas e a redução das barreiras comerciais que vem transformando o mundo que vivemos hoje — e com a expectativa de um mundo bem diferente em 2030, em todos os aspectos.

Podemos dizer assim que estamos vivendo um momento histórico de transformações tecnológicas que mudarão a economia mundial em dez anos e darão uma nova cara para o mundo e para a sociedade global.

BIBLIOGRAFIA

CASTELLS, Manuel. *A sociedade em rede*. Vol. 1. 20 ed., revista e ampliada. São Paulo: Paz e Terra, 2019.

UOL. *Amazon lidera ranking de marcas mais valiosas de 2020*. Disponível em: https://economia.uol.com.br/noticias/redacao/2020/02/23/amazon-lidera-ranking-de-marcas-mais-valiosas-de-2020-google-passa-a-apple.htm. Acesso em 10 dez. 2020.

BBC NEWS BRASIL. *As 7 forças que mudarão o futuro da economia global*. Disponível em: https://www.bbc.com/portuguese/internacional-46466612. Acesso em 12 dez. 2020.

FUNDO MONETÁRIO INTERNACIONAL. *A dívida mundial chega ao recorde de US$226 trilhões*. Disponível em: https://www.imf.org/pt/News/Articles/2021/12/15/blog-global-debt-reaches-a-record-226-trillion. Acesso em 12 dez. 2020.

DESJARDINS, Jeff. *Visual Capitalist, The 8 Major Forces Shaping the Future of the Global Economy*. Disponível em: https://www.visualcapitalist.com/the-8-major-forces-shaping-the-future-of-the-global-economy/. Acesso em 12 dez. 2020.

SUGESTÕES DE PERGUNTAS E RESPOSTAS PARA DISCUSSÃO DO CAPÍTULO

1. Quando começou o desenvolvimento da eletrônica?

2. Qual invenção de 1947 modificou para sempre a história da eletrônica?

3. O que provocou a explosão tecnológica e quais foram as consequências para sua produção?

4. Complete a frase:

   A invenção e a evolução dos ______________________ aumentaram continuamente a ________________ da computação. Cada vez menores e mais ______________, eles começaram a ser utilizados em máquinas de lavar roupas, fornos de micro-ondas, e automóveis ___________________________.

5. Quando surgiram os computadores?
   ( ) *1951*
   ( ) *1971*
   ( ) *1946*
   ( ) *1990*

6. Os jovens Steve Wozniak e Steve Jobs fundaram a Apple e, com o Apple I e o Apple II, viraram lendas no início da era da informação. Qual projeto serviu de inspiração para o design de seus computadores?

7. Qual é a base de transmissão de dados utilizada pela internet?

8. Como surgiu a internet e qual foi o motivo?

9. Por que a criação do aplicativo do "www" foi importante para a internet?

10. Segundo Castells, quais foram os motivos que transformaram o Vale do Silício em um polo tecnológico?

11. Marque (V) verdadeiro e (F) falso para estas afirmativas:

( ) *Bil Gates, Steve Jobs e Steve Wozniak fundaram a Microsoft no Vale do Silício.*

( ) *O desenvolvimento tecnológico no Vale do Silício contribuiu para a formação dos meios de inovação em que as descobertas e as aplicações interagiam e eram testadas várias vezes até dar certo.*

( ) *As principais empresas de equipamentos para a internet, implantação de redes de computadores, softwares e portais da internet começaram ali, como, por exemplo: Cisco Systems, Sun Microsystems, Oracle, Yahoo! e Ebay.*

( ) *O Vale do Silício não pode ser considerado a "Meca" da eletrônica.*

( ) *Metade das 85 maiores empresas norte-americanas de semicondutores, inclusive as grandes fabricantes atuais — como Intel, AMD (Advanced Micro Devices), National Semiconductors, Signetics e assim por diante —, são oriundas da cisão parcial da Fairchild.*

( ) *A instalação do Parque Industrial de Stanford, feita pelo visionário diretor da Faculdade de Engenharia da Universidade de Stanford (Frederick Terman) em 1951, contribuiu para a formação do Vale do Silício.*

12. Como surge um novo paradigma?

13. Quais são as principais características do paradigma da tecnologia da informação?

14. O que é a nova economia e como ela é formada?

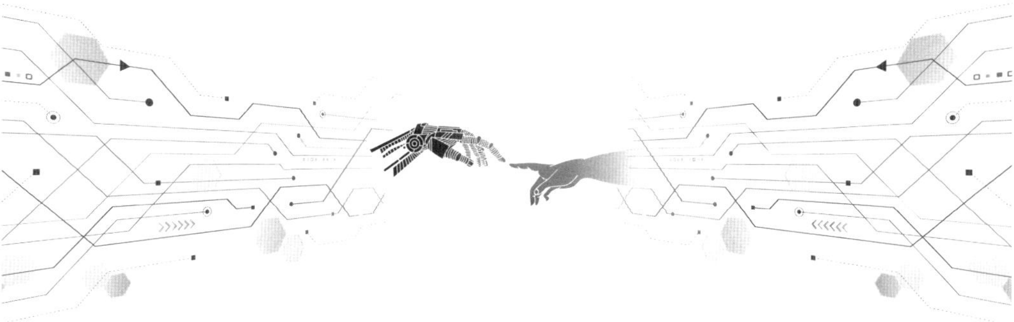

Tecnologias viabilizadoras do futuro

Ricardo A. Gabriel

OBJETIVOS DO CAPÍTULO

Uma série de fatores transformaram a sociedade no século XVIII e dali para a frente as inovações e o avanço da tecnologia mudaram o mundo para sempre.

Nunca antes o planeta tinha vivido tantas mudanças dentro de tão pouco espaço de tempo — que dividimos nas três fases da Revolução Industrial apresentadas neste livro.

A tecnologia, que antes era empregada apenas nas fábricas, foi com o tempo invadindo outras áreas até chegar em nossas casas. Isso provocou alterações profundas nas estruturas sociais e principalmente no sistema econômico.

A Quarta Revolução, sobre a qual vamos falar, pegou carona diretamente nas inovações da terceira fase Revolução Industrial e baseia-se na revolução da informação e na revolução digital. Ou seja, as tecnologias digitais baseadas em computadores, softwares e redes não são novidades, mas a ruptura da revolução anterior acontece porque neste momento temos um mundo onde os sistemas físicos, digitais e biológicos cooperam de forma global e flexível. Contudo, não estamos falando apenas de sistemas e máquinas inteligentes que estão conectados entre si, mas de um contexto mais amplo que veremos agora.

A Quarta Revolução carrega consigo descobertas que vão do sequenciamento genético até a nanotecnologia, o uso de energias renováveis e a computação quântica. O que difere essa nova revolução das anteriores, e que veremos, são a fusão e a interação de sistemas ou domínios (físicos, digitais e biológicos).

Mas o que são esses domínios? Qual é o escopo dessas mudanças? Teremos rupturas para os modelos anteriores? O que podemos esperar daqui para frente quando pensarmos em inovações tecnológicas? E como essas tecnologias estão sendo aplicadas dentro dos RHs?

1 CONTEXTO ATUAL PARA A QUARTA REVOLUÇÃO INDUSTRIAL

No primeiro capítulo deste livro destacamos todo o cenário que levou a diversas transformações no mundo e que fez do século XVIII o século das mudanças radicais, ou seja, o século das "revoluções".

Os pensamentos, as descobertas, os desenvolvimentos e as transformações ocorridas naquela época nos trouxeram novas formas de perceber o mundo e provocaram mudanças profundas nas estruturas sociais e no sistema econômico. Por isso elas foram consideradas revoluções, mesmo que as mudanças não fossem sentidas rapidamente ou demorassem anos para alcançar seus objetivos de mudanças.

Para entender melhor a explicação, veja o que aconteceu em uma das revoluções descritas no capítulo anterior, a Revolução Agrícola, que, utilizando novas técnicas e ferramentas, conseguiu aumentar a produção de alimentos. A consequência disso foi que mais pessoas conseguiram se alimentar, estimulando o crescimento da população — o que mais tarde resultou no surgimento de cidades e de todo o trabalho de urbanização.

O aumento da produção de alimentos teve como pontos importantes o uso da energia mecânica, com a utilização de animais e novas ferramentas para preparar o solo e fazer o plantio, assim como as novas técnicas que permitiam a rotatividade de culturas para evitar o desgaste e a exaustão do solo, resultando em um terreno sempre produtivo. Mas será que a Revolução Agrícola, ao alcançar o objetivo da produção em massa de alimentos, ignorou as outras evoluções e inovações vindas da Revolução Industrial e parou no tempo?

Podemos dizer com toda a certeza que não. Um exemplo disso é que existe atualmente um programa do BNDES que está oferecendo uma linha de crédito de R$100 milhões em recursos para financiar projetos piloto de Internet das Coisas, e o agronegócio deve ser um dos maiores beneficiados, devido ao seu potencial de desenvolvimento para essa tecnologia.

Ou seja, desde a Revolução Agrícola, as inovações nunca pararam e várias tecnologias foram desenvolvidas para atender às necessidades agrícolas, permitindo que se obtenha mais eficiência, agilidade e organização no plantio e no cuidado do solo. Tudo isso para que a produção continue em larga escala e atenda à alta demanda por consumo de alimentos.

Na Revolução Industrial tivemos um cenário parecido de inovações tecnológicas contínuas. Na primeira fase dessa revolução, a máquina a vapor deu início à produção mecânica e a construção de ferrovias reduziu a distância entre as cidades, produtos e demandas de consumo.

Na segunda fase, devido à descoberta da eletricidade e ao desenvolvimento da linha de montagem, a produção passou a ser em massa. Nessa fase tivemos o desenvolvimento da indústria e o avanço tecnológico era intenso, principalmente nas indústrias metalúrgica, química, elétrica e farmacêutica. Surgiram grandes invenções na área de medicina, como a anestesia e remédios para dores, e nos transportes, com a utilização de motores a combustão (petróleo).

A terceira fase da revolução ficou conhecida como a era da "Revolução Digital", que destacamos aqui no livro como Revolução da Informação, pois houve o desenvolvimento de semicondutores, *mainframes*, computadores pessoais e da internet. Seu grande destaque ocorreu a partir dos avanços científicos nas indústrias, com o uso da robótica, mas outras áreas se beneficiaram desse progresso, como a agricultura, a pecuária, o comércio e a prestação de serviços.

A globalização da economia, aliada a grandes investimentos em centros de pesquisas, fez a economia mundial crescer, melhorando a produção e a massificação dos produtos, além de estreitar as relações comerciais entre diversos países do mundo.

Mas o que nos leva a crer que estamos diante de uma nova revolução?

Segundo Klaus Schwab, fundador do Fórum Econômico Mundial, "*essa mudança teve início na virada do século e baseia-se na revolução digital. É caracterizada por uma internet mais ubíqua e móvel, por sensores menores e mais poderosos que se tornaram mais baratos, pela inteligência artificial e pelo aprendizado da máquina*".

Analisando as palavras dele, podemos dizer que as tecnologias digitais não são uma novidade dentro desse contexto, mas elas começaram a causar essa ruptura da Terceira Revolução Industrial a partir do momento em que ficaram mais sofisticadas e integradas. Essa integração está transformando a sociedade em que vivemos e a economia global. Na Alemanha foi criado até um termo para o momento em que vivemos: Indústria 4.0. Esse termo foi usado pela primeira vez em 2011 na feira de Hannover para descrever este momento de transformações que estamos vivendo de maneira global e que será capaz de criar "fábricas inteligentes" e um mundo onde os sistemas físicos e virtuais irão cooperar de forma global e flexível. Isso vai permitir a total personalização de produtos e a criação de novos modelos operacionais.

Veremos mais à frente que a Quarta Revolução Industrial não se prende apenas a sistemas inteligentes e a redes interligadas, existem mais coisas envolvidas. Podemos dizer que todas as áreas podem e devem se beneficiar dos avanços tecnológicos, que aparentemente não têm limites.

2 QUARTA REVOLUÇÃO INDUSTRIAL

Agora que já sabemos como foram as três primeiras fases da Revolução Industrial, podemos falar sobre a "Quarta Revolução", que é chamada por muitos de "Indústria 4.0". Mas o que é a Indústria 4.0?

É a descentralização das tomadas de decisões que temos nas fábricas, criando um ambiente que permita que as decisões ocorram de forma automática, utilizando bancos de dados e algoritmos que reduzem os erros. Ou seja, é mais um passo dado pela industrialização, que terá cada vez mais dispositivos eletrônicos substituindo alguma forma de controle e decisão de todo o processo produtivo. As indústrias estão passando por essas transformações por causa do aumento da competitividade que veio junto com o desenvolvimento tecnológico e as demandas da sociedade. Isso obrigou as indústrias a inovar em seus produtos para não perder oportunidades no mercado.

O termo "Indústria 4.0" surgiu na Alemanha, é conhecido como *Smart Factory* nos Estados Unidos e busca, por meio de inovações tecnológicas, unir diversas tecnologias no processo de fabricação dos produtos industriais para otimizar a equação tempo x qualidade x custo de forma mais inteligente. Vários conceitos tecnológicos estão sendo aplicados nas indústrias:

- **Computação em nuvem:** muito falada no nosso dia a dia, permite o armazenamento de grandes volumes de dados e informações em computadores e servidores de grande porte. Dessa forma, várias indústrias estão armazenando suas informações na nuvem para reduzir custos em tecnologias e estruturas físicas para manter a área de tecnologia interna em pleno funcionamento.
- ***Big Data e Data Analytics*:** referem-se a conjuntos de dados tão volumosos que os softwares tradicionais de processamento de dados não conseguem gerenciá-los. Porém, esse grande volume de dados pode ser utilizado para resolver problemas de negócios. As maiores empresas de tecnologia do mundo analisam constantemente esses dados para gerar mais eficiência e desenvolver novos produtos.
- **A IoT — Internet das Coisas:** coloca a internet em objetos do cotidiano, e as indústrias estão explorando essa tecnologia para criar produtos estruturados para conexão com a internet e integração com outros dispositivos eletrônicos.
- **Sistemas embarcados:** são sistemas computacionais completos e independentes, mais simples que os utilizados em computadores, que são utilizados para executar um conjunto de tarefas predefinidas. A indústria os utiliza em diversos equipamentos eletrônicos de vários segmentos, mas, como estão embutidos em um produto, não nos damos conta de sua capacidade ou não sabemos ao certo como funcionam.

- **IA — Inteligência Artificial:** é a inteligência similar à humana feita por softwares. De forma simples, podemos dizer que se trata de programas e dispositivos desenvolvidos para simular habilidades próprias do ser humano, como o raciocínio e a percepção, auxiliando nas tomadas de decisões. As indústrias começam a utilizá-la no gerenciamento da cadeia de suprimentos para evitar desperdícios e custos desnecessários. Na gestão dos trabalhadores, automatizam processos que antes eram feitos manualmente. A análise de dados permite o reconhecimento de padrões de funcionamento das máquinas, permitindo que ajustes sejam realizados para potencializar o desempenho de produção.
- ***Machine learning* — o "aprendizado de máquina":** em pouco tempo estará presente em quase todos os novos produtos e serviços de software. O aprendizado de máquina é um subconjunto da inteligência artificial, que se concentra na criação de computadores que pensam de forma semelhante aos humanos. Várias indústrias estão utilizando essa tecnologia para detecção de fraudes, sistemas de recomendações, mecanismos de buscas, segurança da informação, manutenção preditiva, detecção de anomalias, previsão de demandas, robôs, logística, entre outros.
- **Robôs autônomos:** esses novos robôs são mais evoluídos que os anteriores e agora têm a capacidade de trabalhar de forma inteligente, interagindo com outras máquinas sem a supervisão humana e de forma autônoma. Isso reduz os custos com mão de obra e aumenta a produção, o que deixa a indústria mais competitiva.
- **Simulação:** outra novidade da Indústria 4.0 é a possibilidade de simular toda a cadeia de criação virtualmente. Nesse ambiente virtual podemos simular produtos, materiais, máquinas, processos e pessoas. Assim, tanto o processo quanto o produto são testados antes mesmo da produção ocorrer, reduzindo custos com falhas e o tempo de projeto.
- **Integração de sistemas:** este é outro recurso que permite que sistemas de TI (ERP, MES, SAP) sejam interligados dentro das empresas em redes universais que integram vertical e horizontalmente toda a cadeia produtiva, com o objetivo de facilitar a análise de dados e a tomada de decisão.
- **Realidade aumentada**: é um ambiente de imersão criado por meio de ferramentas computacionais, no qual o usuário realiza determinadas tarefas; nele é possível projetar a interação entre ambientes virtuais e o mundo físico.

Figura 1. Pilares da Indústria 4.0

Fonte: Autor.

3 IMPULSIONADORES DA QUARTA REVOLUÇÃO

Em uma pesquisa feita pelo Fórum Econômico Mundial, Klaus Schwab fez a seleção dos impulsionadores da Quarta Revolução Industrial, o que destacou em seu livro de mesmo nome. Para ele, todos os impulsionadores têm uma característica em comum: a capacidade de disseminação da digitalização e da tecnologia da informação. O que ele quis dizer com isso?

Ele nos fala que todas as inovações são possíveis porque recebem o reforço da capacidade digital e cita o exemplo do sequenciamento genético, que não seria possível sem os avanços ocorridos na análise de dados e na capacidade de processamento. Da mesma forma, robôs avançados não existiriam sem a inteligência artificial, que também depende da capacidade de processamento.

Dessa forma, Schwab dividiu os impulsionadores em três categorias:

Figura 2. Categorias dos impulsionadores da Quarta Revolução Industrial

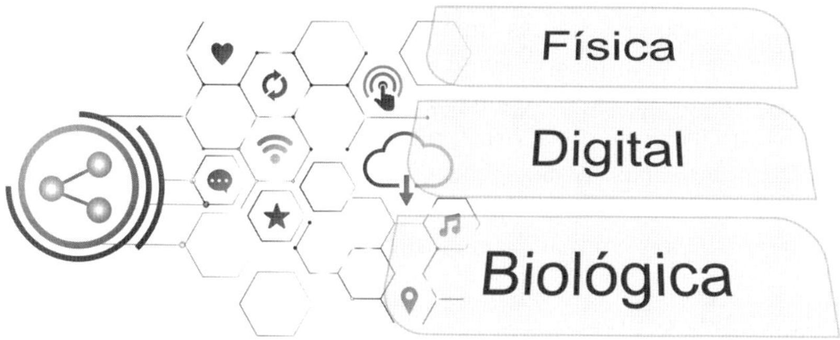

Fonte: Autor.

As três categorias estão relacionadas e as tecnologias se beneficiam umas das outras com base em descobertas e progressos ocorridos em cada uma delas.

Vamos detalhar um pouco mais as categorias elaboradas por Schwab.

3.1 Categoria Física

Na categoria física existem quatro principais tendências tecnológicas:

- **Veículos autônomos:** são veículos sem motoristas (carros, caminhões, drones, aviões e barcos). Em breve teremos veículos de baixo custo disponíveis comercialmente para serem utilizados em diversos tipos de processos. Atualmente, os drones são utilizados, por exemplo, para verificar linhas de energia elétrica e entregar suprimentos médicos em zonas de guerra.
- **Impressão em 3D:** também conhecida como manufatura aditiva, a impressão 3D cria um objeto físico por impressão, camada sobre camada, a partir de um modelo ou desenho digital em 3D. Atualmente, essa tecnologia é usada para criar desde turbinas eólicas até pequenas peças de implantes médicos. As principais indústrias que utilizam essa tecnologia são a automotiva, a aeroespacial e a médica. Essa tecnologia em breve vai se tornar mais difundida, incluirá componentes eletrônicos integrados e, quem sabe, poderá até criar órgãos humanos.
- **Robótica avançada:** as indústrias utilizam robôs para tarefas específicas, e um exemplo é a indústria automotiva. Mas os robôs serão cada vez mais utilizados em todos os setores e com uma quantidade

de tarefas infinita em áreas distintas. O avanço da robótica transformará a colaboração entre seres humanos e máquinas. Alguns avanços no uso de sensores capacitam robôs a compreender e a responder melhor ao seu ambiente e a empenhar-se em tarefas variadas.

- **Novos materiais:** novos materiais estão surgindo no mercado, e eles são mais leves, mais fortes, recicláveis e adaptáveis. Possuem várias características, como, por exemplo, autolimpeza; cerâmicas e cristais que transformam pressão em energia; plásticos que podem se transformar em materiais reutilizáveis, entre outros.

3.2 Categoria Digital

A IoT está transformando as indústrias com dados captados e transmitidos por sensores em linha de produção, equipamentos financeiros, carros, eletroeletrônicos, dispositivos comerciais e inúmeras áreas onde existem consumidores. A IoT pode ser descrita como a relação entre as coisas (produtos, serviços, lugares) com as pessoas por meio de diversas plataformas e tecnologias conectadas.

Vários dispositivos que permitem conectar as coisas do mundo físico às redes virtuais estão sendo lançados a cada dia. Alguns sensores estão sendo instalados em casas, roupas, redes de transporte e energia e nos processos de fabricação. Isso provoca mudanças, por exemplo, na cadeia de fornecimento, pois, com esses dispositivos, é possível monitorar e otimizar os ativos e as atividades de maneira bem detalhada em diversas áreas, que vão da fabricação e da infraestrutura até a área da saúde.

Em 2015, Tom Goodwin, um famoso executivo de inovação, escreveu um artigo para a *Techcrunch*, dizendo: "*Uber, a maior empresa de táxi do mundo, não possui veículos. O Facebook, o proprietário de mídia mais popular do mundo, não cria conteúdo. O Alibaba, o varejista mais valioso, não possui estoque. E o Airbnb, o maior provedor de acomodações do mundo, não possui imóveis. Algo interessante está acontecendo.*"

Desde a publicação desse artigo em 2015 vimos as plataformas digitais reduzirem consideravelmente os custos de transações e combinar cada vez mais rápido os indivíduos que precisam de algo com as pessoas que o podem oferecer.

As empresas citadas no artigo de Goodwin nos provam isso, pois são capazes de fazer a interface entre os sistemas de suprimentos (onde estão os custos) com um grande número de pessoas (onde está o dinheiro e a demanda). Isso permite que todas as partes envolvidas tenham seus ganhos econômicos; e, usando as plataformas digitais, o custo marginal de produção vai reduzir consideravelmente.

Na categoria digital existem diversas tendências tecnológicas, por isso separei dois exemplos de empresas que trabalham bem a IoT:

- **Samsung:** durante algum tempo, essa companhia triunfou sobre a Apple na "guerra dos smartphones", mas sofreu grande perda de mercado com a ascensão da nova concorrente, Xiaomi. Porém, o escopo da Samsung vai além de smartphones, pois ela possui vários produtos interconectados à internet que podem estar em nossas casas, nossos carros e até em nosso corpo. Para fazer uma comparação, a Apple lançou certo tempo atrás um relógio inteligente e na sua propaganda dizia "nunca ande desligado", pois seu relógio permitiria a conexão e o acesso a alguns recursos do smartphone, e poderia monitorar a saúde e os exercícios físicos com seus apps de controle de atividades e monitoramento, entre outros recursos. Em paralelo, a Samsung investiu em uma série de produtos inteligentes para suprir as necessidades das casas do futuro, como: refrigeradores que mantém estoque e avisam quando seus itens perdem a validade; máquinas de lavar louça que decidem quando lavar, baseando-se em melhores horários para aproveitar os custos de energia elétrica mais baixos; smart TVs que se conectam a outros dispositivos da casa e que permitem, por exemplo, ver quem tocou a campainha sem precisar se levantar, vendo a imagem na própria TV.
- **GE - General Eletric:** uma das empresas do grupo, a Quirky, que desenvolve dispositivos para integração a outros produtos, trabalha em uma plataforma que permite a seus usuários a conexão e o controle de dispositivos habilitados pela internet de qualquer localidade. Por exemplo, lâmpadas, câmeras, fornos, trancas de portas, entre outros dispositivos que serão acionados via smartphone.

Outro segmento que continua crescendo é o de blockchain que, em outras palavras, é um livro contábil. Nele se faz o registro de uma transação de moeda virtual (a mais popular hoje é o Bitcoin), de forma que esse registro seja confiável e imutável. Isso quer dizer que a blockchain registra informações — como a quantia de Bitcoins (ou outras moedas transacionadas), quem enviou e recebeu, a data dessa transação e o local — para deixar tudo transparente. Muitos acreditam que essa tecnologia com o tempo será usada para coisas bem diferentes, como serviços de cartórios, serviços escolares e outros.

Enfim, as empresas que atualmente utilizam essa plataforma tecnológica para oferecer serviços de transporte, lavagem de roupas, entrega de comidas, compartilhamento de transporte de longa distância e até de babá possuem uma coisa em comum: levam com elas a confiança ao colocar a oferta e a demanda a baixo custo e permitir que as partes interajam entre si e ofereçam um feedback ao término do serviço. Essas plataformas tecnológicas reduziram os custos das transações e todas as partes acabam ganhando com isso.

3.3 Categoria Biológica

Nessa categoria, a genética teve progressos consideráveis e houve grandes reduções de custos no sequenciamento genético e na ativação ou edição de genes. Isso se deve aos avanços na capacidade de processamento de genes, que reduziram os custos e permitiram aos cientistas testar variações genéticas específicas em vez de apenas utilizar o método de tentativa e erro, como era antes.

Atualmente, existem diversos trabalhos ocorrendo na área de biologia sintética, o que criará organismos personalizados, capazes de reeditar o DNA de outras células, beneficiando várias áreas, desde a medicina até a agricultura.

Já parou para imaginar aranhas e insetos produzindo a roupa que você usa?

Muito esquisito isso. Mas pesquisadores estudaram o DNA das aranhas para entender como elas produzem as fibras de seda. Com isso, conseguiram reproduzir dentro do laboratório uma fibra feita de água, açúcar, sal e levedura que, vista no microscópio, possui as mesmas características químicas da fibra natural. O que acabamos de falar aqui é um exemplo da aplicação da biologia sintética.

Esses trabalhos científicos também podem ser aplicados na medicina, pois o aumento da quantidade de dados a tornará mais precisa e, como consequência, teremos o desenvolvimento de terapias altamente segmentadas para melhorar os resultados dos tratamentos.

A edição biológica se difere da engenharia genética praticada na década de 1980, pois ela é muito mais precisa, eficiente e fácil de usar que os métodos anteriores.

Ela pode ser aplicada a quaisquer tipos de células, com a vantagem de criar plantas e animais geneticamente modificados ou modificar as células de organismos adultos. Isso dá a possibilidade, por exemplo, de modificar os animais para que eles possam ser criados com um regime alimentar mais econômico ou adaptados às condições locais e, até mesmo, modificar plantações para que possam resistir a temperaturas extremas ou secas.

4 PRINCÍPIOS DA QUARTA REVOLUÇÃO PARA AS INDÚSTRIAS

A Indústria 4.0 adota princípios que permitem que ela seja mais ágil e eficiente, pois nela é possível coletar e analisar os dados das máquinas, fazer a integração de processos para melhorar a produção e reduzir os custos. Vejamos cada um dos princípios:

Figura 3. Princípios da Quarta Revolução

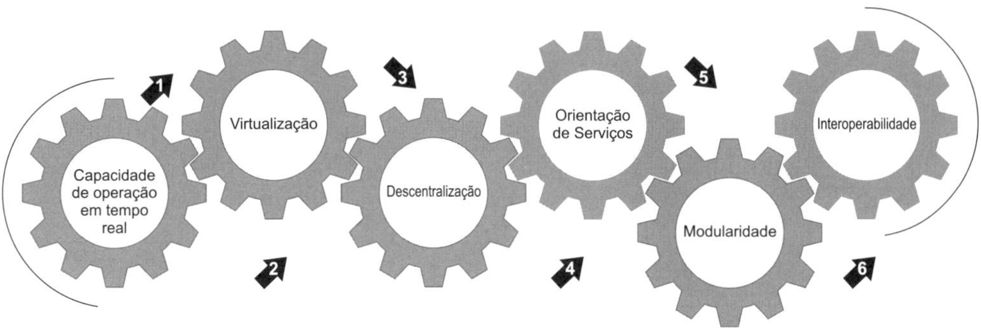

Fonte: Autor.

1. **Capacidade de operação em tempo real:** é a aquisição e o tratamento de dados de forma instantânea, permitindo a tomada de decisões em tempo real. Com isso, o desenvolvimento de cada processo fica mais claro e conhecido, assim como suas etapas. Para que isso aconteça, as organizações utilizam a IoT e um sistema de gestão (por exemplo, ERP), que permitirá a visualização das informações importantes, reduzindo o retrabalho e aumentando a produção.
2. **Virtualização:** nesse modelo é possível rastrear e monitorar remotamente todos os processos por meio de inúmeros sensores espalhados ao longo da planta da fábrica. Esse monitoramento remoto da produtividade torna a produção mais eficaz e com menos erros. A virtualização dos processos e das informações da organização facilita a tomada de decisões.
3. **Descentralização:** as tomadas de decisões podem ocorrer diretamente pelos sistemas de acordo com as necessidades da produção em tempo real. Ou seja, sua finalidade é otimizar a produção industrial, já que as decisões poderão ser tomadas sem se fazer uso de ações externas, sendo assim mais assertivas. Nesse contexto, as máquinas recebem comandos e fornecem informações sobre seu ciclo de trabalho.

4. **Orientação a serviços:** a utilização de uma arquitetura de software orientada a serviços permite à organização integrar muitas tecnologias, ferramentas e usar serviços diversos, integrando aplicações *on-premise*[1], em cloud ou na web. Isso permite a uniformização dos métodos e dos processos, podendo-se, assim, melhorar as práticas internas e seguir aquilo que foi planejado.
5. **Modularidade:** a produção acontece de acordo com a demanda, ou seja, as máquinas irão produzir conforme a demanda, fazendo o uso dos recursos que forem necessários para determinada tarefa, melhorando a produção e reduzindo gastos. Dessa maneira, uma máquina pode, por exemplo, alterar suas tarefas facilmente e com flexibilidade.
6. **Interoperabilidade:** por meio da IoT e de um sistema de gestão, é possível manter-se a comunicação constante entre os responsáveis pela produção e as máquinas usadas no processo, a partir de qualquer dispositivo e de qualquer lugar. Isso permite a criação de padrões específicos e, sempre que algo estiver fora desses padrões, o sistema emite um alerta que será enviado para os responsáveis.

5 AS TENDÊNCIAS DE INOVAÇÕES SEGUEM OS PRINCÍPIOS DA QUARTA REVOLUÇÃO

Todas as inovações e tecnologias que estamos vendo nos últimos anos possuem uma característica em comum: elas usam os recursos da Revolução da Informação e da Revolução Digital, conforme explicado neste livro. As indústrias trabalham com a capacidade digital e repassam essa tecnologia em seus produtos, que são utilizados como parte de outras transformações digitais. Quando falamos isso de maneira geral, fica complicado entender o que queremos dizer, mas à medida que os projetos são apresentados em diversas áreas, as aplicações ficam mais realistas.

Porque a transformação digital, percebendo ou não, está trazendo produtos e serviços com um valor bem maior embutido neles. Como assim?

Atualmente, as grandes empresas utilizam ferramentas para resolver problemas específicos internos, ou para avaliar o cenário externo e tomar decisões de negócios, fazendo as inovações serem usadas a seu favor, seja para criar um novo produto ou serviço, aumentar as vendas ou reduzir custos de produção. Vejamos alguns exemplos:

[1] O sistema on-premise é o uso de servidor e de recursos de TI dentro da empresa, sob sua responsabilidade. Ou seja, a companhia utiliza a sua infraestrutura interna em vez de serviço remoto para processar suas aplicações de hardware e software.

- **Banco Inter:** famosa fintech[2], por trás dela existe o Banco Intermedium fundado em 1994 e que largou na frente criando contas digitais a partir de 2014; viu o número de correntistas crescer oito vezes, 29 vezes mais transações foram realizadas e o resultado foi um lucro 83% maior três anos depois. Com isso, a empresa repensou a marca e em 2017 se tornou Banco Inter, investindo pesado no mundo digital. Hoje, possui um grande valor de mercado.
- **Magazine Luiza:** um dos exemplos de transformação digital dos últimos anos, fez investimentos pesados no e-commerce e na relação com os clientes. Criou a Luizalabs (em 2014), estrutura planejada para desenvolver e impulsionar internamente as inovações tecnológicas. E o resultado disso foi um aumento de vendas de 241% no digital e de 51% nas lojas presenciais, em aproximadamente cinco anos.
- **GE:** famosa empresa mundial em vários segmentos de produção, a General Eletrics se tornou exemplo no processo de fabricação ao utilizar um sistema de impressão 3D para construir as peças para turbinas de aviões. Essa mudança permitiu que as turbinas, compostas por 855 peças, tivessem apenas 12, sendo que 4 delas eram impressas. Esse processo teve impacto direto também nos materiais, reduzindo o peso e, em consequência, o consumo de combustíveis pelas aeronaves. De carona nas inovações vieram a redução dos custos de transportes e a estocagem, já que as impressoras podem construir peças em um tempo menor e a montagem pode ocorrer no mesmo local onde serão montadas.
- **Google:** não poderíamos deixar essa empresa de fora dos exemplos, pois todos os anos ela aparece com uma inovação. Entre seus produtos existe o Google Ads, serviço de publicidade da marca e sua principal fonte de receita, que evoluiu bastante e hoje funciona com lances inteligentes baseados numa combinação de Big Data e inteligência artificial. Operando em uma base de informações de bilhões de usuários e milhões de anunciantes, o sistema é capaz de apontar qual é o melhor horário, local e estratégia para um anunciante apresentar suas ofertas, criando um modelo de cobrança adaptável no qual cada clique tem o seu valor único.

5.1 Como a quarta revolução influencia o RH?

Esse novo cenário tecnológico trouxe vários benefícios para as empresas, mas levantou dúvidas em diversas áreas, especialmente no RH. Primeiro

[2] Fintechs: são startups que trabalham para inovar e otimizar serviços do sistema financeiro.

porque houve um aumento de determinados perfis de profissionais para essas empresas. Cada vez mais as empresas precisam buscar no mercado profissionais que saibam operar esses novos sistemas, técnicas de produção e equipamentos que estão sendo lançados. Segundo porque, devido à grande procura, as empresas precisarão desenvolver técnicas e propostas para a retenção de talentos, que agora estão mais suscetíveis às mudanças de cargo e funções, e, o pior, para outras empresas.

O RH terá pela frente uma missão de se comunicar bem com os outros setores, utilizar as melhores formas para colocar as pessoas certas em cada cargo e também qualificar a mão de obra e oferecer constantes capacitações nesse cenário em transformação.

Mas será que o RH tradicional está com seus dias contados?

O RH com processos burocráticos e lentos está com os dias contados, pois vai contra o momento atual de tantas revoluções. As novas abordagens e meios de trabalho exigem mais eficiência do setor, que precisará cada vez mais de ferramentas tecnológicas. Ou seja, este é o momento de otimizar os processos e trabalhar melhor as informações do setor, desenvolvendo indicadores de qualidade para aumentar a sua capacidade de tomadas de decisão.

O RH não pode mais se contentar com aquele cenário burocrático e de preocupações apenas com a gestão da folha de pagamento e o registro de dados dos funcionários. O momento atual obriga o setor a expandir as fronteiras e contribuir para os resultados da empresa, principalmente nos seguintes pontos:

- Atração de novos talentos.
- Clima organizacional.
- Cultura e inovação.
- Desenvolvimento de profissionais.

As estratégias e o desempenho da empresa poderão ser facilitados pelos serviços que esse novo RH pode oferecer. Para isso, é necessário inserir tecnologias inteligentes que ajudem os gestores nas necessidades e demandas do capital humano da empresa. Vamos conhecer agora alguns atributos que diferenciam esse novo RH que está surgindo.

5.1.1 *Atração e retenção de talentos*

A contratação de novos colaboradores só ocorria quando um cargo ficava vago ou se a empresa estivesse aumentando a quantidade de serviço rapidamente e, consequentemente, sobrecarregando os colaboradores até atrasar as entregas. Dessa forma, as contratações visavam apenas à continuidade das tarefas daquele setor e muitas vezes não atendiam todos os requisitos para exercer a função dentro daquela área.

Nesse novo cenário, as contratações precisam ser estratégicas, fugindo do processo engessado de seleção, e, para isso, as empresas precisam utilizar ferramentas virtuais que avaliam as competências que um novo colaborador precisa ter para o cargo que ficou vago ou para o aumento do quadro de funcionários daquele setor. Em seguida, deve ser feito um mapeamento comportamental e profissional dos candidatos à vaga e aqueles que forem compatíveis com as atribuições do cargo aumentam suas chances de ser contratados.

Essa avaliação criteriosa permitirá à empresa reduzir os erros no processo de contratação, colocando uma pessoa mais próxima das características da vaga, o que aumentará a eficiência do setor e da empresa.

Mas será que isso é suficiente?

Não podemos acreditar apenas nas novas práticas de contratação sem pensar na retenção desses novos colaboradores. Gerações diferentes valorizam itens diferentes, ou seja, o que pode chamar a atenção de um jovem candidato a uma vaga pode ser diferente daquilo que um profissional mais experiente e mais velho procura. A elaboração de programas, somada ao salário e aos benefícios, pode contribuir para se encontrar pessoas que se identifiquem com a empresa e permaneçam nela por mais tempo.

5.1.2 *Automação e modernização de processos*

Um RH moderno sabe aquilo que precisa ser feito, por isso todos os processos de gestão de pessoas precisam ser bem gerenciados para que se possa ter melhores resultados. Esse gerenciamento começa no mapeamento do processo, na remodelagem (caso necessário), na gestão e na automação, usando, para isso, ferramentas digitais e móveis.

Um estudo recente realizado pela Deloitte aponta que 56% dos líderes de RH estão redesenhando seus processos para aproveitar o momento atual de transformação digital. Isso quer dizer que o momento de hoje, com a Covid e a transformação digital, está mudando os processos atuais, automatizando tudo aquilo que deixava o RH burocrático.

Vários processos estão deixando de ser manuais, principalmente aqueles que são burocráticos e repetitivos. Existem processos que são totalmente automatizados, outros parcialmente, à medida que a tecnologia avança em todas as áreas da gestão de pessoas. Esses processos impedem muitas vezes que os gestores foquem no principal, o relacionamento com suas equipes de trabalho.

Podemos destacar vários processos que podem ser automatizados:

- Relatórios, dados e gráficos (painel de controle).
- Triagem de currículos profissionais.
- Admissão.
- Programação de férias.
- Rescisão.
- Integração de novos colaboradores.
- Gestão de benefícios na folha de pagamento.
- Monitoramento de indicadores-chave.
- Administração do ponto eletrônico.
- Comunicação com o público interno.
- Lançamento de informações para o cálculo da folha de pagamento.

Agora, imagine uma empresa desconectada, trabalhando em planilhas e com softwares desatualizados ou fazendo o básico para cumprir as obrigações com o governo e seus trabalhadores. Com certeza, empresas que agem dessa forma convivem com estes problemas:

- Atraso no envio dos documentos para a admissão.
- Atraso ou falta de envio de holerites.
- Pagamento de férias dobradas.
- Lançamentos errados ou em duplicidade.
- Dificuldade para gerar relatórios e informações gerenciais.
- Informações desatualizadas e problemas de envio de arquivos no e-Social.
- Documentos dos colaboradores desatualizados.
- Dificuldade de comunicação interna.

Conforme falamos, o momento atual trouxe o trabalho remoto em larga escala e, se os processos da empresa ainda são manuais, mesmo com todos os recursos digitais disponíveis, os riscos estão caminhando lado a lado todo mês com o RH, e uma hora eles podem acontecer e prejudicar a qualidade do trabalho do setor.

5.1.3 *Manutenção da produtividade diária*

Atualmente existem vários fatores que servem de distração para o colaborador; por exemplo, as redes sociais. Elas podem reduzir a produtividade diária, o foco e o empenho individual, prejudicando toda a equipe de trabalho.

Isso obriga os gestores, em parceria com o RH, a construir uma cultura de alto desempenho, por meio de objetivos e metas. Seja por meio da gamificação ou da aplicação de metodologias como a OKR, fortemente difundida pelo Google. Ou seja, é preciso deixar os objetivos claros, saber gerenciar individualmente a equipe e ter notificações automáticas das atribuições dos prazos e metas estabelecidos para manter o desempenho e a gestão dos resultados da equipe.

5.1.4 *Desenvolvimento de uma liderança disruptiva e conectada*

Nesse momento de transformação digital, os líderes precisam de um novo conjunto de conhecimentos e habilidades. Pensar e manter apenas as competências do passado só atrapalhará o processo de transformação atual. Os líderes precisam conhecer as ferramentas digitais e adequar-se aos novos padrões de trabalho.

Outros pontos importantes a serem desenvolvidos são: a inteligência emocional, a comunicação efetiva e o aprendizado contínuo, que só podem ser vistos se uma ferramenta de avaliação de desempenho com planejamento de desenvolvimento individual (PDI) for utilizada.

Novamente, na pesquisa feita pela Deloitte, cerca de 42% das empresas consideram o desenvolvimento da liderança como algo muito importante, mas apenas 5% possuem programas de desenvolvimento que contemplem o mundo digital em que vivemos atualmente.

As empresas que querem se destacar precisam investir no desenvolvimento do capital humano. Cabe ao RH conduzir essas mudanças, ajudando a desenvolver os líderes de alto desempenho, para que possam lidar com as novas exigências do mercado.

5.1.5 *Tomada de decisões baseada em dados*

Como sua empresa define quem deve ser treinado, promovido ou transferido de departamento? Por meio de palpites e decisões pouco sistêmicas?

O momento atual exige que esse processo seja claro, com base em dados cuidadosamente analisados pelo RH. Desde a contratação até a promoção, o RH precisa de dados para apoio à tomada de decisões. Essa tendência é conhecida como People Analytics, que pode ser definida como a coleta, a análise e a interpretação de dados para se entender comportamentos e prever resultados. Essa metodologia cruza uma gama de dados e os traduz em informações úteis para os gestores. Isso auxilia a gestão de pessoas e as tomadas de decisões, entregando o melhor resultado possível para a empresa. O Capítulo 14 será sobre isso, portanto podemos resumir aqui que o RH pode contar com softwares e metodologias que entregam relatórios prontos com maior confiabilidade para as decisões.

5.1.6 *Adaptação aos novos modelos de trabalho*

Estamos vivendo um momento de quebra de paradigmas que impulsionam novos modelos de trabalho, por exemplo, o *home office* e o *coworking* (compartilhamento de espaços de trabalho). Mais que tendências, são modelos que vieram para ficar e demandam também a adaptação do RH.

As novas gerações desejam mais flexibilidade, e o desafio para o RH é não perder o foco e a produtividade desses profissionais. Por isso, é preciso remodelar a cultura organizacional, tornando-a mais inovadora. E isso passa também pelo investimento em ferramentas que facilitem a comunicação e o monitoramento desses profissionais, apesar da distância física.

Cada vez mais, teremos profissionais trabalhando em casa ou em espaços compartilhados, e isso não pode ser um dificultador de comunicação ou monitoramento do colaborador.

Por isso, o investimento em tecnologia permitirá inovar e manter o foco nos resultados, pois o colaborador, mesmo distante, terá seus objetivos a cumprir e será comunicado e monitorado conforme as demandas de trabalho.

6 POR ONDE COMEÇAR AS MUDANÇAS NO RH

Podemos dizer que tudo começa na mudança de cultura e no ajuste do modo de pensar da equipe de RH, da alta gestão e de todo o restante da empresa. Todos têm que entender que o RH precisa deixar o papel operacional e se tornar uma referência da transformação digital na instituição — o que contribuirá para o alcance das metas da instituição. Para isso, o gestor de RH precisa mostrar que a área pode contribuir para o sucesso do negócio, participando ativamente das reuniões da alta gestão e apresentando relatórios com números, gráficos e metodologias que possam ajudar na tomada de decisões em projetos internos. À medida que os resultados forem aparecendo, por meio dessas contribuições, a área será mais ouvida e respeitada pela empresa. Vamos destacar a seguir alguns pontos que servirão de base para a transformação na sua empresa:

- **Mapear os processos do setor:** é preciso utilizar técnicas e, com um olhar “macro”, identificar a sequência de atividades que fazem um processo acontecer dentro do setor. Esse mapeamento precisa refletir realmente como o procedimento acontece, identificando as entradas, o que é executado manualmente ou em sistemas e as saídas internas ou para outras áreas. Por meio disso será possível ver os gargalos, padronizar o trabalho, otimizar as atividades que acabam segurando o processo e saber quem é dono de cada atividade dentro do setor. Um processo bem mapeado abre as portas para a implantação de tecnologias em um nível de dificuldade menor, pois a área domina aquilo que faz.

- **Mudança de conceitos sobre o setor:** o setor precisa ser o pioneiro nas transformações digitais e tentar automatizar e difundir a cultura digital dentro da empresa. As mudanças do setor e os resultados podem motivar a gestão a investir mais em tecnologias no setor e até expandir para o restante da empresa.
- **Insira novas tecnologias:** não existem regras para qual área dentro do RH precisa ser automatizada primeiro. Comece a pesquisar e a implantar tecnologias inteligentes e estratégicas que reduzam os custos, aumentem a qualidade e reduzam as burocracias do setor. Por exemplo, comece pelo recrutamento e seleção ou pela avaliação de desempenho, pois são áreas que geram impactos na organização e darão visibilidade para as ações do RH digital.
- **Adote novos modelos de armazenamento de dados:** acabe com os armazenamentos locais de documentos e planilhas. Busque com o apoio da equipe de tecnologia servidores que possam armazenar os dados de forma organizada e que possam ser acessados de qualquer local e dispositivo. Quanto mais as informações forem escaláveis, verticalizadas, flexíveis, seguras e disponíveis, melhor será para o RH e para os processos do RH como um todo. Além disso, tente trabalhar o máximo possível com informações integradas entre os sistemas de RH. Não existe mais a ideia de lançar um dado duas vezes ou manter dois cadastros em sistemas diferentes. Os sistemas precisam se comunicar e estar atualizados com os mesmos dados e ser acessíveis em diversas plataformas.
- **Mensure o desempenho do setor:** adote ferramentas para acompanhar e mensurar o desempenho do setor. Essas ferramentas permitem acompanhar a produtividade do time de RH, o prazo de entrega das tarefas e a qualidade dos serviços prestados. Medir o desempenho da equipe contribui para uma participação maior de cada um, para a identificação de problemas e para a melhoria contínua.
- **Contrate profissionais certos:** que tipo de profissional você precisa para seu time de RH? O momento atual exige profissionais inovadores e acostumados a lidar com ferramentas virtuais. A entrada de profissionais assim na equipe ajudará outros profissionais a lidar com as novas tecnologias e, com o tempo, fará com que todos tenham conhecimento tecnológico, evoluindo dia a dia no setor. Essa premissa vale para todos os sistemas dentro do RH; o novo profissional pode contribuir para o desenvolvimento dos outros, desde

que domine a tecnologia adquirida pela empresa mais que os colaboradores antigos.

- **Integre a equipe:** o RH precisa, mais do que as outras áreas, integrar seus colaboradores e torná-los parceiros que ajudam nas estratégias desse departamento, seja para campanhas internas, trabalhos para a inovação e transformação digital ou treinamentos e novos projetos que envolvam o uso de novas tecnologias do setor.

7 CONCLUSÕES

Conforme vimos neste capítulo, as tecnologias digitais, como o computador, softwares e redes (incluindo a internet), não são uma novidade, já que foram destacadas no capítulo anterior e estão em constante evolução.

Mesmo assim, estão causando rupturas que transformam a sociedade e a economia global a ponto de serem consideradas como uma Quarta Revolução Industrial. Nesse contexto, cada vez mais a tecnologia é empregada nos processos de produção, nos componentes dos produtos e nas características dos produtos e serviços, assim como está invadindo empresas, casas e os nossos bolsos.

Vimos que a fusão de tecnologias e a interação entre os domínios físicos, digitais e biológicos estão transformando as empresas e levando-as para um caminho digital e sem volta. As novas tecnologias e o processo contínuo de automação otimizam o trabalho e trazem benefícios que podem de aplicados em todas as áreas, inclusive nos RHs das empresas.

A adaptação dos RHs para o contexto digital passa a ter um papel mais ativo na resolução dos problemas e abre novas possibilidades de desenvolvimento para a empresa, uma vez que o setor deixa de ser operacional e passa a ser estratégico. Para isso ocorrer, existem vários passos a seguir, conforme apresentado neste capítulo, começando pela mudança cultural do setor.

Um RH digital não é uma tendência passageira do mercado, mas é uma transformação que veio para ficar. Não quer dizer que precisa instalar um novo software e pronto; o RH neste contexto digital precisa ir além, transformando as pessoas, mudando os processos, participando das estratégias e das tomadas de decisões da empresa e contribuindo para o aumento da produtividade da empresa.

Sabemos que o caminho não será fácil, mas é preciso romper com os paradigmas tradicionais, obter apoio da gestão e mudar a cultura — tudo isso dentro do contexto das diferentes gerações e lideranças na empresa. Pois o sucesso da empresa no contexto digital passará também pelo RH; é questão de sobrevivência dos negócios.

BIBLIOGRAFIA

SCHWAB, Klaus. *A Quarta Revolução Industrial.* 1 ed. São Paulo: Edipro, 2019.

ROGERS, David L. *Transformação Digital*: Repensando o seu negócio para a era digital. 1 ed. São Paulo: Autêntica Business, 2017.

PEREIRA, David. *Os 6 princípios da Indústria 4.0.* Portal ERP, 2017. Disponível em: (https://portalerp.com/os-6-principios-da-industria-4-0). Acesso em 05 jan.2021.

PORTAL AEVO. *6 Exemplos de transformação digital nas empresas.* 2021. Disponível em: https://blog.aevo.com.br/exemplos-de-transformacao-digital/#:~:text=Magazine%20Luiza,tecnol%C3%B3gica%20no%20interior%20da%20empresa. Acesso em 05 jan. 2021.

USP. *Aprenda tudo sobre RH 4.0.* Disciplinas da USP, ambiente de apoio virtual. Disponível em: https://edisciplinas.usp.br/pluginfile.php/5564920/mod_resource/content/1/RH%204.0.pdf. Acesso em 05 jan. 2021.

GAIA, Karina. *RH 4.0: Entenda por que é importante implementar agora.* Portal Convenia. Disponível em: https://blog.convenia.com.br/rh-4-0/. Acesso em 06 jan. 2021.

IMPULSE. *RH 4.0: A nova tendência do RH.* Disponível em: https://impulse.net.br/rh-4-0/.

https://www2.deloitte.com/br/pt/pages/human-capital/articles/tendencias-capital-humano.html. Acesso em 06 jan. 2021.

CONTRACTOR, Noshir. LEONARDI, Paul. *Better People Analytics — Measure who they know jot just whothey are.* Harvard Business Review. Disponível em: https://empowerment.ee/wp-content/uploads/2018/11/Better-People-Analytics-Measure-Who-They-Know-Not-Just-Who-They-Are.pdf. Acesso em 06 jan. 2021.

SUGESTÕES DE PERGUNTAS E RESPOSTAS PARA DISCUSSÃO DO CAPÍTULO

1. Todas as revoluções abordadas até o momento têm algo em comum. Qual é a característica marcante em todas elas que impulsionou o desenvolvimento, transformando o cenário em que aconteciam?

( ) *As disputas políticas.*

( ) *As guerras travadas entre os povos para dominar o mundo.*

( ) *As inovações tecnológicas constantes.*

2. Quando dividimos a Revolução Industrial em fases, quais foram as inovações marcantes nas três primeiras fases que permitiram uma evolução contínua?

3. Segundo Klaus Schwab, fundador do Fórum Econômico Mundial, estamos vivendo uma nova revolução, mesmo essa revolução usando as mesmas inovações da terceira fase da Revolução Industrial. Explique.

4. Por qual outro nome que é conhecida a Quarta Revolução Industrial e por quê?

5. O que é Indústria 4.0?

6. Associe as tecnologias a seguir com as suas características:

( ) *Big data e data analytics*	**1.** *Capacidade de trabalhar de forma inteligente, interagindo com outras máquinas sem a supervisão humana e de forma autônoma.*
( ) *Realidade aumentada*	**2.** *É a inteligência similar à humana aplicada por softwares.*
( ) *IoT - Internet das coisas*	**3.** *Permite que sistemas de TI (ERP, MES, SAP) sejam interligados dentro das empresas em redes universais.*
( ) *Integração de sistemas*	**4.** *É a possibilidade de simular toda a cadeia de criação virtualmente.*
( ) *Sistemas embarcados*	**5.** *Corresponde a um grande volume de dados que pode ser utilizado para resolver problemas de negócios.*
( ) *Computação na nuvem*	**6.** *São sistemas computacionais completos e independentes, utilizados para executar um conjunto de tarefas predefinidas.*
( ) *Inteligência artificial*	**7.** *O "aprendizado da máquina" estará em pouco tempo presente em quase todos os novos produtos e serviços de software.*
( ) *Robôs autônomos*	**8.** *É um ambiente de imersão criado por meio de ferramentas computacionais onde é possível designar a interação entre ambientes virtuais e o mundo físico.*
( ) *Simulação*	**9.** *Permite o armazenamento em nuvem de grandes volumes de dados e informações em computadores e servidores de grande porte.*
( ) *Machine learning*	**10.** *Coloca a internet em objetos do cotidiano.*

7. Em uma pesquisa feita pelo Fórum Econômico Mundial, Klaus Schwab selecionou os impulsionadores da Quarta Revolução Industrial. Quais são eles?

8. Cite um exemplo de cada um dos impulsionadores:

9. Quando falamos da Quarta Revolução, quais são os princípios que podem ser aplicados para uma indústria saber se está no caminho da Indústria 4.0?

10. Com a chegada da transformação digital nas empresas e principalmente no RH, quais são os pontos a que o RH pode contribuir para melhorar os resultados da empresa?

11. Com todas as mudanças trazidas pela transformação digital, liste os atributos que fazem a diferença para o RH, escolha o(s) atributo(s) que mais se identifica(m) com o momento atual da sua empresa e dê um exemplo de novos recursos utilizados que atendem a esses atributos.

12. Existem vários pontos de atenção para uma equipe de RH sair do modelo tradicional e partir para o modelo digital. Qual é o principal ponto a ser trabalhado para que todas as mudanças possam ocorrer em sequência dentro do setor?

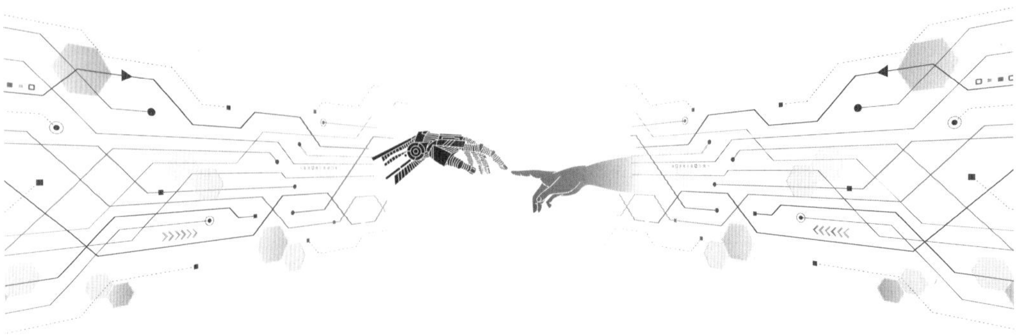

Atração e captação de candidatos em contexto digital

Paulo Ricardo Fróes Morelli da Silva
Sandro Márcio da Silva

OBJETIVOS DO CAPÍTULO

Trazer aos profissionais da área de Gestão de Pessoas as abordagens, metodologias e técnicas mais recentes no processo de atração e captação de profissionais em um mercado de trabalho cada vez mais afetado pela digitalização de processos. Discute-se ainda o *employer branding* como forma de buscar uma aproximação em relação aos mercados de trabalho, especialmente nos nichos onde há escassez de profissionais.

1 INTRODUÇÃO

Quando olhamos para o cenário atual do mercado, vemos como cada vez mais a adaptabilidade e a velocidade de transformação se tornam essenciais para a sobrevivência das organizações. Com um cenário tecnológico, econômico, geracional e cultural em constante ebulição, planos que as empresas tradicionalmente faziam para os cinco anos seguintes, em um ano já podem ter se tornado obsoletos. Com tanta inovação surgindo de forma exponencial, o horizonte de estratégia das empresas tem se reduzido a ciclos mais curtos. Sem perder de vista o longo prazo, as empresas passam a lidar com essa adaptabilidade como um diferencial competitivo. Quantas empresas tradicionais e consolidadas não vemos hoje perder espaço para as startups que, com ideias e tecnologias disruptivas, conseguem mudar a forma como todo um segmento atua? Podemos aqui mencionar o Airbnb, a Uber, o Ifood e, mais recentemente, a Buser, como alguns exemplos claros desse impacto do qual falamos. E a mensagem deixada para as organizações é clara: ou elas se adaptam, ou podem ser as próximas a fechar as portas!

Para uma empresa promover essa transformação e essa adaptação, entretanto, novas habilidades passam a ser necessárias: capacidade de inovar, agilidade, adaptabilidade, mindset digital e liderança influenciadora são algumas das novas competências que passam a ser cada vez mais procuradas. Profissionais que já se prepararam são cada vez mais cobiçados e, consequentemente, difíceis de se encontrar no mercado.

Diante da valorização dessas habilidades e dos profissionais que as possuem, as empresas, mais do que nunca, têm a Atração e Captação como pilar importante de suas estratégias. Diante da dificuldade de se encontrar, contratar e reter esses talentos, uma nova forma de se relacionar com candidatos e profissionais do mercado está surgindo.

Se as empresas precisam se adaptar, mudar de mentalidade e aplicar novas tecnologias para garantir sua competitividade, o mesmo se aplica ao processo de atração e captação de profissionais. O uso da Inteligência Artificial e de softwares de gestão de processos, e o uso inteligente das redes sociais, como o LinkedIn, são fundamentais na reinvenção dessa função e serão o foco da discussão deste capítulo.

2 UM CONTEXTO EM EBULIÇÃO!

A origem da atração e captação de profissionais remonta à origem do próprio trabalho e da necessidade de se ter uma pessoa alocada em determinada função, considerando as habilidades e as competências necessárias à sua plena realização. A sistematização do processo seletivo dentro de uma metodologia que busca a máxima eficiência tem origem no século XVIII, com a Revolução Industrial e a organização moderna do trabalho, segmentando as etapas produtivas em funções especializadas A alta demanda produtiva, a especialização necessária para o trabalho e os impactos financeiros da não contratação foram a mola propulsora para essa sistematização desse processo.

Chiavenato (1983), de forma simples e assertiva, definiu e seleção como "a escolha da pessoa certa para o cargo certo". Nessa definição, o recrutamento era entendido como a atração e captação de candidatos, sendo a seleção o conjunto de etapas organizadas para a identificação do melhor candidato. Se considerarmos cargos mais operacionais, talvez essa máxima ainda possa ser considerada verdadeira. Porém, com empresas adotando estruturas cada vez mais flexíveis, menores e com equipes multifuncionais em um contexto de constante transformação do trabalho, quando olhamos para posições de média e alta complexidades, o "lugar certo" se torna um "lugar certo naquele momento", o que traz novos desafios.

Desde sua origem, essa disciplina acompanhou as transformações históricas de cada momento, sendo agora profundamente impactada pelo novo contexto em que vivemos. Destacamos três principais: **transformação tecnológica, transformação geracional e transformação cultural**.

2.1 Transformação tecnológica

No aspecto tecnológico, observamos um cenário de inovação constante, com novas tecnologias surgindo a todo momento, trazendo uma necessidade constante de as empresas se adaptarem ao potencial trazido por essas inovações. Podemos mencionar a centralidade do uso inteligente dos dados na tomada de decisão, por meio de uma melhor exploração da Ciência de Dados no contexto organizacional. Desde que, em 2006, Clive Humby, um matemático e cientista londrino, cunhou a frase "Dado é o novo petróleo", o tratamento e o uso das informações captadas pelas empresas de forma estratégica cresceram vertiginosamente. Entramos na era do Big Data, termo que sinaliza o volume massivo de dados que uma organização hoje possui sobre seus clientes, produtos e dinâmica organizacional (incluindo aqui todos os seus processos e pessoas).

Desde essa perspectiva do uso inteligente dos dados, observa-se o destaque dado pelas empresas ao potencial trazido pela Inteligência Artificial aplicada aos negócios, com sistemas de aprendizado de máquina, automações e robotizações.

Uma pesquisa realizada pela Deloitte em 2018 aponta que 4 a cada 10 empresas acreditam que a automação terá um grande impacto nos empregos e 61% dessas empresas agora estão redesenhando os trabalhos em torno da

Inteligência Artificial e da Robótica, sendo esse tema definido como muito importante por 72% dos líderes de RH.

Além dessa revolução no uso dos dados, também observamos o surgimento e o crescimento da Internet das Coisas (IoT — Internet of Things), conceito criado em 1999 que prevê a conexão e a integração de diferentes dispositivos, além da conexão entre dispositivos físicos e plataformas digitais, abrindo caminho para os smartphones, as casas inteligentes, os sistemas de telemetria e diversas outras inovações.

Também cabe mencionar a computação em nuvem, termo utilizado pela primeira vez em 1997 e que traduz a disponibilidade de uso de diferentes sistemas, serviços digitais e armazenamento de dados sem o gerenciamento direto do usuário em seu próprio equipamento e infraestrutura. Ou seja, é a possibilidade que hoje temos de utilizar diversos sistemas sob demanda, diretamente da internet, sem a necessidade de instalação em nossos computadores, além da capacidade de armazenarmos dados fora de nossas máquinas, diretamente na "nuvem". Em um relatório de 2017, a Deloitte apresenta a nuvem como "um modelo de serviço para computação baseado em um conjunto de recursos computacionais que podem ser acessados de forma flexível, elástica, sob demanda e com baixos esforços de gestão". Nesse novo cenário, o uso de tecnologias no trabalho passa por um processo de democratização, no sentido de os próprios trabalhadores passarem a ter acesso fácil às novas tecnologias disponíveis no mercado, sem a necessidade de intervenção da área de tecnologia da empresa.

Diante de um problema a ser solucionado, hoje pode-se simplesmente buscar uma solução na internet e passar a adotá-la, trazendo as possibilidades de um novo protagonismo de todos os trabalhadores no processo de inovação, além de um dinamismo muito maior na experimentação de novas tecnologias e serviços digitais no ambiente de trabalho.

Além disso, ainda vemos novas tecnologias surgirem em ritmo acelerado, como os carros autônomos, blockchain, realidade virtual, impressoras 3D, redes neurais e várias outras, bem como uma redução significativa no tempo que essas tecnologias estão levando para alcançar um patamar de uso em massa pela população. Um artigo apresentado pelo *Wall Street Journal* em 2015 aponta para a diferença entre o tempo necessário para que uma nova tecnologia alcançasse 50 milhões de usuários, começando pelo telefone (75 anos), seguido pelos carros (62 anos), televisores (22 anos), aparelhos celulares (12 anos), e chegando às novas tecnologias como Facebook (4 anos), WeChat (1 ano) e o caso do jogo eletrônico Pokémon Go, que levou apenas 19 dias para alcançar a marca de 50 milhões de usuários. Nesse contexto, adaptar-se com agilidade às novas tecnologias passa a ser uma estratégia de sobrevivência para os negócios.

Em termos práticos, o que esse novo contexto tecnológico traz é uma profunda transformação no cenário do trabalho em escala global. Segundo pesquisa realizada pela McKinsey (2017), até 2030, 400 milhões a 800 milhões de empregos (15 a 30%) poderão ser substituídos pela automação no mundo inteiro. Entre 75 milhões a 375 milhões de empregos (3% a 14%) deverão ser redesenhados considerando as transformações tecnológicas; 445 milhões de novos empregos deverão surgir, demandando novas habilidades para o trabalho no contexto tecnológico.

Um estudo semelhante realizado pela UNB em 2018 aponta para um cenário semelhante no Brasil, prevendo a substituição de 25 milhões de empregos até 2026 e apontando para a alta probabilidade de automação em 57% do trabalho hoje existente no país.

Ou seja, alguns trabalhos deixam de existir, outros se transformam e novos também irão surgir. O que é certo é o aumento na demanda de habilidades para se trabalhar em um contexto tecnológico. Uma pesquisa também da McKinsey, realizada em 2019 indica que até 2030 veremos um aumento de 55% na demanda de habilidades relacionadas ao uso de tecnologias e uma redução de 14% na demanda de habilidades físicas e manuais de rotinas operacionais, tendência que já está acontecendo em diversas organizações.

A transformação acelerada do contexto de trabalho, com as novas habilidades exigidas e sem a adaptação imediata das instituições de capacitação profissional, tem gerado uma dificuldade das empresas na contratação de profissionais que atendam aos novos requisitos, especialmente na área tecnológica.

Se por um lado os estudos apontam para um possível aumento do desemprego gerado pela eliminação de funções que agora passam a ser executadas por máquinas e sistemas, por outro lado vemos uma grande dificuldade de diversas organizações em todo o mundo na contratação da mão de obra especializada nas novas funções. Em artigo publicado pela Forbes, o custo das vagas de emprego não preenchidas nos Estados Unidos entre 2015 e 2017 chegou a um total de 20,1 bilhões de dólares.

2.2 Transformação geracional/cultural

Aliadas ao contexto da transformação digital, vemos também as transformações geracionais e culturais. Especificamente, estamos nos referindo à saída do mercado de trabalho da geração de profissionais nascidos entre as décadas de 1940 e 1960, conhecida como baby boomers; à ascensão da geração millennial, nascida entre 1980 e 1994, a cargos de liderança nas empresas; e à entrada da geração Z no mercado de trabalho, composta por indivíduos nascidos a partir de 1994 que agora estão atingindo a maioridade.

Uma primeira grande diferença entre essas gerações também se dá justamente no campo do uso das novas tecnologias. Enquanto os baby boomers tiveram de iniciar sua inserção no universo digital e da internet em idade mais avançada, os millenials iniciaram sua jornada de adaptação ao meio digital ainda novos (*early adopters*), já a geração Z nasceu no contexto tecnológico em que vivemos hoje, sendo por isso considerados *nativos digitais*.

Figura 1. Força de trabalho x geração

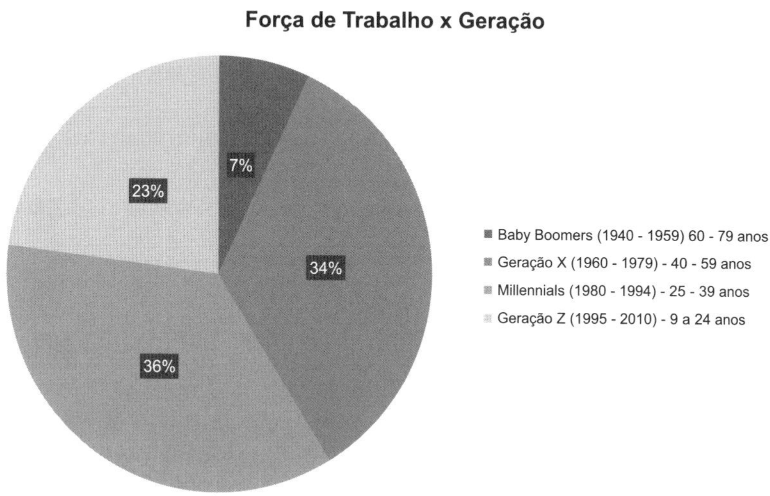

Fonte: Autor.

Além disso, a nova geração, conforme pesquisa realizada pela McKinsey juntamente com a Box 1824 em 2018, possui diferentes valores e motivações em relação às gerações anteriores, especialmente aos nascidos antes dos anos 1980. São apresentados como a “geração da verdade” (*true gen*) e, dentre suas principais características, está a busca por singularidade, característica relacionada ao fato de 50% destes jovens estarem dispostos a pagar mais por um produto que seja personalizado. Nesse sentido, é observada a sua busca por uma hiperpersonalização. A pesquisa também sinaliza a necessidade dessa nova geração pela conexão com um propósito pessoal, ou seja, o alinhamento entre as marcas que consomem e os valores que carregam; eles buscam se relacionar com marcas que também representem sua própria visão de mundo.

Também nesse aspecto, a pesquisa ilustra a forma como a ética está relacionada ao modo como esses jovens se relacionam com as empresas, apontando que 65% desse público deixou de consumir produtos e serviços de empresas envolvidas em escândalos midiáticos e 50% deixariam de comprar de empresas que não consideram éticas.

Por fim, são considerados hiperconectados e realistas, já crescendo em um contexto de uso massivo das redes sociais e grande acesso à informação, trazendo uma característica de maior autonomia e independência na busca pelo conhecimento, ao mesmo tempo em que a transparência passa a ser um valor de importância singular. Essa hiperconexão também é apresentada como fator decisivo numa busca maior pela diversidade e pela conexão com causas sociais como inclusão, diversidade e equidade. Como resultado, 81% deles deixariam de consumir e divulgar marcas que considerassem machistas, 79% marcas racistas e 76% marcas homofóbicas.

Ainda se tratando do comportamento de conexão em rede, 63% deles alegaram ser as recomendações de amigos sua fonte mais confiável de informação sobre marcas.

Essa mesma lógica pode ser aplicada ao relacionamento com marcas quando pensamos no contexto de contratação, sendo um fator decisivo na conexão que as empresas buscam fazer com os potenciais talentos do mercado.

Somadas às transformações tecnológicas e a seus impactos no mercado de trabalho, as transformações geracionais e culturais formam um contexto de profunda transformação que exige das organizações uma adaptação dos processos de Atração e Captação de profissionais, não apenas repensando o processo de atração, captação e seleção de candidatos, mas trazendo um olhar para a própria organização, seus valores e suas formas de se comunicar com o mercado e com os próprios colaboradores. E é nesse contexto que podemos falar dos processos digitais e de todas as mudanças que orbitam em torno deles.

3 ATRAÇÃO E CAPTAÇÃO DE CANDIDATOS EM CONTEXTO DIGITAL

Muitas organizações já têm se ajustado ao novo modelo de atração e captação, enquanto outras muitas vivem um processo de transição gradual, sustentando a coexistência de alguns novos conceitos e práticas juntamente a processos mais tradicionais.

É importante ressaltar que não há um processo ideal. Diferentes estratégias são adotadas a depender do perfil profissional que se busca e, especialmente, do contexto em que esse perfil se encontra no mercado de trabalho.

O posicionamento e a forma de organização das empresas também são regidos pela lei de oferta e procura.

Para vagas em que há mais profissionais do que demanda, a empresa tem poder maior, usa processos mais rigorosos, pode oferecer salário menores (novamente, a lei de oferta e procura), e tem maior poder de escolha.

Há também as vagas para as quais a demanda por profissionais específicos é maior que sua oferta. Foi o caso dos engenheiros de telecomunicação quando da privatização de telefonia, no fim da década de 1990, e é o que tem acontecido a partir de 2015 com os profissionais das áreas de informática, incluindo-se aí os desenvolvedores de softwares e de aplicativos. Essa situação tem sido chamada de "Guerra por Talentos", termo empregado pela primeira vez em 1997 por Steven Hakin, da McKinsey & Company, e popularizado no livro de mesmo nome em 2001. Desde então, essa guerra apenas se acirrou e as estratégias para vencê-la evoluíram com os aportes tecnológicos.

Assim, as empresas desenham processos distintos quando buscam por profissionais de menor demanda e mais elevada oferta no mercado e quando buscam profissionais de alta demanda ou de baixa oferta no mercado.

Portanto, nossa empresa disputa este "cliente" com outros potenciais empregadores. O candidato, então, compara as ofertas de cada potencial empregador e escolhe em qual empregador vai "investir" sua carreira. Assim como a empresa, o candidato também vai avaliar em qual potencial empregador ele encontrará as melhores chances de atender às suas necessidades e expectativas de aprendizagem e realização.

Pretendendo então se destacar nessa batalha pelos melhores candidatos, a empresa investe na concepção de estratégias mais modernas de atração e captação de candidatos; começamos então, como mencionado, com a execução de uma estratégia de marca empregadora.

3.1 O fluxo do processo de atração e captação de candidatos

Figura 2. O ciclo de atração e captação de candidatos

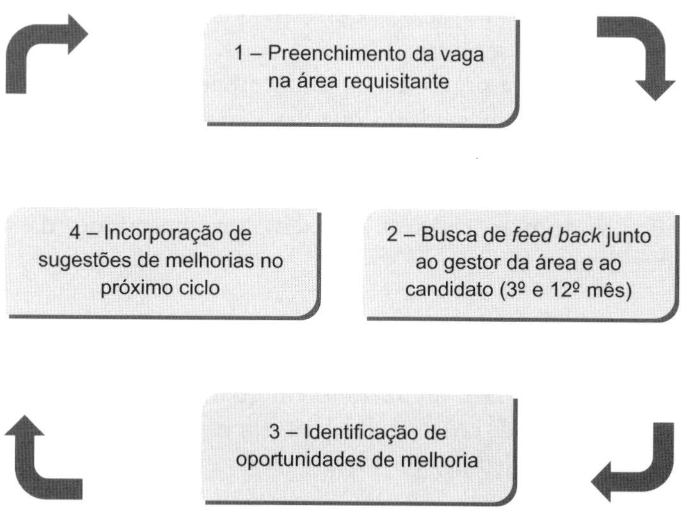

Fonte: Autor.

O fluxo de relacionamento com estes leads deve ser planejado, considerando o grau de relacionamento, confiança e interesse que ele já possui com a empresa; para cada um destes momentos uma ação distinta pode e deve ser planejada. Vejamos um exemplo a seguir, proposto pela Resultados Digitais.

3.2 Construção ou revisão do perfil de contratação

O passo inicial de todo processo é o entendimento do cargo para o qual se busca a contratação.

O processo seletivo tem sempre dois clientes:

1. Os candidatos que abordamos.
2. Os gestores para os quais estamos fazendo a contratação.

É dessa primeira etapa que sairão todas as informações essenciais para o desenho das etapas subsequentes.

Dentre as informações levantadas na etapa de entendimento do perfil, destacamos:

- Atividades a serem realizadas pelo contratado.
- Requisitos mínimos da função (formação, experiência, conhecimentos técnicos específicos etc.).
- Competências e habilidades necessárias para a plena realização das atividades.
- Perfil comportamental necessário para a função, considerando perfil da equipe de trabalho e estilo de liderança do gestor.
- Caso alguém já tenha passado por esse cargo, quais foram os motivos de sucesso e fracasso desses profissionais e o que isso diz do perfil que deve ser buscado.
- Alinhamento de prazos e etapas do processo seletivo, incluindo definição dos entrevistadores que deverão ser envolvidos no processo e a disponibilidade necessária para o processo.

Com uma visão mais clara do que deve ser contratado, dá-se início à divulgação.

3.3 Atração

Neste exemplo, o funil está organizado em quatro etapas, começando pela atração, com a criação de conteúdos relevantes para o público que a empresa deseja atrair. Aqui podemos considerar, como exemplo, a criação de uma página de carreiras atraente, com conteúdo e imagens direcionadas para o público-alvo. Pensemos no caso de uma empresa que busca por grande volume de profissionais de tecnologia. A divulgação das vagas deve ser pensada com esse propósito, trazendo uma descrição interessante e bem-construída, assim como uma boa apresentação dos benefícios, das atividades e do dia a dia na empresa.

Também dentro dessa etapa podemos pensar nas páginas das redes sociais. Muitas empresas possuem uma página direcionada para marca empregadora não apenas no LinkedIn, mas também no Facebook, no Instagram e até mesmo em outras redes como Snapchat e Pinterest, sempre dependendo de onde está o público que ela busca atingir. Nessas redes as empresas divulgam conteúdos, organizam eventos gratuitos, cursos, palestras e publicam artigos que atraiam os profissionais que elas querem conquistar. Entre as várias formas possíveis de se orientar a estruturação do processo trazemos como alternativa o conceito de Marca Empregadora.

3.3.1 *Marca Empregadora (Employer Branding)*

Um dos conceitos mais recentes trazidos para o processo de atração e captação de candidatos é o de Marca Empregadora, do inglês "Employer Branding".

As empresas começaram a abordar candidatos como se fossem clientes. Isso se mostrou especialmente relevante no caso de talentos escassos no mercado. Algumas organizações têm assumido que precisam ser cada vez mais atrativas que a concorrência. A partir dessa decisão, a marca passa a ser pensada não apenas considerando os produtos e serviços oferecidos pela organização, mas também como local para se trabalhar. A isso chamou-se Marca Empregadora, termo utilizado pela primeira vez por Simon Barrow, chairman da consultoria People in Business, em 1990, e que engloba o uso de estratégias de marketing de construção de marca para o relacionamento com candidatos e colaboradores que, nesse caso, já são usuários da marca e devem ser convertidos em embaixadores. Essa estratégia se desenvolveu muito nos últimos anos e hoje é parte fundamental do modelo de relacionamento entre grandes empresas e mercado quando o assunto é a busca por talentos.

Um dos primeiros passos para a construção dessa estratégia é a definição da proposta de valor da empresa para os seus candidatos e colaboradores enquanto instituição empregadora, o EVP (*Employer Value Proposition*). Nessa proposta de valor devem estar claros os pilares da marca empregadora que são atrativos para o mercado. Esses pilares devem ser verdadeiros ativos de marca, já valorizados pelos colaboradores que estão na organização.

Nessa divulgação podem ser apresentados ainda:

- Descritivo da vaga.
- Atividades a serem realizadas.
- Requisitos necessários.
- Informações sobre os benefícios oferecidos pela empresa.
- Vídeos que apresentem não apenas a vaga, mas também a rotina de trabalho e o dia a dia na empresa. A apresentação é realizada por colaboradores que já exerçam aquela função.

O objetivo é garantir que a mensagem correta seja transmitida, ajudando na construção de expectativas mais próximas à realidade, atraindo a atenção de candidatos que se identificaram com a vaga com base em informações mais precisas, e reduzindo a candidatura de profissionais muito fora do esperado. Em outras palavras, apresentar o que há de forte na empresa e que é motivo de atração e retenção dos talentos da organização.[1]

Dentro dessa leitura, podem estar atributos da cultura da companhia, resultados, valores, carreira, aspectos materiais, como infraestrutura e recursos para investimento, ou aspectos sutis, como relacionamento com pares, liderança inspiradora ou quaisquer outros fatores que gerem orgulho de pertencimento.

O importante para saber o que utilizar é conhecer em profundidade o seu cliente; nesse caso, o perfil do talento que você busca. Por meio da realização de pesquisas e utilizando novamente as técnicas e metodologias já conhecidas pelo marketing, faz-se a construção das personas, ou seja, personagens abstratos que representam bem o público que se quer alcançar. A persona deve ter um nome, aspirações, expectativas e demais características que facilitem o alinhamento entre o discurso da companhia e o que os talentos do mercado estão buscando.

Uma vez definidas as personas-alvo e os atributos do seu EVP, inicia-se um trabalho de cascateamento interno do EVP por meio da comunicação interna e do endomarketing e por meio do redesenho da estratégia de comunicação com o mercado, desta vez mirando os potenciais candidatos, utilizando uma linguagem e uma estratégia de conteúdo embasadas nos pilares norteadores da sua proposta de valor.

Busca-se, por meio dessa abordagem, alcançar potenciais candidatos que, muitas vezes, ainda desconheçam sua marca. Ajusta-se então o discurso da empresa a esses potenciais candidatos por meio de conteúdos publicados, eventos realizados e demais ações, com o propósito de atrair um

1 Você pode ver um exemplo em: https://www.youtube.com/watch?v=w9GbIfolvUs.

público específico do mercado de trabalho mais alinhado com a cultura e os objetivos da empresa. No momento definido pela empresa esse fluxo de pessoas impactadas começa a chegar à candidatura das vagas, e aí inicia-se a seleção. O processo seletivo passa a ser visto como um funil de vendas, e o candidato como um potencial cliente. Esse modelo de atuação é chamado de Marketing de Recrutamento (*Recrutiment Marketing*) ou Recrutamento Inbound (*Inbound Recrutiment*).

Vale lembrar que, conforme já mencionado, o perfil hiperconectado das novas gerações confia mais em relatos de conhecidos do que no discurso institucional das empresas, de forma que é fundamental conquistar a participação dos próprios colaboradores da companhia na divulgação da Marca Empregadora. Assim, o trabalho interno com os funcionários atuais é desenvolvido no sentido de torná-los verdadeiros embaixadores da marca. Algumas empresas, inclusive, desenvolvem programas estruturados de formação de embaixadores, com gamificação e premiações aos embaixadores que conseguem gerar maior influência.

Quanto à comunicação com o mercado, as redes sociais passam a ter grande visibilidade e tornam-se o principal meio de comunicação com seus potenciais candidatos, sendo necessário trazer o EVP também para a página da empresa e adequar o tom das publicações para o público que se visa a alcançar. Algumas empresas, em decorrência da divergência entre o discurso necessário para clientes e candidatos, utilizam páginas específicas nas redes sociais para tratar de carreira e processos seletivos. Outras apenas fazem a programação de conteúdo considerando um mix entre postagens que visam a atingir clientes e postagens com um conteúdo mais direcionado a candidatos. Em muitos casos, potenciais clientes são também potenciais candidatos.

Também nesse cenário, vale destacar que o LinkedIn passa a ter um papel fundamental na estratégia de atração e captação de candidatos. Um bom trabalho de construção da Marca Empregadora, como anteriormente explicado, gerará uma boa estratégia de atuação no LinkedIn, trazendo conteúdos interessantes, atraentes e que divulgam a empresa como um bom lugar para se trabalhar. Além disso, por se tratar de uma rede social profissional, é nela que a grande maioria das organizações fazem o *hunting* de profissionais e, nesse caso, um bom posicionamento de marca será fundamental para facilitar a abordagem e a “venda” da oportunidade.

Uma vez que o trabalho de marca empregadora esteja sendo bem realizado, a empresa deve começar a observar um aumento significativo no volume de candidaturas às vagas divulgadas e, dessa forma, mais do que nunca passam a depender de processos seletivos ágeis e tecnológicos para que a seleção não se torne um verdadeiro gargalo na identificação do melhor talento.

O uso da abordagem da marca empregadora irá aumentar as chances de a empresa atrair candidatos que podem chegar até ela por meio de três alternativas, que serão abordadas a seguir.

3.3.2 *Captação de Currículos*

Trata-se de um processo majoritariamente empregado como fonte de informações sobre candidatos a determinada vaga. As empresas continuam recebendo CVs em suas portarias, em caixinhas colocadas nas recepções, de onde são encaminhados para os profissionais responsáveis pela seleção.

Uma das mudanças que tem ocorrido nesse processo é que cada vez mais as pessoas estão encaminhando seus CVs e informações via internet.

Uma variação é o envio do CV em formato digital (PDF, Word ou outros) para o responsável pela vaga. Em suma, o trabalho do selecionador continua muito parecido. Ele tem que imprimir o CV e colocá-lo em uma pasta após a triagem para as etapas posteriores do processo.

As novas tecnologias têm proporcionado algum avanço nesse processo. Em alguns processos, ao invés de postar um arquivo com uma foto do seu currículo (um arquivo pdf de um CV), o candidato ou candidata entra em um site e informa seus dados, registro a registro. Com isso, a avaliação pode ocorrer de maneira informatizada. Os dados de um candidato são automaticamente comparados com os demais candidatos da vaga e o próprio sistema já faz uma primeira classificação entre eles. Outras ferramentas também estão sendo cada vez mais utilizadas, como chatbots, inventários, gravações de imagem por vídeo, e também serão empregadas nessa etapa inicial para uma primeira classificação dos candidatos.

O que as evidências têm mostrado consistentemente é que, com o uso da abordagem de Employer Branding, tem aumentado consideravelmente o volume de candidatos que a empresa recebe.

3.3.3 *Indicação*

É quando os próprios colaboradores enviam currículos de profissionais conhecidos para preenchimento das vagas. É um processo conhecido, tradicional e que tem vantagens e desvantagens.

Suas vantagens estão no fato de se tratar de profissionais que chegam com o "aval" de outros que já estão na empresa. Quem indica fica, de certa forma, responsável pela performance e pela conduta de quem foi indicado. Abrevia o processo de escolha de um profissional e gera uma rede baseada em confiança. É normal que sejam indicados parentes, familiares e amigos.

Suas desvantagens se relacionam ao fato de a empresa, em algumas situações, contratar pessoas baseadas somente na indicação. Com isso, a empresa assume a responsabilidade de colocar para trabalhar uma pessoa que, em algumas situações, não foi avaliada. A dimensão do risco assumido vai variar de acordo com a complexidade e com o nível de responsabilidade do cargo para o qual foi feita a indicação. Outra possível desvantagem é que o mesmo relacionamento pessoal que aumenta o vínculo e o comprometimento da pessoa contratada com a empresa também pode ser fonte de desconforto, pois quem fez a indicação pode se sentir atingido pela demissão de uma pessoa indicada por ele ou ela. Além disso, a indicação de pessoas com maiores laços informais coloca a empresa em risco de fraudes, desvios e outros possíveis problemas, uma vez que os objetivos de amizade e parentesco podem ser avaliados como mais importantes que os da companhia onde eles trabalham.

Para mitigar parte desse risco, recomenda-se que as indicações sejam para a participação do indicado em condições de igualdade com os demais.

3.3.4 *Hunting*

Hunting é um termo em inglês que significa "caça". No processo de vendas tradicionalmente indica a busca, ou a caça, por potenciais clientes. Trata-se de uma forma ativa de captação de candidatos.

No *hunting* a equipe de recrutadores, ou mesmo os gestores da vaga, entram em contato com profissionais que aparentam ter alto potencial para as vagas disponíveis e apresentam-lhes a empresa e a oportunidade. Essa abordagem busca conhecer um pouco melhor o perfil do profissional e, ao mesmo tempo, despertar nele o interesse pela posição.

Nessa abordagem, mais do que em qualquer outra, é necessária uma ótima capacidade de relacionamento e comunicação, pois o diálogo com o candidato pode resultar em uma contratação.

O *hunting* também é muito utilizado por consultorias especializadas, principalmente nas vagas de nível executivo, cujo processo de busca é conhecido como *Executive Search.*

Outro contexto de uso do *hunting* é no caso de vagas sigilosas, quando a empresa contratante não quer que os colaboradores da própria organização tomem conhecimento o cargo aberto. Em algumas situações, as vagas sigilosas podem ser divulgadas sem a identificação da empresa. Porém, nesses casos, a vaga costuma ser menos atrativa e gerar menos candidatos qualificados, especialmente se a empresa tiver uma marca reconhecida.

Se o profissional se interessar em participar do processo seletivo, passa a ser considerado candidato e assim o fluxo de seleção segue adiante.

Também aqui pode-se observar uma grande contribuição do Employer Branding. Empresas mais conhecidas e com melhor reputação têm maior facilidade de convencer profissionais que já estão empregados em outras empresas a migrarem para a sua.

3.4 Conversão

Uma vez que os candidatos despertem seu interesse pela empresa, inicia-se a próxima etapa, a conversão — que, aqui, significa converter profissionais interessados em candidatos. Nessa etapa, costuma-se coletar algumas informações essenciais dos profissionais para poder qualificá-los, ou seja, entender se eles possuem ou não o perfil desejado e, a partir disso, poder definir qual estratégia de relacionamento será aplicada. Tomando como exemplo a área de tecnologia, podemos pensar no caso de uma empresa que, visando alcançar um público de desenvolvedores, organiza um evento online gratuito com um influenciador da área. Para participar, o interessado deve apenas preencher um formulário com algumas informações básicas, como área de formação, se possui experiência em desenvolvimento de softwares, há quanto tempo atua no segmento e com quais linguagens de programação sabe trabalhar. Pronto; com esses dados a empresa já sabe em quem deve focar e já possui alguns perfis para iniciar a próxima etapa do processo, o relacionamento.

Uma vez em posse dos currículos, seja por meio artesanal ou automatizado, faz-se a triagem dos candidatos a partir da comparação entre o perfil demandado para a vaga e as informações apresentadas nos currículos.

Em alguns casos, no ato da própria candidatura, utiliza-se um questionário com algumas perguntas-chave que posteriormente facilitem a triagem dos candidatos.

Dessa triagem, são escolhidos os candidatos que avançam para a etapa de entrevistas e testes, que será objeto de discussão no Capítulo 6 deste livro (Seleção de profissionais em tempos digitais).

3.5 Relacionamento

Na fase de relacionamento, a empresa passa a enviar ao candidato conteúdos relevantes, como, por exemplo, artigos relacionados à linguagem de programação que o profissional tenha interesse, sempre relacionando o conteúdo com a própria empresa, com a rotina de trabalho, e com os projetos interessantes, até, por fim, apresentar também as vagas abertas e convidar o profissional para participar do processo seletivo.

Assim, o candidato vai sendo conduzido, pouco a pouco, de um possível desconhecimento da empresa até o despertar do interesse pela marca, a qualificação inicial e o relacionamento, chegando à candidatura e dando início ao processo seletivo.

O mais interessante dessa estratégia é o fato de ela transformar o processo tradicional de recrutamento em um processo de encantamento e relacionamento de longo prazo. Na medida em que essa estratégia vai sendo aplicada e consolidada, um número cada vez maior de profissionais passa a conhecer a empresa e mais fácil vai ficando o trabalho da equipe de seleção, um resultado gradual e cumulativo de construção e fortalecimento de marca.

Ainda no tópico relacionamento, há um assunto absurdamente relevante e que merece ser discutido: a devolutiva aos candidatos!

A área de recrutamento pode ser considerada como um dos pontos de contato da empresa com o mundo externo, assim como a área de compras, pois se relaciona com o mundo, em particular com o mercado de trabalho, para buscar um elemento vital para a organização: as competências humanas.

Todavia, como em todo processo de classificação, escolhas e seleção, alguns candidatos seguem no processo, e outros, naturalmente, são avaliados como estando fora do perfil desenhado pela empresa.

A recomendação aqui é que qualquer candidato, independentemente da estrada que irá seguir, seja informado oficialmente pela empresa sobre os próximos passos — continuidade ou interrupção do processo seletivo.

A ampla tecnologia disponível permite afirmar que as empresas não têm mais justificativas para deixar de dar satisfação aos seus candidatos sobre seus próximos passos no processo. Não só pelas consequências que isso pode gerar sobre a reputação e a imagem da empresa no mercado, com claro impacto sobre sua "marca empregadora", mas porque trata-se de humanidade. Todo profissional que lida com processos seletivos é testemunha diária de histórias incríveis de pessoas que se desdobram para atender às expectativas de empresas pretendendo atingir o tão sonhado emprego. Não só pelas histórias de heroísmo e abnegação de candidatos que andam distâncias enormes de sua casa até a empresa por falta de recursos para utilizar o sistema de transporte, ou de famílias que se unem para reunir condições a fim de que determinado membro da família participe dos processos seletivos; mas também porque, mesmo sendo uma pessoa de condição financeira que permita seu deslocamento adequado até a empresa, trata-se de um ser humano que dignificou a empresa, disponibilizou seu tempo e abriu sua vida para análise.

Muito comum, e igualmente triste, é constatar a existência de candidatos que, meses após a participação no processo, ainda alimentam a esperança e a dúvida sobre sua continuidade no processo.

É digno, e quase mandatório, um cuidado, um feedback, por menor que seja, informando à pessoa sobre a existência, ou não, da oportunidade, e sobre a natureza de um eventual próximo passo. Melhor ainda se for possível fornecer ao candidato elementos para que ele se conheça, aprimore-se e aumente suas chances numa próxima candidatura.

Candidatos que saem de um processo seletivo bem conduzido tendem a falar bem da organização, tornando-se embaixadores espontâneos da marca, tema que exploraremos mais à frente. Por outro lado, candidatos frustrados ou que tenham tido uma experiência negativa no processo, podem se tornar detratores da marca, gerando uma visibilidade negativa para a companhia e podendo, inclusive, desestimular futuros bons candidatos que estejam em seu raio de contato.

Sobre esse tema, também observamos um impacto na relação dos candidatos com a marca enquanto consumidor. A pesquisa acima mencionada realizada pela IBM indica que candidatos satisfeitos com a experiência da seleção possuem mais que o dobro de chances de recomendar a marca a outras pessoas do que candidatos insatisfeitos.

Esses são alguns dos indicativos de que a preocupação das empresas em garantir um processo seletivo agradável para seus candidatos deve também ser um item prioritário.

3.6 Contratação e análise

Concluído o processo, ou seja, uma vez que o candidato tenha sido selecionado e contratado, é preciso avaliar sua eficácia e os possíveis aprendizados dele decorrentes.

Quando foi idealizado, o processo tinha em mente algumas hipóteses, informações, crenças, expectativas e idealizações.

Caso a empresa tenha o interesse em fazer melhor nas próximas contratações, sugere-se que ela invista, periodicamente, na reflexão sobre os aprendizados gerados pelo ciclo que se encerrou.

É importante fazer, preferencialmente com a ajuda de indicadores objetivos, uma avaliação sobre os resultados atingidos, não só da perspectiva da empresa (por meio dos gestores e da equipe do RH), mas principalmente da perspectiva do profissional contratado.

É importante realizar uma avaliação mais próxima e intensa durante o período de experiência (três meses) e avaliações periódicas, sempre buscando formas de aprimoramento dos processos, critérios e fluxos que foram utilizados no ciclo anterior, de maneira a aumentar a efetividade e o valor gerado pelos profissionais e pela área de recrutamento

4 O USO DA TECNOLOGIA NA GESTÃO DO PROCESSO DE RECRUTAMENTO

Discutimos a seguir algumas das tecnologias que podem dar acurácia e velocidade ao processo, assim como suas formas de aplicação.

4.1 CRMs

Relacionar-se com toda essa ampla gama de pessoas exige não apenas uma estratégia clara de relacionamento, mas também uma tecnologia capaz de suportar esse volume de interações e, para isso, algumas empresas passam a adotar CRMs (*Customer Relationship Management*), que são softwares para gestão do relacionamento com o cliente, porém ajustados ao processo seletivo. Temos alguns exemplos internacionais desses sistemas, como o caso do Beamery nos Estados Unidos; e também o caso da Matchbox, uma empresa brasileira.

Nesses sistemas, é possível fazer o desenho das personas, criar um funil de relacionamento, programar o disparo de mensagens e conteúdos, avaliar o impacto dos conteúdos distribuídos, criar formulários de inscrição com captura automática dos dados e até mesmo trazer dados do profissional que estejam disponíveis na internet. Alguns CRMs também possuem um canal direto para relacionamento com os candidatos, permitindo o envio de e-mails, mensagens via WhatsApp, SMS e outras formas de contato, além do registro de todo o relacionamento na base de dados do sistema.

4.2 Chatbots

Outra estratégica tecnológica que tem sido muito aplicada é o uso de chatbots nos diálogos iniciais com candidatos, especialmente no momento da captação das informações para a qualificação do potencial para a vaga. O termo chatbot se refere ao uso de programas de computador que simulam um ser humano no diálogo com os clientes ou usuários de determinado serviço. No caso de um processo seletivo, em vez de solicitar que um candidato preencha uma série de campos com informações, o chatbot pode ir captando os dados por meio de um diálogo mais fluido, além de possibilitar uma variedade de respostas condicionadas ao que o candidato estiver informando.

Por trás desse processo, há a construção de uma base de conhecimento, com regras que definem quando o chatbot irá trazer qual informação. Por exemplo, um candidato poderia perguntar ao chatbot quais são as vagas abertas da empresa, e ele responderia com precisão a partir da leitura da base de conhecimento. O próprio "bot" também já poderia dar o retorno para candidatos eliminados por aspectos básicos, como nível de formação para a vaga, ou critérios específicos como vagas para pessoas com deficiência e quaisquer outros critérios que se queira utilizar. Com isso, certamente o volume de candidatos não qualificados na vaga se tornará bem menor e o candidato evitará passar por outras etapas do processo, para no fim descobrir que não poderia ser aprovado, gerando uma experiência menos frustrante.[2]

4.3 *ATS's — Applicant Tracking System*

Além do sistema de relacionamento, as empresas também passam a utilizar sistemas para gestão dos processos seletivos, os ATSs (*Applicant Tracking System*). Sistemas que permitem a divulgação de vagas em múltiplos canais ao mesmo tempo, centralizam as candidaturas em seu próprio sistema, permitem a triagem automatizada de candidatos com base em critérios previamente selecionados e a aplicação e correção automática de testes, além do avanço automático dos candidatos ao longo das etapas e outras diversas funcionalidades, como gravação de vídeos, feedback automático aos reprovados e classificação de candidatos já com base nas notas de cada etapa. Outro ponto interessante desses sistemas é que muitos já permitem a integração com os CRMs, possibilitando que o processo seletivo seja iniciado automaticamente a partir de certa etapa do funil de relacionamento.

5 CONSIDERAÇÕES SOBRE O PROCESSO DE ATRAÇÃO E CAPTAÇÃO DE CANDIDATOS

5.1 Recrutamento Interno VS Recrutamento Externo

Outra discussão fundamental a ser realizada ao iniciar um processo seletivo é decidir se a busca por candidatos será feita externamente no mercado ou internamente na organização. Ambos os modelos apresentam vantagens e desvantagens e a decisão deve levar em consideração o nível da vaga, o momento da organização e o que se busca atingir. Muitas pesquisas apontam que hoje um dos temas mais importantes para a retenção de talentos na empresa é a percepção sobre as oportunidades de crescimento que ela oferece. Nesse caso, é claro o grande benefício de se abrir processos seletivos internos, gerando uma clara percepção para os colaboradores de que a empresa os valoriza e oferece boas oportunidades de crescimento.

Além da retenção, outra vantagem é a redução na curva de aprendizado do novo contratado. Quando colaboradores da empresa assumem novas

2 Veja aqui um exemplo: https://youtu.be/HOVwUBkeq0c.

funções, já estão imersos na cultura da empresa, já possuem um entendimento das rotinas e processos da organização e muitas vezes já conhecem as equipes com as quais terão interface, reduzindo bastante o período de adaptação e eventuais riscos de adaptação à empresa.

Vale aqui dizer que, de forma geral nas empresas, o grande volume de desligamentos voluntários acontece ainda no primeiro ano de companhia, risco quase nulo quando comparados com demissões após contratações internas.

A desvantagem dos processos seletivos internos está mais no custo operacional gerado pela abertura da vaga do colaborador aprovado no processo seletivo. Ou seja, fecha-se uma vaga e abre-se outra. Além disso, as empresas precisam lidar com um turnover entre áreas, ou seja, a saída de profissionais de suas posições, ainda que seja para outras vagas dentro da organização. Isso gera, como em toda saída, uma dificuldade natural causada pela transição.

No caso dos processos seletivos externos, a vantagem é a possibilidade de se trazer um profissional com capacidades ainda mais elevadas que o quadro atual da organização, além de aumentar a diversidade interna. Ademais, o fechamento da vaga não acarretará na abertura imediata de outra vaga e nos custos a isso relacionados.

5.2 Seleção às Cegas (Blind Resumé)

Outra inovação no campo de atração e captação de candidatos, muito decorrente da evolução na aplicação de testes digitais, é a seleção às cegas, ou o *Blind Resumé*. Trata-se de uma modalidade de seleção que reduz o olhar humano sobre os candidatos nas etapas iniciais do processo seletivo, chegando, em alguns casos, a eliminá-lo quase por completo. Nesse cenário, os candidatos são selecionados exclusivamente pelas pontuações obtidas nos testes, que são geralmente técnicos, cognitivos e comportamentais. A partir dos resultados, o candidato é automaticamente aprovado para as etapas finais, como entrevistas com líderes, ou pode até mesmo ser aprovado para o contrato de experiência. O argumento utilizado por algumas das empresas que utilizam esse modelo de seleção é a crítica ao viés inconsciente dos recrutadores que, com base no próprio aprendizado do perfil que tende a ser aprovado, passam a inconscientemente buscar nos candidatos características que, em realidade, nada se relacionam à verdadeira capacidade profissional, como questões de gênero, idade, cor, raça ou credo. Assim sendo, ao utilizar um processo 100% automatizado e digital, alcançaria-se uma redução no viés de seleção e, consequentemente, um aumento na diversidade dos candidatos nas etapas finais do processo de seleção.

6 CONCLUSÕES

Com tantas transformações que o mercado de trabalho tem vivido nos últimos anos e com a previsão de que esse movimento transformacional apenas tende a acelerar, adaptar-se tornou-se uma questão de sobrevivência para muitos negócios. Mais do que apenas se ajustar à situação presente, é necessário ter a adaptabilidade e a inovação como valores e estratégias. A atração e captação de talentos, evidentemente, não poderia estar de fora dessa nova visão, sendo ela o cartão de visitas e a porta de entrada dos profissionais que contribuirão para essa mesma revolução. Assim sendo, deve ser estruturada e planejada considerando todas as variáveis apresentadas neste capítulo: as novas tecnologias, a mudança cultural trazida pelas novas gerações, o entendimento do perfil que se busca alcançar, o zelo pelo encantamento de ponta a ponta e a missão de fazer de todo candidato um verdadeiro embaixador da sua marca empregadora.

REFERÊNCIAS

https://blogs.wsj.com/economics/2015/03/20/50-million-users-the-making-of-an-angry-birds-internet-meme/.

https://www.employerbrandingbrazil.com.br/a-era-da-experiencia-sua-empresa-esta-preparada-para-essa-atualizacao-do-employer-branding/#:~:text=O%20conceito%20de%20Employer%20Branding,%E2%80%9CEra%20da%20marca%20empregadora%E2%80%9D.

https://www.forbes.com/sites/forbestechcouncil/2017/06/22/the-price-of-vacancy-the-cost-of-unfilled-technology-jobs/?sh=2606a9745747.

https://www.mckinsey.com/featured-insights/future-of-work/jobs-lost-jobs-gained-what-the-future-of-work-will-mean-for-jobs-skills-and-wages.

https://www.mckinsey.com/featured-insights/future-of-work/skill-shift-automation-and-the-future-of-the-workforce.

https://www.mckinsey.com/industries/consumer-packaged-goods/our-insights/true-gen-generation-z-and-its-implications-for-companies/pt-br.

https://www2.deloitte.com/br/pt/footerlinks/pressreleasespage/tendencias-globais-de-capital-humano-2018-press-release.html.

https://www2.deloitte.com/content/dam/Deloitte/br/Documents/technology-media-telecommunications/ICT-insights-report-port.pdf.

ZHANG, Haiyan. e FEINZIG, Sheri. *The far-reaching impact of candidate experience*. IBM, 2017.

EVANS, Dave. *Internet de las cosas - Cómo la próxima evolución de Internet lo cambia todo*. Cisco Internet Business Solutions Group (IBSG), abril de 2011 (p. 2).

MICHAELS, Ed; HANDFIELD-JONES, Helen; e AXELROD, Beth. The War for *TalentEd Michaels*. Harvard Business School Press, 2001.

SUGESTÕES DE PERGUNTAS E RESPOSTAS PARA DISCUSSÃO DO CAPÍTULO

1. O que é Employer Branding?
2. O que são os ATSs?
3. Como o processo seletivo se assemelha ao processo de vendas?
4. O que são CRMs de Atração e Seleção?
5. Como o novo contexto tecnológico impacta o universo de Atração e Seleção?
6. Para que servem os chatbots?
7. Qual a diferença do recrutamento interno para o recrutamento externo?
8. Por que é importante dar devolutivas aos candidatos reprovados?
9. O que são programas de embaixadores da marca?
10. Qual é a relevância das redes sociais nas estratégias de recrutamento?

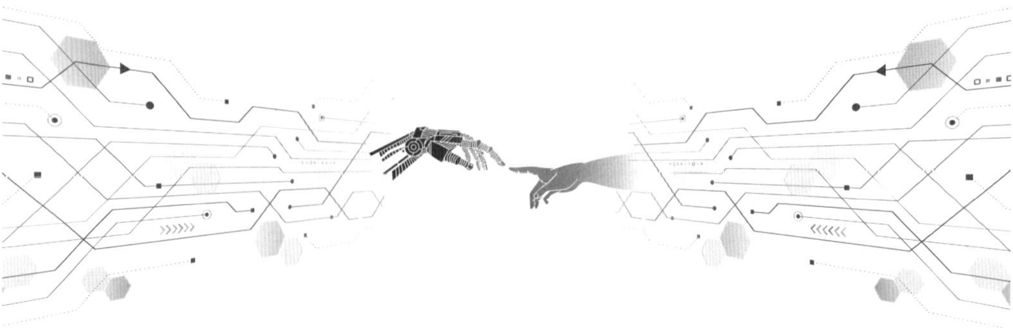

Seleção de profissionais em tempos digitais

SHIRLENE RIBEIRO
ALESSANDRA VIEIRA DA COSTA SILVA
GISELLE DO NASCIMENTO AUGUSTO
SANDRO MÁRCIO DA SILVA

OBJETIVOS DO CAPÍTULO

Ao final deste capítulo, o leitor estará mais preparado para compreender a importância do processo seletivo como rica fonte de vantagem competitiva das organizações. Espera-se que o leitor também seja capaz de identificar oportunidades de reduzir prazos ao realizar o planejamento das etapas do processo de seleção de forma mais assertiva. Que, além disso, ele consiga identificar oportunidades de reduzir retrabalhos e, consequentemente, custos envolvendo o uso adequado das ferramentas e tecnologias disponíveis. Que seja obtida uma visão mais abrangente e, ao mesmo tempo crítica, sobre tendências na área de Gestão de Pessoas e seus impactos no processo seletivo. E, finalmente, que o leitor seja estimulado a perceber que o processo de seleção, afinal, trata de buscar a essência de cada ser humano, com todo seu potencial, complexidade e busca por ser uma pessoa melhor, acomodando-o em posições nas organizações nas quais sua latência seja melhor acolhida e desenvolvida.

1 INTRODUÇÃO

A seleção de pessoas tem ganhado maior estruturação e visibilidade na medida em que algumas empresas vão percebendo que é ali que se dá o início de tudo.

A evolução desse campo de conhecimento, ao mesmo tempo em que permitiu o desenvolvimento de novas tecnologias, também foi tornando mais possível sua disseminação pelas empresas por meio de processos cada vez mais ágeis e com melhor relação custo x benefícios.

Sua origem remonta à Revolução Industrial, no século XVIII, e veio evoluindo com o propósito de classificar, dividir e distribuir tarefas, gerando perfis específicos para a realização de cada uma delas, facilitando o encontro de profissionais dinamicamente alinhados com as expectativas para aquele papel.

Em 1983, Chiavenato definia o processo de seleção de candidatos como sendo a "escolha do homem certo para o cargo certo". Eram tempos mais estáveis e previsíveis...

Esses tempos, porém, já não existem mais...

Considerando-se, portanto, as mudanças legais e tecnológicas ocorridas desde então, é oportuno ressignificar essa definição, tendo em vista que tal evolução tem gerado não só demandas constantes por novas competências (pessoa certa?) quanto também tem tornado fluidas as definições de cargos e posições (lugar certo?).

Ao mesmo tempo, tanta pesquisa e desenvolvimento nos processos seletivos levou à descoberta e à revalorização de diferentes dimensões humanas. Cada vez mais os processos seletivos buscam compreender melhor não só cada uma dessas dimensões (*e.g.* comportamental, capacidade cognitiva ou de aprendizagem, conhecimento técnico [repertório, bagagem acumulada], valores, crenças e saúde [física e mental]), como também a sinergia provocada pelas combinações dos diferentes níveis de maturidade e prontidão de cada uma delas.

Indicadores e evidências apontam para um maior cuidado com a apuração das *soft skills*. Tem sido cada vez mais comum e debatido o bordão "contrata-se pelo técnico (ou pelo *curriculum vitae*) e demite-se pelo comportamento".

De toda forma, o que se mantém como espinha dorsal é o objetivo de selecionar os profissionais mais adequados para o desempenho de determinada função ao longo do tempo e atento às tendências futuras. Para atender a esses propósitos, a escolha dos processos seletivos e as técnicas de coleta de informação sobre o candidato são fundamentais.

Este capítulo, então, tem como objetivo ajudar a se lidar com o que pode ser considerado o desafio mais complexo em termos de gestão de pessoas: a seleção do candidato mais adequado, tanto para o momento presente quanto para o futuro. Assim, você irá entender como organizar, comparar e explicar os diferentes processos, técnicas e metodologias de acordo com as peculiaridades de cada demanda. O envolvimento dos gestores no processo é estimulado e defendido ao longo de todo o capítulo.

2 SELEÇÃO: COMPREENDENDO A LUZ DE CADA UM

A seleção existe porque os candidatos diferem entre si por características diversas e a organização sempre busca aquele cujo perfil é mais adequado à vaga.

Seleção implica uma comparação entre as características de cada candidato com um padrão de referência prescrito pela definição de cargos. Apesar de ser constantemente criticado dado à sua inflexibilidade e falta de dinâmica, o cargo ainda é a principal referência em termos de gestão de pessoas nas organizações.

A estruturação e a implantação de um processo de seleção são fundamentais não só para se tratar da forma mais equânime e justa todos os candidatos, mas também para se explorar da melhor forma possível as conquistas e potencialidades de cada um. Como consequência natural, esse processo também fortalece a imagem institucional da empresa como atrativa no mercado de trabalho. Essa contribuição se torna particularmente relevante num momento em que não é apenas a organização que escolhe o candidato. Ela é igualmente selecionada por ele.

Outro ponto a se destacar é a importância da escolha do tipo de processo seletivo que será feito e quais as ferramentas mais eficazes para as diferentes posições a serem ocupadas. Portanto, muitas variáveis necessitam ser analisadas e organizadas num processo que atenda a esta demanda.

Segundo Guimarães e Arieira (2005), todo processo de seleção é único e deve ser entendido como uma ferramenta de marketing interno e externo que a empresa pode utilizar a seu favor, dependendo da maneira como é realizado. O processo não termina com a contratação do profissional, pois ele ainda precisará ser apresentado, integrado e acompanhado nos seus primeiros dias ou meses na empresa.

Conforme se verá ao longo do capítulo, o processo seletivo busca, em todas as etapas, com uso de metodologias que misturam objetividade x subjetividade, tecnologia x procedimento artesanal, encontrar o que há de melhor em cada um. Pretende-se, com isso, associar a pessoa a uma posição organizacional que permita não só o melhor uso possível do que ele já "sabe" e já "é", como também o desenvolvimento de suas potencialidades.

3 ETAPAS DO PROCESSO SELETIVO

A busca do candidato mais adequado pode seguir as seguintes etapas:

3.1 Planejamento

Esta etapa diz respeito ao levantamento interno das necessidades de pessoal em todas as áreas e níveis, a curto, médio e longo prazos. Isso significa identificar o que a organização precisa prioritariamente em termos estratégicos, tendo em vista seus planos futuros de crescimento e desenvolvimento.

Este levantamento deve ser contínuo e contemplar todas as áreas e níveis organizacionais. A área de Gestão de Pessoas é responsável por operá-lo, traduzindo as necessidades indicadas pelas lideranças e o perfil profissional correspondente. Fundamental nessa etapa é a construção e/ou revisão das descrições de cargo, tendo em vista, principalmente, as demandas futuras da organização. Deve-se levar em conta os efeitos das mudanças da legislação e da evolução tecnológica sobre a empresa e sobre aquele cargo. A partir disso, são inventariadas as características e competências que os candidatos deverão possuir e os requisitos da vaga (grau de instrução, tempo de experiência, entre outros). Essa pesquisa orienta o desdobramento de ações de recrutamento interno ou externo e a respectiva seleção.

3.2 Atração e captação

Trata-se da pesquisa interna e externa em busca dos melhores candidatos para ocupar as vagas presentes ou futuras. Envolve segmentá-los de acordo com os interesses específicos da organização no que diz respeito à estrutura atual, à sua estratégia e à sua cultura organizacional, visando atrair o melhor candidato.

Nessa fase são analisadas todas as mídias (meios de comunicação) que permitam alcançar o maior número possível de candidatos. Estatisticamente falando, quanto melhor for a atração e a captação, maiores serão a quantidade e a diversidade dos candidatos e, por consequência, maior será a chance de encontrar o candidato que você precisa. Algumas sugestões de mídia seriam as pesquisas em sites e universidades, indicação de empregados, banco de dados interno do RH, parcerias com instituições e órgãos de classe profissional, centros de integração empresa-escola, contatos com grupos de gestão de pessoas, empresas de seleção, contatos com empresas do mesmo segmento de mercado, programas de trainee etc.

3.3 Seleção

Esta fase permitirá a identificação dos potenciais candidatos e a escolha daquele mais alinhado aos objetivos definidos. Algumas decisões do planejamento envolvem:

a. **Meio** pelo qual será realizada a seleção: online, presencial ou híbrido (online e presencial).
b. **Requisitos mais importantes** a serem avaliados para determinada vaga.
c. **Ferramentas mais adequadas** na pesquisa desses requisitos. Exemplo: cada nível hierárquico (operacional, tático ou estratégico) exige usos de tempos e instrumentos diferentes.
d. **Avaliadores que serão envolvidos.** Nesse sentido, quanto maior for a participação da área requisitante do novo funcionário no processo, maior será a possibilidade de sucesso e de integração deste com a sua nova função. Vale enfatizar que não basta apenas definir um perfil e selecionar. É igualmente importante refletir que tipo de profissional se busca, de forma que seja possível descobrir aquele que tenha maior sintonia com os objetivos e aspirações da empresa.
e. **Execução** das etapas que comporão o processo (entrevistas, aplicação de testes e inventários, provas, resultado da seleção e feedback aos envolvidos).

3.4 Críticas para o aprimoramento do processo seletivo

Visando ao aprimoramento contínuo do processo, a área de Gestão de Pessoas pode e deve buscar interação e feedback com os principais agentes envolvidos durante o processo, conforme sugestão a seguir:

a. Junto à área requisitante:
    - No *início do processo seletivo*, quando deve ser feita uma avaliação crítica e estratégica (avaliação que leve em consideração as possíveis evoluções tecnológicas e legais daquele cargo, da empresa e do setor) do perfil de cargo atualmente existente.
    - *Ao longo do processo seletivo*, buscando feedback para apurar o grau de acurácia do processo seletivo e oportunizar melhorias.
    - *Após o processo seletivo*, cerca de seis meses após o encerramento do processo seletivo, avaliando a qualidade da permanência e da aderência do candidato ao cargo.
b. Junto ao **candidato**, munindo-o das informações relativas ao andamento do processo seletivo e tratando-o como um cliente do processo, orientando-o, tendo como postura a oportunidade de apresentar a "visão do dono". Cuidado respeitoso deve ser oferecido aos

candidatos eliminados ao longo do processo, permitindo que eles fechem aquele ciclo e sigam adiante. Após a contratação do candidato, particularmente durante o período de experiência de três meses, que pode ser considerado a parte final do processo seletivo, é importante investigar sobre seu grau de satisfação, além de apoiá-lo na compreensão da cultura empresarial e em possíveis dificuldades. Também é importante facilitar o processo de integração do novo empregado à empresa.

O objetivo dessas avaliações é implementar as melhorias e as lições aprendidas nos novos ciclos, procurando incorporar nos próximos processos as lições aprendidas com as experiências anteriores.

A Figura 1, a seguir, demonstra a retroalimentação necessária do processo para promover melhorias contínuas.

Figura 1. Avaliação do resultado do processo seletivo

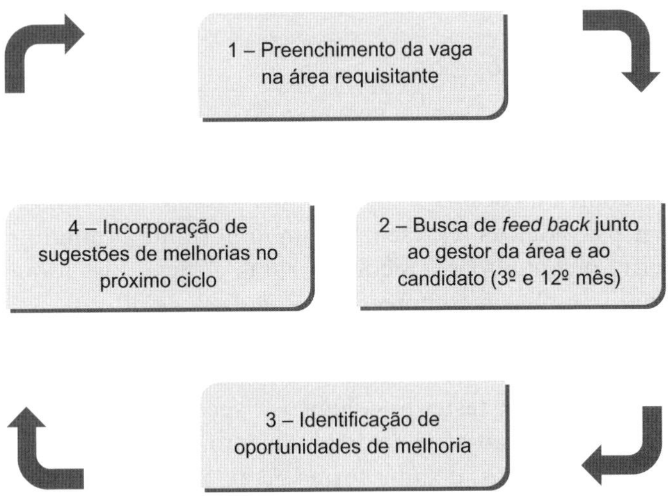

Fonte: Elaborado pelos autores.

Veremos, a seguir, alguns instrumentos que podem apoiar o processo seletivo.

4 INSTRUMENTOS UTILIZADOS NO PROCESSO SELETIVO

Para algumas posições, uma avaliação, como, por exemplo, a entrevista, pode atender à demanda dos profissionais da área de Gestão de Pessoas em termos de identificação do grau de alinhamento do perfil da vaga com o perfil do candidato.

Para outras posições, todavia, faz-se necessária uma avaliação mais profunda sobre as *hard skills* e as *soft skills* dos candidatos, com destaque para atuações em que o profissional irá expor a si próprio ou a terceiros numa situação de risco.[1] Nesses casos, recomenda-se aplicar testes psicológicos que ampliem a percepção a respeito de aspectos de personalidade que podem interferir na execução daquela atividade. Também pode ser necessário empregar tecnologias mais específicas e que exigem aplicação por um psicólogo, que é o único profissional habilitado e acreditado para aplicação dos testes psicológicos. Vale destacar que a análise do indivíduo está em constante e genuína evolução e, nesse sentido, os testes devem ser complementados com outros instrumentos que possibilitem ampliar a percepção do sujeito de forma sistêmica e integrada.

Por meio desta breve introdução, é possível perceber que, para cada tipo de diagnóstico, podemos utilizar diferentes tipos de ferramentas e tecnologias. Visando a contribuir com maior riqueza de detalhes sobre os critérios de escolha de cada ferramenta, passamos, a seguir, a tratar detidamente algumas das mais utilizadas hoje.

4.1 Os testes psicológicos

Diante da evolução dos conhecimentos científicos nesta área, qualquer posição extremista em relação aos testes psicológicos poderá deixar de fora importantes contribuições.

Os testes psicológicos representam um importante caminho percorrido, tendo em vista o contexto da psicologia como ciência. Eles foram criados e utilizados para ampliar a compreensão e analisar as diferenças individuais em relação à inteligência, às aptidões específicas, aos aspectos vocacionais e às dimensões não intelectuais da personalidade. A Figura 2 apresenta os cinco principais tipos de testes psicológicos e suas aplicações, resguardando o aspecto ético quanto ao nível de detalhamento.

Os testes psicológicos, de uma forma geral, analisam fatores que envolvem uma avaliação mais profunda do profissional, englobando características de constituição psíquica. Há uma base científica comprovada, envolvendo padrões de respostas esperadas que classificam o candidato qualitativa e quantitativamente, dependendo do teste aplicado.

1 O termo situação de risco foi utilizado aqui considerando a importância da segurança e da saúde no trabalho, onde diferentes ferramentas são utilizadas na identificação e no controle dos riscos do trabalho. Ex.: requisitos em relação à posição ocupada por um operador de empilhadeira. O teste psicológico apoiaria na avaliação dos aspectos emocionais, revelando como o candidato lida com situações de forte pressão e estresse, e avaliando foco, atenção, controle emocional, capacidade de decisão e iniciativa para resolver problemas, entre outros.

Figura 2. Testes psicológicos e seus objetivos

Testes	Objetivos
Projetivos	Têm como objetivo descrever características da personalidade por meio da projeção de figuras que permitem a expressão da forma como é percebida a imagem. Exemplo: Zulliger (ou teste Z). Outros testes projetivos mais conhecidos são o Método Rorschach, o teste House-Tree-Person (HTP) e o Teste de Apercepção Temática (TAT). Os testes projetivos estão relacionados a processos inconscientes que podem se manifestar de forma mais eficaz do que por meio das palavras.
Palográfico	É um tipo de teste de personalidade que mede características comportamentais via técnicas gráficas. É considerado um teste expressivo, pois analisa o tipo de resposta dada pelo candidato quando focado em uma mesma tarefa. Assim, são interpretados aspectos diferentes dos traços para ligá-los às características comportamentais, tais como: produtividade; organização; adaptação ao ambiente; firmeza e segurança em relação às atitudes pessoais; vitalidade; adaptação a normas e regimentos; capacidade para estabelecer e cumprir metas; relacionamento interpessoal; ritmo de trabalho; capacidade de concentração; impulsividade; inteligência emocional.
Raciocínio Lógico	Avaliar como o candidato atua na resolução de problemas, na interpretação de texto, no planejamento de ações estratégicas e na tomada de decisões em um espaço reduzido de tempo. Também mede a capacidade de analisar informações abstratas e aplicá-las para determinar resultados e padrões — como concluir sequências e forma. Sugere-se que seja aplicado aos candidatos nas primeiras etapas do processo seletivo, para que o resultado obtido possa ser confirmado nas outras etapas.
Atenção Concentrada (AC)	É o mais útil para medir o foco do profissional. Existem muitos tipos de testes de atenção concentrada e um dos mais conhecidos é o Teste AC Vetor, ou "teste das setas". Esse teste ajuda a medir a capacidade de atenção concentrada de um indivíduo durante determinado período de tempo, a partir de um estímulo que compete com outros. É mais adequado a atividades que exigem foco e concentração.
Não Verbal de Inteligência	O G-36 é um dos mais conhecidos. Permite avaliar a capacidade intelectual de um candidato por meio de questões distribuídas em ordem crescente de dificuldade. Seu objetivo é medir: 1) o grau de compreensão de relação de identidade simples; 2) a compreensão de relação de identidade mais raciocínio por analogia; 3) o raciocínio por analogia envolvendo mudança de posição; e 4) o raciocínio por analogia de tipo numérico, envolvendo mudança de posição e raciocínio de tipo espacial. O D-48 é outra medida do fator "G". Mede o nível de aplicação da inteligência por meio da capacidade de conceitualizar e aplicar o raciocínio sistemático a diferentes situações. Considera-se que ele não é influenciável por fatores culturais.

Fonte: Elaborado pelos autores.

Feita essa diferenciação, trataremos, a seguir, com um pouco mais de profundidade, os inventários.

4.2 Inventários de personalidade

Os inventários também estão amparados por estudos envolvendo psicólogos e estudiosos comportamentais. Porém, não há uma resposta padrão considerada melhor ou pior, do ponto de vista qualitativo. Isso porque os inventários são restritos à avaliação dos *traços comportamentais*. Eles visam a colher indícios sobre posturas, preferências, opiniões pessoais, valores, necessidades e motivações que possam trazer impactos nas competências do profissional, na esfera em que ele atua. Pode-se afirmar que o inventário representa um retrato da situação atual e, dessa forma, o mesmo inventário, quando aplicado em contextos diferentes e/ou em espaços de tempo mais prolongados, pode apresentar resultados diferentes daqueles inicialmente obtidos.

Em que contexto isso poderia ocorrer? Quando as pessoas escolhem se desenvolver e, portanto, mudar seu modelo mental, também conhecido como mindset, por exemplo. Também pode ocorrer quando as pessoas são expostas a situações que não escolheram e por isso precisam desenvolver habilidades que permitam sua adaptação à nova experiência, mesmo que às custas de algum sofrimento. Logo, testes comportamentais aplicados antes e depois dessas experiências podem apresentar resultados diferentes quando comparados.

Os inventários de personalidade têm sido utilizados com maior frequência nos processos seletivos. Ao contrário dos testes de personalidade, que são de exclusiva aplicação dos psicólogos, segundo o CFP (Conselho Federal de Psicologia), os inventários podem ser aplicados por profissionais de diferentes formações, desde que sejam devidamente qualificados para tal. Essa qualificação é feita por empresas certificadoras e que possuem os direitos autorais dos instrumentos para sua aplicação.

Trataremos a seguir de alguns exemplos de inventários, visando a ampliar a compreensão de seu uso, porém sem a pretensão de esgotar o assunto.

4.2.1 *DISC*

4.2.1.1 Breve descrição e órgãos certificadores

O inventário DISC[2] foi elaborado com base nos estudos de William Moulton Marston, PhD em psicologia pela Universidade de Harvard. A ideia central foi entender como o ser humano responde ao ambiente em que está inserido e os motivos que direcionam suas ações e reações. De acordo com Marston, o sujeito tem duas esferas comportamentais. A interna diz respeito

2 Órgão certificador: https://www.thomas.co/pt-br.

à percepção sobre o poder pessoal em seu contexto e a externa é a análise do ambiente. Diante disso, o autor traçou quatro variáveis comportamentais: estabilidade, conformidade, dominância e influência.

4.2.1.2 Possíveis aplicações

O DISC pode ser mais útil:

- Nos processos seletivos visando a ampliar a percepção do perfil profissional dos candidatos.
- Em processos de gestão de carreiras e desenvolvimento profissional.
- Em processos de coaching.

Obs.: há diversos tipos de testes baseados na avaliação comportamental DISC, que diferem muito entre si e são aplicados por profissionais credenciados por empresas no mercado.

4.2.2 *FACET 5*[3]

4.2.2.1 Breve descrição e órgãos certificadores

Tem como base a teoria do BIG5, desenvolvida na década de 1980 pela Redfield Consulting, na Europa. O resultado do inventário possibilita conhecer cinco fatores essenciais da personalidade: determinação, energia, afetividade, controle e emocionalidade. Para cada um deles existem treze subfatores. A combinação desses fatores ajuda o profissional a compreender como as pessoas diferem em sua essência, como se motivam e como buscam alcançar os seus objetivos. A ferramenta fornece uma análise de todos os fatores e subfatores, um retrato da família, um relatório de foco nas competências, um guia para ser liderado e um panorama das preferências de trabalho.

4.2.2.2 Possíveis aplicações

Segundo Juliana Nascimento, diretora de carreira e desenvolvimento da Cia de Talentos, por meio dos resultados da ferramenta, as pessoas passam a compreender melhor as semelhanças e as diferenças que possuem junto aos seus pares, clientes e equipes. As diferenças individuais e a diversidade de perfis influenciam diretamente na forma de gerenciar as pessoas, portanto o FACET 5 é utilizado em algumas empresas no processo seletivo para contratação de cargos de liderança.

3 Órgão Certificador: Companhia de Talentos/ SP (https://www.ciadetalentos.com.br).

4.2.3 *MBTI®*[4]

4.2.3.1 Breve descrição e órgãos certificadores

O MBTI® é um inventário que possibilita a identificação de características de personalidade. Foi desenvolvido por Katharine Briggs e sua filha Isabel Myers e tem como base a teoria dos tipos psicológicos de Carl Jung (psicólogo suíço). O instrumento identifica um tipo psicológico entre dezesseis, sendo que cada tipo tem características, forças e pontos de desenvolvimento em diferentes situações de trabalho e relacionamento interpessoal. Nesse sentido, a partir do conhecimento de qual é o tipo psicológico, torna-se possível compreender e melhorar os relacionamentos e as aptidões, favorecendo o desenvolvimento pessoal e profissional.

O instrumento é respondido online e gera um relatório apresentando quatro grupos de preferências. Tais preferências estão relacionadas e alinhadas segundo estas dimensões: "Seu estilo de trabalho", "Suas preferências no trabalho", "Seu estilo de comunicação", "Ordem de suas preferências" e "Sua abordagem para resolução de problemas".

4.2.3.2 Possíveis aplicações

Esse inventário é utilizado com maior frequência em processos de desenvolvimento de carreiras. O objetivo é ampliar a percepção do profissional a respeito de si mesmo, identificando oportunidades para maior compreensão de sua maneira de pensar e agir.

Encontram-se também outras aplicações que estão detalhadas no site da empresa certificadora e que detêm os direitos sobre o instrumento no Brasil.

4.2.4 *Predictive Index — PI*

4.2.4.1 Breve descrição e órgãos certificadores

O PI é um formulário de livre escolha de palavras. Foi desenvolvido e administrado inicialmente por Arnold Daniels, e o primeiro treinamento foi realizado em 1955.

Foi cientificamente validado, em conformidade com a *Equal Employment Opportunity Commission* (EEOC), bem como com as normas estabelecidas pela *American Psychological Association* (APA) e pela *Society of Industrial & Organizational Psychology* (SIOP).

[4] Órgão Certificador: Fellipelli Consultoria/ SP (https://fellipelli.com.br/).

Também foi aprovado em uma pesquisa sobre consistência, estabilidade e confiabilidade, conduzida pela Harvard Medical School e confirmada em mais de 500 estudos de validação sobre a influência do perfil na performance.

A avaliação comportamental possui a validação da tradução do *checklist* para o português falado no Brasil em estudo realizado pela Universidade de São Paulo (USP).

A Praendex Brasil é a representante exclusiva da ferramenta PI®-Predictive Index para análise do perfil comportamental desde 1990 no Brasil.[5]

4.2.4.2 Possíveis aplicações

O objetivo é mapear e analisar o perfil comportamental e a capacidade cognitiva dos profissionais da organização de forma simples, rápida, precisa e segura.

Por meio da formação do Analista PI, o profissional é capacitado para utilizar a metodologia e a ferramenta PI® de forma autônoma e completa, apoiando a estratégia da empresa.

No processo seletivo, o PI® sustenta discussões sobre:

- Promoção.
- Alocação.
- Montagem de equipes.
- Planejamento de sucessão.
- Atração de candidatos.

No processo de desenvolvimento, ajuda no diagnóstico de competências para:

- Forma de delegação.
- Motivação.
- Comunicação.
- Autoconhecimento.
- Entender os relacionamentos.
- Resolução de conflitos.

4.2.5 *PIR — Potencial de Integridade Resiliente*

4.2.5.1 Breve descrição e órgãos certificadores

O PIR tem como objetivo identificar o nível de resiliência do participante quando exposto a dilemas éticos. Foi desenvolvido em 2014, no Brasil, pelo

5 (www.praendexbrasil.com.br).

PhD Renato Santos, cofundador da S2 Consultoria,[6] empresa especializada na dimensão humana do risco. Foi apresentado no EnAnpad, evento que reúne pesquisadores e professores da área de gestão. Apresentou valor preditivo de 82% quando aplicado o coeficiente alfa de Cronbach e é reconhecido pela OAB como um teste de integridade que obedece à legislação e à privacidade do participante. O teste identifica e previne situações de fraude, assédio e corrupção por meio de um simulador de situações corporativas hipotéticas, que o participante pode responder online. O simulador tem os dilemas customizados por nível de decisão — operacional, tático e estratégico, adequando a linguagem e as situações de exposição. A ferramenta analisa o participante por meio de perguntas e situações cotidianas de dilemas éticos profissionais, em três formatos: alternativa de única escolha, dissertativa e vídeo (áudio e imagem).

4.2.5.2 Possíveis aplicações

Segundo Alessandra Costa, diretora executiva da S2 Consultoria, as organizações estão mais receptivas em incluir o PIR no processo de formação de liderança e de seleção de programas de trainee. A competência é importante, mas a integridade do participante aos valores da organização é fundamental para que a contratação seja sustentável e ofereça oportunidade para o desenvolvimento do participante com as melhores práticas do mercado.

As análises são realizadas e revisadas por especialistas multidisciplinares certificados pelo IPRC Brasil (Instituto de Pesquisa do Risco Comportamental), que aplicam técnicas das linguagens verbal, não verbal, paralinguística e microexpressões, cruzando-as com análises comportamentais de fraudadores, assediadores e corruptos confessos. Com base nas respostas e nas fragilidades identificadas, é apresentado um plano de desenvolvimento ético de acordo com a cultura de compliance da organização.

Considerando as diversas situações de suborno e de corrupção, que ocorrem tanto em nosso país como no mundo inteiro, fica ainda mais evidente a importância da avaliação do grau de resiliência dos profissionais quando da exposição a situações de risco comportamental, principalmente nos processos seletivos. Isso porque estamos falando de características de mais difícil mudança. É raro uma pessoa passar a ser mais ética ou mais empática por conta de um treinamento ou processo de coaching.

Durante a pandemia da Covid-19, identificaram-se mudanças no perfil comportamental dos profissionais, já que a vida das pessoas e das organizações de todos os setores teve uma grande transformação, gerada pelas restrições de isolamento, pela insegurança e pelas incertezas. Tal contexto

6 Certificador: S2 Consultoria (https://www.s2consultoria.com.br).

estimulou mudanças de hábitos, formas de relacionamento e padrões de comportamento. Durante esse período, algumas tendências ligadas ao processo de contratações tiveram uma forte aceleração. Como exemplo, podemos citar a digitalização dos processos e a intensificação do uso dos canais digitais de interação com os profissionais. Em pesquisa realizada pelo IPRC Brasil (Instituto de Pesquisa do Risco Comportamental), foi possível comparar o perfil dos profissionais na pandemia (de 2020 a 2021), que contou com 4.360 entrevistados de 39 organizações, com o dos profissionais antes da pandemia (2017), que foram 2.435 entrevistados de 24 organizações. Esse banco de dados é resultado da ferramenta PIR (Potencial de Integridade Resiliente), cedida pela S2 Consultoria, empresa especializada em gestão de compliance na sua dimensão humana. A Pesquisa Índice PIR Ética[7] evidenciou que, antes da pandemia, 35% dos profissionais não eram transparentes ao responderem sobre os dilemas éticos organizacionais. Ao comparar com os profissionais entrevistados durante o isolamento, atuando pelo teletrabalho, esse mesmo indicador cai para 25%.

Segundo Renato Santos, especialista em compliance e diretor do IPRC Brasil, houve uma evolução positiva com as respostas antes e depois da pandemia, não sendo possível identificar o porquê dessa melhora. Uma das hipóteses aponta para o fato de que o profissional em regime de teletrabalho se sente mais confortável no seu ambiente e, por isso, não precisa usar a "máscara do profissional perfeito". Outra hipótese levantada é que o profissional, estando mais próximo da família, pode se sentir inibido para mentir e dissimular sobre sua percepção no trabalho.

Outro dado animador que a pesquisa apontou foi no subtema suborno,[8] com um aumento de 16% na alta resiliência. Esse resultado pode significar, entre outras coisas, que os programas anticorrupção das organizações estão provocando uma mudança comportamental nos profissionais no sentido de não aceitar práticas de suborno, bem como denunciá-las.

Chama a atenção negativamente, contudo, o aumento da aceitação de presentes durante a pandemia, que passou de 12% para 19%, assim como passou de 4% para 7% aqueles profissionais que não sabem como agir diante desse risco comportamental. Destacamos que, apesar de não ter grande diferenciação entre o recebimento de presentes e suborno, a corrupção pode ocorrer de forma indireta e implícita, o que é conhecido como Teoria da Dádiva.

Uma das hipóteses para esse aumento é o fato de os profissionais estarem em teletrabalho, e os recebimentos de presentes irem para as suas residências, tendo a organização menor possibilidade de controlar tal processo.

7 Pesquisa Índice PIR — Ética na Pandemia — Dissimulação — IPRC Brasil. Acesso: https://materiais.iprcbrasil.com.br/indice-pir-dissimulacao.

8 Pesquisa Índice PIR — Ética na Pandemia — Corrupção — IPRC Brasil. Acesso: https://materiais.iprcbrasil.com.br/pir-etica-na-pandemia.

Outro fator foi a proximidade pessoal que o teletrabalho promoveu entre os profissionais e terceiros (prestadores, fornecedores, clientes), a ponto de gerar "agrados" por meio de presentes.

A tecnologia no período da pandemia foi fundamental para propiciar às pessoas interação e comunicação, diminuindo a distância. Com base na pesquisa realizada pelo IPRC,[9] porém, houve um crescimento de 11% (de 13% para 24%) de profissionais que não sabem lidar com as informações confidenciais de suas organizações, compartilhando-as de forma indevida. Ainda segundo a pesquisa, houve, durante o período de *home office*, uso inadequado de dados e informações, já que o lar se transformou em ambiente de trabalho, onde todos tomavam conhecimento de informações uns dos outros, não sendo estas restritas à organização. O vazamento nas mídias digitais então se tornou algo frequente neste "novo normal", até pela própria fluidez dessas trocas "sem malícia", banalizando o que é confidencial, já que os profissionais não percebem prejuízos para a organização.

Entendemos que, por mais que as organizações tenham regras, políticas, códigos ou manuais e controles internos, o grande desafio está no fator humano, já que cabe à pessoa tomar as decisões e fazer as suas escolhas.

A aplicação do teste PIR no processo seletivo, portanto, ajudaria a evitar alguns desses riscos comportamentais, poupando a empresa de problemas de desvios de recursos e atentados à sua reputação.

4.3 Prova de conhecimentos técnicos específicos ou de capacidade

As provas de conhecimento técnico ou de capacidade são instrumentos que podem avaliar objetivamente o grau de domínio do candidato sobre as competências exigidas pelo cargo. Existe uma ampla gama de possibilidades de processos avaliativos e, em geral, esses processos são desenvolvidos pelas áreas de Gestão de Pessoas em parceria com os gestores das áreas demandantes. Eles podem ser escritos (perguntas e respostas), feitos online ou de forma presencial, ou testes práticos (exemplo: execução de uma atividade como usinagem de uma peça, manobra de veículos etc.).

4.4 Role playing (simulação)

Segundo Ribeiro (2009), "além da capacidade intelectual e competência técnica, os candidatos devem ser investigados em suas qualidades pessoais, como: iniciativa, liderança, adaptabilidade, empatia ou capacidade

[9] Pesquisa Índice PIR — Ética na Pandemia — Corrupção — IPRC Brasil. Acesso: https://materiais.iprcbrasil.com.br/pir-demonstracoes-fraudulentas.

de persuasão". Complementa a autora que "isso nos fez adotar a prática de avaliar candidatos não só em seu raciocínio lógico e capacidade analítica, como também em sua inteligência emocional".

Na avaliação de potencial, algumas empresas têm utilizado consultores externos, e até atores que simulam situações desafiadoras durante o processo, visando a ampliar a percepção de como o candidato age e/ou reage diante do "inesperado".

4.5 A entrevista

Deixamos para falar da entrevista por último, embora seja o primeiro passo do contato com o candidato interno ou externo, porque é igualmente importante, ao final do processo seletivo, certificar se o processo ficou claro e se as condições da vaga atendem aos interesses de ambas as partes, e conferir maior credibilidade ao processo retirando todas as possíveis dúvidas que eventualmente ainda permaneçam.

A **entrevista inicial** tem como objetivo colher informações sobre o candidato e apresentar informações sobre a vaga, bem como apresentar a empresa e verificar as motivações do candidato em relação à vaga. A **entrevista final** tem como objetivo colher e oferecer feedback ao candidato e a todos os stakeholders do processo seletivo.

A entrevista é um procedimento habitual, mesmo que questionários e/ou testes tenham sido aplicados anteriormente. Ela pode se dar por meio de contato presencial ou online.

4.5.1 *Tipos de entrevista*

Existem três tipos de entrevista: **estruturada**, **semiestruturada** e **não estruturada**. É importante destacar que a entrevista é parte de um processo mais amplo, não sendo suficiente para definir os pontos fortes e os pontos fracos do candidato, quais as suas competências e as suas aptidões. No entanto, para as funções mais elementares, algumas organizações aplicam apenas essa técnica.

a. **Estruturada** — é totalmente padronizada. Contém roteiros preestabelecidos, nos quais o candidato é solicitado a responder questões previamente elaboradas. Pode assumir uma variedade de formas, como múltipla escolha, verdadeiro-falso, sim-não, agrada-desagrada, identificação de formas etc. Também podem conter perguntas que permitam resposta abertas.
b. **Semiestruturada** — contém algumas questões previamente formuladas, mas tem abertura para a realização de outras perguntas que

podem surgir durante a entrevista. A construção de perguntas "de improviso" exige grande alinhamento com os objetivos da entrevista e muita empatia com o entrevistado.

c. **Não estruturada** — não especifica nem as questões, nem as respostas requeridas. São entrevistas totalmente livres e cuja sequência e orientação ficam a cargo de cada entrevistador. No entanto, a liberdade deve ser usada com sabedoria para se extrair informações úteis e não se perder o foco da entrevista.

Vale ressaltar que tem sido cada vez mais comum a atuação, no mesmo processo, seja simultaneamente, seja em momentos diferentes, de diferentes entrevistadores (RH, chefia, algum representante da equipe em que o profissional irá trabalhar, o gerente de alguma área cliente daquela onde existe a vaga etc.). A composição dessa equipe de entrevistadores, novamente, depende da posição a ser ocupada.

4.6 Seleção por competências

De acordo com Fleury (2002), competência é o conjunto de conhecimentos, habilidades e atitudes que justificam uma alta performance, acreditando-se que os melhores desempenhos estão fundamentados na inteligência e na personalidade das pessoas.

Segundo Dutra (2008) é preciso que as práticas de recursos humanos estejam alinhadas às estratégias organizacionais e, nesse sentido, ele pondera que os modelos tradicionais de gestão não atendem mais a essa necessidade. É preciso um modelo abrangente, que possibilite o alinhamento das práticas de recursos humanos entre si e com as estratégias organizacionais. Dessa forma, é necessário incorporar o conceito de competência ao modelo de gestão de pessoas para que ele esteja alinhado às estratégias empresariais.

Um dos aspectos importantes da discussão sobre seleção por competências é a relação entre as competências da organização e as competências dos profissionais. As competências organizacionais são decorrentes do processo de desenvolvimento e aprendizagem organizacional, incluindo conhecimentos técnicos existentes, habilidades e tecnologias aplicadas. Segundo Prahalad e Hamel (1990), "as competências organizacionais essenciais são atributos da organização que lhe conferem vantagem competitiva, geram valor distintivo percebido pelos clientes e são difíceis de serem imitados pela concorrência".

Haveria, portanto, entre competências organizacionais e competências individuais, uma forte interação. Se por um lado, ao trabalhar num processo, as pessoas aplicam ali as suas competências, constituindo a competência organizacional, por outro, as organizações, ao produzir seus processos, produtos e serviços com uso das competências individuais, ampliam e produzem novos conhecimentos naqueles profissionais, num grande círculo virtuoso.

4.6.1 *Foco nas evidências*

O processo inclui, de forma geral, a aplicação de provas (dinâmicas, *role playing*, apresentações, jogos etc.), entrevistas, testes e inventários que são incluídos de acordo com: a proximidade da realidade do candidato, o contexto empresarial e, é claro, as posições presente e futura a serem assumidas *versus* as respectivas competências desejáveis.

Um aspecto crucial, em quaisquer das situações citadas, são as evidências das competências avaliadas durante as provas aplicadas. No caso de seleção externa, quanto maior o número de evidências das competências, melhor a eficácia do processo. Nesse sentido, algumas empresas podem optar por envolver diferentes observadores (além da área de Gestão de Pessoas, lideranças internas com as quais o candidato irá trabalhar), de acordo com as fases do processo e com a complexidade da posição a ser assumida pelo candidato. Gestores, na lógica do "cliente ou fornecedor interno", poderão ser convidados. Na seleção interna, por exemplo, é comum incluir: 1) a avaliação de desempenho do empregado nos três últimos anos; 2) os requisitos de acesso para o cargo em aberto; e 3) referências internas/externas que indiquem aspectos de relacionamento interpessoal e desempenho.

5 SELEÇÃO X ASSESSMENT

Os processos seletivos podem utilizar diferentes ferramentas. O assessment tem sido utilizado fortemente nas organizações modernas devido à sua capacidade de identificar traços comportamentais e de analisar o perfil profissional de cada colaborador (quando utilizado internamente) e do candidato para fins de seleção.

O assessment também pode ser utilizado apenas no processo de recrutamento, eliminando, dessa forma, o processo de seleção por fornecer informações suficientes que oportunizam a tomada de decisão.

Assessment é um termo inglês que significa avaliação. Dada a sua característica sistêmica na busca de diferentes variáveis nos comportamentos observáveis, pode ser utilizado igualmente para identificação de potencial e performance. Consequentemente, o uso do assessment poderá aumentar a chance de **retenção de talentos**. Profissionais mais alinhados com as expectativas da empresa terão mais chance de se manter interessados e de encontrar razões para ali permanecer.

O sucesso do processo seletivo, ao utilizar a ferramenta, depende fundamentalmente do profissional ou dos profissionais que irão conduzir o trabalho, considerando o grau de exigência e os conhecimentos necessários para sua utilização.

O quadro a seguir sintetiza os principais testes e ferramentas utilizadas nos processos seletivos em geral e naqueles que incluem o assessment.

Quadro 1. Síntese dos principais testes e ferramentas utilizados nos processos seletivos.

Tipos de teste	Teste/ tecnologia
Testes psicológicos	Projetivos
	Palográficos
	Raciocínio lógico
	Atenção concentrada
	Não verbal/ inteligência
Inventários	DISC
	FACET 5
	MBTI
	PIR
Prova de conhecimento técnico	
Role playing	
Entrevistas	Estruturada
	Semiestruturada
	Não estruturada
	Por competências
Assessment	Conjunto de instrumentos que em geral são utilizados: inventários, estudos de caso, *role playing*, entrevistas por competências compostas de diferentes entrevistadores para um único candidato e/ou um pequeno grupo específico de candidatos (2 a 4), **baseadas em competências pessoais e nas competências da posição a ser assumida**.

6 RISCOS E BENEFÍCIOS DO USO DOS DIFERENTES INSTRUMENTOS

Concluindo, quando se utiliza determinada ferramenta ou metodologia, é preciso compreender o objetivo de sua aplicação. Via de regra, seu objetivo é ajudar o profissional a identificar qual o seu perfil e qual a melhor atividade ou área de atuação, ou seja, aquela que trará mais chances de alcançar a sua realização pessoal e profissional, atendendo igualmente às expectativas das empresas.

Entretanto, não é raro que algumas ferramentas ou metodologias sejam adotadas isoladamente como um método autônomo. Com esse procedimento, entretanto, desvirtua-se, inevitavelmente, sua eficiência, e criam-se distorções que podem jogar por terra a credibilidade de ferramentas tão úteis.

Os inventários, os testes psicológicos, as dinâmicas e tantas outras ferramentas podem gerar ótimos resultados, desde que as diferentes partes envolvidas nos processos de avaliação estejam conscientes do papel de cada uma e de quais ferramentas devem ser utilizadas para qual situação. Além disso, destaca-se a importância de serem utilizados por profissionais éticos, qualificados e acreditados.

Os riscos da não utilização correta dos instrumentos devem ser expostos e trabalhados com assertividade e transparência pela área de Gestão de Pessoas, assim como os benefícios de seu uso como suportes às avaliações. Valores compartilhados e competências alinhadas tornam o processo seletivo mais visível e, por consequência, com maior prestígio, devido às evidências de sucesso, resultando em maior comprometimento por parte da organização.

Considerando a relevância dos impactos potencialmente negativos de um processo de seleção mal feito, sugere-se que alguns riscos devem ser mitigados:

a. **Ausência ou insuficiência de capacitação do selecionador** — quando os selecionadores não estão devidamente capacitados para escolher e avaliar os testes e/ou outros instrumentos que serão aplicados, os riscos podem ser: 1) exposição desnecessária do candidato e possível desconforto no que diz respeito à sua privacidade; 2) uso da ferramenta para finalidades diferentes daquelas para as quais ela foi desenvolvida; 3) incapacidade de avaliar de forma segura os resultados e oferecer feedback para os candidatos e para a área solicitante; 4) incapacidade de escolher adequadamente as ferramentas; 5) incapacidade de defender a ferramenta mais adequada; 6) demora no atendimento à solicitação da área demandante; 7) escolha do candidato inadequado; 8) desistência do candidato; 9) ataque à imagem da empresa contratante.
b. **Ausência ou insuficiência de maturidade do selecionador** — para entender amplamente o perfil do candidato à vaga, é preciso maturidade do selecionador para identificar quais perguntas seriam mais oportunas de serem feitas e quais ferramentas atestariam com maior acurácia o que se pretende investigar. Essa maturidade vai além da capacitação. Exige experiência, bom senso, inteligência emocional,

ética profissional, visão sistêmica para organizar as diferentes informações obtidas e capacidade para conduzir, de forma íntegra, transparente e respeitosa, os resultados do processo. Os riscos gerados por um processo seletivo que não contemple tais requisitos seriam: 1) custos com o retrabalho; 2) descrédito do candidato diante da imaturidade de quem o avalia; 3) comprometimento da reputação da organização.

Ao mesmo tempo, uma seleção que utilize todos os recursos possíveis para satisfazer simultaneamente os interesses do candidato e os interesses da empresa pode trazer os seguintes benefícios:

a. Maior probabilidade de satisfação dos stakeholders envolvidos e de retenção do candidato admitido.
b. Maior acurácia na contratação de profissionais que possuam integridade e valores morais, mitigando ataques à reputação da empresa e conflitos de interesse.
c. Oportunidade de o candidato conhecer melhor a organização, seu negócio, posicionamento no mercado, valores e estratégias, facilitando o sentimento de "pertencimento" e possíveis indicações de outros candidatos igualmente alinhados à empresa.

Finalizando, recomenda-se fortemente que a área de Gestão de Pessoas procure atuar de forma integrada às lideranças dos diferentes níveis da organização. É bem provável que, com a intensificação dessa parceria, ela seja capaz de oferecer, cada vez mais, melhores contribuições para a empresa, melhorando continuamente seus processos, reduzindo custos e fortalecendo o papel da área de Gestão de Pessoas nas organizações.

7 TENDÊNCIAS NO PROCESSO SELETIVO

Todos os anos surgem novidades para aprimorar os processos seletivos e as práticas de gestão de pessoas nas organizações. Portanto, antes de escolher quais provas e testes utilizar, é essencial avaliar e validar se os instrumentos escolhidos permitirão, de fato, avaliar as competências pretendidas (ROBERTS, 1997). Destacamos a seguir algumas das tecnologias, abordagens e ferramentas incorporadas recentemente no processo de seleção.

7.1 Fit Cultural

Fit cultural é o alinhamento do candidato com a cultura, os valores e a missão da empresa. Ao considerar esses elementos, é possível identificar candidatos com maior probabilidade de motivação, envolvimento e permanência na organização.

Em uma pesquisa do Glassdoor, 77% dos entrevistados disseram que a cultura da empresa *é um dos fatores mais importantes na hora de se candidatarem a uma vaga. Para 56%, a cultura conta mais que o salário quando se fala em satisfação com o trabalho.*

Esses números mostram que o foco em cultura é uma das principais tendências de seleção de 2020. Se, nos últimos, anos isso já era evidente, essa demanda tende a aumentar com a consolidação da geração Y e a chegada da geração Z no mercado de trabalho.

Isso acontece porque a relação dos mais jovens com o trabalho é diferente. Eles o buscam menos por estabilidade na carreira e mais por propósito e satisfação pessoal. Sem uma cultura adequada, é impossível atender a essas necessidades, o que significa dificuldade em atrair e reter esses talentos.

Visando ampliar a compreensão da avaliação de *fit cultural*, e sua possível contribuição, vale a pena definir o que *é* cultura organizacional.

Considerando o uso que o termo tem recebido no mercado, temos recomendado maior aderência das ferramentas que têm sido empregadas ao conceito de cultura organizacional preconizado por Edgar Schein, Maria Tereza Leme Fleury, Carmem Migueles etc. Entendemos que os processos precisam ficar mais fáceis, mas que não podem abrir mão das contribuições dos pensamentos que ajudaram a construir a compreensão sobre o tema.

Na prática, muitas empresas procuram expressar suas características culturais por meio de uma missão e de valores bem elaborados. Entretanto, uma grande maioria os tem somente pendurados nas paredes ou nos manuais internos de orientação a profissionais. A cultura, todavia, é mais bem traduzida pelos exemplos praticados. Os valores são carregados pelas pessoas nos seus corações e fazem parte das suas competências. Elas vivenciam, praticam e disseminam a cultura, muitas vezes de maneira inconsciente, em cada microdecisão ao longo de sua jornada de trabalho.

Isso posto, sugere-se maior investigação sobre a eficácia dos processos de busca de *fit cultural*. Dada a natureza subjetiva e de difícil ponderação dos aspectos simbólicos dos valores inseridos na cultura organizacional, espera-se que o emprego de metodologias lastreadas nos conceitos construídos e disseminados pela antropologia, pela etnografia e pela sociologia seja capaz de identificar nas respostas e competências dos candidatos, de fato, os valores professados que se relacionam à segunda camada da cultura organizacional (valores esposados).

O cuidado que está sendo destacado aqui é a comparação dos valores do indivíduo com os valores declarados pela empresa, que podem não ser seus valores reais. A consequência, apesar de todo o esforço realizado, pode ser a falta de *fit cultural*, porque o processo foi operado sobre a falsa premissa de que a empresa teria sido capaz de racionalizar e praticar seus valores.

À guisa de exemplo, mostramos a seguir uma síntese do caso Zappos que, no nosso entendimento, traz uma abordagem ao tema da cultura mais próxima do que preconizamos.

7.1.1 *O processo seletivo da Zappos: um exemplo interessante de foco no fit cultural*

A Zappos é uma loja norte-americana com sede em Las Vegas, que vende sapatos e roupas pela internet. Foi fundada em 1999 por Nick Swinmurn e, pouco tempo depois, recebeu um aporte de cerca de 2 milhões de dólares da Venture Frogs. Em seguida, recebeu Tony Hsieh como seu CEO.

De forma sintética, é uma empresa onde o atendente pode investir dez horas cuidando de um único cliente e não é demitido por isto. Muito pelo contrário. Ele é elogiado pelo grupo porque fez o que qualquer um daquela empresa deveria fazer por um cliente. Evidência desse sucesso: a empresa resistiu à bolha da internet; em 2009 obteve faturamento superior a 1 bilhão de dólares; e teve as ações adquiridas pela Amazon por um valor superior a US$900 milhões (pesquisa feita na internet apresenta valores variados dessa transação).

O que está por trás desse sucesso: a qualidade do atendimento ao cliente ancorado no alinhamento da sua equipe com a cultura da organização, caracterizada pela busca do divertimento e pelo senso de família, culminando no *wow service* (surpresa e superação de expectativas do cliente na entrega dos serviços).

Esse cuidado se evidencia justamente no processo seletivo, motivo pelo qual trazemos aqui alguns *spoilers* sobre o livro *The Zappos Experience: 5 Principles to Inspire, Engage, and WOW*, cuja leitura recomendamos fortemente caso se queira, de fato, aprimorar os processos de busca de *fit cultural.*

Uma das importantes premissas do processo de gestão da empresa é que, caso ela contrate alguém que já tem a "cara" da empresa, não vai precisar de tanto investimento em ações de treinamento, coaching ou mentoring para que ele mude seu jeito de ser e aproxime-se da cultura da empresa. Isso porque essa afinidade já foi checada no processo seletivo. Logo, o investimento a partir daquele momento é ensiná-lo a técnica, porque ele já "é" o que precisa ser. Por conta disso, há uma maior probabilidade de o clima da empresa ser bom e de o profissional querer, autonomamente, aplicar o melhor de si nos processos pelos quais ele é responsável.

Para conseguir, portanto, aumentar a probabilidade de obter maior alinhamento entre as características fundamentais do sujeito e a cultura da empresa, são adotadas aqui, de forma sintética, as seguintes etapas do processo seletivo:

1. Os **donos** da empresa tomam parte da maioria dos processos seletivos, observando e ajudando o grupo a identificar nos candidatos traços da cultura da organização. A participação de empresas terceirizadas no processo se mostrou pouco efetiva.
2. Os valores da empresa, colecionados depois de entrevistas e observações sobre como as pessoas tomam decisões internamente, são apresentados nos documentos da empresa para seus profissionais e para os clientes.
3. Considerando a grande atratividade da marca (*employer branding*), a empresa recebe muitas e diversas candidaturas.
4. A **vigilância cultural** já acontece nos primeiros contatos por telefone, vídeos encaminhados ou e-mail, quando os recrutadores observam a presença das características culturais dos candidatos.
5. Gestores do processo de recrutamento entram em contato com os candidatos, pesquisando com mais ênfase seus aspectos culturais, atitudes e paixões do que suas competências técnicas.
6. Candidatos são colocados em contato com membros das equipes com as quais eles podem vir a trabalhar, mesmo que não tenham habilidades técnicas para tal.
7. Candidatos são observados pelos motoristas, porteiros e recepcionistas que os acolhem do aeroporto até a sede da empresa, atentos às características culturais.
8. Candidatos aprovados nessa etapa, independentemente do nível hierárquico e da área de atuação, trabalham por quatro semanas na área de atendimento aos clientes.
9. Depois de ter conhecido mais sobre a cultura, os clientes e o negócio da empresa, e de ser por ela conhecido, o candidato é avaliado pelas equipes em que atuou.
10. Ao final, candidatos aprovados recebem uma oferta de US$4.000 para abandonar a empresa, o que lhe dá plena liberdade para decidir se aquela cultura de empresa é adequada às suas características;
11. Segundo Michelli (2012), são 30 mil candidaturas e 450 posições preenchidas, representando, portanto, 1,5% de candidatos aprovados.

Uma das conclusões possíveis sobre o processo seletivo da Zappos é que os valores organizacionais estão muito mais dentro das pessoas do que nas letras bonitas e iluminadas no hall de entrada das companhias. Para se tornarem conhecidos, eles precisam ser identificados, explicitados e vividos a partir da expressão da voz coletiva, em cada microdecisão tomada na organização. E, depois de catalogados, eles precisam ser descobertos nas pessoas, muito mais do que criados. Não que as pessoas não mudem seus valores. Mas dificilmente elas o farão dentro do tempo desejado pelo relógio organizacional.

7.2 Usos das metodologias ágeis nas organizações

O conceito de metodologia ágil nasceu fortemente alinhado à criação e ao desenvolvimento de *softwares*. Assim, essas metodologias são resultado do manifesto ágil que aconteceu em 2001,[10] o qual trouxe consigo uma série de especificações que orientavam o desenvolvimento desses programas.

Lançado em 2001 por um grupo de programadores, o Manifesto Ágil explica os quatro valores que guiam a metodologia:

- "Indivíduos e interações mais que processos e ferramentas."
- "Software em funcionamento mais que documentação abrangente."
- "Colaboração com clientes mais que negociação de contratos."
- "Responder a mudanças mais que seguir um plano."

Ao longo dos anos, as metodologias ágeis mostraram seu sucesso e evoluíram consideravelmente. Assim, acabaram por ganhar a adesão de outras áreas, de forma adaptada, porque não tinham a expertise no desenvolvimento de softwares.

O principal objetivo dessas ferramentas é acelerar e reduzir os ciclos de trabalho, agilizar todo o processo. O pré-requisito para que isso ocorra é um ambiente interativo entre a equipe do projeto, a empresa como um todo e o cliente. A metodologia ágil compreende que, com uma boa comunicação, o cliente interno ou externo participa ativamente do processo de desenvolvimento. Por isso, há maior alinhamento entre a demanda e a respectiva entrega, o que traz como resultado a satisfação de todos os envolvidos.

7.2.1 *Algumas empresas que adotaram as metodologias ágeis*

Atentas a essas vantagens, algumas empresas adotaram a metodologia ágil:

7.2.1.1 Google

O Google é uma das maiores empresas globais que utiliza essas metodologias. Em uma palestra na "Google Tech Talks", Jeff Sutherland comentou em detalhes sobre a implementação do *scrum* na empresa. O objetivo foi reduzir o número de tarefas iniciadas pelo time de forma a minimizar o

10 Manifesto ágil: http://www.manifestoagil.com.br/principios.htm.

nível de complexidade na jornada de concepção, *design* e produção. Dessa forma, ficou mais fácil medir o progresso a partir de atividades finalizadas. O Google é pioneiro na utilização de *sprints*: tarefas organizadas de maneira estratégica, com duração e processos predefinidos.

7.2.1.2 Banco Itaú

O banco Itaú utiliza essas metodologias para organizar as rotinas de trabalho na diretoria de negócios digitais, relacionamento com o cliente e experiência do usuário. Os times fazem reuniões diárias para verificar o andamento dos projetos, conforme a lógica da classificação das atividades por etapa: a fazer, sendo feitas e finalizadas. Um dos pilares, segundo a diretora de negócios digitais do Itaú, Livia Chanes, é que as pessoas não sejam "apegadas à hierarquia para que possam trabalhar de maneira colaborativa".

7.2.1.3 Segware

A Segware é uma multinacional brasileira que cria soluções para empresas de monitoramento e segurança, e passou a empregar essas metodologias em 2015. Ou seja, a técnica do *scrum* é utilizada para que a equipe possa avaliar o produto e a qualidade do processo. A ferramenta possibilita transparência nos processos entre as equipes.

7.2.1.4 Revelo

A Revelo, plataforma de recrutamento que encurta a distância entre os melhores talentos e as empresas mais inovadoras do mercado, também utiliza os *sprints* e as metodologias nas suas rotinas de trabalho.

Em 2017, a *startup* foi uma das selecionadas pelo programa *Launchpad*, uma iniciativa de aceleração do Google que confere às empresas um selo especial e um treinamento de duas semanas em São Francisco, nos Estados Unidos.

Finalizando, a aplicação de metodologias ágeis implica em uma profunda mudança de mentalidade para afetar a cultura organizacional de qualquer empresa. Os princípios de base são: a adaptação constante, processos de trabalho menos rígidos e burocráticos, e comunicação com o cliente. Para funcionar e produzir os resultados que se espera, é desejável alto nível de colaboração, considerando que todos os membros da equipe possam contribuir para o desenvolvimento dos processos e respectivos projetos da organização.

Aos que quiserem se aprofundar no tema e investigar outras práticas em relação às metodologias ágeis, ao final do capítulo, junto com a bibliografia, serão sugeridos alguns sites.

7.2.2 *O uso das metodologias ágeis na área de Gestão de Pessoas*

Segundo Orofino (2019)[11]

> "A metodologia ágil tem sido aplicada no RH de uma forma diferenciada, pois se mantém o conceito, mas nem todas as ferramentas e protocolos da área de tecnologia são replicados. O que importa é guiar-se pelos princípios gerais e seguir o ritmo da inovação estratégica, fazendo uso não somente dos softwares, mas da cultura que alicerça o *agile*."

Algumas ferramentas vieram da área de projetos e de outras áreas da empresa, e vêm sendo continuamente adaptadas para o RH. Seguindo os princípios dessas ferramentas, há diferentes técnicas e métodos que podem ser implementados na empresa. O importante é identificar o mais viável para cada empresa e o quanto a cultura organizacional potencializa ou dificulta seu uso, considerando a necessidade do alto envolvimento e o grau de compromisso de toda a equipe, em geral, multidisciplinar.

7.2.3 *Excelência técnica e métricas nas metodologias ágeis para processos seletivos*

Kelly Maia[12] (2016) traz em seu artigo um depoimento sobre a importância da excelência técnica e das métricas num processo seletivo:

> "Acredito que um processo seletivo é um projeto, e como todo projeto exige pragmatismo, organização, ferramentas e estratégia. Não é algo que você possa desenvolver de forma automática ou individual. Um bom projeto conta com muitas mãos e cabeças, com cenários complexos e elementos técnicos, operacionais e interpessoais, afinal, todo projeto é feito por e para pessoas.
> Assim como em um projeto, para que o recrutamento ágil exista, precisamos de um ambiente favorável, pensamento *lean* e motivação para mudar paradigmas. A dança entre *soft skills* e metodologias é o que possibilita um resultado diferente da média."

[11] Palestrante, professora, consultora e facilitadora de cursos e workshops empresariais em Inovação, Metodologias Ágeis, Business Design Thinking e Liderança.

[12] https://medium.com/@thoughtworksbr/recrutamento-agil-b4b27f598c3c.

7.3 Diversidade e inclusão

Já se fala de diversidade e inclusão no mercado de trabalho há algum tempo, mas uma das tendências de recrutamento e seleção de 2020 é que as empresas comecem a fazer isso do jeito certo.

Cada vez mais, as organizações entendem que diversidade não é apenas jogada de marketing, e sim uma prática que agrega resultados. Empresas que contam com profissionais de diferentes grupos sociais são 33% mais propensas a obter melhores resultados, segundo um estudo da McKinsey.

Neste momento, lidamos com um conceito de diversidade ainda muito concentrado no que se poderia chamar de "reparação histórica". Os programas privilegiam processos mais inclusivos em termos de gênero e cor/raça. Na medida em que esse processo amadurecer, talvez alcancemos um novo patamar de diversidade, que seria a diversidade de cultura (outros povos e países) e de formação acadêmica.

Além disso, em um ambiente com mais visões de mundo e pontos de vista, os profissionais tendem a ser mais criativos e a ter uma percepção melhor sobre a companhia.

Mas como selecionar com foco em diversidade? Bem, essa não é uma missão fácil, pois estamos presos a velhos hábitos que acabam vindo à tona, mesmo que de forma inconsciente. No entanto, algumas dicas podem ajudar a mudar o jeito de pensar na hora de contratar:

- Utilizar *curriculae* no formato *blind resumé* ou "*curriculum* às cegas" (formato que exclui as informações que permitiriam a atuação de mecanismos de preconceito, tais como raça, credo, sexo etc.).
- Criar uma cultura de diversidade, estimulando todos na empresa a contribuir com ações afirmativas.
- Realizar double check nas descrições das vagas para garantir que o texto não desencoraje nenhuma minoria a se candidatar.
- Avaliar a diversidade por departamento. Se sua empresa contrata minorias, mas todas elas estão em cargos baixos e lá permanecem, significa que a seleção ainda está viciada.

A crescente disponibilidade de ferramentas e tecnologias de avaliação de profissionais a custos cada vez mais razoáveis e com maior acurácia vem permitindo que empresas menos estruturadas, ou de estrutura mais enxuta, já consigam utilizá-las.

Por outro lado, a experiência profissional dos autores mostra que ainda há necessidade de alguma mudança na cultura das empresas e dos profissionais da seleção. Ao mesmo tempo, a modernização dos processos encontra alguma resistência, uma vez que donos e gerentes "perdem poder" na indicação de candidatos de sua rede de amigos ou de sua família por conta de processos mais profissionais, sustentados em testes baseados na ciência e na tecnologia.

8 O PAPEL DO PSICÓLOGO NO CONTEXTO DIGITAL

Segundo Marcondes *et al.* (2013), a intervenção de psicólogos nas organizações tem atendido a demandas clássicas referentes aos processos de gestão de pessoas, muitas vezes relativos à atração, à captação, à seleção e ao treinamento. De acordo com os mesmos autores, recentemente outros papéis foram incorporados a essa prática de atuação, como aqueles relativos à qualidade de vida, saúde e bem-estar no trabalho, expressando uma perspectiva estratégica de atuação desse profissional dentro das organizações.

Atuar de forma estratégica ainda representa um grande desafio ao psicólogo organizacional e do trabalho. Diante da complexidade e da diversidade de fatores presentes nos contextos produtivos e contemporâneos, a gestão de pessoas se constitui como componente essencial da busca pelo bem-estar, justiça organizacional e qualidade de vida dos trabalhadores. Portanto, o exercício dessa atividade requer intervenção de profissionais preparados e que reconheçam o entrelaçamento de todas essas dimensões.

O psicólogo organizacional não pode mais continuar sendo um mero aplicador de técnicas, outrora aprendidas na graduação, que possibilitam apenas lidar com o ser humano como um ser isolado, dotado de deficiências e potencialidades. Ele precisa compreender o homem como um ser social, em constante interação com o meio; um ser que se constitui nas relações que estabelece e nas atividades que executa (AZEVEDO; BOLOME, p.2, 2001).

Segundo Azevedo (2001, *apud.* ZANELLI, 1994), o psicólogo organizacional precisa tornar mais conhecidas suas contribuições, fazer conexões interdisciplinares de suas atividades e posicionar-se de forma que os outros profissionais entendam e valorizem sua prática. O psicólogo, como gestor de RH, deve oferecer uma atenção maior a todos os setores da organização, facilitando os processos e indo para além das atividades tradicionais de recrutamento e seleção.

De acordo com Ulrich (2000; p. 39), as empresas bem-sucedidas serão aquelas capazes de transformar estratégia em ação rapidamente, de gerenciar de maneira inteligente e eficiente, de maximizar o compromisso e a colaboração do funcionário e de criar condições para uma mudança consistente.

Sendo assim, na concepção de Ulrich, as competências do profissional de Recursos Humanos derivam de dois pilares: **pessoas** e **negócio**. Elas se desdobram em:

1. **Ativista confiável:** é respeitado, admirado, ouvido; e expõe o seu ponto de vista, marca uma posição e desafia suposições;
2. **Guardião da cultura:** reconhece, articula e ajuda a moldar a cultura de uma empresa.
3. **Gestor de talentos/Designer organizacional:** domina teoria, pesquisa e prática, tanto em gestão de talento quanto em design organizacional.
4. **Arquiteto da estratégia:** sabe como fazer a verdadeira mudança acontecer.
5. **Aliado dos negócios:** contribui para o sucesso.
6. **Executante operacional:** administra o dia a dia do trabalho, gerindo pessoas dentro de uma organização.

Frente a tantas mudanças, o psicólogo organizacional, portanto, vê-se pressionado a ampliar seu foco para além dos fatores psicológicos, emocionais e comportamentais. Para se diferenciar e crescer na área de Gestão de Pessoas, o psicólogo organizacional deve se aproximar do negócio e da estratégia. Ele precisa estar alinhado aos objetivos estratégicos da empresa e ao sistema de indicadores a ele inerente para contribuir de forma efetiva para o desenvolvimento da organização e para o seu próprio crescimento.

9 CONSIDERAÇÕES FINAIS

Esta obra surgiu durante a pandemia, quando se tornou um grande desafio controlar emoções fortes e difíceis, em que sentíamos cada vez mais a nossa vida real sendo tomada pela virtualidade e pela imprevisibilidade. Ainda estamos nos adaptando!

O contexto da Covid-19 despertou e acelerou consideravelmente o processo de digitalização tanto de processos internos quanto dos produtos e serviços. Boas experiências promovidas por empresas *low-touch*, ou seja, serviços e compras realizados com baixo nível de contato físico entre os envolvidos, somados ao conforto e à agilidade, trouxeram como consequência uma mudança de nossos hábitos de consumo.

Entre outras coisas, a digitalização organizacional ampliou a possibilidade de se montar equipes talentosas e heterogêneas. Como não há a necessidade de captar profissionais que morem apenas em determinada região, aumentou-se consideravelmente a possibilidade de contratar profissionais que moram pelo mundo afora e que possuem a prontidão, a cultura e as *skills* mais adequadas.

A possibilidade gerada por esse espectro de contratações tem consequências diretas sobre a retenção de talentos. O maior número de candidatos atraídos, associado à maior quantidade e diversidade de testes e inventários, aumenta sobremaneira a chance de um *match* entre a empresa e o perfil do profissional. Quanto maior o *match*, maior a chance de o profissional permanecer confortavelmente na organização, mesmo que as evidências estatísticas que possam corroborar tais afirmações ainda sejam frágeis. Contratar pessoas alinhadas com a cultura da empresa, cujas expectativas sejam atendidas por ambos, empresa e funcionário, a curto, médio e longo prazos é senso comum neste novo século.

Construir um EVP (*Employee Value Proposition;* proposta de valor ao empregado), ou seja, um conjunto de medidas, políticas e práticas que ofereçam vantagens competitivas aos profissionais, junto com o Employee Branding e a Employee Experience, tem efeitos positivos não só na atração dos melhores profissionais do mercado quanto na retenção daqueles que estão na empresa.

Um momento como este, de tantas mudanças em tantos campos da vida, tem impactado fortemente a estratégia de gestão de pessoas.

Com uma frequência cada dia maior, a área de Gestão de Pessoas aprende com outras áreas, adotando, inclusive, termos relacionados a projetos, finanças, marketing, estratégia e sustentabilidade para constituir uma visão sistêmica do negócio. E é assim que deve ser.

Nessa maior interação com as áreas, incluindo equipes multiculturais, temos observado que o profissional da área de gestão de pessoas precisa fortalecer competências, como por exemplo:

- **Línguas:** inglês ou outras. Qualquer profissional que tem planos de crescer profissionalmente, na sua empresa ou em outra, precisa ter um domínio mínimo da capacidade de se comunicar em inglês, principalmente. Não é diferente com o profissional da área de Gestão de Pessoas.
- **Números:** cada vez mais as empresas são monitoradas e geridas a partir de indicadores. A linguagem da empresa é a matemática. Estamos falando de gráficos, tabelas, índices, comparativos; tudo na linguagem dos números. Dessa maneira, a defesa e o monitoramento de projetos precisam falar a língua dos números. É preciso comparar o investimento necessário com os resultados que esse investimento pode gerar e provar que a relação investimento x benefícios sugere o investimento. Tudo em números. Uma evidência do crescimento da importância de se falar em números é a melhor capacidade de interação da área de gestão de pessoas com o negócio da empresa a partir do uso do Power BI e o melhor planejamento de investimentos em gestão de pessoas a partir do uso do People

Analytics. Sempre números. Não que os números venham a substituir pessoas ou sua importância, mas permitem sua conexão e sua inclusão no negócio e nas decisões estratégicas (para fora e para o futuro).

- **Tecnologias:** novas tecnologias estão cada vez mais presentes no dia a dia da empresa e, também, na área de gestão de pessoas. LinkedIn, ponto digital remoto, *Power BI*, *People Analytics*, *Machine Learning*, Inteligência Artificial, melhorias nos módulos de ERP, eSocial, *bots* etc. são alguns dos exemplos de tecnologias e metodologias que podem facilitar a realização das tarefas operacionais e liberar energia das pessoas para a realização de tarefas mais nobres. A tecnologia, portanto, na nossa percepção, vem para ajudar. Há profissionais que constroem um antagonismo, falso na nossa opinião, entre tecnologia e humanização. No nosso entendimento, não há antagonismo. Pelo contrário. Quanto maior o uso de tecnologias para facilitar as tarefas, mais tempo e energia vão sobrar para dedicação ao trabalho de elaboração, planejamento, criatividade e crítica que a máquina não é capaz de fazer. É uma parceria profícua, que precisa ser vista com menos preconceito para que realize suas promessas.
- **Linguagem de outras formações acadêmicas:** consequência direta dos tópicos anteriores, outra competência a ser desenvolvida pelos profissionais da área de Gestão de Pessoas é a capacidade de lidar com a diversidade que tanto defendemos. Nesse caso, a diversidade de formações acadêmicas na área. Curiosamente ainda vemos até os dias de hoje, empresas que ao anunciar as vagas para a área de Gestão de Pessoas restringem o perfil a candidatos psicólogos com CRP (Registro no Conselho Regional de Psicologia) ativo. Todavia, a evolução tecnológica tem demandado conhecimentos que não são prioritários nos cursos de psicologia, tais como ciência de dados, informática, estatística, indicadores, números etc. Dessa forma, uma sugestão seria a abertura para a incorporação nas áreas de Gestão de Pessoas de profissionais de outras formações acadêmicas, complementares e fundamentais para a entrega das contribuições que são esperadas da área de Gestão de Pessoas. Deveriam ser bem-vindos os profissionais com formação em estatística, engenharia, ciência de dados etc., mesmo que eles continuassem atuando nas outras áreas da empresa e apoiassem área de Gestão de Pessoas somente em tempo parcial, na condição de consultores internos para assuntos específicos. Estamos convencidos de que, com essa interação, os profissionais da área de Gestão de Pessoas terão mais tempo

para contatos de maior relevância e profundidade com os aspectos humanos das pessoas que trabalham na sua empresa.

As várias opções de novas ocupações decorrentes do desenvolvimento tecnológico e de novas configurações organizacionais, associadas aos movimentos de investimento real na busca da diversidade, têm aumentado a importância de se conhecer melhor a essência das pessoas e os potenciais decorrentes da natureza de cada um. Nunca foi tão importante conhecer, respeitar e garantir a manifestação das características culturais, das crenças e do *mindset* de cada um.

Vivemos um novo tempo, em que a autenticidade e o espaço de manifestação de pontos de vista estão cada vez mais defendidos e reconhecidos. O alto nível de complexidade, interação e dinâmica na relação entre fatores é cada vez mais intenso e, por consequência, cada vez mais difícil de ser alcançado, compreendido e elaborado por indivíduos isolados.

O trabalho em equipe, a interação, o respeito, a capacidade de comunicação e a competência técnica para construção de soluções mediadas por ferramentas tecnológicas elevam o nível das demandas internas.

Consequência natural, o desafio da construção, desenvolvimento e gerenciamento de equipes alçou níveis nunca imaginados, e a jornada só começou...

Nesse contexto, o papel da área de Gestão de Pessoas se tornou ainda mais estratégico e com grande potencial para apoiar todos os processos de mudança nas organizações. A área de Gestão de Pessoas tem um potencial, ainda pouco explorado, de ser, em parceria com os gestores de cada área, o promotor e o agente da transformação digital, humana e cultural que irá dar suporte, com mais eficiência e eficácia, às lideranças.

E é por conta disso que este capítulo é tão relevante. A seleção é o início de tudo.

Sejam todos muito bem-vindos a esta nova versão de mundo!

BIBLIOGRAFIA

ABRAHAM, J. M. (2006). Feedback seeking among development Assessment Centre participants. *Journal of Business and Psychology*, 383 – 394.

CHIAVENATO, Idalberto. *Planejamento, recrutamento e seleção de pessoal: como agregar talentos à empresa*. 7 ed., Barueri, SP.: Manole, 2009.

DUTRA, Joel Souza. (org.). **Gestão de Pessoas com base em competências.** *In*: _____. Gestão por competências: um modelo avançado para o gerenciamento de pessoas. São Paulo: Editora Gente, 2001. _____. Competências: Conceitos e instrumentos para a gestão de pessoas na empresa moderna. São Paulo: Atlas, 2008.

ESTEVES. Sofia. *Inventários de personalidade*. Disponível em: https://gecorp.blogspot.com/2007/09/inventrios-de-personalidade.html. Acesso em 06 jan. 2021.

FLEURY, Afonso; FLEURY, Maria Tereza Leme. *Estratégias empresariais e formação de competências: um quebra-cabeça caleidoscópico da indústria brasileira*. 2 ed. São Paulo: Atlas, 2001.

GUIMARÃES, Marilda Ferreira e ARIEIRA, Jailson de Oliveira. *O Processo de Recrutamento e Seleção como uma Ferramenta de Gestão*. Rev. Ciências Empresariais da UNIPAR, Toledo, v.6, n.2, jul./dez., 2005.

MICHELLI, Joseph A. *The Zappos Experience: 5 Principles to Inspire, Engage, and WOW* — Mc Graw Hill, 2012.

MILKOVICH, G.T.; BOUDREAU, J. W. *Administração de Recursos Humanos*, 1 ed. São Paulo, Atlas: 2000.

NASCIMENTO, Juliana. *Companhia de Talentos investe em testes de autoconhecimento*. Disponível em: https://www.mundorh.com.br/cia-de-talentos-investe-em-ferramenta-de-autoconhecimento/. Acesso em set. 2018.

SCHEIN, E. H. (1992). *Organizational culture and leadership*. 2 ed., San Francisco: Jossey-Bass Publishers.

ULYSSEA, Aline. *Testes psicológicos e suas finalidades*. Disponível em: https://www.rhportal.com.br/artigos-rh/testes-psicolgicos-e-suas-finalidades/. Acesso em 06 jan. 2021.

WOODRUFFE, C. (1990). *Assessment Centre*: Identifying and developing competences. Institute of Personnel Management.

SITES que ampliam os conhecimentos sobre metodologias ágeis:

a. https://experience.hsm.com.br/posts/como-elas-se-tornaram-mais-ageis;

b. https://www.hsm.com.br/rh-agil/;

c. https://knowledge21.com.br/blog/rh-tradicional-rh-agil/;

d. https://blog.lg.com.br/rh-agil/;

e. https://impulse.net.br/rh-agil-2/;

f. https://blog.escolaconquer.com.br/o-que-e-rh-agil/.

SUGESTÕES DE PERGUNTAS E RESPOSTAS PARA DISCUSSÃO DO CAPÍTULO

1. Qual é a importância do papel da área de Recursos Humanos (RH) no que diz respeito aos processos seletivos?
2. Diante das inúmeras mudanças ocorridas no mundo do trabalho, ainda é possível afirmar que existe a pessoa certa para o lugar certo? Justifique.
3. Por que o processo de seleção de pessoas deve contemplar diferentes dimensões humanas antes da escolha das tecnologias de avaliação que serão utilizadas?
4. Quais são as principais tecnologias de avaliação que têm sido utilizadas nos processos seletivos atuais?
5. Quais são as fases de um processo seletivo?
6. Como medir a eficácia de um processo seletivo? Quais indicadores podem ser utilizados?
7. Quais as diferenças entre testes psicológicos e inventários de personalidade?
8. Quando é mais adequado utilizar testes psicológicos, e quando utilizar os inventários?
9. O processo de assessment faz parte do processo de recrutamento ou do processo de seleção? Justifique.
10. Qual é o papel do psicólogo no processo seletivo e a sua importância?

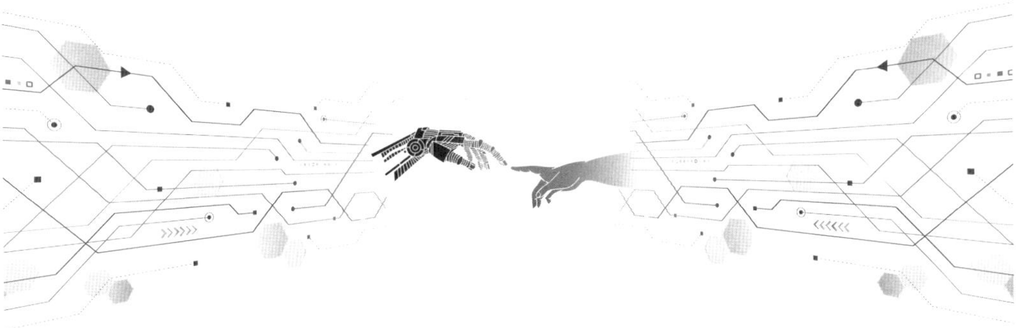

Treinamento, desenvolvimento e aprendizagem nas organizações

Tiago Bezerra de Araujo (*in memorian*)
Sandro Márcio da Silva

OBJETIVOS DO CAPÍTULO

Que nossos leitores encerrem esta leitura conhecendo não só as novas técnicas de transferência e uso de conhecimentos, mas também os novos sentidos atribuídos à função T&D em termos de construção de novas competências individuais e organizacionais.

1 INTRODUÇÃO

Por que ainda investimos tão pouco, e tão mal, em Treinamento e Desenvolvimento (T&D)? Por que nossas empresas ainda têm tão pouca capacidade de antever tendências? E por que ainda reagem de maneira tão inadequada às mudanças do mundo?

A função Treinamento e Desenvolvimento (T&D) é tão antiga quanto a própria noção de empresa. Começou, de forma mais estruturada, nos idos da escola clássica, de Taylor, Ford e Fayol. Caminhou junto com a introdução da linha de produção e a descrição de cargos, foi estruturada e planejada com base nos LNTs (Levantamento de Necessidades de Treinamento), alimentou (e ainda alimenta em muitas empresas) o famigerado indicador hora de treinamento x homem e vive hoje um momento importante.

Discute-se o 70-20-10 como forma de aprendizagem e desenvolvimento de profissionais e de organizações, e o uso das metodologias ágeis se apresenta como um modelo que tem se mostrado viável e eficiente, frente ao modelo tradicional de administração, tendo como um de seus entregáveis o aprendizado por meio do erro, o que funciona como um acelerador do processo de aprendizagem.

O futuro é instigante. Que tal aprender em questão de instantes, à moda "Carrie-Anne Moss", atriz que protagonizou a famosa cena do filme *Matrix* em que sua personagem aprendeu instantaneamente a pilotar um helicóptero a partir de um download feito com a ajuda do "operador"?[1]

Na década de 1990, o conceito de conhecimento e de aprendizagem ganhou uma importante contribuição de Nonaka e Takeuchi (1996), que apresentaram argumentação relevante sobre o ciclo virtuoso de aprendizagem que integra o aprendizado e a transferência do conhecimento do indivíduo para o grupo e vice-versa.

Uma das contribuições dessa leitura foi a aproximação dos processos de Avaliação de Desempenho à função Treinamento & Desenvolvimento.

Nos anos de 2020 e 2021 vivemos a pandemia de Covid-19, que marcou o mundo com a incerteza e o medo da morte. Perdemos no Brasil cerca de 700 mil vidas.

Entretanto, outra consequência da pandemia foi que ela apresentou, de maneira contundente e irrefutável, o efeito nefasto que tem gerado para o país a falta de investimentos em educação, ciência, pesquisa e tecnologia. Desde os desafios iniciais, das máscaras, passando pelos testes e pelos ventiladores até chegar às vacinas, ficou claro que o Brasil tem uma grande capacidade produtiva e de logística. Todavia, mostrou-se bastante dependente de

[1] (https://www.youtube.com/watch?v=Dg0E5xwIXho).

outros países em termos de conhecimento científico, produção de pesquisas e produção das matérias-primas empregadas na vacina. Saíram-se melhor os países que tinham maior domínio sobre os conhecimentos científicos e pesquisadores preparados para manipular tal conhecimento e transformá-lo em soluções reais para um país de dimensões continentais.

Outra consequência foi a "canelada digital" aplicada nas organizações. Processos de modernização, digitalização e algumas inovações incrementais que estavam engavetadas vieram à luz e ganharam vida.

Todo o sistema de ensino foi testado. O ensino público foi fortemente afetado, deixando em condições de desvantagem para o futuro boa parte das crianças e dos jovens que dele dependem. Nas escolas particulares, a pandemia levou ao aumento do uso do ensino online (síncrono e assíncrono), estressando suas ameaças e oportunidades. Houve resposta relativamente rápida da graduação e da pós-graduação. Mas o ensino médio e, principalmente, o ensino fundamental, em que a afetividade é elemento basilar no processo de ensino, o tempo e a qualidade da reação ficaram bem aquém das expectativas dos pais e responsáveis. Os joguinhos eletrônicos e os *influencers* digitais deram uma goleada nas escolas em termos de audiência. Mas tudo tem sido aprendizado e, pelo menos, mexeu com as bases das nossas filosofias de ensino. Passou a ser oportuno questionar se o importante é aprender a escrever em letra cursiva ou aprender a programar o Arduíno e conversar com a Alexa. A dúvida está posta, e a resposta ainda está em construção.

O *home office*, opção da maioria das empresas cuja atividade não depende da presença física do profissional para sua realização, distanciou as pessoas da sede da empresa. Conexões passaram a ser feitas, na sua quase integralidade, de maneira remota. Esse distanciamento físico afetou o grau de comprometimento, engajamento e sentimento de pertencimento em relação às organizações. Logo, a compreensão do grau de alinhamento entre o propósito, os objetivos e o interesse de aprendizagem, tanto por parte da empresa quanto por parte do profissional em treinamento, tornou-se uma importante fonte de vantagem competitiva.

Pelas razões anteriormente aportadas, optou-se por trazer a este capítulo uma abordagem na qual a função T&D, aqui atrelada à questão da aprendizagem organizacional, tem impacto relevante sobre a competitividade organizacional. Considera-se que, por meio da função de T&D, é possível alimentar com novos conhecimentos e ideias a cabeça dos profissionais. E é a partir delas que, num ambiente de trocas, interações, colaborações, experiências de aprendizado (LXP) e experimentações práticas, o conhecimento vai sendo gestado, materializado e dá origem ao mundo melhor, mais justo e equânime com o qual todos sonhamos.

A evolução do conhecimento, que tem se convertido em evolução tecnológica, tem gestado máquinas, robôs, metodologias e processos mais automatizados e até, ainda com restrições, inteligentes. Por conta disso, o homem tem sido cada vez mais impelido a migrar do trabalho mais bruto, operacional e rotineiro para atividades mais nobres, mais complexas, críticas, criativas e mais alinhadas, portanto, ao infinito potencial humano. A função T&D, portanto, teria o papel de criar condições para que o ser humano, uma vez dotado de mais conhecimento, possa fazer melhor uso de seu livre arbítrio, integrando competência técnica e princípios éticos e morais, atuando de maneira mais competente e consciente, e construindo alternativas mais inclusivas e que, de fato, proporcionem a todos um bem maior.

Fica aqui então um convite para um bate-papo sobre essas possibilidades!

2 O OBJETIVO DO T&D

O objetivo final do T&D é aumentar a competitividade da organização.

Figura 1. Melhoria contínua de processos

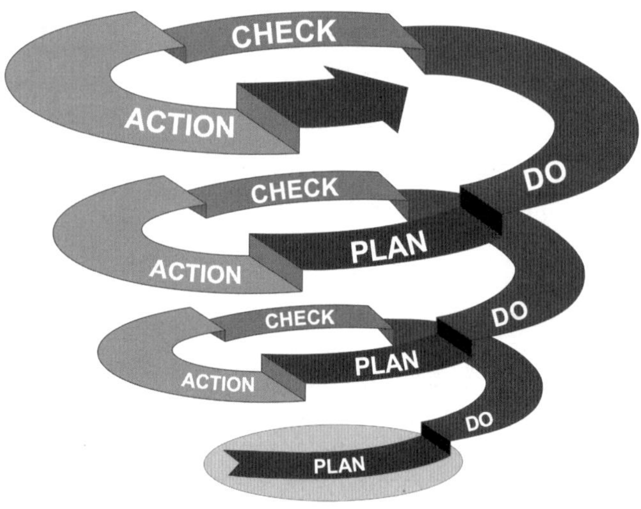

Fonte: Autor.

Por competitividade, nos referimos à "capacidade da empresa de formular e implementar estratégias concorrenciais, que lhe permitam ampliar ou conservar, de forma duradoura, uma posição sustentável no mercado" (FERRAZ *et al.*; 1995, p.3). O T&D, então, ajudaria a aumentar a condição da empresa de girar o seu ciclo de PDCA[2] de forma que ela aprimore, constantemente, sua abordagem estratégica em relação ao mercado.

Estimular e sustentar ações de T&D seria criar um espaço para que indivíduos, equipes e organizações conseguissem avaliar o nível do conhecimento técnico e comportamental de seus repertórios e, a partir deste propósito, ajudar na elaboração de processos por meio dos quais serão acrescidos novos conhecimentos e perspectivas, tornando-os melhores e mais capazes de transformar os elementos disponíveis em soluções que passarão a ser adquiridas pelo mercado, às quais podemos chamar de inovações.

Essa migração se daria conforme mostra a figura a seguir, que trata do processo de "empacotamento" do conhecimento.

Figura 2. Ciclos contínuos de "empacotamento" do conhecimento

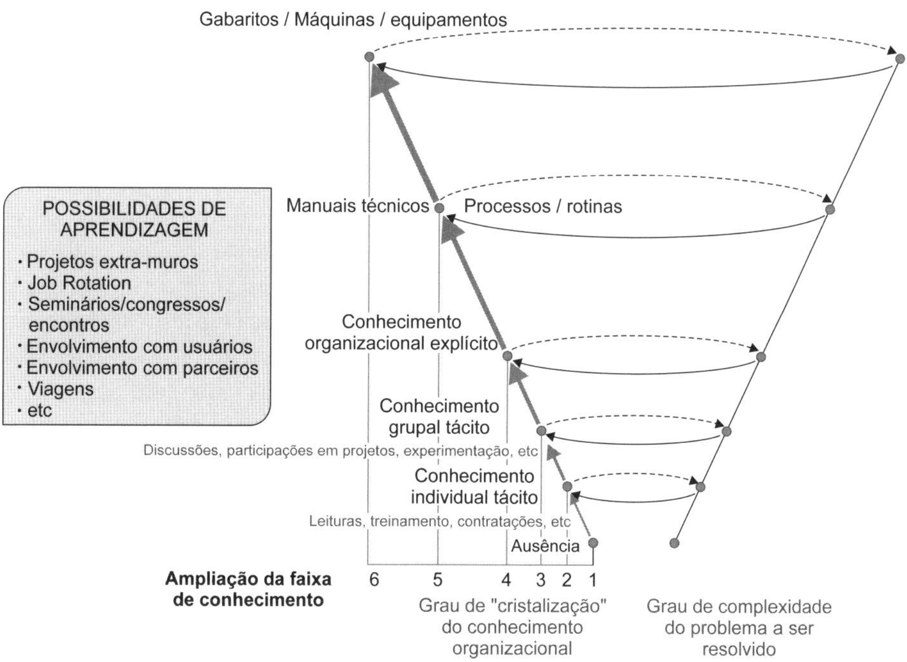

Fonte: Autor.

2 O PDCA, também conhecido como Ciclo de Deming ou Ciclo de Shewhart, é uma **abordagem de gestão que visa à melhoria contínua por meio de um processo repetitivo de quatro etapas: "P – Plan" (Planejar), "D – Do" (Fazer), "C – Control" (Verificar) e "A – Action" (Agir).** A sigla PDCA representa essas etapas. Essa metodologia é aplicada na solução cíclica de problemas e traz vantagens para as organizações em decorrência do aprimoramento estruturado e sistemático que ela proporciona.

Conforme pode ser visto na Figura 2, o conhecimento nasce da ideia de uma pessoa. É um processo individual. A ideia pode estar sendo gestada há algum tempo ou pode ter surgido como um insight diante de um problema ou situação crítica. Numa próxima etapa, a pessoa codifica seu conhecimento em desenhos, números, metáforas etc. Ao fazer a codificação do conhecimento, a pessoa dá a ele uma maior concretude. Mesmo que o código não tenha sido capaz de explicitar toda a magnitude da ideia, ele ajuda a dar um passo fundamental, que é torná-la pública. A partir do momento em que a ideia é tornada pública, ela passa a receber críticas, sugestões e aprimoramentos do grupo. Note que esse processo está fortemente alicerçado na discussão sobre a criação do conhecimento nas organizações, proposta por Nonaka e Takeuchi (1996). Esse processo que acabamos de comentar, por exemplo, traduziria os processos de **explicitação** (tirar do estágio "tácito", tangibilizar, tirar da cabeça, colocar em códigos compreensíveis aos outros mortais) e de **socialização** (compartilhamento da ideia com um grupo social). Na medida em que vão subindo na espiral, os problemas vão ficando mais complexos. Desafios anteriores são vencidos, novas consequências e riscos são antevistos e sua solução vai demandando articulações cada vez mais complexas. Ao mesmo tempo, na medida em que são solucionadas, as ideias vão ganhando solidez. Vão migrando do mundo das ideias para o mundo real. A ideia se transforma num desenho num guardanapo da lanchonete, avança para um rascunho, novas contribuições vão chegando, o rascunho vai amadurecendo. Então, transforma-se num esquema, recebe contribuições mais complexas, de mais pessoas, talvez de empresas (fornecedores e/ou clientes, universidades, centros de pesquisa etc.), e transforma-se num protótipo. Ainda é esteticamente mal resolvido, mas suficiente para dar concretude à ideia e permitir que os primeiros testes sejam feitos e que ele continue recebendo novos conhecimentos por meio de feedbacks. Ao absorver críticas e sugestões, o protótipo sai do laboratório e se transforma numa cabeça de teste. É a passagem do laboratório para a linha de produção. E em algum tempo as primeiras unidades fabricadas, ou as primeiras versões do software, vão ao mercado concorrer pela preferência dos consumidores em busca de um lugar ao sol.

Esse ciclo descreve, portanto, como os conhecimentos vão sendo juntados, organizados, agrupados, misturados, depurados e, então, vão se transformando em processos, produtos e serviços. Afinal, estamos descrevendo, de maneira muito sucinta, o que pode ser chamado de gestão da tecnologia. A tecnologia, portanto, não é sinônimo de máquinas e equipamentos. A tecnologia é exatamente este processo, coordenado por gestores, líderes de projetos e *scrum masters*[3] que vão exercer o papel de integrar ideias soltas e transformá-las na solução de alguma necessidade de um grupo de seres humanos que vai "pagar", não necessariamente em dinheiro, pela contribuição percebida naquela solução.

Perceba, portanto, que tudo começou com uma ideia na cabeça de um ser humano. O T&D teria, portanto, a função de construir e aprimorar o repertório de conhecimentos de uma pessoa para que ela seja capaz de: 1) ler um problema; 2) compreender sua natureza e sua complexidade; 3) coletar possíveis alternativas; 4) avaliar prós e contras de cada alternativa; e 5) escolher e implementar a melhor alternativa. Note que o conhecimento é a matéria-prima fundamental em todas essas etapas. Por vezes fala-se no *feeling*, ou na intuição, como metodologia de solução de problemas. Todavia, a história está repleta de exemplos que demonstram que as soluções, na maioria das vezes, surgem nas mentes que já estão ocupando seu tempo e sua energia com aquele assunto. Como disse Thomas Jefferson, "eu percebo que, quanto mais eu trabalho, mais sorte eu tenho".

Para sustentar nossa discussão trataremos, no próximo tópico, de alguns conceitos basilares sobre o T&D.

3 ALGUNS TERMOS DE SUSTENTAÇÃO PARA ESTE CAPÍTULO

Este tópico se destina a discutir alguns termos e processos que serão úteis para a construção e a discussão das ideias debatidas neste capítulo. Vejamos:

3.1 Aprender

O termo foi adaptado do latim *aprehendere*, e significa tomar o poder, apoderar-se. Fiquei pensando: tomar o poder sobre o quê? Entendo que o aprendizado permite que a pessoa assuma poder sobre alguma coisa. Quando estuda, uma pessoa passa a entender melhor o significado de determinado assunto. Pode avançar para o entendimento das leis que regem seu funcionamento e, a partir da compreensão dessas leis, talvez a pessoa seja capaz de discutir suas causas e consequências, o que aumentaria seu poder de

3 O *scrum* é o guardião da metodologia ágil. Ele ensina as pessoas a seguirem os rituais e acompanha o desenvolvimento do projeto, garantindo que os rituais e as premissas da agilidade sejam seguidos. Normalmente, no projeto ágil, temos tech leads, desenvolvedores e especialistas nos produtos/serviço, designers de experiências, como UX, entre outros. Cada projeto é composto conforme a necessidade, e as personas são mutáveis à medida que o projeto avança.

argumentação e seu potencial de solução de problemas, visto que ela entende do que está falando.

Um bom exemplo de poder que se assume é o poder sobre a própria opinião. Uma pessoa que aprende toma poder sobre a sua forma de compreensão e interpretação do mundo e da vida. E liberta-se da dependência da interpretação que vem de outras pessoas ou da mídia, por exemplo. Aprender liberta, e pode levar à emancipação.

Refletindo sobre o que seria o aprendizado, concluímos (pelo menos até este momento) que a aprendizagem é um processo parecido com a mutação genética. Na mutação genética, a nossa cadeia de DNA, que é o que vai definir nosso genótipo (configuração das características do nosso corpo) e nosso fenótipo (nosso corpo, da forma como nasceu e se desenvolveu, sua expressão física), passa, devido a razões internas ou a pressões do ambiente, por uma mudança na sua constituição. A partir, portanto, da mudança do genótipo, processa-se automaticamente a mudança na aparência física daquele corpo.

Na aprendizagem acontece a mesma coisa. Se substituirmos "DNA" por "Crenças e valores", veremos que a aprendizagem, uma mudança natural e decorrente do processo de viver, gera mudança nas nossas crenças e valores (em alguma medida comparável ao "paradigma" ou ao "mindset"). Observamos ainda que essa mudança leva automaticamente e, às vezes, imperceptivelmente a mudanças nas nossas opiniões e atos (ou nosso fenótipo). Quer um exemplo fácil e prático? Procure algum material que você tenha produzido há mais de cinco ou dez anos: um vídeo que você gravou com uma opinião sobre algum tema, um artigo de jornal escrito, uma monografia, dissertação ou tese (estas, vias de regra, possuem nossos pontos de vista com maior argumentação e critérios pessoais). E constate, por você mesmo, os avanços que conquistou. Algumas opiniões se mantiveram intactas. Outras, todavia, convenhamos, foram uma tremenda "viagem na maionese". E que bom que o seu "eu atual", mais experiente e preparado, consegue olhar para o seu "eu anterior" e constatar que já teve avanços em termos de concepção do mundo e da forma como ele funciona. Tomara que você conclua que hoje está melhor e que o caminho tenha valido a pena. Significa que você aprendeu. E que, ao aprender, você se tornou alguém, em essência, diferente do que era, a ponto de não conseguir imaginar como foi capaz de ter aquela opinião naquele tempo...

O aprendizado pode ocorrer de maneira natural e espontânea, decorrente do processo de experimentar, acertar e errar, ou pode acontecer de maneira deliberada e intencional. O T&D se encaixa neste último tipo.

O processo de aprendizagem começa com as nossas percepções sobre o mundo. Nossos cinco sentidos (seis, se considerarmos a intuição) nos ajudam a "ler" o mundo em que vivemos e a nos posicionarmos a partir dessa leitura.

Figura 3. Versão simplificada do processo de aprendizagem

Fonte: Autor.

Em seguida à percepção de mundo, nosso cérebro codifica e organiza tais experiências, dando nome ao que aconteceu ou criando Conhecimentos.

Os novos conhecimentos são confrontados com os conhecimentos vigentes no corpo de crenças e valores da pessoa. Caso sugiram que sua adoção vá gerar melhores resultados, os novos conhecimentos são colocados em teste. São nossas experiências e tentativas de mudança que, caso demonstrem melhores resultados que a prática anterior, são adotadas e transformam-se em Habilidades.

Caso os novos conhecimentos sejam adotados e aplicados repetidamente, transformam-se em hábitos. Depois de muito exercício racional, de escolhas por novas alternativas, os novos hábitos vão sendo incorporados e transformam-se em Atitudes, aquelas que você toma sem precisar pensar de novo porque já foram testadas e aprovadas pelo seu repertório de crenças e valores, assim como foram adotadas como "o melhor jeito de fazer as coisas", até que novos desafios as coloquem em xeque e novos padrões precisem ser construídos.

A esta altura você provavelmente já identificou que estamos falando do CHA, antigo conhecido das organizações.

Discutimos, de forma bastante simplificada, o processo de aprendizagem de uma pessoa. No ambiente organizacional, todavia, num programa de capacitação, de treinamento ou desenvolvimento, esse processo pode ser bem mais intenso e eficaz.

4 POR QUAIS CAMINHOS AS EMPRESAS PODEM LEVAR O CONHECIMENTO AOS SEUS PROFISSIONAIS?

As empresas podem organizar diferentes formas de levar o conhecimento às suas equipes, de maneira a aumentar seu conhecimento técnico ou estratégico e seu autoconhecimento comportamental, na expectativa de que, a partir disso, aumente a chance de elas obterem uma melhor performance. Trazemos aqui a síntese, com comentários, do material desenvolvido pelos pesquisadores da UNB, sob a coordenação da professora Gardênia Abaad (BORGES-ANDRADE; ABBAD, 2004), a respeito do tema das competências.

4.1 Informação

As informações seriam "módulos de conteúdo, disponibilizados por diferentes mídias, com uso intensivo de novas tecnologias da informação e comunicação para fins de divulgação. Pode ser considerada aprendizagem se o indivíduo agrega valor à informação e a transforma em conhecimento". Constata-se, portanto, que a informação traz conteúdos menos complexos, de menor valor agregado, e que vão ganhar maior ou menor relevância em função do ator que dela se apropriar. Seu valor, portanto, depende muito do preparo de quem a recebe.

Figura 4. Informação

Fonte: Autor.

4.2 Instrução

A instrução seria a "forma mais simples de estruturação de eventos de aprendizagem que envolvem definição de objetivos e aplicação de procedimentos instrucionais. São eventos de curta duração, cujos materiais são cartilhas, manuais, roteiros etc., podendo, inclusive, ser autoinstrucionais". É possível depreender que a instrução tem maior valor agregado que a informação. É mais completa e já traz passos de atuação porque consegue antever algumas consequências desejadas. Todavia, não tem como objetivo gerar emancipação. Não vem para ser discutida. É para ser obedecida e cumprida, sem espaços para questionamentos. Observe que sua menção remete a quartéis e instituições militares, onde a autoridade para pensamento e concepção é claramente localizada no topo da pirâmide, ou a processos produtivos maduros, nos quais não se espera do executante alguma crítica. É simplesmente para cumprir o que está escrito, *by the book*, como gostam alguns. Parte da premissa de que alguém é mais competente do que o executante da tarefa para concebê-la. Muito comum em linhas de produção automotiva e em casas de *sandwich*. Oferece contribuição fundamental quando o executante não tem, de fato, maturidade para pensar sobre o que deve ser feito porque está em seu primeiro emprego. Também foi muito importante nos primeiros momentos da 2ª Revolução Industrial na Inglaterra e nos Estados Unidos no início do século XX, quando a introdução da energia elétrica viabilizou uma melhor divisão de tarefas e o seu encadeamento por meio da linha de produção. Esta quebra de um conhecimento complexo em conhecimentos mais simples e atomizados foi fundamental para a absorção da mão de obra proveniente das fazendas, que, naquele momento, era completamente despreparada para a jornada dos tempos e movimento.

Figura 5. Informação e instrução

Fonte: Autor.

4.3 Treinamento

Segundo Borges-Andrade; Abbad (2004), o treinamento pode ser definido como "eventos educacionais de curta e média duração compostos por subsistemas de avaliação de necessidades, planejamento instrucional e avaliação que visam ao aumento do desempenho funcional, por meio da criação de situações que facilitem a aquisição, a retenção e a transferência da aprendizagem para o trabalho. É caracterizado pelo esforço despendido pelas organizações para propiciar oportunidades de aprendizagem aos seus integrantes". Observe que essa definição de treinamento abre uma possibilidade implícita de aprendizagem. Ao incorporar a avaliação como elemento balizador do desenho do programa, ele respeita as idiossincrasias do corpo de treinandos em função do seu desempenho. Além disso, prescreve ações sobre o ambiente onde o treinamento vai ocorrer, sugerindo claramente o cuidado com uma organização que propicie a aprendizagem. Agrega mais valor, portanto, que a instrução.

É importante considerar ainda que uma análise técnica das características da oferta das iniciativas que as empresas denominam "treinamento" as relacionam muito mais a instruções do que a treinamentos propriamente ditos. As empresas, via de regra, não têm conseguido criar ambientes deliberadamente interessados na aprendizagem de seus profissionais. Nas discussões em sala de aula e nas atuações nas monitorias do PAEX, da Fundação Dom Cabral, temos visto esforço mais consistente nos treinamentos técnicos, operacionais, de curto prazo e focados no atendimento às legislações específicas do setor econômico industrial ao qual a empresa pertence ou à categoria profissional de suas equipes do que na preparação da empresa para seus desafios estratégicos (para fora e para o futuro).

Figura 6. Informação, instrução e treinamento

Fonte: Autor.

4.4 Desenvolvimento

Para Borges-Andrade; Abbad (2004), o desenvolvimento é definido como um "conjunto de experiências e oportunidades de aprendizagem, proporcionadas pela organização e que apoiam o crescimento pessoal do trabalhador, sem, contudo, utilizar estratégias para direcioná-lo a um caminho profissional específico. São ferramentas de apoio e estímulo a programas de autodesenvolvimento, como os de qualidade de vida e gestão de carreira". Há uma intenção clara de investimento na construção de conhecimento que vá dar sustentação a projetos de mudança em futuro incerto.

Figura 7. Informação, instrução, treinamento e desenvolvimento

Fonte: Autor.

4.5 Educação

Por último, os autores definem educação como um conjunto de "eventos educacionais de média e longa duração que visam à formação e à qualificação profissional contínuas dos empregados. Vão desde os cursos técnicos profissionalizantes até os cursos de graduação e pós-graduação *lato* e *stricto sensu* (especialização e mestrado/doutorado, respectivamente)". O conceito de educação, portanto, tem abordagem ainda mais ampla, muito mais atento à formação de base de conhecimentos sem grande foco na sua aplicação a curto prazo. Sua destinação extrapola, inclusive, a vida profissional.

Figura 8. Informação, instrução, treinamento, desenvolvimento e educação

Fonte: Autor.

Outra observação permitida pelas figuras apresentadas é que os esforços nos investimentos mais simples e de curto prazo podem, em conjunto, compor as iniciativas mais complexas. A diferença mais importante estaria no grau de integração e articulação entre elas e delas com as intenções estratégicas da empresa.

Por outro lado, não compreender os conceitos acima e não ser capaz de diferenciar a contribuição de cada um para o processo de aprendizagem organizacional e do indivíduo pode nos levar ao dispêndio dos recursos certos nas áreas que não gerarão retorno e podem levar à destruição de valor. Via de regra, as empresas gastam menos por entender que, com isso, estão economizando dinheiro, ao mesmo tempo que cumprem a meta de horas-homem de treinamento. Basicamente, temos gasto de dinheiro com o que chamamos de "treinamento de compliance", ou seja, treinamentos contratados para atender às normas, regulamentos e certificações demandados pelo governo ou por clientes. A falta de investimento nos níveis mais complexos de construção de conhecimento, como o desenvolvimento e a educação, pode significar investimentos que não gerem resultados. Afinal, o repasse de informações e instruções não é um espaço adequado para o exercício da crítica, da troca, da interação e da colaboração entre as pessoas, o que, aí sim, geraria mudanças no corpo de crenças e conhecimentos das pessoas e das organizações, ampliando seu potencial de inovação tecnológica.

5 COMO TEM SIDO ATÉ ENTÃO

De acordo com a pesquisa 2019/2020 da ABTD (Associação Brasileira de T&D), 60% das empresas utilizam o LNT (Levantamento de Necessidades de Treinamento) como referência para a organização do plano de T&D e 56% utilizaram como referência os orçamentos dos anos anteriores. O que tem ocorrido nos últimos três anos é que, em 53% dos casos, as empresas declaram estar utilizando o Planejamento Estratégico como referência para priorização. Segundo a pesquisa, 5% das empresas tomam como referência a quantidade de horas de treinamento por treinando e 3% se referem à quantidade de horas de treinamento por efetivo da empresa.

Conforme a pesquisa, a média do número de profissionais entre as empresas pesquisadas caiu de seis para cinco profissionais.

Em termos de conteúdo e cursos, a pesquisa 2019/2020 da ABNT mostrou o seguinte perfil:

Tabela 1. Distribuição de investimento em T&D 2019 / 2020

Público		Treinamento técnico	Treinamento comportamental	Treinamento de compliance ou obrigatórios
Líderes	Alta liderança	27%	53%	20%
	Gerência e supervisão	30%	48%	22%
Não líderes	Operação ou industrial	45%	26%	29%
	Comercial	43%	33%	24%
	Administrativo	44%	33%	23%

Fonte: Estudo "Panorama do Treinamento no Brasil".

Entre outras coisas, a tabela nos permite verificar:

- A pesquisa não menciona os investimentos em treinamentos estratégicos, que seriam capazes de preparar seus profissionais para o ambiente externo e para o futuro.
- Um investimento médio de 23,6% em treinamentos técnicos e compliance, ou seja, quase ¼ do investimento em T&D, tem sido feito em treinamentos obrigatórios.

- Um maior investimento em treinamentos técnicos entre os não líderes (média de 44%), seguido dos treinamentos comportamentais (média de 30%).
- Movimento inverso é feito para o público de líderes, em que o investimento em treinamentos comportamentais (50,5%) é maior que o investimento em treinamentos técnicos (28,5%). E quanto mais alto o nível hierárquico, maior o investimento nos treinamentos comportamentais.

Chama a atenção o investimento relativamente grande no treinamento comportamental. Seria possível imaginar que parte desse investimento no treinamento teria tido como objetivo sanar deficiências que, eventualmente, poderiam ter sido evitadas a partir de processos seletivos mais estruturados, com uso mais organizado de metodologias e tecnologias que têm tornado o processo cada vez mais acessível a todos os tipos de empresa.

Cabe destacar aqui os limites da função T&D. A função T&D é adequada para aprendizagem de conhecimentos técnicos e racionais. Tem, todavia, menor eficiência e alcance na transformação do caráter e no desenho de comportamentos esperados.

Os dados da pesquisa ainda não mostram claramente os efeitos da pandemia. Nessa edição, 71% dos treinamentos foram ministrados presencialmente, provavelmente porque a coleta de dados foi até o início de 2020, quando ainda não havia muito impacto da Covid sobre as atividades de T&D.

Informações colhidas em workshops e entrevistas virtuais, via *live*, realizadas durante o período da pandemia, demonstram que a pandemia conseguiu mitigar o mito de que o relacionamento e a convivência social são inviáveis se somente as mídias digitais forem utilizadas. A pandemia mostrou que, na falta de alternativas, muitos se adaptaram ao home office e ao *home scholling*, a ponto de não cogitar a volta ao regime presencial. Temos notícias frequentes de empresas que estão deixando de alugar espaços, encerrando contratos de aluguel e até vendendo andares e prédios. Para muitas empresas e muito profissionais, o home office já é o "novo normal".

O tópico a seguir traz uma sugestão de um modelo no qual a função T&D teria maior chance de contribuir com a preparação da empresa para desafios futuros. Alguns deles já estão presentes em certas empresas, notadamente aquelas de maior porte, ligadas a multinacionais e que atuam em mercados onde há maior concorrência entre organizações.

6 FLUXO DO PROCESSO

O fluxo do processo do T&D pode ser sintetizado conforme a figura a seguir:

Figura 9. O fluxo do processo de T&D

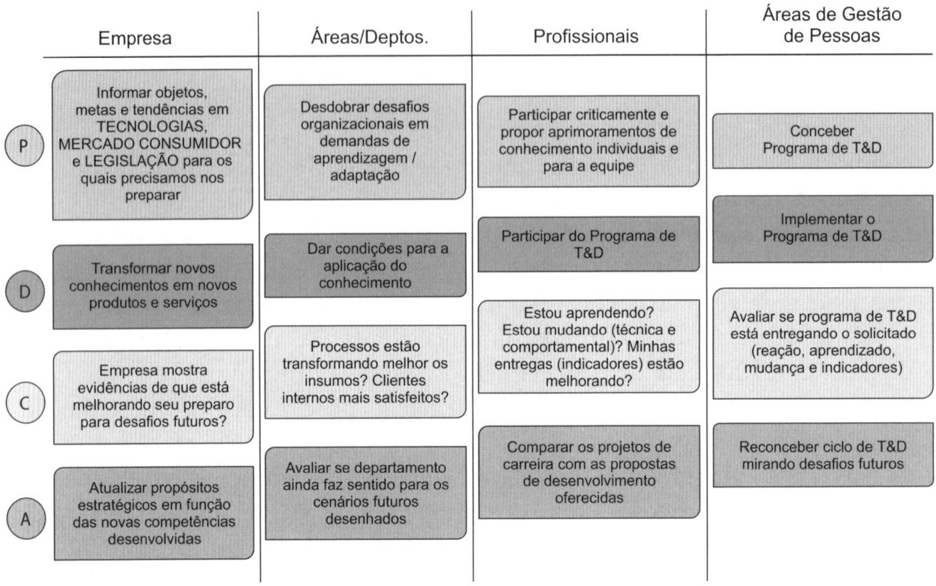

Fonte: Autor.

Algumas observações importantes sobre essa figura, que traz uma sugestão de fluxo de processos de T&D:

- A figura traz os quatro agentes organizacionais potencialmente envolvidos no fluxo do processo de T&D. A premissa subjacente é de que nenhum programa de T&D vai adiante sem a participação efetiva e o comprometimento de cada agente organizacional com o seu papel. A empresa tem que emanar o *tone of the top*, ou seja, as diretrizes e orientações alinhadas com a estratégia organizacional. Cada departamento precisa compreender a proposta geral e adaptá-la aos papéis que a empresa espera cumprir. Sobre cada profissional da empresa, espera-se que ele oriente seu processo de autodesenvolvimento levando em consideração os planos estratégicos da empresa, as ações de desenvolvimento que ela propõe e as suas próprias intenções de carreira.

- A figura organiza o fluxo de acordo com a proposta do ciclo de PDCA. Considerou-se que, além de organizar o fluxo, a proposta do ciclo é que o processo volte ao ponto de partida no próximo ciclo, agregando os conhecimentos gerados no processo vivido e evitando que a empresa incorra nos mesmos erros do ciclo anterior.
- Vale a pena resgatar aqui a potencial contribuição das metodologias ágeis. Sua abordagem participativa e respeitosa em relação à diversidade pode ensejar uma melhor apropriação tanto dos conceitos quanto da metodologia de articulação da pauta do T&D.

6.1 O Planejamento ("P") do programa de T&D

Figura 10. O planejamento "P"

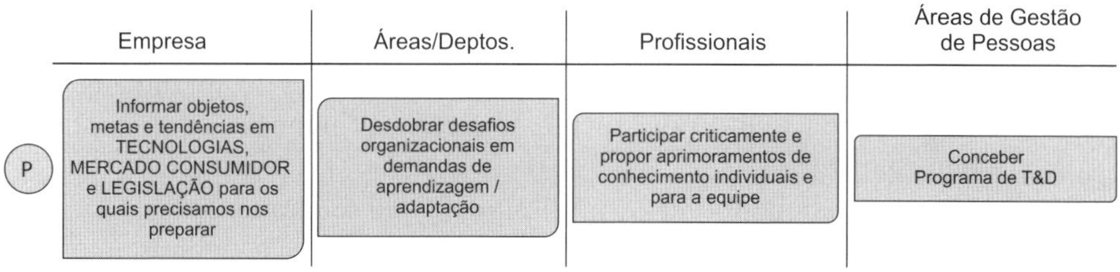

Fonte: Autor.

Segundo essa proposta, a EMPRESA, com base nas informações e análises sobre o que acontece de fora e no futuro, desdobra em intenções estratégicas as suas propostas, que serão subsidiadas pelos conhecimentos novos ou já desenvolvidos nos seus profissionais. Eventualmente é possível que seja necessário um apoio externo na leitura e na interpretação desses fatores. A empresa deveria demandar ainda a construção de indicadores que monitorariam a evolução e a correlação entre os indicadores da Gestão de Pessoas e os indicadores de negócio da empresa.

À área de RH, com informações e análises sobre o que acontece de fora e no futuro, cabe ajudar a viabilizar as intenções estratégicas da empresa, apoiando os gestores na avaliação tanto do repertório existente quanto dos conhecimentos que ainda faltam, além de tratar as estratégias de retenção e aplicação do conhecimento em prol da viabilização da estratégia e da retroalimentação do conhecimento organizacional e do desenvolvimento profissional das equipes. A área também é corresponsável pela gestão dos indicadores.

Os GESTORES, por sua vez, também baseados nas diretrizes emanadas da organização e nas informações e análises sobre o que acontece de fora e no futuro, precisam avaliar o papel da área ou departamento, pensando no impacto que isso irá gerar sobre a demanda para cada um dos profissionais da equipe. Os gestores são corresponsáveis pela gestão dos indicadores.

A cada PROFISSIONAL, ancorado nas informações e análises sobre o que acontece de fora e no futuro, entendendo as intenções estratégicas e avaliando o papel da área/ departamento, cabe ponderar se o aprendizado que será necessário para sua atuação na empresa também é interessante para o seu projeto de carreira. Ele também é corresponsável pela gestão dos indicadores.

Para maior sucesso na etapa de planejamento, sugere-se:

- Identificar, nos ambientes interno e externo, opções de aprendizagem para o desenvolvimento de cada competência profissional considerada relevante à organização.
- Divulgar as opções de aprendizagem disponíveis, vinculando-as a cada competência a ser desenvolvida.
- Estimular as pessoas a desenvolverem suas trilhas de aprendizagem, mediante o uso de apoio social, de recursos financeiros e de suporte da organização.
- Valorizar e reconhecer os profissionais que se mantêm em processo de melhoria contínua do desempenho e em busca de crescimento profissional.

Realização (o "*do*") das atividades e programas de capacitação

Figura 11. Atividades e programas de capacitação

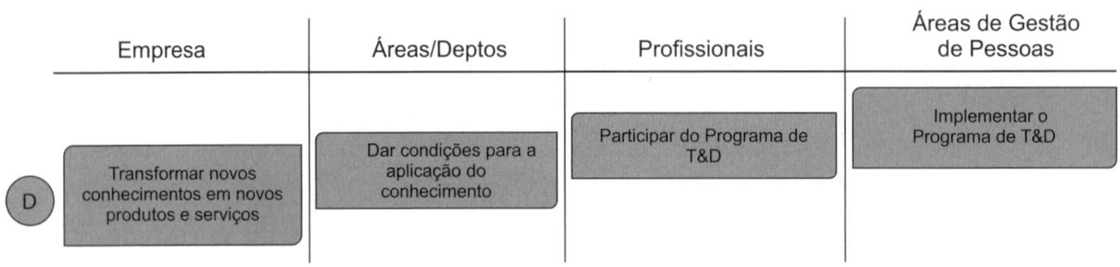

Fonte: Autor.

Na etapa de realização ("*do*"), a EMPRESA deve prover os recursos e reorientar constantemente os projetos em função de mudanças do ambiente externo e futuro.

A área, por sua vez, detalha necessidades, distribui tarefas internas ou, se for o caso, terceiriza o que não for essencial para si. Outra função importante é acompanhar os gestores na implementação e na apropriação do conhecimento nos processos organizacionais.

Os GESTORES, por sua vez, contribuem com o detalhamento e a preparação da equipe e do ambiente organizacional, acompanham os profissionais e viabilizam a aplicação do conhecimento e o desenvolvimento pessoal e técnico da equipe. Também aqui o nível de domínio conceitual e baixo preparo para uma postura mais proativa ainda desperdiça potenciais. Nossa natureza cultural de "comando e controle" ainda não oferece condições propicias para a aplicação prática de um novo conhecimento, alinhado aos possíveis erros "bons" decorrentes das tentativas de aplicação de novos conhecimentos nos processos já estabelecidos. Sua baixa confiança em suas próprias competências costuma fazer de nossos gestores profissionais inseguros, medrosos com relação às possíveis consequências que terão que assumir na organização caso algo dê muito errado em relação às previsões inicialmente apresentadas. Há muito a se fazer nesse caso, a começar pelo maior cuidado nos processos de seleção, preparo e monitoramento nesta passagem de atuações mais técnicas para atuações em nível gerencial. Não deveria ser para quem quer, mas para quem está maduro para antever e ser capaz de lidar com consequências não previstas.

Cada PROFISSIONAL da empresa deve se preparar individualmente e oferecer contribuições para o desenho das ementas e escolha dos melhores fornecedores do programa.

6.2.1 *Fatores a serem considerados quando do desenho da atividade*

Figura 12. Fatores relevantes para o desenho do T&D

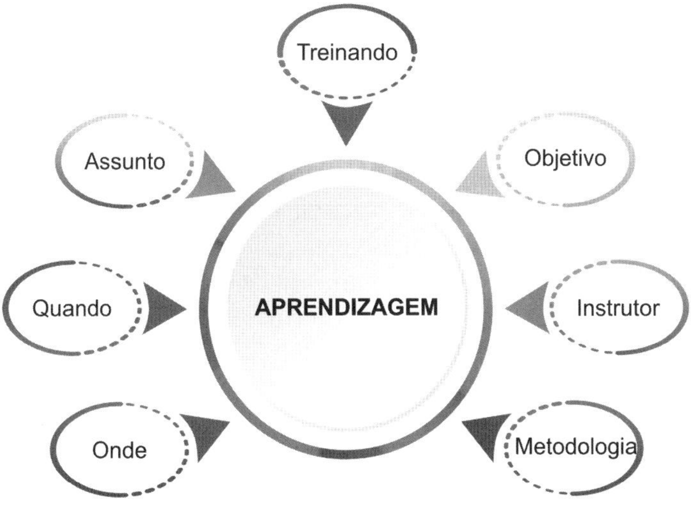

Fonte: Adaptado de CHIAVENATO, 2008.

Para o desenho dos programas, sugere-se levar em conta alguns fatores:

- **Treinando** – São os atores mais importantes do processo. Se o treinando não quiser aprender, o treinamento não ajudará a empresa a se tornar melhor, o profissional não melhora sua performance e a área de Gestão de Pessoas se fragiliza para os próximos pedidos de apoio para projetos de capacitação.
- **Assunto** – Diz respeito ao tema que será tratado na atividade. Precisa ser relevante e é importante que tenha alguma área de coincidência com o conteúdo que será ministrado. Quanto maior a área de coincidência de conhecimento, maior a chance de gerar aprendizado.
- **Quando** – É um tópico complexo porque trata de diversos aspectos relacionados ao tempo. Pode envolver a discussão, por exemplo: sobre a duração do treinamento; sobre o horário em que a atividade será entregue; sobre o grau de antecedência em relação à necessidade real do treinamento que será ministrado. Suponha que a empresa esteja adquirindo uma nova máquina. Seria interessante perguntar, dentro dessa perspectiva, se vamos treinar os profissionais da empresa antes, durante ou após a chegada da máquina. Cada resposta revelará um determinado nível de comprometimento com resultados estratégicos.
- **Onde** – O local de realização da atividade também é muito importante, primeiro por denotar o grau de importância que a empresa dá à atividade e depois por poder permitir maior ou menor nível de apreensão do conteúdo. Uma situação é fazer o treinamento numa sala pouco ventilada, escura e com cadeiras desconfortáveis. Outra coisa é fazer o treinamento num hotel, com sala ampla, arejada e bem iluminada, enquanto sua família se diverte na piscina. Naturalmente essa é uma situação hipotética e que pode não ser a mais estimulante para todos os treinandos. Mas, decerto, prestar atenção a esse detalhe pode ser absurdamente relevante em termos de melhoria de processos e satisfação dos clientes.
- **Metodologias** – As metodologias devem levar em conta vários aspectos. Precisa-se avaliar a natureza de cada aluno individualmente, a sinergia da turma, seu nível técnico, suas formações pregressas, sua avaliação de desempenho e talvez alguns outros pontos. A escolha das metodologias é um fenômeno complexo e que envolve a consideração de muitas variáveis. Como exemplos de metodologias possíveis temos algumas, mas que, de forma alguma, vão esgotar o assunto. Merecem pesquisa à parte até por conta da grande evolução de formatos e mídias decorrentes do aumento do número de

aplicativos, sistemas e metodologias de construção, organização, disseminação e aplicação de diferentes modalidades de conhecimentos. A seguir, vão alguns exemplos de metodologias e técnicas que podem ajudar na apropriação do conhecimento: a leitura prévia de textos, os seminários, *gamification*, *design thinking*, intercâmbios técnicos e culturais, debates com os participantes alternando o "lado" que defendem, estudos de caso, *brainstorming*, feiras, congressos, seminários, jogos, *job rotation* e várias outras que têm surgido no âmbito da pandemia.

- **Instrutor** – O instrutor é fundamental no processo. O fato de ele ter reputação reconhecida contribui muito para a aprendizagem do treinando. Ser percebido como confiável e preparado aumenta muito a probabilidade de sucesso da aprendizagem e da aplicação do conhecimento. No Brasil costumamos valorizar nomes famosos e instituições. Tem-se sugerido, cada vez mais, avaliações técnicas para aumentar o risco de sucesso destas escolhas.
- **Objetivo** – Aqui entra a relevante conexão do objetivo da atividade com a estratégia organizacional, da própria área e da carreira do profissional. É momento de conciliar interesses e ponderar se o objetivo da atividade está alinhado aos outros aspectos relevantes do planejamento organizacional.

6.2.2 *Universidade corporativa*

A universidade corporativa tem a missão de formar e desenvolver talentos na gestão dos negócios, promovendo a gestão do conhecimento organizacional por meio de um processo de aprendizagem contínua. Há, naturalmente, diferenças entre as universidades (escolas) e as universidades corporativas. É importante destacar que ensino e pesquisa são fundamentais em ambas, mas a universidade corporativa prima pela customização às suas demandas específicas do presente e do futuro desenhado pela sua intenção estratégica.

Entre os seus objetivos estão:

- Estimular o compartilhamento de competências e a troca de experiência.
- Permitir, com uso da tecnologia, acesso ao conteúdo a qualquer hora, em qualquer lugar.
- Ter compromisso com cidadania empresarial.
- Discutir, fortalecer e disseminar a cultura organizacional.
- Líderes de processos se responsabilizam pelo processo de aprendizagem.
- Agregar valor ao negócio.

Os modelos de Organizações Corporativas sempre geraram dúvidas acerca de sua classificação. Empresas que diziam o ter não o tinham, e empresas que não se preocupavam com isso foram percebidas como boas universidades corporativas.

Resultados de pesquisa realizada por Eboli (2014), uma das maiores especialistas sobre o tema "Universidades Corporativas", indica as cinco principais tendências sobre o tema: 1) alto engajamento da liderança, 2) tendência a ocorrer depois da avaliação de resultados e de forma alinhada a ela; 3) preocupação com a aprendizagem sistêmica; 4) valorização do ensino à distância; e 5) basear-se em trilhas de aprendizagem.

6.2.3 *Cuidados na compra de pacotes*

A compra de pacotes tem sido uma solução comum entre as áreas de Gestão de Pessoas como forma de se atender às necessidades de desenvolvimento organizacional. A frequência e a natureza dos problemas relatados por profissionais da área de Gestão de Pessoas permitem oferecer algumas sugestões, a saber:

- Cuidado com objetivos imprecisos. É possível que a própria empresa não tenha clareza sobre sua real necessidade. Face a essa possibilidade, a empresa tem dificuldade de avaliar a pertinência dos pacotes. Afinal, na medida em que vão utilizando os pacotes contratados, os profissionais da área de gestão de pessoas vão descobrindo, e talvez até moldando suas necessidades, exatamente a partir das contribuições dos próprios fornecedores. Com isso, aumenta-se o risco de aquisição de pacotes pouco alinhados às necessidades organizacionais e individuais, sequências mal elaboradas em função da experiência didática de professores (ou da falta dela). Para mitigar esse risco, é importante que a universidade corporativa tenha escolhas bem definidas, com objetivos próprios e pilares de sustentação, que amarrem a estratégia e o *modus operandi* da empresa.
- Procure selecionar métodos, meios e estratégias compatíveis com a natureza cognitiva, afetiva ou psicomotora, com a capacidade de aprendizagem e com o contexto de desempenho real dos treinandos.
- Confira se os critérios de aprendizagem estão alinhados com os conteúdos desenvolvidos no treinamento.
- Avalie de perto se o estilo individual e a infraestrutura disponível para os treinandos são propícios ao aprendizado. Alunos inexperientes em ambientes que requeiram autocontrole rendem menos do que em ambientes mais estruturados.

- Cuidado para não confiar excessivamente na capacidade didática de colegas ou chefes.
- Acompanhe de perto a entrega dos serviços contratados, principalmente na primeira vez.

É importante considerar ainda que, complementarmente às estruturas formais de T&D, a empresa dispõe, mas não costuma valorizar, de outras formas de capacitação e desenvolvimento de profissionais. Essas alternativas serão discutidas no próximo tópico.

6.2.4 *Outras formas de desenvolvimento*

Para além daquelas que são consideradas alternativas formais e estruturadas de capacitação, a empresa tem à sua disposição opções complementares de efeito importante sobre o aumento da potencialidade dos seus profissionais.

6.2.4.1 Desenvolvimento dentro do próprio cargo

Enquanto no exercício do cargo, os profissionais podem se desenvolver por meio de:

- **Rotação (ou rodízio) de cargos** – Os profissionais podem ser inseridos em programas de rotação (ou rodízio) de cargos, dentro ou fora do país. Com isso, eles podem atuar em diferentes áreas da empresa sem que necessariamente sejam promovidos. Muito comumente, os processos de *job rotation* fazem parte da estratégia de desenvolvimento de profissionais nos programas de sucessão. O objetivo seria permitir que o profissional enfrente desafios de complexidade equivalente aos que ele já enfrenta, mas em outras áreas ou plantas da empresa. Uma das consequências esperadas é o desenvolvimento de uma visão sistêmica e da capacidade de articulação de saberes multidisciplinares. Acresça-se a isso o fato de ele ter que lidar ainda com desafios comportamentais de inícios e fechamentos de ciclos de relacionamento na organização. Um dos cuidados a serem tomados para que essa iniciativa tenha maior chance de sucesso é o desenvolvimento de backups dos gestores. Estes backups seriam o ponto de encontro entre os gestores que estão girando e os setores que os irão receber. A vantagem desse encaminhamento é que tanto o profissional que está no "rodízio de cargos" quanto o profissional que está atuando como backup dos gestores estão, naturalmente, desenvolvendo-se e sendo testados como lideranças potenciais para o futuro.

- **Posições de assessoria** – Destacar um profissional para uma posição de assessoria é colocá-lo num outro patamar de discussões na organização. Na posição de assessoria, esse profissional em processo de desenvolvimento pode entrar em contato com os desafios organizacionais mais complexos sem ter que arcar sozinho com a responsabilidade por decisões importantes, num tempo em que ele ainda não está totalmente preparado para avaliar todas as consequências da sua decisão.
- **Participação em comissões** – É outra oportunidade importante para lidar com desafios reais da organização, aprendendo sobre o ponto de vista das outras áreas da empresa com responsabilidade limitada sobre as consequências das decisões. A decisão em colegiado, com seus diferentes assuntos e projetos, traz ao profissional olhares mais completos sobre a natureza das ameaças e oportunidades da sua própria área de trabalho.
- **Participação em projetos** – A participação em projetos (com clientes, fornecedores e parceiros) coloca o profissional em outra dimensão, que também faz parte da realidade organizacional e amplia seu campo de visão para o lado de fora da organização. A participação em projetos via de regra trata da construção de posições que dizem respeito ao tempo futuro. Geralmente envolve solução de problemas atuais, mas também tem muito de prospecção e acordos de compromisso para atuação em conjunto, com promessa de vantagem competitiva para todos os envolvidos. É uma oportunidade muito rica, porque envolve a discussão de aspectos legais, tecnológicos e de comportamento do consumidor relacionados aos projetos em discussão. É uma das situações que tem o maior potencial de contribuição para o desenvolvimento das competências estratégicas.

É importante registrar, portanto, que as ações aqui mencionadas, com maior ou menor intensidade, estimulam o desenvolvimento das competências estratégicas (foco no futuro e no lado de fora da organização) e das competências comportamentais em um patamar superior de complexidade.

Há, todavia, para além dessas atividades que podem ocorrer no exercício do cargo, outras ações que podem ser estimuladas independentemente do cargo, mas que normalmente estão também ligadas ao desenvolvimento de competências estratégicas. Elas serão discutidas no próximo tópico.

6.2.4.2 Desenvolvimento de competências fora do contexto dos cargos

Este último tópico sobre o desenho de ações de capacitação e treinamento trata de possibilidades de desenvolvimento que estão menos relacionadas a cargos e posições na empresa. Estariam no campo da Educação, se utilizarmos a referência de Borges-Andrade; Abbad (2004), pois tratam de dimensões mais estruturantes do ser humano, como suas crenças, cultura e valores. Algumas alternativas têm sido empregadas e considera-se que vale a pena apresentá-las:

- **Mentorias ou tutorias** – São processos por meio dos quais uma pessoa mais experiente em determinado assunto, independentemente da sua idade, ajudar outro profissional, também independentemente da sua idade, a construir uma competência que o tutor ou mentor se propõe a transferir para o mentorado ou tutorado. Via de regra emprega estudos de caso, conversas em profundidade, assessoria do mentor ao mentorado quando do enfrentamento de uma situação nova etc. A localização geográfica e a posição institucional de ambos não costumam exercer influência no processo.
- ***Coaching*** – O processo de coaching tem crescido em importância na medida em que alguns fatos destacados pela televisão (nem sempre com o devido domínio técnico) e pelo próprio Conselho de Psicologia, que defende que o coaching deveria ser uma atribuição reservada ao psicólogo, têm dado bastante evidência ao tema. O coaching é um processo de organização de vida em suas diferentes dimensões. Existem hoje no mercado coaches com diferentes focos de atuação: carreira, vida, financeiro etc. É importante ficar atento ao fato de que o processo de coaching não tem por intenção a gestão da carreira do profissional na empresa onde ele trabalha no momento e sim ajudá-lo a organizar a carreira, dali para o futuro, aonde quer que ele vá. Logo, não se deve ter a expectativa de que um profissional que receba da empresa o apoio para o processo de coaching vá, necessariamente, ficar na empresa onde está. O processo de coaching traz autoconhecimento e desenho de um projeto de vida. E pode ser que a empresa atual não se encaixe nesse projeto.
- **Viagens de cunho cultural** – Costumo dizer que ninguém visita o Coliseu, em Roma, na Itália, ou a Torre Eiffel, em Paris, na França, e volta para casa igual. A longa viagem, os desafios da língua e o encontro com imagens e artefatos só vistos até então nos livros pode ser uma experiência revolucionária na vida de muitas pessoas. Coloca cada um no seu devido tamanho em termos de tempo e espaço, e pode ajudar a descobrir uma dimensão esquecida ou pouco considerada no universo de cada um. E essa descoberta é uma viagem sem volta. É como aquele presente que não cabe mais na caixa depois que você o abriu.

- **Intercâmbio** – Seja um intercâmbio técnico, para aprendizagem ou transferência de tecnologia, seja um intercâmbio cultural, para desenvolvimento da capacidade de se comunicar em outras línguas, o intercâmbio também pode ser uma experiência com grande poder de mudança sobre as pessoas. Ajuda a descobrir novos limites, revelar novas potencialidades e lembrar coisas importantes que havíamos esquecido.
- **Sabáticos** – São experiência bastante interessantes, proporcionadas a pessoas que trabalham em algumas empresas, principalmente empresas públicas, depois que elas atingem determinado tempo de permanência na empresa. A pessoa ganha o direito de ficar alguns meses (três, seis etc.), com ou sem direito a remuneração, vinculada à organização. Usualmente é utilizado para viagens, estudos ou reciclagens. Podem dar ensejo a importantes mudanças de vida e carreira pelas experiências vividas e pelo tempo para pensar na vida fora do contexto usual.

6.2.5 *Sugestões para implementação de iniciativas de T&D*

Ao longo do caminho, colecionamos sugestões que podem ajudar a gerar evidências e resultados mais efetivos para a empresa e para o próprio profissional. Seriam elas:

- Estimular, viabilizar e valorizar a parceria entre os agentes organizacionais, marcadamente entre o RH, que pode já estar atuando como *Business Partner*, e os gestores das áreas ou das plantas em outras localidades.
- Apoiar os gestores para que entreguem um bom apoio psicológico e institucional às suas equipes. Essa atitude pode ser mais determinante para o sucesso do que as condições físicas.
- Estimular os profissionais para que privilegiem o seu "autodesenvolvimento" como indicador de desempenho formal (PDIs etc.).
- Planejar e viabilizar momentos de reflexão individual e elaboração de planos de carreira.
- Manter reuniões periódicas sobre propósitos e os projetos de vida necessários para alcançá-los.
- Estimular e reconhecer formalmente aqueles que exercem a cidadania e desenvolvem ações de responsabilidade social dentro e fora da organização.
- Trabalhar abertamente a questão do "medo de perder o poder" que o desenvolvimento das pessoas pode provocar nas organizações estratificadas.

6.3 Controle das atividades de T&D

Para a etapa de Controle ("C"- *check/control*) das ações de T&D temos a seguintes sugestão de divisão de papéis:

Caberia à EMPRESA cobrar a entrega dos resultados prometidos quando da proposição do programa, e realizar o realinhamento dos indicadores em função dos resultados obtidos no ciclo que se encerra.

Figura 13. Controle de atividades

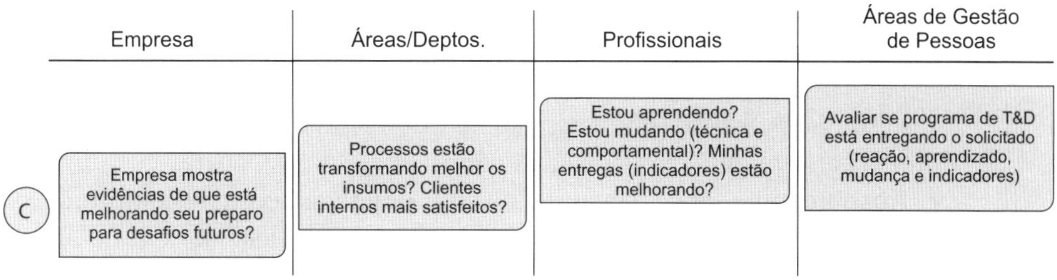

Fonte: Autor.

A contribuição da área de GESTÃO DE PESSOAS nessa etapa seria avaliar, e traduzir a avaliação em gráficos, tabelas, relatórios e pareceres. Em função dessas evidências, pode propor aos gestores eventuais realinhamentos.

Uma importante contribuição dos GESTORES seria a avaliação dos impactos das ações de T&D no curto, médio e longo prazos. Com base nisso, poderia propor, em parceria com a área de GESTÃO DE PESSOAS, os realinhamentos das outras etapas do ciclo de PDCA.

Uma possível tarefa dos PROFISSIONAIS seria avaliar, da maneira mais assertiva e objetiva possível, os resultados obtidos, oferecendo elementos para realinhamentos das etapas do programa.

Para apoiar o processo de avaliação, tem-se desenvolvido um robusto corpo de indicadores e maneiras de tratá-los, que será objeto do próximo tópico.

6.3.1 *Tipos de indicadores*

Estes são os tipos de indicadores mais utilizados pelas organizações:

- **Históricos:** consistem em comparar o desempenho atual com desempenhos anteriores. Os padrões históricos devem ser usados quando se deseja verificar se a operação está melhorando em relação ao passado. Permitem compreender fatores que levaram aos resultados obtidos, avaliar a evolução e calcular tendências.
- **Metas:** padrões estabelecidos para refletir um nível de desempenho visto como adequado ou razoável. Ex.: ganhar $1 milhão. Há uma

grande discussão sobre esse tema. É possível que as empresas definam arbitrariamente as metas. Todavia, metas insustentáveis e muito acima das possibilidades geram desconexão das pessoas. O ideal, seguindo as tendências mais recentes que levam em conta os perfis mais participativos dos novos profissionais, é que as metas sejam muito mais conciliadas, com base em dados históricos e premissas críveis, do que impostas. O diálogo franco pode gerar parcerias e níveis de comprometimento recompensadores.

- **Concorrência:** padrão de comparação do desempenho de uma organização com o da concorrência. A vantagem desse tipo de padrão é que não se concentra em padrões internos, sendo estratégico para o melhoramento. É também conhecido como *benchmarking*. Discussões críticas e honestas sobre diferenças de entrega entre concorrentes podem gerar insights valiosos.
- **Absolutos:** padrões relacionados com objetivos teóricos como o de "zero defeito", ou seja, o alcance do grau de excelência.

6.3.1.1 Modelo de Kirkpatrick

O modelo de Kirkpatrick é reconhecido como uma referência que permite sintetizar e dar um bom nível de alinhamento entre esforços e resultados (presentes e futuros), atuações individuais e resultados organizacionais. De forma sintética a metodologia estabelece avaliações em quatro níveis de consequência:

1. **Reação e satisfação** – É uma avaliação do treinando em relação à atividade da qual acabou de participar, com componentes de abstração e subjetivismos. Pode oferecer ao gestor e à área de Gestão de Pessoas informações importantes sobre o que se passou no evento. Vale levar em conta algumas possíveis restrições, tais como a contaminações pelo cansaço de final de curso e pelo pouco aproveitamento de avaliações preenchidas anteriormente.
2. **Aprendizagem** – Avalia os conhecimentos adquiridos no evento. Uma das formas de se mensurar esse aspecto seria por meio da realização de pré-testes e pós-testes sobre o mesmo conteúdo. Algumas restrições devem ser levadas em conta, tais como tempo e custo de produção e de análise dos dados coletados, resistências por parte dos treinandos pelo fato de não enxergarem a relevância do esforço despendido, um componente da cultura brasileira que é a dificuldade em ser testado por medo das consequências de um eventual fracasso, além de questões relacionadas à ética e à confiança;

3. **Mudança de comportamento** – Localizado em patamar superior de avaliação, é um procedimento pouco utilizado por conta da dificuldade em mensurá-lo de forma objetiva. Poderia, no limite, subsidiar o gestor com importantes informações, além de envolver outros profissionais no processo. Sua aplicação dependeria da 1) elaboração de um checklist com os comportamentos esperados, relativos aos tópicos trabalhados; 2) escolha de alguns membros para serem observadores; 3) elaboração de um relatório final com os dados da observação, por fim. A extensão dessa avaliação a um número maior de contextos dependeria, entre outras coisas, do aprimoramento da ferramenta e do desenvolvimento das competências interpessoais dos gestores.
4. **Indicadores de resultados** – Avalia se os resultados esperados foram realmente obtidos e se os conhecimentos adquiridos puderam ser aplicados. Pode ser feita de várias formas: pesquisa por formulário, ação combinada entre aplicação do formulário ou reunião/entrevista com o treinando e com sua chefia imediata. Um dos aspectos relevantes dessa discussão é a própria definição de resultados. Normalmente, resultados têm sido compreendidos como números sobre a realidade financeira da empresa, os quais se espera que sejam os mais altos e no menor prazo possível. As discussões atuais sobre ESG (*Environment, Social and Governance*) têm não só ampliado o conceito de resultados, que então passam a abranger outras demandas dos negócios, como também cobram uma maior transparência por parte das empresas. Alguns resultados que poderiam ser monitorados: eficiência; eficácia; produtividade; qualidade; lucratividade; rentabilidade; competitividade; efetividade; custos; diminuição de reclamações; redução de retrabalho; redução de devoluções; menor uso de garantias; aumento de vendas etc. Em termos de Gestão de Pessoas teríamos, entre outros, porcentagem investida em treinamento x faturamento líquido; custo médio de treinamento *per capita*; redução do *turnover*; melhoria dos indicadores de clima organizacional etc.

6.4 ROI (*Return On Investment*) para T&D

A avaliação do ROI pretende isolar os efeitos do treinamento. A intenção dessa medida seria transformar em números essa discussão que, via de regra, é bastante subjetiva. O ROI foi inicialmente desenvolvido para avaliações da área financeira, o que diz um pouco da sua filosofia enquanto indicador. A grande discussão é a sua transposição para a área de T&D.

As grandes perguntas que o ROI pretende responder são:

- Essa aplicação produziu resultados mensuráveis?
- O valor monetário dos resultados excedeu o custo do programa?

A resposta a essas questões, todavia, apresenta alguns desafios. A fórmula do ROI é a seguinte:

$$\text{ROI} = \frac{\text{Benefícios Líquidos do Programa (benefícios - custos)} \times 100}{\text{Custos do Programa}}$$

A grande questão nessa fórmula é exatamente a mensuração dos "benefícios líquidos" gerados. Os benefícios gerados por uma atividade de capacitação têm, obviamente, uma parte tangível. Todavia, uma parte daqueles resultados, e talvez a sua maior parte, é intangível, imensurável e/ou depende de outras áreas. Por essas razões, somos de opinião de que outros indicadores devem ser construídos ou adaptados, respeitando a natureza complexa dos indicadores ligados à gestão do T&D.

6.5 Recomendações sobre a gestão de indicadores

Temos coletado ao longo dos nossos trabalhos algumas experiências que talvez ajudem no processo de gestão de indicadores, como:

1. Expressar metas SEMPRE em termos de quantidade, objeto e prazo.
2. Diante de metas e objetivos, perguntar: "Como posso saber se isso foi realizado? Como saber se isso ocorreu ou não?"
3. Identificar e isolar a unidade mínima a ser definida como objeto: uma ação, um produto, um resultado.
4. Averiguar a possibilidade de se estabelecer relações numéricas (proporção, razão, média etc.).
5. Identificar onde (em que fontes) estarão os dados disponíveis para alimentar o indicador. Caso não existam, prever como obtê-los.
6. Se não for possível quantificar os indicadores, verificar quais os sinais que melhor evidenciam o fato ou objeto focalizado: documentos, relatos, observações e avaliações do cliente interno.

6.6 Desafios no uso dos indicadores

A gestão de indicadores em T&D, todavia, merece algumas atenções especiais. Por exemplo:

- Ações dos processos (atividades "meio") são de difícil registro/acompanhamento. Não só pela sua eventual subjetividade, mas principalmente pelo fato de ser realizada por mais de uma pessoa, sendo difícil, em alguns contextos, definir a quem o resultado, ou a sua falta, pode ser atribuído(a).
- Construção de índices em um mundo onde faltam dados também é um aspecto relevante. Nossas empresas não costumam ser muito boas na gestão de dados, matéria-prima dos indicadores. Processos não desenhados, indicadores não definidos e processos ainda pouco informatizados são algumas das causas. A evolução dos processos de submissão das informações ao governo, como por exemplo o eSocial, podem contribuir com a melhoria desse quesito.
- Estatísticas que nem sempre alcançam a riqueza da realidade dinâmica. Discussões multidisciplinares podem ajudar na construção de indicadores que respeitem e acomodem as idiossincrasias da empresa e ajudem a viabilizar os intentos estratégicos.
- Necessidade de uso conjugado de metodologias qualitativas (os grupos de discussão focal e as entrevistas em profundidade) com a objetividade dos indicadores.
- O desenvolvimento das pessoas não se dá por espasmos. É preciso haver processos contínuos, integrados e alinhados a um objetivo. Logo, não treinar ou treinar uma vez só pode ter efeitos nefastos em termos de construção de conhecimentos e pode comprometer o futuro organizacional.

6.7 Fechando o ciclo do PDCA: aprendendo com o passado e melhorando o próximo ciclo

Um dos aspectos mais inovadores da metodologia de gestão japonesa implantada no Brasil no fim da década de 1980, em meio à implantação do TQM (*Total Quality Management*), foi a ideia de ciclos, fortemente personalizada no PDCA. O mundo sempre havia pensado em linhas, com começo, meio e fim. O PDCA, ao trazer a ideia de ciclos, trouxe também a ideia de recomeço, de reflexão, de aprendizagem com os erros passados, que é o espírito de "action" no acrônimo PDCA.

Action (A) – "Agir" é diferente de *Do* (*D*) – "Fazer". Apesar da possibilidade de interpretação de fazer e agir como sinônimos, o agir denota atividade, enquanto o fazer tem sentido de fazer o que alguém já pensou que deveria ser feito. A diferença entre "agir" e "fazer", portanto, é a diferença entre usar a cabeça e usar as mãos. E, na ideia do ciclo, o A (*action*) vem do novo ciclo com uma nova discussão do P (*plan*), que também é uma atividade mental. Logo, a ideia subjacente é que *action* é uma postura ativa de comparação entre o que estava previsto (P) e o que foi feito (D) no primeiro ciclo, assim como compara os resultados previstos (P) em relação aos resultados obtidos (D), por meio dos controles exercidos pelo C (*check/control*).

O trabalho a ser feito no A (*action*), portanto, é o trabalho de aprendizagem com base nos erros cometidos e expressos nos desvios/erros detectados pelo processo de controle (C). As diferenças entre previsto e realizado, constatadas pelo C, são a evidência das diferenças entre nossas hipóteses sobre o funcionamento do mundo e o mundo como ele realmente é. Ou seja, o C traz evidência sobre nossas concepções de mundo e as incompletudes do nosso conhecimento. Pode ter faltado conhecimento no planejamento ou pode ter faltado conhecimento na execução. É então no momento do "A", em que a empresa vai pensar, constatar e aprender, de forma que este conhecimento gerado possa ser fonte de aprimoramentos para o próximo ciclo de "P" (Planejamento).

No caso do ciclo de T&D, portanto, o objetivo também é o mesmo.

Figura 14. Action: refletindo sobre erros e acertos do ciclo que se encerra e pensando sobre o novo ciclo

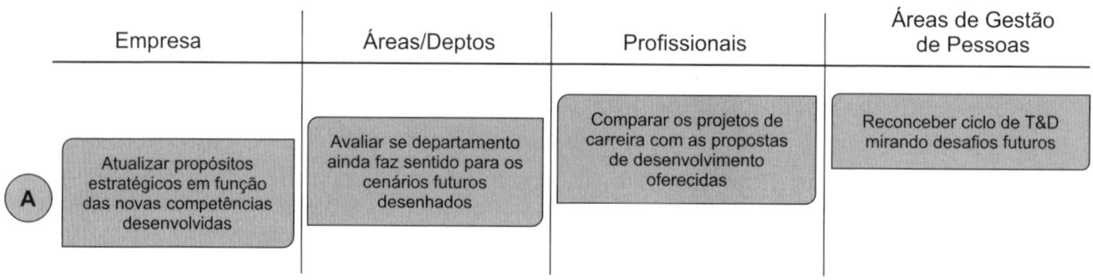

Fonte: Autor.

O "A" (*action*), portanto, é o momento de avaliar se as ações de capacitação e desenvolvimento lograram êxito quanto aos objetivos inicialmente traçados para os três níveis: individual, equipes/departamentos, e empresas.

É o momento, por exemplo, de avaliar o que precisa ser aprimorado em termos de forma x conteúdo, de distribuição de tempo e energia por temas, de foco por níveis hierárquicos, de capacitações corporativas ou por áreas etc., tendo em vista atingir-se as opções estratégicas.

A forma de se fazer isso deveria ser a mais interativa e participativa possível. Lembrando aqui da crescente valorização da diversidade, reforçamos que, quanto mais profissionais diferentes estiverem olhando para o mesmo problema com seus diferentes pontos de vista, maior a probabilidade de esse problema ser melhor compreendido e melhor gerido.

7 CONCLUSÕES

Nossa experiência em sala de aula com alunos provenientes de empresas de diferentes portes, áreas de atuação e distribuição geográfica, além de nossa experiência junto a empresas do programa PAEX (Parceiros para a Excelência) da Fundação Dom Cabral, permitem tecer algumas considerações.

Podemos afirmar, entre outras coisas, que as empresas, de forma geral, e principalmente durante a pandemia, têm, na sua maioria, investido nos treinamentos obrigatórios e que garantam entregas no momento presente e a sua existência. São poucas as empresas que acreditam na importância da construção dos profissionais do futuro, e menor ainda é a quantidade de empresas que fazem investimentos reais nessa seara.

Nessas poucas empresas que reconhecem a importância e realizam investimentos reais na construção das competências profissionais futuras, já se percebe alguma maturidade no uso de indicadores, com uso incipiente do people analytics e com o uso das avaliações como balizadoras do desenho e implementação das atividades de capacitação e desenvolvimento de competências individuais. Mesmo nessas empresas bem organizadas, todavia, ainda é raro as que seguem os quatro níveis de avaliação do modelo de Kirkpatrick, que conecta o treinamento com os indicadores objetivos das organizações.

Algumas das tendências desafiam as características culturais de nossas organizações e de nossos gestores. Ao moderar um painel de líderes que compartilhou as práticas inovadoras e pouco convencionais que estão sendo estudadas e testadas para a construção de um mundo melhor, Karen May, vice-presidente de "Desenvolvimento de Pessoas" no Google, cravou alguns princípios que, eventualmente, poderiam servir de referência para outras empresas: 1) o aprendizado é um processo, não um evento, que requer motivação, oportunidades de se praticar e feedback contínuo; 2) o aprendizado acontece na vida real, principalmente durante os momentos de transições e mudanças; 3) o aprendizado é pessoal; cada um tem seu próprio jeito de aprender e de lidar com níveis de complexidade; e 4) o aprendizado é social. A empresa então criou e dá suporte a um ambiente que conecta pessoas com pares que vão aconselhá-la e apoiá-la.[4] O sucesso do processo de aprendizagem, portanto, no caso de considerarmos válida a sugestão do Google, demandaria um caminho de muito diálogo e reconstrução dos pactos sobre relacionamento em equipe.

[4] (https://www.youtube.com/watch?v=nhD-rojP11M).

Também do ponto de vista tecnológico há, particularmente no que diz respeito ao uso da tecnologia para aceleração da absorção e aplicação de conhecimentos, possibilidades promissoras e talvez, do nosso ponto de vista, bastante distantes. Ray Wang, fundador, presidente e analista principal da Constellation Reserch, empresa baseada no Vale do Silício, fala da necessidade de aprendizagem contínua e da sustentação de oportunidades para que os profissionais da empresa possam se aprimorar constantemente. Por conta disso, o empreendedor discute opções de processos personalizados e autoministrados de aprendizagem. Sua empresa desenvolve um sistema por meio do qual um software avalia o nível de conhecimento sobre determinado tema e, a partir desse diagnóstico, o próprio sistema oferece e gerencia um conjunto de conteúdos que podem mitigar aquele *gap* de conhecimentos.[5]

Ainda nessa pegada tecnológica, a equipe da HRL Laboratories utiliza parte dos conhecimentos desenvolvidos a partir dos estudos sobre a forma como o cérebro equaciona os danos proporcionados pelos AVCs (acidente vascular cerebral) para desenvolver um capacete que, em linhas gerais, absorve e armazena os "conhecimentos" de uma pessoa e consegue transferir parte deles para outras pessoas. No vídeo seguinte, eles conseguem incrementar em 30% a capacidade de pilotagem de um piloto de um caça americano júnior a partir da experiência armazenada por um piloto mais experiente.[6] O sonho de aprendizagem instantânea, conforme fora sonhado no filme *Matrix*, pode estar mais próximo do que se imagina. Teremos que viver o tremendo desafio de antecipar suas consequências, com suas ameaças e oportunidades, para a humanidade. Outra possibilidade já em desenvolvimento é o uso do Metaverso como ferramenta de aceleração da curva de aprendizagem via simulação, conforme pode ser visto em um dos episódios da série *The Good Doctor*.

Viveremos experiências incríveis nos próximos capítulos de nossa experiência terrena!

Nossas experiências nas empresas que operam no país mostram que há ainda uma longa jornada a percorrer quando se trata de aplicar melhor os conhecimentos desenvolvidos e disponibilizá-los para a humanidade.

Uma mudança de 2012 na legislação pode oferecer às empresas mais segurança jurídica para deduzir as despesas com capacitação de seus empregados na apuração do Imposto de Renda (IR) com base no lucro real. A Comissão de Assuntos Econômicos (CAE) aprovou, em decisão terminativa, projeto que descreve as situações em que essas despesas podem ser

5 (https://youtu.be/kDPM0Psol50).

6 (https://youtu.be/oIvdvG_zj6A).

abatidas. Conforme o PLS 149/2011, são dedutíveis despesas com qualificação, treinamento e formação profissional, inclusive mediante concessão de bolsas de estudo em instituições de ensino de qualquer nível, desde que oferecidas em condições de igualdade para todos os empregados. Mesmo que isso não resolva todas as situações necessárias, vale a pena consultar o advogado tributarista da organização. Além de não gerar custos adicionais para a empresa, ainda pode aumentar o capital intelectual médio da organização e torná-la mais apta aos desafios que ela talvez ainda nem sabe que terá que enfrentar.

BIBLIOGRAFIA

ABBAD, Gardênia da Silva; BORGES-ANDRADE, Jairo Eduardo; SALLORENZO, Lucia Henriques. *Projeto instrucional, aprendizagem, satisfação com o treinamento e autoavaliação de impacto do treinamento no trabalho.* RPOT: Revista Psicologia: Organizações e Trabalho, Florianópolis, SC, v. 1, n. 2 , p. 129-161, jul./dez. 2001.

ABBAD, Gardênia da Silva; GAMA, Ana Lidia Gomes; BORGES-ANDRADE, Jairo Eduardo. *Treinamento: análise do relacionamento da avaliação nos níveis de reação, aprendizagem e impacto no trabalho.* Revista de Administração Contemporânea, Rio de Janeiro, v. 4, n. 3 , p. 25-45, set./dez. 2000.

ABBAD, Gardênia da Silva; PILATI, Ronaldo; PANTOJA, Maria Júlia. *Avaliação de treinamento*: análise da literatura e agenda de pesquisa. Revista de Administração da USP (1977), São Paulo, v. 38, n. 3, p.205-18, jul./set. 2003.

CHIAVENATO, Idalberto. *Gestão de Pessoas.* Rio de Janeiro: Editora Campus, 2008.

CHRISTENSEN, Clayton M. *O dilema da inovação.* São Paulo: M.Books, 1997.

COUTINHO, Luciano; FERRAZ, João Carlos. *Estudo da competitividade da indústria brasileira.* Campinas: Papirus, Ed. UNICAMP, 1995.

DAY, George S.; REIBSTEIN, David. J. *A Dinâmica da estratégia competitiva.* Rio de Janeiro: Campus, 1999.

DUGUID, Paul e BROWN, John S. *Estrutura e Espontaneidade*: conhecimento e organização. *In*: FLEURY, MTL e OLIVEIRA JR., Moacir O. Gestão Estratégica do Conhecimento. São Paulo, Atlas, 2001, p. 50-85. HAMEL, Gary; PRAHALAD C.K. Competindo pelo futuro. Rio de Janeiro: Campus, 1995. Cap. 9.

EBOLI, Maria. *Educação Corporativa*: Muitos Olhares. São Paulo: Atlas, 2014.

FERRAZ, João Carlos; KUPFER, David; HAGUENAUER, Lia. *Made in Brasil*: desafios competitivos para a indústria. Rio de Janeiro: Campus,1997, Cap. 1.

FISCHER, André. *A constituição do modelo competitivo de gestão de pessoas no Brasil – um estudo sobre as empresas consideradas exemplares*. Tese (Doutorado em Administração) Departamento de Administração. FEA-USP. São Paulo, 1998.

FLEURY, Afonso Carlos Corrêa; FLEURY, Maria Tereza Leme. *Aprendizagem e inovação organizacional*. São Paulo, Atlas, 1995.

FLEURY, Afonso Carlos Corrêa; FLEURY, Maria Tereza Leme. *Estratégias empresariais e formação de competências: um quebra-cabeça caleidoscópico da indústria brasileira*. São Paulo: Atlas, 2000.

HIPÓLITO, José Antônio M. *A gestão da administração salarial em ambientes competitivos*: análise de uma metodologia para construção de sistemas de remuneração por competências. Dissertação (Mestrado em Administração) Departamento de Administração da FEA-USP, São Paulo, 2000.

LAWLER III, Edward E. *From job-based to competency-organizations*. Journal of Organizational Behavior. John Wiley & Sons. Ltd., v.15, 3-13, 1994.

NONAKA, Ikujiro; TAKEUCHI, Hirotaka; UMEMOTO, Katsuhiro. *A theory of organizational knowledge creation*. International Journal of Technology Management, v. 11, n. 7-8, p. 833-845, 1996.

PFEFFER, Jeffrey; VEIGA, John F. *Putting people first for organizational success*. Academy of Management Executive, v. 13, n. 2, p. 37-48, 1999.

RICHARDSON, G.B. *The organization of industry*. The Economic Journal. n. 327, v. 82, 1972.

SCHEIN, E. *Coming to a new awareness of organizational culture*. Sloan Management Review, p. 3-16, Vol. 25, Issue 2, Winter, 1984.

SHAPIRO, Gillian. *Employee involvement: opening the diversity Pandora's Box?* Personnel Review, v. 29, n. 3, 2000.

SILVA, Sandro Márcio. *A gestão das competências organizacionais em empresas da cadeia de valor para provimento de telefonia celular de 3ª geração (3G)*. Tese de doutorado apresentada à FEA/USP – 2002.

SILVA, Sandro Márcio da; e FLEURY, Maria Tereza Leme. *Aspectos culturais do uso de tecnologias de informação em pesquisa acadêmica*. Revista da USP. São Paulo, v. 35, n. 2, abr./jun. 2000.

ULRICH, Dave. *Os campeões de Recursos Humanos: inovando para obter os melhores resultados*. Trad. Cid Knipel – São Paulo: Futura, 1998.

ZARIFIAN, Philippe. *Objetivo competência*. São Paulo, Atlas, 2001.

SUGESTÕES DE PERGUNTAS E RESPOSTAS PARA DISCUSSÃO DO CAPÍTULO

1. Qual seria a diferença entre Treinamento e Desenvolvimento?

2. Esta frase está correta: "Ao apreender algo novo a pessoa se transforma numa pessoa diferente"?

3. Qual seria a relação entre Treinamento e Desenvolvimento e Inovação Tecnológica?

4. Como as atividades de Treinamento e Desenvolvimento podem ajudar a empresa a se preparar para o futuro?

5. Quais são as possíveis contribuições e os limites do T&D no desenvolvimento comportamental das pessoas?

6. Que dificuldades do Brasil no enfrentamento da pandemia poderiam ter sido mitigadas por investimentos pretéritos em T&D?

7. Considerando os conceitos apresentados no texto, podemos afirmar que aquilo que as empresas chamam de atividades de "treinamento" são, de fato, "instruções"?

8. Que argumentos você utilizaria para convencer sua empresa a investir mais em atividades de "desenvolvimento" do que em comunicação de "instruções"?

9. Quais seriam os principais papéis dos gestores no uso de T&D para tornar sua equipe mais competitiva?

10. Você acredita que, no futuro, poderemos transferir conhecimentos para as pessoas por meio de um download, a exemplo do que é feito no filme *Matrix*?

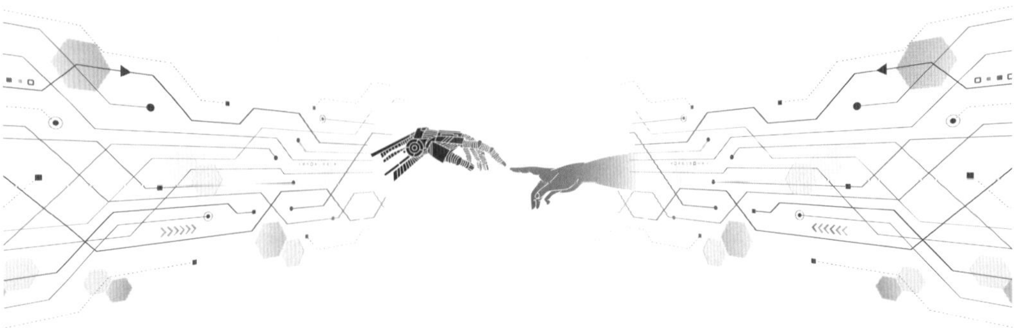

A evolução dos meios de pagamentos no contexto digital

RICARDO A. GABRIEL

OBJETIVOS DO CAPÍTULO

Quando observamos uma pessoa executando um trabalho, logo imaginamos que ela recebe algo em troca. Antes mesmo da invenção da moeda, o pagamento do trabalho humano era feito com mercadorias, como peles, carneiros, porcos, sal etc. Interessante é a palavra salário, que surgiu a partir da porção de sal que era dada como pagamento aos soldados na Roma Antiga. E tudo isso aconteceu quando os romanos descobriram que o sal, além de ajudar na cicatrização, servia para conservar e dar sabor aos alimentos, sendo considerado um alimento divino, uma dádiva de Salus, deusa da saúde.

Ou seja, a ideia de que o trabalho precisava ser remunerado já existia, e à medida que os tempos foram evoluindo, tivemos servos que cultivavam as terras dos nobres em troca do seu próprio cultivo. Mais tarde, pessoas começaram a produzir seus próprios trabalhos e vendê-los em mercados, até chegarmos na segunda metade do século XIV, quando os trabalhadores começaram a receber pelo tempo e pelo esforço gasto na produção de bens e serviços.

Desde a Revolução Industrial até os nossos dias, temos um complicado processo de conversão de vários recursos que, integrados, geram saídas ou resultados. Entre esses recursos temos o elemento humano, que é a parte vital do processo e que será recompensado através de salário, mas tudo seria fácil de resolver se todos tivessem o mesmo tempo de trabalho, atividades e contratos. Tudo seria mais fácil se todos os trabalhadores fossem iguais dentro da empresa. Mas a realidade é diferente e ela tem impacto direto no salário que será pago a cada trabalhador.

Neste capítulo, vamos entender um pouco mais sobre os conceitos de remuneração, relação de trabalho, relação de emprego e tipos de trabalhadores; assim, ficará mais fácil entender por que o empregador precisa calcular a folha de pagamento, prestar conta dessas informações ao governo e como a tecnologia poderá ajudar os empregadores na sua relação com os trabalhadores, com o governo e com suas estratégias e planejamentos.

1 INTRODUÇÃO

Várias maneiras ou moedas de troca foram utilizadas antes de termos o dinheiro como uma forma de pagamento por um produto ou serviço prestado. A história da evolução dos meios de pagamento caminha lado a lado com a própria história da evolução humana.

No começo, não existia o dinheiro como conhecemos hoje, então as pessoas utilizavam outras formas de pagamento para realizar suas transações. Tivemos o "escambo" ou troca, que era uma maneira de se trocar bens e serviços, e, no final, ambas as partes saíam com aquilo que precisavam. Por exemplo, um agricultor negociava a troca de dois cestos de frutas por uma cadeira. Os animais eram uma "moeda" de troca bem mais valiosa nas negociações. E era assim que as coisas aconteciam até o surgimento das moedas.

À medida que as sociedades evoluíam, as trocas e as negociações começaram a ficar mais complexas. Foi então que surgiram as primeiras moedas, por volta de 1.000 a.C. na China; feitas de bronze — esse meio de pagamento revolucionou as transações pelo mundo. Já as moedas feitas de ouro e prata surgiram mais tarde, por volta de 610 a.C., na região em que hoje se encontra a Turquia.

Com o uso excessivo do cobre, mais tarde começaram a surgir as cédulas de papel, pois os pagamentos em grandes transações comerciais estavam ficando complicados. A primeira cédula de papel foi impressa no século XVII, por um banco sueco, pioneiro na Europa.

Os ingleses adotaram mais tarde o ouro como um padrão monetário, que foi seguido por Alemanha e Estados Unidos por volta de 1873. Nesse modelo, o valor da moeda nacional seguia um regime cambial fixo. Ou seja, os países firmavam um compromisso de fixar o valor de sua moeda mediante determinada quantidade concreta de ouro. Dentro desse padrão, eles precisavam ter uma política monetária de compra e venda de ouro, e a quantidade de ouro que um país tinha definia a sua oferta monetária. Esse padrão durou até 1914 e foi considerado o primeiro sistema monetário internacional.

Mas, voltando para a origem dos pagamentos, a partir do momento que a sociedade começou a produzir pensando em um excedente de produção e no lucro, tivemos, do outro lado, a exploração do trabalho, que gerou aquilo que conhecemos hoje como "salário". O interessante nessa história é saber que a palavra salário vem de um dos produtos utilizados na troca pelos serviços prestados, que era o sal.

A palavra *salarium* vem do latim, usada pelo Império Romano e que deriva da palavra sal. O sal foi um dos produtos mais apreciados pelos romanos, primeiro, por ter propriedades cicatrizantes e permitir conservar e dar tempero aos alimentos. Chegou a ser considerado um alimento sagrado, uma dádiva da deusa Salus, a deusa da saúde.

Os soldados romanos recebiam como pagamento uma porção de sal, o que originou a palavra salário, que "chegou a ser a base de cálculo para se estabelecer o pagamento dos serviços prestados pelo trabalhador", segundo o historiador Arnaldo Castro.

No Capítulo I deste livro, vimos a evolução e a organização do trabalho até o século XVIII, quando começou a industrialização na Europa (Revolução Industrial), levando as pessoas do campo para as cidades em busca de trabalho em fábricas e fundições. E, com as fábricas, surgiu uma nova classe, fato visto também no Capítulo 1, chamada de classe proletariada ou operária, que, em troca da sua força de trabalho, recebia um salário para sobreviver.

As consequências da Revolução Industrial até chegarmos aos dias atuais nós já sabemos, que foi o aumento de capital ou riquezas para o empregador, mas precisamos também entender o outro lado, pois cada trabalhador está interessado na retribuição adequada de sua dedicação, esforço pessoal, conhecimentos e habilidades que são aplicadas por determinado tempo dentro das empresas.

Isso quer dizer que os trabalhadores possuem certas expectativas por aquilo que estão gerando e estarão dispostos a se dedicar ao trabalho e às metas da organização se isso lhes trouxer algum retorno significativo, ou seja, à medida que o trabalho produz resultados bons para o empregador, deve existir também uma reciprocidade ou recompensa por isso, para que o engajamento e os resultados continuem.

2 REMUNERAÇÃO

Quando as organizações estão interessadas em investir em recompensas para os trabalhadores que alcançam seus objetivos, surge o conceito de remuneração total.

Segundo Chiavenato, a remuneração total de um trabalhador é constituída de três componentes principais (que variam de uma organização para a outra), conforme figura a seguir:

Figura 1. Os três principais componentes da remuneração total

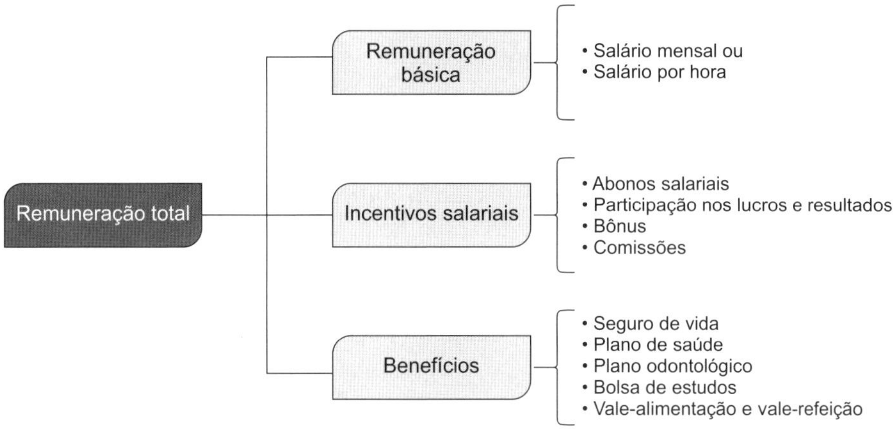

Fonte: Autor.

2.1 Os três componentes da remuneração total

O principal componente da remuneração total é a remuneração básica, que é o pagamento fixo que o trabalhador recebe de maneira regular na forma de salário mensal ou por hora, pela "venda" de sua força de trabalho. Essa visão de trabalhadores assalariados, que recebem salário por sua mão de obra, tornou-se dominante com o crescimento do capitalismo no mundo.

O segundo componente da remuneração total são os incentivos salariais, que são as recompensas pagas para os trabalhadores com bom desempenho. Tais incentivos podem ser bônus e participação nos resultados da empresa, como forma de recompensar os resultados alcançados.

O terceiro componente da remuneração total são os benefícios, também conhecidos como remuneração indireta. Eles são concedidos por meio de vários programas de benefícios.

2.2 Os tipos de recompensas financeiras

A busca por profissionais qualificados obriga as empresas a trabalhar com recompensas para seus colaboradores. Se uma organização deseja manter seus talentos, precisa ser diferente. Mas o que são as recompensas financeiras e quais os tipos que existem?

Primeiro, classificamos as recompensas em dois tipos: recompensas financeiras e recompensas não financeiras. E as recompensas financeiras podem ser diretas ou indiretas.

2.2.1 *Recompensas diretas*

As recompensas financeiras são pagamentos feitos aos colaboradores que os recebem em forma de salário, bônus, prêmios e comissões. O salário é o elemento mais importante, pois é o pagamento feito pelo empregador em função do cargo e das atividades que um empregado exerce durante um período de tempo. Esse salário pode ser direto, quando vem da contraprestação dos serviços dentro de um cargo, ou salário indireto, quando é decorrente de cláusulas da convenção coletiva do trabalho e do plano de benefícios e serviços sociais, como férias, adicionais (noturno, periculosidade, insalubridade etc.), gorjetas, auxílio-transporte e alimentação. E, somando o salário direto com o salário indireto, temos a remuneração do empregado.

2.2.2 *Recompensas não financeiras*

Diferentemente das recompensas financeiras, as não financeiras vão além do pagamento em dinheiro, pois incluem horários mais flexíveis, reconhecimento por desempenho e a possibilidade de desenvolvimento, além do cuidado com a saúde e o bem-estar do empregado dentro do ambiente de trabalho.

Figura 2. Tipos de recompensas

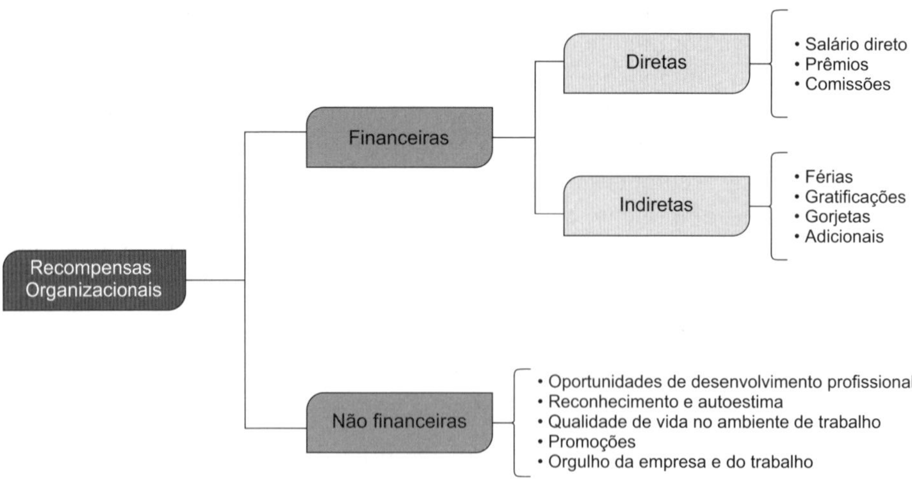

Fonte: Autor.

As recompensas não financeiras, mesmo às vezes esquecidas pelas organizações, fazem total diferença na visão que um empregado tem daquela organização. Quando não existem tais recompensas, há a chance dos empregados se desmotivarem, impactando negativamente os resultados. E isso ocorre porque um trabalhador irá desenvolver melhor suas atividades se sentir que do outro lado (empregador) existe uma preocupação com sua saúde, com o ambiente onde ele passa a maior parte do tempo, e que ele reconhece e valoriza o seu trabalho e pode apoiar o seu crescimento profissional.

2.3 Salário nominal e salário real

Já que falamos que o salário é o elemento mais importante das recompensas financeiras, podemos dividi-lo em salário nominal e salário real.

Segundo Chiavenato, o salário nominal representa o volume de dinheiro fixado em contrato individual pelo cargo ocupado. E, se a economia não ajudar e a inflação aumentar muito, esse salário nominal sofrerá impactos e o trabalhador perderá poder aquisitivo (caso esse salário não seja atualizado periodicamente).

Já o salário real representa a quantidade de bens que o trabalhador pode adquirir com o volume de dinheiro que recebe e corresponde ao poder aquisitivo. Ou seja, o poder aquisitivo está ligado diretamente à quantidade de mercadorias que pode ser adquirida com esse salário. Dessa forma, mesmo que o salário tenha uma atualização periódica, não significa que o trabalhador teve um aumento salarial, pois o salário nominal foi alterado para que o salário real pudesse ser igual às condições do período anterior. Por isso, o aumento real do salário ocorre quando temos um acréscimo do salário real.

E, quando temos uma intervenção do Estado no mercado de trabalho, e isso ocorre em diversos países, ele cria um salário-mínimo, que é a menor remuneração permitida por lei para trabalhadores naquele país.

3 TIPOS DE TRABALHADORES

Primeiramente, precisamos diferenciar a relação de trabalho e a relação de emprego, pois muitas pessoas acabam achando que é a mesma coisa, porém existem diferenças nas duas relações.

A relação de trabalho é uma relação de prestação de serviço remunerada ou não, que existe na relação entre um empregador e um trabalhador e pode ocorrer até mesmo entre empresas. E essas relações podem ou não ser definidas por meio de um contrato. Quando existe o contrato, este deve destacar os deveres e direitos de ambas as partes envolvidas, assim como suas obrigações. E quais são as partes envolvidas nessa relação?

De um lado, temos o empregador ou contratante, que pode ser uma pessoa física ou jurídica e será quem remunera pelos serviços que serão prestados. E do outro lado temos quem presta o serviço, responsável pela mão de obra e pelos serviços prestados.

E qual é a diferença entre relação de trabalho e relação de emprego?

Figura 3. Partes envolvidas na relação de trabalho

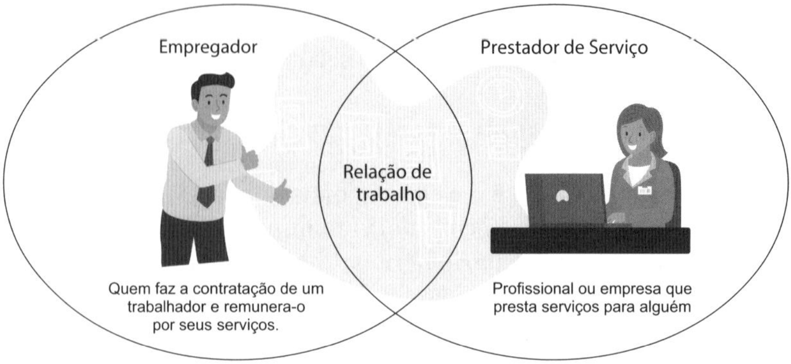

Fonte: Autor.

Conforme o artigo 3° da CLT define: "Considera-se empregado toda pessoa física que prestar serviços de natureza não eventual a um empregador, sob a dependência deste e mediante salário". Sendo assim, temos uma relação de emprego. Então, se você tem um empregado que trabalha periodicamente e depende do salário pago pela sua organização, o que existe nesse caso é uma relação de emprego.

A relação de trabalho só existe quando um ou mais requisitos do artigo 3° da CLT não são preenchidos. Dessa forma, se a sua organização contrata os serviços de um profissional autônomo para uma tarefa pontual, não existe ali a "natureza não eventual", por isso a relação que aparece nesse caso é a relação de trabalho.

Figura 4. Diferença entre relação de trabalho e relação de emprego

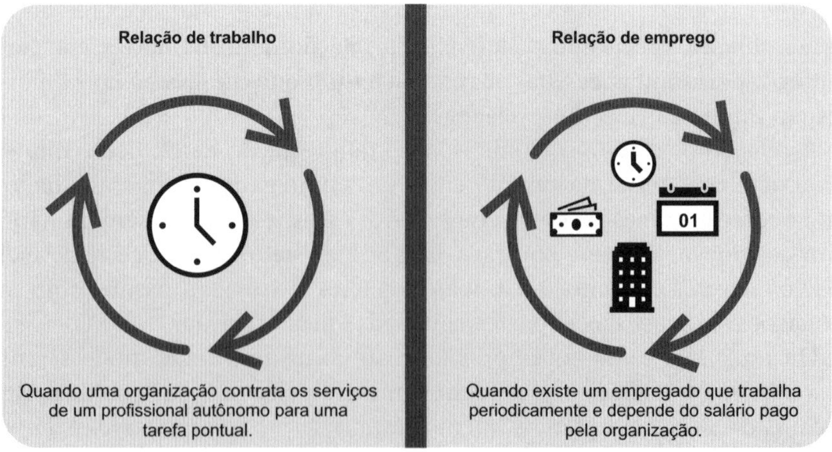

Fonte: Autor.

De uma maneira mais simples de entender, podemos considerar que toda pessoa que tem uma carteira de trabalho registrada por um empregador possui uma relação de emprego e não uma relação de trabalho. É por isso que é redundante dizer "empregado com carteira assinada". Esse entendimento é importante, porque toda relação de emprego é uma relação de trabalho, mas nem toda relação de trabalho é uma relação de emprego.

3.1.1 *Trabalhador formal ou assalariado*

Este trabalhador se enquadra na relação de emprego mencionada há pouco, e nesses casos o empregador e o empregado estão cumprindo um contrato que estabelece os direitos e deveres de ambas as partes, e que é regido pelas regras da CLT — Consolidação das Leis do Trabalho. Por exemplo, metalúrgicos contratados pelas montadoras de autopeças que trabalham por determinado número de horas por turno, tendo como contrapartida do empregador outro turno para descanso. Além de regular o número de horas que o empregado ficará disponível para prestação dos serviços, os contratos formais de trabalho organizam todo o tipo de obrigação legal, tanto do empregador para o empregado quanto o contrário. Outra parte importante no processo das relações de trabalho formais são os sindicatos, que reúnem os trabalhadores de cada categoria profissional e, de forma conjunta, negociam com os empregadores melhores condições de trabalho e salários.

O empregado tem que ter um horário rígido de trabalho; ele precisa cumprir a carga horária em geral dentro das dependências da empresa ou de terceiros; há horário específico para almoço e descanso, e controle de ponto para garantir que as regras estão sendo respeitadas. Os contratados nesse formato recebem a remuneração, benefícios, incentivos e possuem o direito à aposentadoria de acordo com as condições previstas na legislação vigente. Somente as relações de emprego são protegidas pelas leis trabalhistas. Em outras palavras, uma relação de trabalho não dá, necessariamente, direito a férias, 13° salário, aviso-prévio, FGTS e outros.

3.1.2 *Estágio profissional*

Este trabalhador ainda está em formação profissional e possui a Lei de Estágio para lhe dar suporte. Durante o período de estágio, o trabalhador é supervisionado por um responsável, a fim de preparar essa pessoa para o mercado de trabalho. Podemos dizer que é o momento em que se coloca em prática tudo aquilo que foi visto em sala de aula. Por isso, o trabalhador deve estar matriculado em uma instituição de ensino (ensino médio, técnico, superior); sua carga horária de trabalho será compatível com os seus estudos e a sua remuneração será feita por meio de uma bolsa estudantil.

3.1.3 *Trabalho autônomo*

O trabalhador autônomo é uma pessoa que presta serviços a um contratante sem que tenha um vínculo empregatício. Se a organização precisa de um profissional para executar determinada atividade, por exemplo, de conserto de uma porta, ele contrata esse profissional para resolver o problema e, assim, cria uma relação de trabalho com esse profissional. Mas trata-se de uma demanda claramente eventual e que não gera qualquer tipo de dependência entre as partes. Terminou o serviço, acabou a relação de trabalho.

3.1.4 *Trabalho eventual*

O trabalho eventual acontece quando uma necessidade pontual aparece, mas não vai gerar vínculo empregatício. Podemos citar, por exemplo, o trabalho de um garçom que foi contratado para atuar em um evento importante dentro da sua organização. Configura-se, dessa forma, primeiro por ser uma demanda eventual e, depois, por não gerar dependência do trabalhador em relação à empresa por causa de um salário pago. Entretanto, exige a criação de um contrato de trabalho eventual.

3.1.5 *Trabalho temporário*

Este tipo de trabalho é parecido com o trabalho eventual, pois nele o trabalhador é contratado para atuar durante um período de tempo determinado. De acordo com a lei, essa relação de trabalho só deve ser permitida para substituir profissionais que estejam de licença, de férias ou afastados. E quando aumentam as demandas de tarefas de um colaborador, por exemplo, no fim do ano, quando alguns lojistas contratam vendedores temporários.

3.1.6 *Diarista*

Quando prestadores de serviços são contratados para realizar tarefas domésticas sem obedecer ao critério de habitualidade, temos outra relação de trabalho. Esse caso é comum para diaristas, por exemplo.

Mas, se o serviço é prestado por mais de duas vezes na semana, existe o critério de habitualidade; assim, quem prestar serviços de limpeza na casa do empregador nesses casos tem suas atividades regidas pela CLT e pela Lei complementar 150/2015.

3.1.7 *Trabalho avulso*

Se uma pessoa presta serviços durante um curto período de tempo e de forma esporádica, seja em áreas urbanas ou rurais, em troca de um pagamento, então essa relação de trabalho é avulsa. Para ocorrer, precisa de intermediação de algum sindicato da categoria, de Acordo ou Convenção Coletiva de Trabalho; uma regra que se aplica para categorias profissionais sindicalizadas ou não.

3.1.8 *Trabalho voluntário*

O trabalho voluntário não configura vínculo empregatício, sabe por quê? Não existe remuneração, então não se cria uma relação de dependência em razão de um salário. A relação de trabalho, nesse caso, apesar de ser um serviço prestado de bom grado e sem nenhum contrato, presume a existência de um compromisso para com a instituição envolvida e está definido na Lei nº 9.608/1998.

4 TIPOS DE CONTRATOS

Fazer a contratação de trabalhadores demanda bastante esforço, pois a organização precisa pensar nas atividades que serão exercidas, cargo, remuneração, perfil profissional para a vaga e qual será o tipo de contrato de trabalho. Por isso, a organização precisa saber quais são as suas necessidades e encaixar este novo contrato em uma das possibilidades: tempo determinado, indeterminado, temporário e eventual.

Vamos falar um pouco sobre os quatro principais tipos de contrato de trabalho existentes em nossa legislação para ficar mais claro para você, pois o tipo de contratação pode fazer diferença no final dessa relação.

4.1 Contrato por tempo determinado

Quando a contratação ocorre e o trabalhador sabe quando irá sair, ou seja, seu contrato possui uma duração prefixada, dizemos que esse contrato tem prazo determinado. Nesse tipo de contrato, o prazo não pode exceder 24 meses, e o contrato é válido para as seguintes hipóteses:

- Contratação de serviço cuja natureza justifique a predeterminação do prazo do contrato.
- Contratação de atividades empresariais de caráter transitório.
- Contratação de colaborador em caráter de experiência.

Esse contrato não garante ao trabalhador o recebimento de aviso prévio, multa de 40% do Fundo de Garantia por Tempo de Serviço (FGTS), bem como Seguro-Desemprego. No momento da contratação, o trabalhador possui os seguintes direitos:

- Remuneração paga conforme o piso da categoria.
- FGTS.
- Hora extra.
- Vale-transporte, vale-refeição e vale-alimentação.
- Adicional noturno.
- Licença-maternidade ou paternidade.

4.2 Contrato por tempo indeterminado

Este contrato é o mais comum, pois não existe um período definido de vigência. Ao finalizar o contrato de experiência (e não havendo dispensa por parte do empregador ou o pedido de dispensa por parte do trabalhador), inicia-se o período de contrato por tempo indeterminado. Ou seja, caso não ocorra a rescisão após o período de experiência, o contrato automaticamente passa a ser indeterminado. Em regra, a maioria dos contratos tem duração indeterminada. Temos a definição da data de início para as atividades, mas o cálculo da rescisão pode ocorrer a qualquer momento desde que haja aviso prévio de uma das partes (empregador ou empregado).

Quando não há falha na conduta do empregado (justa causa ou culpa recíproca), o trabalhador tem assegurado o direito ao recebimento de 40% de multa sobre o valor do FGTS, seguro-desemprego e aviso prévio. Os direitos assegurados por lei a esse trabalhador são:

- Remuneração paga conforme o salário-mínimo atual ou observando-se a convenção ou acordo coletivo da função exercida.
- Jornada de trabalho de oito horas diárias.
- Pagamento de horas extras com 50% a mais na remuneração (não se pode exceder duas horas extras diárias).
- 13º salário proporcional aos meses trabalhados — consoante ao inciso VIII, artigo 7º da Constituição Federal.
- Descanso semanal remunerado (inciso VIII, artigo 7º).

4.3 Contrato temporário

Consideramos como contrato de trabalho temporário aquele prestado por pessoa física visando ao atendimento de uma necessidade transitória e sazonal, como Páscoa, Natal e Dia das Crianças, à substituição do quadro de pessoal ou ao aumento de serviços. Pela Lei nº13.429/2017, o contrato de trabalho temporário, no contexto urbano, "é aquele serviço prestado por pessoa física contratada por uma empresa de trabalho temporário que a coloca à disposição de uma empresa tomadora de serviços, para atender à necessidade de substituição transitória de pessoal permanente ou à demanda complementar de serviços". Os trabalhadores desse tipo de contrato possuem seus direitos assegurados pela Consolidação das Leis do Trabalho (CLT), assim como um trabalhador fixo, pois são contratados pelo mesmo regime e também possuem a carteira de trabalho assinada. A diferença é que eles trabalham para a empresa prestadora, e não para a tomadora de serviços. O prazo do contrato não pode exceder 180 dias, consecutivos ou não. E, quando for necessário, pode ser prorrogado por no máximo 90 dias, ou seja, 270 dias.

Nessa relação de emprego são direitos garantidos ao trabalhador temporário:

- Jornada de trabalho de quarenta horas semanais.
- Décimo terceiro proporcional.
- Horas extras.
- Abono salarial.
- Proteção previdenciária.
- Fundo de garantia.
- Recebimento de férias proporcionais ao período trabalhado.
- Descanso semanal remunerado.

Além disso, também estão inclusos os adicionais noturno, de insalubridade e de periculosidade, caso necessário na função desempenhada.

4.4 Contrato de trabalho eventual

Também é um dos tipos de contrato de trabalho ocasional, ou seja, em caráter absolutamente temporário e eventual. Muitas vezes é confundido com o contrato de trabalho temporário, mas a maior diferença entre os dois é que o contrato de trabalho eventual não gera vínculo empregatício. Portanto, o trabalhador eventual exerce sua atividade de forma esporádica, por um curto período, mas não é considerado como empregado do contratante. Isso quer dizer que esse trabalhador não possui relação direta de trabalho. Podemos citar como exemplos:

- Pedreiros.
- Encanadores.
- Jardineiros.
- Pintores e outros.

A legislação trabalhista confirma a contratação de trabalhador eventual na lei 8.212/91: "Aquele que presta serviço de natureza urbana ou rural em caráter eventual, a uma ou mais empresas, sem relação de emprego."

As principais características desse tipo de contrato estão previstas na lei 6.019:

- Caso faltem ao trabalho, não há descontos na remuneração.
- Se não prestaram o serviço na empresa, não contam com salário no final da semana.
- Possuem mais autonomia para trabalharem em várias empresas simultaneamente, caso queiram.

Como não existe uma relação de emprego entre o contratante e o trabalhador, este não possui direitos trabalhistas iguais aos demais contratos. Na Lei nº 13.467/2017 da Reforma Trabalhista, o Artigo 442-B atesta que o trabalhador eventual não se configura como empregado.

5 FOLHA DE PAGAMENTO

As organizações são obrigadas por lei a elaborar mensalmente a folha de pagamento da remuneração paga, devida ou creditada a todos os segurados a seu serviço, devendo manter em cada estabelecimento uma via da respectiva folha e os recibos de pagamento.

Na folha de pagamento que foi elaborada, devem ser registrados mensalmente todos os proventos e descontos dos empregados. Em caso de fiscalização e/ou das auditorias (internas e externas), tais informações devem ficar à disposição e seus lançamentos devem ser expressos do modo mais simples e transparente possível, para facilitar a sua compreensão por parte dos empregados.

Conforme artigo 225 do Decreto nº 3.048/1999:

> Art. 225. A empresa é também obrigada a:
> *I - Preparar folha de pagamento da remuneração paga, devida ou creditada a todos os segurados a seu serviço, devendo manter, em cada estabelecimento, uma via da respectiva folha e recibos de pagamentos;*
> *II - Lançar mensalmente em títulos próprios de sua contabilidade, de forma discriminada, os fatos geradores de todas as contribuições, o montante das quantias descontadas, as contribuições da empresa e os totais recolhidos;*
> *III - Prestar ao Instituto Nacional do Seguro Social e à Secretaria da Receita Federal todas as informações cadastrais, financeiras e contábeis*

de interesse dos mesmos, na forma por eles estabelecida, bem como os esclarecimentos necessários à fiscalização;
IV - Informar mensalmente ao Instituto Nacional do Seguro Social, por intermédio da Guia de Recolhimento do Fundo de Garantia do Tempo de Serviço e Informações à Previdência Social, na forma por ele estabelecida, dados cadastrais, todos os fatos geradores de contribuição previdenciária e outras informações de interesse daquele Instituto;
V - Encaminhar ao sindicato representativo da categoria profissional mais numerosa entre seus empregados, até o dia dez de cada mês, cópia da Guia da Previdência Social relativamente à competência anterior (Revogado pelo Decreto nº 10.410, de 2020).

Em outras palavras, podemos dizer que a folha de pagamento é a forma pela qual a organização contabiliza os valores devidos aos trabalhadores, empregados, prestadores de serviços terceirizados, entre outros que estão, de alguma forma, presentes durante um período de tempo em determinado local de trabalho da responsabilidade desse empregador ou de terceiros exercendo suas atividades.

5.1 Itens de uma folha de pagamento

Uma folha de pagamento tem função operacional, contábil e fiscal, consolidando todas as ocorrências mensais dos empregados. Nela são reunimos todos os fatos daquela relação de trabalho e emprego, de forma simples e transparente, reunindo todas as informações que podem se transformar em valores a somar ou diminuir no pagamento que ocorrerá no fim de um período. Consta em uma folha de pagamento:

- Nome do segurado: empregado, trabalhador avulso, autônomo e equiparado, empresário e demais pessoas físicas sem vínculo empregatício.
- Cargo, função ou serviços prestados.
- Parcelas integrantes da remuneração.
- Parcelas não integrantes da remuneração (diárias, ajuda de custo etc.).
- Descontos efetuados.
- Resultado líquido a ser pago.

Não existe um modelo oficial e padronizado para sua elaboração, por isso ela é adaptada para adotar os critérios que melhor atendam o interesse de cada empregador, sem que haja prejuízo das informações previstas legalmente. As organizações adotam diversos tipos de sistemas informatizados para a elaboração da folha de pagamento, sempre observando todos os procedimentos de uma folha manual. Ainda, pode optar por elaborar duas folhas de pagamento diferentes, uma para os empregados e outra para os contribuintes individuais (empresários e autônomos).

Aqui não vamos detalhar os itens que são incluídos em uma folha de pagamento, mas vamos citá-los:

- Classificação dos colaboradores.
- Avaliação das horas trabalhadas (jornada de trabalho, ausências não justificadas, atrasos, faltas, afastamentos, horas extras trabalhadas).
- Registro dos encargos e impostos (descontos referentes ao INSS e ao IRRF).
- Base de cálculos do FGTS (mesmo não sendo descontado do empregado, essa informação deve estar disponível na folha de pagamento).
- Demais descontos legais (vale-transporte, vale-refeição, planos de saúde, adiantamentos de salários etc.).
- Benefícios corporativos.
- Salário.
- Remuneração variável.
- Hora extra.
- Adicionais (de insalubridade, periculosidade, noturno) se for o caso.
- INSS (incide sobre o total da remuneração do empregado, ou seja, salário mais as horas extras, adicional de insalubridade, periculosidade e noturno, 13° salário e outros valores admitidos em lei).
- Contribuição sindical (caso seja de desejo do empregado o desconto de um dia do salário, por ano, na folha de pagamento).
- Adiantamentos (que podem ser de até 50% do salário).
- Faltas e atrasos (que podem ser descontadas do salário).
- Vale-transporte (que pode descontar no máximo 6% do salário-base).
- IRRF (desconto compulsório determinado pelo governo federal sobre o rendimento assalariado, com percentuais de desconto por faixas e conforme regras e tabela do IR).
- FGTS.

5.2 Funcionamento de um sistema de folha de pagamento

Um sistema ou software de folha de pagamento de mercado pode variar nas funcionalidades, nos processos, nos cadastros e nos parâmetros para as etapas de cálculos, mas é comum o recurso de cálculo automático para vários eventos e a atualização de novas versões, à medida que a legislação é atualizada. Cada evento pode possuir uma fórmula própria de cálculo, parametrizada pelo usuário, de acordo as particularidades da organização, de acordos coletivos ou individuais.

Vamos tomar como exemplo uma organização que usa um sistema informatizado para descrever as principais tarefas para a elaboração da folha de pagamento. Essa organização deve seguir alguns passos:

- Criar o período para lançamentos das informações da folha.
- Conferir se as admissões, os desligamentos e as férias do período estão lançados corretamente.
- Fazer todas as alterações cadastrais necessárias: mudança de endereço, estado civil, nascimento de filhos, promoções, mudança de setor etc.
- Importar e apurar o ponto dos empregados ativos (lançando os atestados médicos, abonando faltas legais, validando horas extras e adicionais etc.).
- Importar os dados do ponto para o sistema de folha, caso não sejam integrados.
- Fazer todos os lançamentos de proventos e de descontos não automáticos, como gratificações e empréstimos.
- Efetuar o cálculo da folha de pagamento, checando se as verbas "fixas" e as "automáticas" foram lançadas corretamente. Por exemplo: adicional de insalubridade, adicional de periculosidade, pensão alimentícia, INSS, IRRF e FGTS.
- Emitir os relatórios da folha e as guias, como: contracheque, folha de pagamento analítica, resumo, envio de informações para o eSocial etc.

Como você pode notar, é possível dizer que a folha de pagamento é o espelho das informações e atividades trabalhistas de cada empregado. Ela demonstra os salários bruto e líquido, além de ter função operacional, contábil e fiscal. Nela constam detalhadamente tudo que o funcionário recebeu e todos os descontos que são realizados.

Por isso, o empregador precisa investir em tecnologia para:

- Fazer o controle de ponto e, assim, ter todos os registros dos empregados lançados corretamente e com segurança.
- Acompanhar as horas extras trabalhadas regularmente e gerar alertas para evitar problemas de horas extras em excesso e outras ações relacionadas ao controle de horas trabalhadas.
- Ter o controle de todos os processos, para que a folha de pagamento seja fiel aos procedimentos e não haja problemas e erros de cálculos.
- Um sistema de folha de pagamento permite a padronização de todos os cadastros, como dados dos empregados, cargos, salários, horários e eventos que servirão de cálculo na folha.

- O empregador precisa criar mecanismos que permitam aos empregados sempre manter seus dados atualizados ou que tenha o mínimo de lançamentos manuais, que são sujeitos a erros humanos.
- No final, com um sistema de folha de pagamento bem controlado e monitorado, será possível fazer diversas integrações com outros sistemas internos, com os bancos de pagamentos e com o governo.

6 AS OBRIGAÇÕES DO EMPREGADOR

Quando geramos uma folha de pagamento, assumimos diversas obrigações com os órgãos públicos. Por isso, devemos ficar atentos à legislação atualizada, que deve ser consultada nos sites oficiais ou em fontes confiáveis, pois isso evitará transtornos e até mesmo passivos para a organização.

Apesar da tecnologia dos sistemas de folha de pagamento e dos recursos para a transmissão de informações aos órgãos oficiais, um profissional da área de Administração de Pessoal precisa saber calcular cada encargo, utilizando apenas a calculadora, caso seja necessário, e conhecer como funciona o envio de informações para o governo. Além disso, o desenvolvimento de bons relatórios ajudará na conferência e no cruzamento das informações geradas ou mesmo que serão enviadas para o governo, evitando retrabalhos e transtornos.

Com a entrada do eSocial, a substituição das informações que são prestadas aos órgãos integrantes do Comitê Gestor do projeto está ocorrendo desde 2018 com base na regulamentação de cada órgão, conforme competência legal para exigência dessas obrigações.

6.1 eSocial

O eSocial é um projeto desenvolvido pelo governo federal, instituído pelo Decreto nº 8.373, de 11 de dezembro de 2014, que, segundo a definição do próprio governo, tem por objetivo desenvolver um sistema de coleta de informações trabalhistas, previdenciárias e tributárias, armazenando-as em um Ambiente Nacional Virtual, a fim de possibilitar aos órgãos participantes do projeto, na medida da pertinência temática de cada um, a utilização de tais informações para fins trabalhistas, previdenciários, fiscais e para a apuração de tributos e da contribuição para o FGTS.

Isso quer dizer que o eSocial cria uma nova maneira de prestar as informações trabalhistas, previdenciárias, tributárias e fiscais relativas à contratação e à utilização de mão de obra onerosa, com ou sem vínculo empregatício, e de produção rural para o governo federal. Não é uma nova obrigação tributária acessória, mas a unificação e a simplificação do envio das informações dos empregadores para o governo.

Figura 5. Empregador, trabalhadores e governo se comunicando por um único meio de informações

Fonte: Autor.

Segundo o manual, são princípios do eSocial:

- Dar maior efetividade à fruição dos direitos fundamentais trabalhistas e previdenciários dos trabalhadores.
- Racionalizar e simplificar o cumprimento de obrigações previstas na legislação pátria relativa a cada matéria.
- Eliminar a redundância nas informações prestadas pelas pessoas físicas e jurídicas obrigadas.
- Aprimorar a qualidade das informações referentes às relações de trabalho, previdenciárias e fiscais.
- Conferir tratamento diferenciado às MEs/EPPs.

Com o projeto concluído, não teremos mais o procedimento do envio das mesmas informações por meio de diversas declarações, formulários, termos e documentos relativos às relações de trabalho; somente para acontecimentos que ocorreram antes do projeto. Outro ponto importante é que o envio das informações pelo eSocial não significa o reconhecimento da legalidade dos fatos nele informados.

Conforme ilustrado na figura a seguir, os empregadores terão apenas que enviar as informações por meio do eSocial para governo, seja utilizando os sistemas de folha de pagamento com um sistema de envio de arquivos (Mensageria) ou pelo site do eSocial na internet, e as informações ficarão em um repositório central do governo para serem utilizadas pelos órgãos participantes do projeto.

Figura 6. Obrigações que serão substituídas pelo eSocial

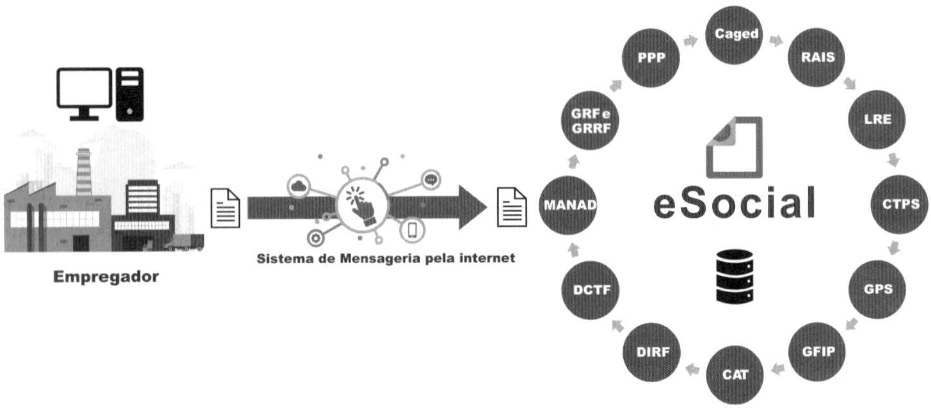

Fonte: Autor.

6.1.1 *Obrigados ao envio do eSocial*

Segundo o próprio manual do eSocial, "todo aquele que contratar um prestador de serviço, pessoa física, e que possua alguma obrigação trabalhista, previdenciária ou tributária, em função dessa relação jurídica de trabalho, inclusive se tiver natureza administrativa, conforme a legislação pertinente, está obrigado a enviar informações decorrentes desse fato por meio do eSocial. O obrigado pode figurar nessa relação como empregador, nos termos definidos pelo art. 2º da CLT ou como contribuinte, conforme delineado pela Lei nº 5.172, de 1966 (CTN), na qualidade de empresa, inclusive órgão público, ou de pessoa física equiparada a empresa, conforme prevê o art. 15 da Lei nº 8.212, de 1991. Estão obrigados ainda os contribuintes que comercializam produção rural".

6.1.2 *Funcionamento do eSocial*

O eSocial foi desenvolvido para que os empregadores enviem as informações agrupadas por eventos, que seguem uma sequência lógica de acontecimentos no mês, como contratações dos trabalhadores, desde o seu início até o seu término; a identificação do declarante e dos dados gerais das contratações realizadas por este; a admissão dos trabalhadores; os dados específicos da contratação dos trabalhadores; a gestão dos serviços prestados e do prestador de serviços; afastamentos; o pagamento da remuneração; e o término da relação contratual.

Dessa maneira, temos uma sequência de envio das informações que formam uma espécie de empilhamento, de modo que as informações transmitidas em eventos podem ser usadas em eventos enviados depois e, para se alterar um dado de evento enviado anteriormente, existe a necessidade de se analisar as consequências ou repercussões nos eventos posteriores.

Figura 7. Sequência de envio das informações no eSocial

Fonte: Autor.

Quando um empregador vai enviar suas informações para o eSocial, ele precisa de uma identificação de declarante. Essa identificação para pessoa jurídica é o CNPJ e para os declarantes pessoa física, o CPF.

Os trabalhadores têm como identificador obrigatório o CPF, e aqueles trabalhadores que possuem mais de um vínculo com o mesmo empregador têm a matrícula como diferenciador de contrato.

Todo empregador e trabalhador precisa, antes de enviar seus dados pela primeira vez para o eSocial, fazer a qualificação cadastral. Isso é uma das premissas para o envio de informações e recolhimento das obrigações por meio do eSocial. Ou seja, deve ser feita a consistência dos dados cadastrais enviados pelo declarante relativos aos trabalhadores a seu serviço. Esses dados são validados na base do CPF (nome, data de nascimento e CPF) e qualquer divergência impossibilita o envio dos eventos relacionados ao trabalhador.

Tendo as informações qualificadas para o envio inicial, o processo de geração e transmissão dos arquivos que ocorrem pela internet pode ser feito pelo próprio sistema do empregador ou por um terceiro contratado para envio desses arquivos. Existe também a possibilidade de preenchimento das informações direto no portal do eSocial, mas, nesse caso, devem ser analisados pelo empregador o nível de esforço e a sequência de preenchimento das informações para que tudo dê certo no final e não fique com pendências.

Isso acontece, conforme foi comentado anteriormente, porque os arquivos e as informações são empilhados em uma sequência de acontecimentos dentro de um período; dessa forma existem informações que servem de base para outros eventos de informações até se chegar ao envio dos pagamentos e fechamento daquele período de informações para gerar as obrigações do empregador. Na falta de uma informação, ou se dados forem divergentes, corre-se o risco de se ter valores diferentes de pagamentos ou dados incorretos que impeçam o fechamento do período e, com isso, não será possível gerar as guias para pagamento posteriormente. Outro ponto interessante é o fato de que quase todos os eventos possuem um prazo de envio e dependência de outro evento para que sejam aceitos.

Ao enviar todos os arquivos do período para o ambiente nacional do eSocial, existe outro programa, a DCTFWeb, que é utilizada pelo declarante como uma ferramenta de constituição de crédito tributário e emissão de guias de recolhimento para as contribuições previdenciárias e contribuições para terceiros e posteriormente para o imposto de renda, referentes à remuneração do trabalhador.

O governo trabalha também para o desenvolvimento de uma plataforma digital para o FGTS, para substituir o recolhimento do imposto que até o momento ocorre pela GFIP, no ambiente da Caixa Econômica Federal.

O eSocial não apura as contribuições previdenciárias devidas aos RPPS para fins de constituição de crédito e geração de guias de recolhimento.

6.1.3 *Informações dos eventos do eSocial*

Como falamos muito na palavra "evento", é preciso explicar que as informações são prestadas ao eSocial por meio de eventos. Esses eventos são arquivos com informações dos declarantes, elaborados de acordo com uma estrutura específica e predeterminada, gerados pelos sistemas de folha de pagamento e validados e enviados por sistemas mensageiros, conhecidos como sistemas de mensageria, responsáveis pelo envio dos arquivos pela internet para o ambiente nacional do eSocial.

Cada evento possui uma estrutura de campos com tamanho, tipo e formato, regras de validação de preenchimento, tabelas auxiliares que são usadas para o preenchimento de determinado campo, e tudo isso pode ser visto no manual do eSocial e é chamado de leiaute. Ou seja, temos vários eventos que possuem leiautes contendo todas as informações que ele transmite para o governo, e a explicação de como esses dados devem ser enviados e suas regras para aceitação.

Os eventos são divididos em três grupos, conforme explicado pelo manual do eSocial:

1. Eventos de tabelas: é o primeiro grupo de eventos a ser transmitido ao Ambiente Nacional do eSocial. O evento S-1000 identifica o declarante, contendo dados básicos de sua classificação fiscal e de sua estrutura administrativa. Além do evento S-1000, as tabelas do empregador são: tabelas de estabelecimentos (S-1005), rubricas da folha de pagamento (S-1010), lotações tributárias (S-1020) e informações de processos administrativos e judiciais (S-1070).
2. Eventos não periódicos: são aqueles que não têm uma data pré-fixada para ocorrer, pois dependem de acontecimentos na relação entre o declarante e o trabalhador que influenciam no reconhecimento de direitos e no cumprimento de deveres trabalhistas, previdenciários e fiscais como, por exemplo, a admissão/ingresso de um empregado/servidor, a alteração de salário, a exposição do trabalhador a agentes nocivos e o desligamento, dentre outros.
3. Eventos periódicos: são aqueles cuja ocorrência tem periodicidade previamente definida, compostos por informações de folha de pagamento, de apuração de outros fatos geradores de contribuições previdenciárias como, por exemplo, os incidentes sobre comercialização de produção rural por pessoas física.

Confira a seguir a relação de todos os eventos do eSocial, lembrando que o empregador não é obrigado a enviar todos os eventos, mas deve identificar e enviar todos aqueles que são necessários para o seu grupo e categoria de empregador e cadastros junto ao governo federal:

EVENTOS DE TABELAS
S-1000 - Informações do Empregador/Contribuinte/Órgão Público
S-1005 - Tabela de Estabelecimentos, Obras ou Unidades de Órgãos Públicos
S-1010 - Tabela de Rubricas
S-1020 - Tabela de Lotações Tributárias
S-1070 - Tabela de Processos Administrativos/Judiciais
EVENTOS PERIÓDICOS
S-1200 - Remuneração de Trabalhador vinculado ao Regime Geral de Previd. Social
S-1202 - Remuneração de Servidor vinculado ao Regime Próprio de Previd. Social
S-1207 - Benefícios - Entes Públicos
S-1210 - Pagamentos de Rendimentos do Trabalho

S-1260 - Comercialização da Produção Rural Pessoa Física
S-1270 - Contratação de Trabalhadores Avulsos Não Portuários
S-1280 - Informações Complementares aos Eventos Periódicos
S-1298 - Reabertura dos Eventos Periódicos
S-1299 - Fechamento dos Eventos Periódicos
EVENTOS NÃO PERIÓDICOS
S-2190 - Registro Preliminar de Trabalhador
S-2200 - Cadastramento Inicial do Vínculo e Admissão/Ingresso de Trabalhador
S-2205 - Alteração de Dados Cadastrais do Trabalhador
S-2206 - Alteração de Contrato de Trabalho/Relação Estatutária
S-2210 - Comunicação de Acidente de Trabalho
S-2220 - Monitoramento da Saúde do Trabalhador
S-2230 - Afastamento Temporário
S-2231 - Cessão/Exercício em Outro Órgão
S-2240 - Condições Ambientais do Trabalho - Agentes Nocivos
S-2298 - Reintegração/Outros Provimentos
S-2299 - Desligamento
S-2300 - Trabalhador Sem Vínculo de Emprego/Estatutário - Início
S-2306 - Trabalhador Sem Vínculo de Emprego/Estatutário - Alteração Contratual
S-2399 - Trabalhador Sem Vínculo de Emprego/Estatutário - Término
S-2400 - Cadastro de Beneficiário - Entes Públicos - Início
S-2405 - Cadastro de Beneficiário - Entes Públicos - Alteração
S-2410 - Cadastro de Benefício - Entes Públicos - Início
S-2416 - Cadastro de Benefício - Entes Públicos - Alteração
S-2418 - Reativação de Benefício - Entes Públicos
S-2420 - Cadastro de Benefício - Entes Públicos - Término
S-3000 - Exclusão de Eventos
S-5001 - Informações das Contribuições Sociais por Trabalhador
S-5002 - Imposto de Renda Retido na Fonte por Trabalhador
S-5003 - Informações do FGTS por Trabalhador
S-5011 - Informações das Contribuições Sociais Consolidadas por Contribuinte
S-5013 - Informações do FGTS Consolidadas por Contribuinte
S-8299 - Baixa Judicial do Vínculo

Podemos dizer que o eSocial é muito importante para os empregadores do Brasil e também para o governo federal, pois as informações que antes eram enviadas separadamente e por diferentes meios, como papel ou outro sistema e meio digital, para diferentes órgãos, agora são unificadas. Isso significa que os empregadores terão que enviar dados trabalhistas, previdenciários e tributários em meio digital, por meio do eSocial, em prazos que variam de acordo com o tipo de obrigação, eliminando gradativamente os processos e envios que ocorriam para cada órgão do governo separadamente e que davam muita dor de cabeça para os empregadores e trabalhadores, visto que sempre existiam divergências nas informações, por exemplo, existentes na Caixa Econômica Federal, na Receita Federal e no INSS .

7 A TECNOLOGIA MELHORA A GESTÃO DA FOLHA DE PAGAMENTO

Atualmente, é fundamental ter um sistema de folha de pagamento e outros que possam alimentá-lo de informações, por exemplo, de ponto eletrônico, afastamentos e alterações dos dados dos trabalhadores. Isso melhora o processo interno e torna tanto o fechamento da folha de pagamento quanto a apuração das informações a serem enviadas para o eSocial mais rápidos.

Vivemos um momento de transformação digital para todas as áreas de uma organização, incluindo o departamento pessoal, que é o responsável pelo processamento e pagamento da folha. Atualmente, a tecnologia dentro do departamento pessoal assume um papel fundamental na corrida pelos melhores resultados, possibilitando a abertura de uma vantagem competitiva sobre os concorrentes e a redução de passivos junto ao governo. O departamento pessoal precisa aprender a lidar com as tecnologias e quebrar a maneira tradicional de realizar os processos, pois cada vez mais os sistemas estarão mais inteligentes e funcionais, e isso pode liberar os profissionais do departamento para outras atividades que também são importantes.

7.1 Utilização de nuvem

Existe atualmente a possibilidade de as organizações centralizarem as informações sobre seus trabalhadores em locais seguros e que não dependem de sistemas físicos da organização para seu funcionamento. Assim como acontece com outros sistemas de nuvem, as informações ficam salvas na internet sem a necessidade de acesso específico de computadores determinados ou individualizados.

Possuindo um login e senha, é possível acessar o sistema de folha de pagamento e outros sistemas integrados à folha de pagamento de qualquer lugar e executar os processos e alterações necessárias, por exemplo, para calcular uma rescisão.

Sistemas com acesso pela nuvem foram fundamentais no período da pandemia da Covid-19, assim como são agora devido às novas modalidades de trabalho que estão crescendo, como a híbrida e o home office. Existem várias vantagens nesse modo de utilização da folha de pagamento, que vai desde a diminuição de gastos até a possibilidade de negociação, esclarecimentos e concessão de documentos entre empregado e o gestor dentro de uma área do colaborador criada na nuvem. A centralização das informações também deixa esses dados disponíveis para qualquer outra pessoa do departamento pessoal, reduzindo a perda de tempo, a burocracia de documentos e as informações gravadas em computadores locais, em locais diferentes na rede ou que acabam ficando com gestores e não são repassadas para o departamento pessoal. A utilização de um sistema de folha de pagamento em nuvem acaba com esses problemas e os profissionais do departamento pessoal realizam suas atividades com maior facilidade, já que terão os dados necessários para o cálculo da folha de pagamento gravados em um só lugar.

E a possibilidade de o trabalhador alterar seus dados, ou mesmo de os gestores lançarem as informações de seus empregados em sistemas auxiliares integrados à folha de pagamento, reduz os esforços e as mudanças na folha e que impactam o eSocial.

Outro ponto importante, uma vez que a folha de pagamento esteja rodando na nuvem, é a manutenção e atualização de tabelas. Versões do sistema e informações que devem ser prestadas ao governo, e que impactam os cálculos e as entregas das obrigações, são de responsabilidade da empresa contratada e responsável pelo sistema — que deve atualizá-lo, fazer as comunicações ou mesmo se apoiar nos processos que forem alterados dentro do sistema e que impactam a organização. E, por último, podemos dizer que a segurança das informações da folha de pagamento aumenta quando é utilizado um ambiente em nuvem que possui tecnologias para evitar vazamento de informações e que previne fraudes, tendo todos os controles e monitoramentos necessários.

7.2 Digitalização dos processos da folha de pagamento

O sucesso de uma organização está ligado diretamente à utilização de tecnologias que permitam, por exemplo, que a área de recursos humanos contribua ativamente como um setor estratégico para a organização. Imaginar que ainda hoje temos muitas empresas fazendo os cálculos da folha de pagamento de maneira manual preocupa, pois se perde muito tempo com isso e é sabido que o investimento em tecnologias que apoiem a folha de pagamento será pago ao longo do tempo, reduzindo os custos de cada processo manual que ocorrem dentro da organização.

Seja para calcular e efetuar os pagamentos de trabalhadores, reunir e enviar informações para projetos de clientes ou envio de obrigações, é possível concluir todas as tarefas de folha rapidamente e de forma simples quando possuímos os processos digitalizados ou mesmo automatizados. Isso evita erros de digitação e elimina entradas duplas, o que gera nas organizações que possuem seus processos manuais muito retrabalho, retificações de informações, pagamentos indevidos e até multas.

Outro ponto importante: um sistema de folha de pagamento é um ótimo ativo comercial. Ele permite, por exemplo, extrair-se relatórios com apenas um clique, entregando informações em tempo real para fiscalizações, auditorias e tomadas de decisões internas. E a digitalização dos processos da folha de pagamento pode reduzir o volume de transações em papel e de documentos no dia a dia do departamento, melhorando o tempo e a qualidade das informações prestadas.

Mas quais processos podem ser digitalizados ou mesmo automatizados, que possuem impacto direto no sistema de folha de pagamento?

- Integração de dados de admissões, afastamentos, acidentes, transferências e alterações cadastrais.
- Ponto eletrônico.
- Processos trabalhistas.
- Saúde e segurança do trabalho.
- Gestão de benefícios.
- Apresentação do histórico de registros.
- Integração contábil.
- Gerenciamento de impostos.

A digitalização dos processos não é algo futurista, mas algo que está ocorrendo atualmente em diversas organizações e será o primeiro passo para a transformação tecnológica no departamento pessoal e no RH como um todo. Mas a digitalização sozinha não faz milagres, é preciso repensar os processos que impactam a folha de pagamento, para corrigir as rotas e assim os processos serem mais ágeis e eficientes. Será necessário também que o capital humano da organização, principalmente do RH, adote um modelo mental inovador e digital. Só assim a organização conseguirá qualificar e melhorar o desempenho operacional e estratégico do departamento pessoal, e, consequentemente, do RH.

7.3 Business intelligence na folha de pagamento

Vamos pensar um pouco na quantidade de informações que temos dentro da folha de pagamento. Todos os meses temos vários processos que se repetem antes do pagamento e do envio das informações para o eSocial e do cumprimento das obrigações junto ao governo.

A folha de pagamento, muitas vezes, é a maior "despesa" que uma organização tem mensalmente. Por isso, as decisões que são baseadas na folha de pagamento podem ter um longo alcance e impactos em recursos humanos, projetos da organização, finanças e no planejamento estratégico como um todo. Se não levarmos a sério as informações contidas ali, poderemos deixar passar despercebidos pequenos erros, às vezes sucessivos, que custarão dinheiro para a organização, ou mesmo deixar de trabalhar oportunidades que essas informações possuam e que podem ser utilizadas por várias áreas da organização.

É por isso que trabalhar os dados contidos em uma folha de pagamento ajudará a identificar pontos de melhorias para sua organização como, por exemplo, o pagamento excessivo de horas extras em um departamento, quando um novo empregado poderia custar bem menos.

Com a análise de dados, é possível ver todas as informações necessárias para avaliar com precisão seus investimentos e escolher o caminho certo para cumprir os objetivos e projetos da organização, pois, com a análise de dados, é possível medir diversos aspectos da folha de pagamento. Veja as vantagens do BI aplicado à folha de pagamento:

- **Mineração de dados:** ao criar dados estatísticos, será possível identificar, por exemplo, o crescimento de pagamentos como horas extras, adicionais, tributos, multas, entre outros.
- **Geração de relatórios:** o compartilhamento dos dados analisados da folha de pagamento por setor para gestores e profissionais envolvidos em projetos estratégicos para a tomada de decisões.
- **Comparação e métricas de desempenho:** a comparação de dados e desempenho. Além disso, as informações são transformadas em históricos para se acompanhar ao longo do tempo, como horas extras, afastamentos, férias, pagamentos, contratações e rescisões. É possível criar até painéis personalizados para a alta gestão.
- **Análise descritiva:** pode ser utilizada para a análise e conferência dos dados, a fim de identificar possíveis erros e problemas, por exemplo, em eventos da folha de pagamento, com impacto direto nos encargos e tributos.
- **Visualização de dados:** a análise de dados junto com uma ferramenta de BI possibilita a transformação e a análise das informações em gráficos, diagramas e histogramas, facilitando o uso desses dados

da folha de pagamento periodicamente, sem que seja preciso todos os meses fazer isso em uma planilha e enviar para diversas pessoas.
- **Consultas:** o uso de uma ferramenta de dados permitirá também que diversos dados sejam compartilhados com gestores e outras áreas, por exemplo, para o trabalho de equipes de SST e de seus programas voltados para a prevenção de acidentes e qualidade do trabalho. Essas ações são baseadas na quantidade de trabalhadores por setor, na localização, no cargo, em adicionais pagos, entre outros dados que estão na folha de pagamento e que não estão em outros sistemas da organização, muitas vezes, por ter as áreas de segurança e de saúde do trabalho terceirizadas, mas possui profissionais atuando dentro delas.

Os dados da folha de pagamento, como foi apresentado anteriormente, poderão ser estratégicos para todas as áreas da empresa. Não estamos falando aqui da exposição de dados pessoais ou de salários de trabalhadores, mas dos acontecimentos ao longo do mês com cada trabalhador que possuem impactos diretos na folha de pagamento, além de ser possível quebrar os pagamentos por centros de custos, cargos, gestores, filiais e monitorar o que está acontecendo com a organização; sendo possível até mesmo reduzir custos. E quais são as vantagens de se trabalhar as informações da folha de pagamento?

- As tomadas de decisões serão mais assertivas.
- Teremos um monitoramento constante de acontecimentos com trabalhadores que impactam positivamente ou não o fechamento e pagamento da folha.
- Poderemos contribuir com as estratégias e projetos da organização, tendo uma visão do capital humano necessário e de seus custos.
- Vamos melhorar o controle de jornada.
- Melhorar a qualidade do trabalho e identificar possíveis causas de afastamentos e problemas ou mesmo o impacto de grandes jornadas para trabalhadores de cargos específicos.
- Teremos uma única fonte de informações aumentando a precisão dos indicadores.
- Poderemos contribuir para a redução da taxa de absenteísmo.

8 CONCLUSÕES

Este capítulo nos trouxe o entendimento das relações de trabalho e emprego, das remunerações e tudo aquilo que compõe os pagamentos e a importância da digitalização dos processos para que o departamento pessoal seja mais estratégico para as organizações.

Por que destacamos estes pontos?

Porque a tecnologia atualmente aplicada ao RH e ao departamento pessoal é fundamental para que as organizações promovam mudanças significativas nas outras áreas e departamentos, e até mesmo em novos projetos. A digitalização dos processos que envolvem a folha de pagamento é uma tendência que se estabelece de forma eficiente e prática.

Conforme vimos, o departamento pessoal juntamente com o RH possui muitos processos que impactam diretamente os pagamentos, as relações de trabalho e emprego e as responsabilidades tributárias da organização. A ideia de padronização e otimização dos processos para melhores entregas foi se consolidando ao longo do tempo e dos resultados positivos. Por isso, a digitalização é uma readequação do departamento para incluir as soluções tecnológicas, para que se tenha um melhor desempenho e tempo de resposta sobre os processos da organização, além de contribuir na aplicação de políticas que envolvem a gestão de pessoas.

O governo federal está melhorando e centralizando as informações por meio do eSocial, e além disso vem trabalhando o combate ao desvio de verbas, corrupção, sonegação e fraudes, o que é de interesse de toda a sociedade. E, nesse contexto, temos a Receita Federal sempre trabalhando com o cruzamento de dados, usando não somente o eSocial, mas o Sistema Público de Escrituração Fiscal (SPED) para identificar irregulares em informações prestadas por organizações de todos os tipos no Brasil. Não há como fugir ou esconder algo, pois, em determinado momento, um erro ou a omissão de determinada informação vai aparecer e a organização será obrigada a justificar ou provar aquele dado declarado. Por isso, é fundamental o uso da tecnologia dentro do departamento pessoal.

Portanto, este é o momento para que o departamento pessoal e o RH como um todo invistam em tecnologia e coloquem seus processos na era digital. Essa transformação digital vai trazer soluções eletrônicas que melhorarão o desempenho do departamento e da área como um todo, de forma a desburocratizar processos, melhorar o processamento de um alto volume de informações e colocar a área como estratégica para a organização. Pense nisso!

BIBLIOGRAFIA

CHIAVENATO, Idalberto. *Gestão de pessoas*. 3 ed., Rio de Janeiro: Elsevier, 2010.

GLOBO CIÊNCIA. *Conheça a história do dinheiro da Idade média aos dias atuais*. Disponível em: http://redeglobo.globo.com/globociencia/noticia/2013/06/conheca-historia-do-dinheiro-da-idade-media-aos-dias-atuais.html#:~:text=Animais%20diversos%20e%20 por%C3%A7%C3%B5es%20de%20sal%20j%C3%A1%20foram%20utilizados%20como%20moeda%20de%20troca&text=Voc%C3%AA%20sabe%20de%20onde%20vem,de%20determinada%20quantidade%20de%20sal. Acesso em 30 jun. 2022.

PAYSMART. *A evolução dos pagamentos*. Disponível em: https://www.paysmart.com.br/a-evolucao-dos-meios-de-pagamento-onde-tudo-comecou-parte-i/. Acesso em 30 jun. 2022.

FURTADO, Marcelo. *O que é a folha de pagamento*. Disponível em: https://blog.convenia.com.br/folha-de-pagamento/. Acesso em 30 jun. 2022.

GOVERNO BRASILEIRO. *Manual do eSocial*. Versão S-1.0, 2022. Disponível em: https://www.gov.br/esocial/pt-br/documentacao-tecnica/manuais/mos-s-1-0-consolidada-ate-a-no-s-1-0-10-2022.pdf. Acesso em 30 jun. 2022.

REZENDE, Mardele Eugênia; GABRIEL, Ricardo Alexander; e DA SILVA, Marilene Luzia. *eSocial prático para gestores*. São Paulo: Érica, 2016.

REZENDE, Mardele Eugênia; GABRIEL, Ricardo Alexander; DA SILVA, Marilene Luzia. *eSocial aplicado às rotinas trabalhistas*. São Paulo: Érica, 2017.

SUGESTÕES DE PERGUNTAS E RESPOSTAS PARA DISCUSSÃO DO CAPÍTULO

1. Qual é a origem da palavra salário?
2. Quais são os principais componentes da remuneração total?
3. E quais são os tipos de recompensas financeiras?
4. Diferencie salário nominal de salário real.
5. Qual a diferença entre relação de trabalho e relação de emprego?
6. Quais são os principais tipos de trabalhadores no Brasil?
7. E quais são os principais tipos de contratos?
8. Conforme o artigo 225 do Decreto nº 3.048/1999, o que todo empregador é obrigado a fazer?
9. O que deve constar em uma folha de pagamento?
10. Quando um empregador faz uma folha de pagamento, ele automaticamente possui obrigações de envio de informações para o governo. Qual o projeto que o governo federal usa atualmente para a prestação dessas informações?

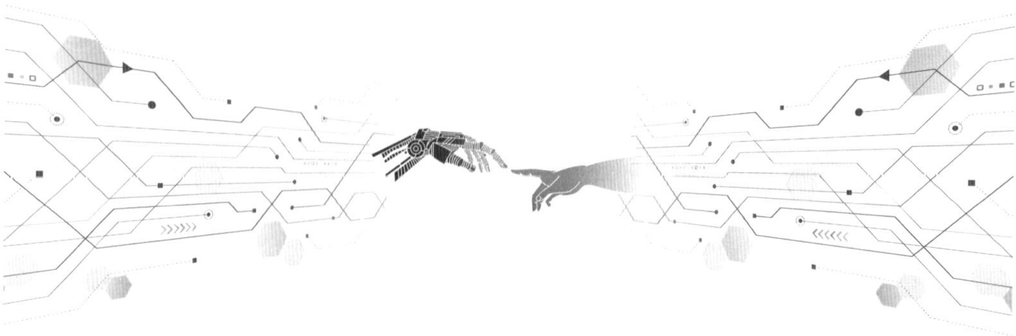

Modelos de gestão participativos, cargos e carreiras no contexto digital

Gislaine Gandra

OBJETIVOS DO CAPÍTULO

Entender o que é, qual a importância e os efeitos da transformação digital e dos novos desafios ágeis para a estrutura organizacional das empresas e para a descrição/gestão dos cargos e carreiras.

1 INTRODUÇÃO

Em todo o mundo, pode-se constatar que as mudanças são constantes e cada vez mais rápidas. Novas empresas, novos produtos e novos cargos são criados a cada dia. A tecnologia tem mudado a dinâmica das organizações, e até mesmo os modelos de gestão. As empresas, além de superar os concorrentes, precisam agora superar a si mesmas, tornando-se cada vez mais rápidas, ousadas e criativas.

Fazendo um resgate histórico do mundo organizacional, temos um expressivo marco com a Revolução Industrial, iniciada no século XVIII, que trouxe grandes avanços tecnológicos e alterou os modos de produção e a forma de se viver em sociedade. Frederick Taylor, um dos grandes nomes dessa fase, trouxe relevante contribuição ao levar para as empresas uma inovação disruptiva: o método científico. Baseando-se em informações e planejamento, ele buscava aumentar a produtividade das empresas de forma expressiva. A previsibilidade e o controle deixavam claro exatamente o que os empregados deveriam fazer e, como resultado, traziam grande eficiência. Max Weber, sociólogo alemão, também influenciou muito as organizações a partir da Teoria da Burocracia que indicava que uma estrutura formal da organização permitia organizar as atividades humanas para a realização de objetivos comuns no longo prazo, dando ênfase à divisão do trabalho.

Em pleno século XXI, após termos vivido várias fases da Revolução Industrial, continuamos a viver transformações profundas na forma de trabalhar. A humanidade, ao longo do seu desenvolvimento, reinventou-se para evoluir e garantir a sua sobrevivência. Cada vez que mudamos a nossa forma de perceber e lidar com o mundo, passamos a criar novas formas de nos relacionar, inclusive no mundo do trabalho. As organizações, que são feitas por pessoas, não teriam destino diferente. Elas também mudam e evoluem ao longo do tempo para que possam garantir a sua sobrevivência.

Atualmente, estamos vivendo mais uma grande transformação social e econômica provocada pela chegada, disseminação e popularização de novas tecnologias. Muitos têm analisado esse novo mundo com o acrônimo "VUCA" (traduzido do inglês: volátil, incerto, complexo e ambíguo) e outros usam o "BANI" (traduzido do inglês: frágil, ansioso, não linear e incompreensível). Esse momento histórico tem sido chamado de Revolução Digital e vem provocando transformações sistêmicas e profundas nas organizações.

Nesse contexto, as empresas estão desafiadas a se transformar para dar conta de uma realidade não previsível, não linear, pouco compreendida e cada dia mais complexa. As pressões governamentais e econômicas, a exigência dos clientes finais, a reputação frente ao mercado, a necessidade de atrair, reter e engajar talentos são fatores que as pressionam rumo à transformação contínua.

Mais de cem anos após o início da Revolução Industrial, ainda temos muitas empresas cujos gestores, assim como Taylor e Weber, adotam a lógica de prever e controlar o trabalho realizado pelos empregados como a melhor alternativa para o sucesso organizacional. Essas premissas efetivamente levaram a humanidade a um grande desenvolvimento econômico e a uma revolução social no passado recente. Entretanto, nos dias de hoje, a previsibilidade e o controle deixaram de ser premissas essenciais e um diferencial competitivo que viabilize a sua sobrevivência.

Neste capítulo, vamos nos dedicar ao entendimento de como as estruturas organizacionais relacionadas a cargos, salários e carreiras estão evoluindo, com a transformação digital, para modelos mais aderentes à realidade que se impõe. Se antes a previsibilidade para a realização das tarefas e a necessidade de vigiar e controlar os empregados eram formas de garantir que o trabalho fosse realizado, hoje, essas práticas são questionadas, pois limitam o escopo de atuação, impedem a criatividade e dificultam a colaboração. Refletir sobre essas estruturas é fundamental, já que são centrais para o desenvolvimento de novos modelos de gestão.

2 DEFINIÇÕES PARA FINS DESTE CAPÍTULO

O *propósito* é a base essencial, o porquê de se existir, é aquilo que se busca alcançar de uma maneira única para expressar a contribuição ao mundo. Laloux (2014) fala de propósito como a "energia que inspira e dá direção". Ter um propósito viabiliza uma direção clara para se definir prioridades e buscar melhores resultados, tanto no âmbito organizacional quanto no individual. No mundo organizacional, a clareza de propósito favorece que os empregados unam seus propósitos individuais ao propósito organizacional, gerando uma conexão com sentido e engajamento.

A *estrutura organizacional* envolve autoridade, comunicação, relacionamento e responsabilidades dentro de uma empresa. Estamos acostumados a pensar em organogramas quando falamos de estrutura organizacional. Contudo, esse termo é mais complexo do que um simples desenho representando uma divisão figurativa da distribuição formal de poder. Vamos utilizar neste capítulo a referência de Hitt, 2007,[1] que considera como elementos fundamentais da estrutura organizacional as características estruturais tangíveis que determinam a hierarquia e as características de estruturação

[1] Hitt, M. A.; Miller, C. C.; e Colella, A. *Comportamento organizacional: uma abordagem estratégica*. Rio de Janeiro: LTC, 2007.

que estão ligadas às políticas e abordagens utilizadas para prescrever diretamente o comportamento dos empregados, ou seja, o sistema de cargos, papéis e suas relações de autoridade que influenciam o comportamento de uma organização.

No dicionário, encontramos a definição de *cargo* como: "*Aquilo que é ou se tornou incumbência ou compromisso de alguém; carga, encargo; dever assumido em relação a alguém ou algo; responsabilidade, obrigação; função em empresa pública ou privada; emprego.*" Nas práticas de Gestão de Pessoas, o conceito de cargo é muito utilizado devido às exigências legais para contratação de empregados celetistas (regidos pela CLT — Consolidação das Leis Trabalhistas), sendo necessário registrar o código do cargo conforme a Classificação Brasileira de Ocupações (CBO).

Já o conceito de papel traz uma nova forma de se definir a abrangência de atuação. *Papel é* o conjunto de responsabilidades individuais diretas assumidas intencionalmente por um profissional para atingir um propósito, que está sincronizado com o propósito do grupo de trabalho e da empresa. O papel delimita o escopo de tomada de decisão e o grau de autonomia de cada empregado, mas não de forma rígida e estanque. O papel é específico, mas também flexível, e pode ser alterado conforme mudanças da realidade do trabalho percebidas pelos próprios empregados.

Como existe a exigência legal de atribuir um cargo e um CBO para cada profissional da organização, o papel recebe influência direta do cargo definido. Contudo, pode ir além, sem se limitar a ele. Cada empregado pode assumir um ou mais papéis dentro da organização, a depender do nível de complexidade, responsabilidade e tempo de dedicação a cada um dos papéis. A pessoa que assume o papel tem autonomia para desenvolver suas estratégias dentro do escopo de responsabilidade sem precisar de aprovações de superiores. Pode, contudo, se julgar necessário, pedir conselhos, mentoria ou sugestões antes de agir, mas é responsável por todas as decisões que toma, assumindo as consequências advindas.

Responsabilidades são as atividades e os resultados esperados para alcance do propósito do papel. Assumir um papel exige do empregado assumir as responsabilidades atribuídas ao papel. Assim, ele passa a ser *autorresponsável* por aquilo que acontece em relação ao seu papel e deve se apropriar das situações em que esteja envolvido como resultados de suas próprias escolhas e ações. A autorresponsabilidade está intimamente relacionada à *autonomia*, que é a capacidade de tomar decisões em busca de alcançar o propósito do papel. Para ser responsável, é imprescindível poder tomar decisões.

Em síntese, a estrutura organizacional terá como elementos fundamentais os cargos (como exigência legal) e os papéis (como referências de atuação), que delimitam o escopo de responsabilidade, autonomia e autoridade de cada pessoa dentro da organização, deixando clara por meio de combinados (acordos e políticas) a forma como o trabalho e as relações humanas acontecerão. Esse conjunto organizacional irá buscar o propósito maior da organização. Para isso, desdobra o propósito nos elementos da estrutura, gerando clareza de direção e delimitando os escopos de atuação.

3 COMO TEM SIDO ATÉ ENTÃO E QUAIS AS TENDÊNCIAS DE MUDANÇAS

Tradicionalmente, as práticas relacionadas à estrutura organizacional passaram a ser utilizadas nas organizações como forma de aumentar a eficiência na produção. Essa linha de atuação, inspirada nas teorias de Taylor e Weber, consiste em definir cargos, seu escopo, autoridade, relacionamentos e as regras que deveriam ser cumpridas.

Para a definição dos cargos no Brasil se utiliza, desde 2002, conforme a Consolidação da Legislação Trabalhista (CLT), a referência de cargos pré-existentes na Classificação Brasileira de Ocupações (CBO). Todos os cargos da organização devem estar relacionados ao conjunto de tarefas definidas no CBO.

Nas empresas, os cargos são organizados dentro de uma *Política de Cargos e Salários* que reflete a estrutura organizacional necessária para viabilizar a entrega de valor aos clientes. A definição dos cargos, seu conjunto de tarefas, sua autoridade e seus respectivos salários devem considerar tanto a consistência interna entre os cargos existentes na empresa quanto a consistência externa, considerando cargos similares no mercado. Essa organização dá clareza à estrutura organizacional e direciona as várias políticas de gestão de pessoas.

Definem-se, também, formal ou informalmente, as relações que devem ser estabelecidas para se viabilizar a realização do trabalho, assim como a frequência com que essas relações devem ocorrer. Essas relações são tanto entre superior e subordinado quanto entre pares, cuja tarefa exige interdependência com pessoas que desempenham o mesmo cargo ou outro cargo dentro da organização.

Nesse formato, as características dos cargos são mais valorizadas do que seus ocupantes e cada empregado deve obedecer ao seu superior imediato, considerando uma hierarquia de autoridade. A forma mais comum de representar essas relações é o organograma, que pode ser matricial, divisional ou funcional, conforme o modelo de trabalho escolhido.

As empresas que têm práticas de Gestão de Pessoas mais estruturadas utilizam a base de Cargos e Salários de forma conectada à estratégia e aos planos da organização para definir sua *Política de Carreira*, dando maior clareza quanto às possibilidades de mudança de cargos, crescimento, evolução ou mudança de carreira. Majoritariamente, as carreiras tendem a ser previsíveis e a progressão ocorre conforme o tempo de experiência, títulos e formações acadêmicas e resultados entregues, respeitando, contudo, uma cadeia hierárquica e o planejamento da organização. As empresas, não necessariamente, consideram desempenho (resultados entregues) para a evolução na carreira dada a dificuldade de mensuração do desempenho individual, uma vez que o trabalho cada vez mais é fruto de colaboração, não dependendo de apenas uma pessoa para ocorrer.

Tendo os cargos, os salários e as carreiras sido predefinidos pela organização, deve o empregado desempenhar seu papel conforme definições do escopo do cargo e, paralelamente, olhar para os demais cargos da organização e almejar seu crescimento profissional, buscando estratégias de desenvolvimento para estar apto a mudar de cargo.

Nessa linha, o conceito de *cargo passa a ser a base central* para o modelo de gestão de pessoas nas empresas tradicionais já que, a partir da definição dos cargos, as práticas de gestão de pessoas são realizadas tendo como base a delimitação do escopo de tarefas que cada cargo traz consigo. Para realizar contratações, utiliza-se a descrição do cargo para levantar experiência e competências necessárias. Para fornecer feedbacks, é utilizada a expectativa do cargo para reconhecer comportamentos ou indicar necessidades de melhorias. Nas avaliações de desempenho, mede-se as entregas e avalia-se os comportamentos esperados para o cargo. As ações de treinamentos e desenvolvimento são direcionadas para o cargo atual ocupado ou para o cargo almejado em termos de crescimento de carreira. Já a estratégia de remuneração considera o escopo do cargo em relação aos demais e ao mercado.

A centralidade do cargo nas políticas de gestão de pessoas trouxe maiores possibilidades para que as organizações evoluíssem suas práticas de gestão. Dada a diversidade das empresas e da maturidade de suas práticas, é natural que usufruam do potencial dessas práticas em níveis distintos. Entretanto, aquelas que efetivamente aproveitaram o conceito conseguiram avanços significativos em:

- Viabilizar maior coerência interna para os subsistemas de gestão de pessoas, possibilitando a integração dos processos e o direcionamento de expectativas cada vez mais claras.
- Gerar maior estabilidade, uniformização e organização interna, uma vez que predetermina a abrangência de atuação dos empregados e as perspectivas de ampliação dessa abrangência nas organizações.
- Permitir contratações mais assertivas para cada cargo.
- Possibilitar a redução da ansiedade dos profissionais em relação aos processos de avaliação de desempenho e desligamentos, uma vez

que possibilita que a organização deixe claros os critérios que serão avaliados.

- Reduzir a insatisfação dos profissionais em termos de caminhos de carreira já que, tendo cargos com descrições mais consistentes que sustentam um Plano de Cargos e Salários e o Plano de Carreira, é possível ter mais clareza dos caminhos necessários para viabilizar seu crescimento na organização.
- Trazer a sensação de maior senso de justiça atrelada ao entendimento de que todos estão sujeitos às mesmas regras e critérios.

Por outro lado, a centralidade do uso do cargo vem sendo questionada, uma vez que direciona todas as práticas pelo paradigma da estabilidade, da previsibilidade e do controle do trabalho. A rigidez que o conceito de cargo traz, em especial devido à sua conexão com as exigências da legislação trabalhista brasileira, impede que práticas mais arrojadas de gestão tenham espaço e tragam mais possibilidades de atuação e geração de valor, tanto às pessoas quanto às organizações.

Em um mercado altamente competitivo, com mudanças rápidas e imprevisíveis, cujos consumidores mudam de gostos e prioridades mais rápido do que trocam de tela, é fundamental que as organizações adotem práticas que as tornem empresas dinâmicas, inovadoras, transparentes, resilientes e ágeis. Dessa forma, podemos citar alguns dos desafios observados com o uso do conceito de cargo para direcionar as práticas de gestão de pessoas:

- Cada pessoa pode ter apenas um cargo dentro da organização, o que tende a limitar seu potencial de atuação a uma especialidade e desconsidera a multiplicidade de atuações possíveis que cada indivíduo traz consigo.
- As descrições detalhadas de cargo não contemplam o propósito de se realizar cada atividade, gerando uma tendência a execução realizada por praxe, com pouco sentido ou senso de responsabilidade.
- De forma geral, a descrição dos cargos é feita pelo gestor com apoio da área de Gestão de Pessoas. Assim, o empregado que atua em cada cargo faz um combinado com a empresa (personificada pelo gestor imediato) de algo que ele não ajudou a construir. Além disso, o processo não contou com a participação dos colegas que fazem interface nas tarefas para essas definições (o que vai levar a conflitos entre áreas, problemas de comunicação, retrabalhos, entre outros).
- Limitam a criatividade, a inovação e a geração de novos repertórios, pois antecipam e preveem o que deve ser feito pelos empregados.

- O trabalho prescrito na descrição do cargo delimita a atuação sem considerar o real do trabalho. De fato, o que o empregado realiza é inviável de se materializar em uma descrição dissertativa. Assim, por mais que se possa entender que as expectativas estão "alinhadas" a partir do cargo, ele serve apenas como um combinado inicial entre as partes.
- As atividades inesperadas e as tomadas de decisão críticas nem sempre são descritas no cargo. Elas acontecem no processo de interação das pessoas com os outros e com o ambiente e exigem atuações não prescritas.
- Nos processos de contratação, feedback, avaliação de desempenho, treinamento e desenvolvimento, tende-se a focar na descrição do cargo. Contudo, tarefas muito além do que está descrito devem ser realizadas ou foram efetivamente realizadas pelo colaborador, mas não serão consideradas, pois vão além do escopo do cargo.
- A velocidade de atualização dos cargos existentes e de criação de novos cargos pela organização é muito inferior à velocidade da mudança das atividades que devem ser feitas, o que gera descrições desatualizadas.

Em ambientes complexos, a previsibilidade e o controle tendem a ser ilusões geradas pela necessidade de se prever e controlar tudo o que acontece dentro de uma organização. Ou seja, são práticas ainda baseadas nos paradigmas tradicionais de gestão. Nas organizações em que a transformação digital está ocorrendo e novos paradigmas de gestão estão sendo aplicados, a ideia de cargo cada vez mais dá espaço para discussões sobre propósito, papéis, autonomia e autorresponsabilidade.

4 UMA NOVA FORMA DE FAZER

A cada instante, a cada novo olhar, a cada nova experiência, nós nos movemos, nos transformamos e passamos a usar novas referências e paradigmas que nos levam a agir de forma distinta. A *velocidade da mudança* é cada vez maior. Independentemente do tamanho da empresa, do modelo de negócio, do tipo de produto ou da localidade, a mudança é fundamental para se garantir o futuro das organizações. As empresas estão sendo desafiadas a adaptar-se às novas exigências, caso contrário irão sucumbir e fracassar. Jack Welch, renomado executivo norte-americano, considerado a referência de gestor do século XX, já dizia: "*Quando o ritmo de mudança dentro da empresa for ultrapassado pelo ritmo da mudança fora dela, o fim está próximo."*

Frente a um mundo que muda contínua e rapidamente, é fundamental que as organizações se transformem na mesma velocidade. A *transformação digital* que chegou ao mercado de forma avassaladora não se limita ao uso de sistemas tecnológicos e digitalização de processos internos. Ela é ampla, sistêmica e abrange todos os âmbitos da organização, como: propósito, estratégia, modelo de negócio, modelo de gestão, estrutura organizacional, produtos e serviços, operações e cultura, tendo a tecnologia um lugar central para a solução de problemas e a captação de oportunidades.

Uma das facetas da transformação digital é a *inovação em gestão*, que irá sustentar as transformações internas, sincronizando-se com as transformações externas. De acordo com Gary Hamel (2007),[2] em seu livro *O Futuro da Administração*, *"inovação em gestão é qualquer coisa que altera substancialmente a maneira pela qual o trabalho de gestão é realizado, ou modifica significativamente formas organizacionais costumeiras e, como resultado, faz progredir as metas da organização"*. Hamel reforça a importância de se reinventar a gestão como diferencial no mercado: *"Inovação em gestão compensa (...), ela tem um potencial inigualável de produzir mudanças radicais e duradouras em vantagem competitiva."*

Reinventar o modelo de gestão está relacionado a gerar mudanças radicais e duradouras na forma como pensamos e agimos sobre o mundo. Consequentemente, irá mudar a forma como organizamos o trabalho. Frederic Laloux (2017),[3] no livro *Reinventando as Organizações*, faz uma análise histórica do desenvolvimento das organizações a partir da ampliação do nível de consciência das pessoas. Segundo ele, *"no curso da história, a humanidade por várias vezes reinventou a forma como as pessoas deveriam se reunir para trabalhar. (...) Cada vez que nós, como espécie, mudamos nossa forma de pensar sobre o mundo, acabamos criando tipos mais poderosos de organizações"*.

Laloux, baseado na Teoria Integral de Ken Wilber, detalha em seu livro a evolução dos níveis de consciência que sustentam as práticas laborais ao longo da história a humanidade. Vamos tratar de três níveis de consciência: **realizador, pluralista, evolutivo.** Essa referência vai ajudar a compreender como as práticas de gestão de pessoas tendem a mudar conforme se amplia a complexidade do contexto e a forma de ver o mundo para que novas formas de colaborar e de trabalhar emerjam.

---

[2] Hamel, Gary. O *Futuro da Administração*. Rio de Janeiro: Campus, 2007.

[3] Laloux, Frederic. *Reinventando as Organizações: um guia para criar organizações inspiradas no próximo estágio da consciência humana*. Curitiba: Editora Voo, 2017.

As organizações do mundo ocidental têm a primazia do paradigma que entende as *organizações como máquinas* — previsíveis, eficientes e impessoais. Esse paradigma, nomeado **realizador** por Laloux, nasce com o Iluminismo e com a Revolução Industrial. As empresas são criadas para vencer a concorrência e gerar lucros aos acionistas. Para isso, a gestão tende a ser baseada na burocracia e centrada na eficiência para geração de resultados. As mudanças organizacionais devem ser previstas, planejadas e mapeadas para então serem implementadas de acordo com o plano traçado. A preocupação com o bem-estar de seus empregados e com comunidade que impactam é secundária ou até mesmo inexistente. As pessoas são vistas como recursos, engrenagens da máquina e precisam ser controladas conforme organograma desenhado. De acordo com o cargo a que são designadas, as pessoas recebem as tarefas já descritas e têm suas atividades controladas. Quando infringem as regras ou erram, são punidas (advertências, suspensão, desligamento). Acredita-se que a "vida pessoal" deveria ficar distante da "vida profissional", de preferência lá na catraca da entrada, para não atrapalhar as atividades profissionais. Não é por acaso que a área que trata as questões das pessoas e suas relações se chamou (e ainda se chama em muitas empresas) de Recursos Humanos.

Esse paradigma trouxe grandes avanços para a humanidade nos últimos séculos, já que existia um ambiente relativamente mais simples e estável. Contudo, estamos vivendo uma era de hiperconexão, complexidade crescente, transparência ampliada, incertezas e instabilidade. Esse contexto exige a ampliação da forma de ver o mundo. O paradigma realizador passa a dar sinais de que está chegando a seu limite: precarização do trabalho, falta de sentido e propósito, depressão, ansiedade, pânico, suicídio, uso de drogas, desigualdade social, distribuição injusta de recursos, crise ambiental, rivalidade entre empresas e disputas jurídicas. Cada vez mais vemos essas temáticas dominarem as conversas, as manchetes dos jornais e até as pautas das reuniões corporativas. Apenas uma verdadeira revolução nas crenças que sustentam o modo como fazemos gestão nas organizações irá nos levar para outro nível de consciência que sustentará uma nova lógica das relações de trabalho.

O paradigma **pluralista** se contrapõe ao modelo realizador por entender que a hierarquia e o abuso de poder são nocivos às pessoas e às organizações. Laloux atribuiu a esse paradigma à *metáfora da família* no lugar da máquina para representar as organizações. Como família, todos os membros são importantes e todos têm voz. A cooperação, a harmonia e a busca pelo consenso são valorizadas. A diversidade de perfis, opiniões e perspectivas é apreciada e merece consideração.

Nas empresas pluralistas, as pessoas deixam de ser vistas como recursos. Suas emoções e suas relações passam a ser consideradas no ambiente laboral. Suas práticas reforçam a importância das pessoas, da cultura organizacional e do empoderamento para engajar seus empregados. Assim, essas empresas começam a desenvolver práticas, momentos e políticas de benefícios voltadas a criar condições mais favoráveis para as pessoas, em que seus aspectos pessoais (maternidade, datas especiais, adoecimentos, preferências etc.), o lazer e a conexão entre as pessoas são considerados. Na rotina do trabalho, os líderes devem escutar as pessoas e envolvê-las nas tomadas de decisões que as impactam, evitando uso do poder de forma centralizadora. Devem também "empoderar" as pessoas, resgatando delas o que têm de melhor e estimulando-as para que possam atuar com mais liberdade em suas atividades e tomar decisões.

Nas organizações pluralistas, os acionistas não são os únicos que devem ter seus interesses satisfeitos. Busca-se incluir também a perspectiva de outras partes interessadas, como a comunidade local, os empregados, os parceiros, o meio ambiente e o governo. Todas as perspectivas merecem o mesmo respeito e cuidado e devem ser consideradas pelos líderes quando fazem escolhas.

Esse paradigma tem sido encontrado especialmente nas empresas que têm exigência de profissionais de qualificação específica e, muitas vezes, ainda rara no mercado, como as empresas de tecnologia (por exemplo, a brasileira Vagas.com), as startups e as empresas que querem se tornar mais ágeis frente a um mundo altamente competitivo e que muda rapidamente. Também é encontrado em empresas do terceiro setor, como ONGs, que percebem o engajamento das pessoas a partir de sua conexão com múltiplos stakeholders. Como estratégia de atração, retenção e engajamento dos empregados, busca-se fomentar um ambiente de valorização das pessoas, de estímulo à criatividade e de participação nas decisões

Já o paradigma **evolutivo**, além de sustentar as pessoas no centro da organização, traz a necessidade da coerência interna: nós nos colocamos no mundo a partir de quem somos (considerando a nossa integralidade de corpo, mente e alma) e do nosso objetivo de vida (propósito). A energia que inspira e dá direção é o propósito, a razão de ser das pessoas e também da organização.

Laloux utiliza a metáfora dos organismos vivos para representar essas organizações. Compreende-os como sistemas complexos que mudam continuamente e se auto-organizam conforme percebem novas exigências do meio. Esse paradigma transcende a lógica ou-um-ou-outro, lidando com os paradoxos e pensamentos mais complexos, ciente das polaridades e mudanças contínuas existentes. Prever e controlar não são práticas ideais frente à complexidade e à imprevisibilidade do mundo, sendo substituídas por uma habilidade de sentir, detectar mudanças e adaptar-se de forma dinâmica, priorizando a percepção e a reação. Assim, buscar a perfeição e seguir o planejamento detalhado tornam-se meras ilusões de gestão. Busca-se, então, saídas que possam ser implementadas rapidamente. Nesse contexto, a autogestão é uma alternativa para operar através de relações entre pares, pequenos grupos, transparência e compartilhamento de informação relevante e tomada de decisão coletiva (consentimento).

Cada um dos paradigmas descritos se sustenta em um conjunto de necessidades, crenças e visões de mundo. Veja na tabela a seguir um breve resumo. Um novo olhar para o ser humano, para o trabalho e para as organizações trouxe uma ampliação na perspectiva de cada um desses fenômenos. Inovações em gestão trouxeram novas tecnologias sociais que a cada dia ganham mais espaço nas organizações, na medida em que incorporam novos elementos e conceitos até então pouco trabalhados para definir estratégias, práticas e políticas.

Tabela 1. Paradigmas de gestão segundo Frederic Laloux

PARADIGMAS		
Realizador	**Pluralístico**	**Evolutivo**
Empresas vistas como máquinas (mecanicistas, previsíveis, eficientes e impessoais).	Empresas vistas como famílias, em que todos os membros são importantes e têm voz.	Empresas vistas como organismos vivos, sistemas complexos que se auto-organizam a partir do que percebem no ambiente.
Empresas existem para vencer a concorrência e gerar lucro aos acionistas.	Empresas precisam ser transparentes com a comunidade e ter responsabilidade social e ambiental como um dos seus resultados.	Empresas são entidades vivas e movidas por propósito evolutivo (gerar valor social). Aqueles que buscam o mesmo propósito não são concorrentes, mas sim parceiros.
As pessoas são vistas e tratadas como recursos. Consideram-se apenas os aspectos profissionais, pois a vida pessoal não deve fazer parte da empresa.	Cultura organizacional e líderes que empoderam as pessoas. Preferências, emoções e opiniões são ouvidos pelos líderes antes que tomem decisões.	Pessoas são seres integrais (corpo, mente e alma) que assumem responsabilidades. Focam no bem-estar das pessoas (empregados, parceiros, clientes, fornecedores etc.).

Fonte: Autor.

Algumas tecnologias sociais exemplificam o paradigma evolutivo como forma de apresentar novas estruturas organizacionais e novas formas de divisão do trabalho. São elas: **sociocracia clássica** (iniciada por Auguste Comte em 1851 e aplicada por Kees Boeke em uma escola na Holanda); **holacracia** (iniciada pelo norte-americano Brian J. Robertson em 2001, que usou sua empresa de tecnologia como laboratório para experimentar o modelo); **sociocracia 3.0** (desenvolvida em 2015 por James Priest e Bernhard Bockelbrink a partir da sociocracia clássica; trouxe uma nova versão para torná-la mais prática e aplicável em qualquer organização); e **organizações orgânicas** (desenvolvida no Brasil pela Target Teal; trouxe adaptações da sociocracia e da holocracia à cultura brasileira).

Com algumas pequenas diferenças entre elas, as quatro abordagens trazem a autogestão como nova forma de organizar o trabalho e dividir as responsabilidades. Também trazem a centralidade do *papel* como o elemento básico para sustentar a divisão de responsabilidades e de poder.

O papel é uma estratégia para manter as referências claras do escopo de responsabilidades e de autoridade de cada pessoa dentro da organização. A descrição do papel é composta por nome, propósito, responsabilidades e artefatos/domínio:[4]

- **Nome:** pode ser escolhido conforme preferência das pessoas que irão executá-lo e deve fazer referência à essência do papel.
- **Propósito:** deve dizer por que aquele papel existe e o que ele almeja realizar. O propósito do papel deve estar relacionado ao propósito do grupo de trabalho e da empresa.
- **Responsabilidades:** são as atividades realizadas de forma contínua pelo papel; ele tem autonomia para decidir como devem ser executadas. São descritas por verbo no gerúndio para indicar que não são projetos estanques, mas atividades contínuas.
- **Artefatos ou domínios:** especificam aquilo sobre o qual o papel tem autoridade exclusiva para controlar em prol da organização, ou seja, o que é de propriedade do papel, em que nenhuma outra pessoa pode intervir.

Diferentemente da lógica vigente no paradigma realizador, em que o cargo é o centro das práticas de gestão, no paradigma evolutivo as expectativas para cada papel devem ser explícitas para todos e a sua autoridade para

[4] Pequenas variações e inclusões serão encontradas nas diferentes tecnologias sociais. Veja um modelo de descrição de papel na tecnologia social de organizações orgânicas em https://targetteal.com/pt/blog/estrutura-organizacional-no-o2/.

executar as responsabilidades e tomar decisões referentes a esse papel deve ficar clara para ser legitimada. Dessa forma, mesmo nas equipes que têm a figura do gestor formal, o escopo de responsabilidades e autoridade de cada papel deve ser respeitado, dando-se autonomia para a execução e fortalecendo a confiança do time. O gestor pode aconselhar, orientar ou influenciar, mas não pode assumir a responsabilidade que está atribuída a outro papel. Essa é uma grande diferença do paradigma realizador para o evolutivo, pois o segundo distribui autoridade e, naturalmente, poder para todos da organização por meio dos papeis. Já o realizador concentra o poder no topo da pirâmide hierárquica, restringindo-o aos cargos de gestão.

Os papéis são específicos, têm seu escopo claro e bem-definido. Mas também *são dinâmicos*, evoluem e são revisados continuamente pelas próprias pessoas, a partir de mudanças da realidade do trabalho percebidas pelos próprios empregados. Essas mudanças geram aprendizados e novas necessidades, levando à atualização da descrição do papel. Assim, não é necessário aguardar datas ou rodadas formais para atualização dos papéis. Essas são feitas sempre que se entendem necessárias.

As organizações evolutivas não restringem o desenvolvimento, o crescimento e a mudança de papel, área ou de carreira. Uma pessoa pode assumir *mais de um papel* dentro da organização. O conceito de papel não limita a empresa a ter apenas um papel por pessoa e nem limita a atuação pela área de formação, como ocorre quando usamos o conceito de cargo.[5] Considera-se que as pessoas estão em pleno processo de aprendizado e desenvolvimento. Exercer novos papéis é uma forte estratégia de desenvolvimento de pessoas nas organizações evolutivas, como Koch-Gonzalez (2019),[6] autor da sociocracia, indica: "*Papel é a área em que se tem autoridade para agir, dando a quem energiza esse papel a oportunidade de desenvolver sua competência nele. Energizar papéis tem a ver com atenção, empoderamento e desenvolvimento de competências. (...) Os papéis são separados das pessoas que os energizam.*"

Veja uma breve comparação entre cargo e papel de acordo com os paradigmas realizador e evolutivo na tabela a seguir:

[5] Na seção "Como a legislação limita e possibilita as novas estruturas organizacionais?" será trabalhada a forma de se utilizar papéis, considerando-se a legislação trabalhista brasileira.

[6] Koch-Gonzalez, Jerry e Ted J. Rau. *Muitas vozes uma canção: autogestão por meio da sociocracia*. Curitiba, Editora Voo (2019).

Tabela 2. Diferença entre cargo e papel

Cargo	Papel
Paradigma Realizador	Paradigma Evolutivo
Cada pessoa tem um cargo específico, conforme sua formação, experiência e carreira predeterminada.	Cada pessoa tem um cargo (conforme exigência legal brasileira no modelo CLT), mas pode assumir mais de um papel conforme suas habilidades, conhecimentos e interesses.
A descrição de cargo contempla as atividades a serem realizadas, sem explicitar nível de autoridade, podendo ocorrer diferença de expectativas entre os envolvidos (pessoas que assumem o papel, liderança, colegas e clientes).	A descrição de papéis torna explícitas as responsabilidades e a autoridade para agir e tomar decisões.
Cargos de gestão centralizam a maior parte do poder de tomada de decisão da organização. A autoridade fica centralizada nos cargos de gestão, que podem alterar de forma direta a descrição do cargo ou a forma de realizar as responsabilidades.	O poder de tomada de decisão está distribuído nos diversos cargos da organização. A pessoa que assume o papel deve participar ativamente das alterações — que acontecem sempre que há tensões, mudanças e novos aprendizados.

Fonte: Autor.

As quatro tecnologias sociais também trazem uma nova visão sobre *estrutura organizacional*. Em um mundo complexo, incerto, incompreensível e ambíguo, as organizações são entendidas como estruturas orgânicas que se adaptam conforme o ambiente muda. Como na metáfora, as organizações se comportam como organismos vivos, compostas por um conjunto de células (papéis) que formam os tecidos (círculos). No lugar da divisão por especialidades, que é adotada pela maior parte das organizações do paradigma realizador, as empresas evolutivas buscam uma estrutura de papéis organizados por propósitos comuns em pequenos grupos que se integram para formar a organização. Assim, utiliza-se o desenho de círculos para agrupar papéis diversos que têm propósito e responsabilidades semelhantes.

A holacracia[7] reforça que cada círculo é um hólon, sendo ao mesmo tempo uma unidade autogerenciada e autônoma e também parte do círculo maior, que circunda todos os círculos e representa a organização como um todo. Com essa estrutura, define-se onde e como o trabalho acontece e os limites das entidades que realizam o trabalho são esclarecidos (círculos e papéis).

[7] Robertsin, Brian L. *Holacracia: o novo sistema de gestão que propõe o fim da hierarquia*, 2016.

A estrutura composta por círculos permite que objetivos complexos sejam divididos em partes menores, seguindo uma hierarquia de propósito, complexidade e alcance, sem uma hierarquia de pessoas ou poder. Assim, os círculos podem conter subcírculos com objetivo de manter grupos pequenos focados em propósitos específicos, com limites de doze a quinze pessoas por círculo ou subcírculo. Dessa forma, é mais viável ter times autogerenciados que viabilizem relações fortes entre as pessoas e maior transparência do que está sendo feito e dos impactos advindos.

Assim como os papéis, cada círculo tem seu propósito, suas responsabilidades, seus artefatos/domínios e sua autoridade descritos. O propósito da organização é guardado pelo círculo maior, que é composto por representantes dos demais círculos. Cada círculo reúne os papéis necessários para a execução. Com isso, consegue-se expressar o propósito da organização, a partir da expressão do propósito dos círculos e dos papéis.

Figura 1. Exemplo de estrutura organizacional por círculos

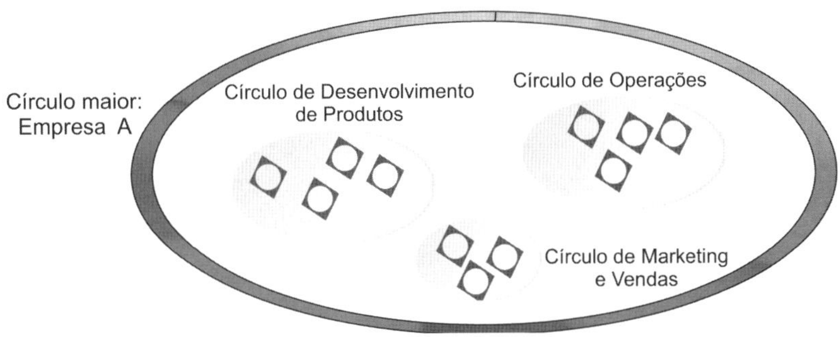

Fonte: Autor.

As necessidades dos círculos são também levadas em conta no processo de auto-organização de definições de cada um dos círculos ou subcírculos. Eles se conectam, se influenciam e evoluem de forma contínua. Alterações na estrutura acontecem de forma fluida, a partir das percepções das necessidades e da reação para melhor adaptação.

É importante reforçar que os círculos não são a representação das pessoas e sim dos papéis, uma vez que uma pessoa pode atuar em papéis distintos e em papéis existentes em círculos diferentes. Por exemplo, uma pessoa pode atuar com o papel "Marketing Digital" no círculo de MKT e Vendas e pode também energizar o papel "Financeiro" no círculo de Operações.

5 PRÁTICAS DE GESTÃO DE PESSOAS À LUZ DA EVOLUÇÃO DAS ESTRUTURAS ORGANIZACIONAIS

Considerando uma estrutura circular e a centralidade dos papéis nas organizações evolutivas, as *práticas de gestão de pessoas* são conduzidas de forma distinta daquelas que consideram o cargo como centro de suas práticas. Como premissa inicial, entende-se que a *responsabilidade* é fundamental para garantir que as pessoas trabalhem de forma autônoma, exercendo sua autoridade dentro do cargo que energiza. Todos os empregados assumem responsabilidade por um ou mais papéis e isso significa *tomar decisões, definir prioridades, resolver problemas e lidar com as consequências de suas ações*. Diferentemente dos modelos realizadores e pluralistas em que os gestores assumem a responsabilidade por todas as ações do time e são cobrados pelos resultados da área, nas empresas evolutivas, cada pessoa dentro do seu papel é o "gestor de si", definindo como deve executar seu trabalho. É possível buscar contribuições do time para agregar nas escolhas e decisões e reduzir riscos. Para isso, existem os processos de aconselhamento e consentimento.

O *aconselhamento* é uma alternativa para o empregado quando precisa tomar alguma decisão mais complexa ou que gostaria de contribuições de pessoas com mais experiência, com visão complementar ou senso crítico ou visão sistêmica para agregar nas suas análises e alternativas de ação. Nesse caso, o empregado que assume o papel pode levantar os conselhos e, a partir deles, definir de forma autônoma como irá agir. O processo de aconselhamento não objetiva satisfazer a todas as pessoas que aconselharam. O objetivo é trazer mais informações, ampliando a visão e a consciência daquela pessoa que tem a responsabilidade pela ação.

Já o processo de *consentimento* ocorre durante as reuniões do time e tem como objetivo envolver as pessoas para que possam analisar as situações e levantar objeções para a proposta feita pela pessoa que assume o papel em questão. Objeções são preocupações de que a proposta impeça o cumprimento da finalidade do círculo. Caso haja alguma objeção, a proposta inicial deve integrá-la para modificar a proposta inicial. Caso não haja objeções, tem-se o consentimento, o que significa que todas as pessoas do círculo foram envolvidas e consideradas, estabelecendo uma boa base para o trabalho conjunto.

A definição de quem irá energizar cada papel acontece por meio do *processo de seleção* coletiva (também chamado de eleições). É um processo de seleção aberto e transparente, em que não há votos, mas nomeações ou indicações. Pode acontecer com apoio do time de Gestão de Pessoas ou de consultoria especializada para analisar as competências e as contribuições com a cultura organizacional. Contudo, não é uma exigência. Antes da indicação coletiva, é preciso passar pelo processo de descrição dos papéis, com consentimento do grupo, e pelo processo de entendimento do papel por meio de perguntas exploratórias. As indicações devem se basear nas características necessárias ao papel. Assim, para que uma boa decisão seja alcançada, é preciso considerar as habilidades e os conhecimentos específicos exigidos para o papel. É importante também considerar os papéis que a pessoa já assume, evitando que haja sobrecarga. Assim, para assumir mais de um papel, é fundamental que a pessoa tenha tempo necessário para desempenhar os papéis e que tenha as habilidades necessárias (ou o potencial para desenvolvê-las), de forma a não comprometer a busca pelo propósito do grupo.

As ações de *treinamento e desenvolvimento* ocorrem também à luz dos papéis. Tendo os papéis descritos, sabem-se quais são as competências necessárias para desempenhá-los. Nas empresas evolutivas, as pessoas têm liberdade pessoal e responsabilidade por conduzir seu processo de desenvolvimento. As necessidades de melhoria vão surgir por meio de processos de autoconhecimento, feedbacks do time, clientes ou demais pessoas da organização e também do levantamento de tensões pelas pessoas do círculo que identificarem situações distintas daquilo que gostariam que fosse. A organização irá fornecer os recursos necessários para desenvolvimento, considerando os combinados realizados coletivamente sobre essa temática.

Dessa mesma forma, o processo de desenvolvimento de *carreira* acontece de forma distinta das empresas realizadoras. Em cenários de mudanças contínuas, disruptivas e rápidas, ter um Plano de Carreira estruturado de antemão é considerado uma ilusão de gestão para as empresas evolutivas. O crescimento dentro da organização toma outra perspectiva. Não são definidos degraus hierárquicos a serem alcançados. Adotam-se estratégias mais fluidas para trazer mais dinamismo e transparência. A *remuneração* está atrelada aos papéis desempenhados, que se diferenciam pelo grau de responsabilidade e complexidade das atividades. Os próprios times, seguindo a legislação vigente e a consistência interna e externa, definem os salários considerando a disponibilidade orçamentária.

É comum que se crie um grupo de trabalho que analisará as demandas e solicitações dos empregados por aumento salarial. Esse grupo fica responsável por definir os critérios, atualizá-los e comunicá-los amplamente sempre que entender necessário para que haja transparência e senso de justiça na organização. Para esse grupo, podem-se eleger pessoas que conheçam as limitações legais e as estratégias tradicionais de remuneração, de forma a sempre haver referências de práticas e análise consistente dos riscos.

Para exemplificar, a empresa norte-americana de venda de calçados Zappos[8] criou um sistema de carreira autogerenciável com um conjunto de *badges* (emblemas) que representam papéis, habilidades e resultados. A pessoa escolhe em qual habilidade quer se certificar e quanto. Usando esses emblemas, os empregados submetem ao time (ou para o time que tem a atribuição de tratar as questões de remuneração) seu pedido de aumento salarial. Esse time é responsável por analisar o pedido, considerando a disponibilidade de orçamento da organização. Já a empresa brasileira de equipamentos industriais Semco adotou a prática de transparência total, deixando a cargo dos próprios times definirem a remuneração conforme orçamento disponível e demais políticas existentes na empresa. Para Ricardo Semler, sócio da Semco, "*as pessoas que pagam muito a si mesmas têm que trabalhar com colegas ressentidos. (...) As pessoas devem se recandidatar para seus empregos a cada seis meses. Pague-se injustamente e você pode em breve estar procurando um novo emprego. Finalmente, a remuneração dos funcionários está ligada diretamente aos lucros da empresa — há uma enorme pressão dos pares para manter os orçamentos em linha*".[9] Temos também a Lambda, empresa brasileira de tecnologia que utiliza práticas evolutivas para definições de carreira. Na Lambda,[10] a definição salarial não é feita pelos gestores. Os salários ficam disponíveis nos sistemas internos e são discutidos diretamente pelos times seguindo algumas restrições de fluxo financeiro. É a equipe da pessoa que solicita ou avalia o reajuste salarial. Contudo, antes disso a própria pessoa deve avaliar se o seu pedido é justo. A área de Gestão de Pessoas presta suporte com direcionamento e parâmetros às equipes.

Nas configurações complexas de trabalho que temos hoje, as organizações evolutivas trazem uma nova forma de colaboração e trabalho dentro das organizações. Estrutura, papéis, remuneração e carreira precisam ter práticas coerentes com o propósito e com o nível de consciência predominante na organização. Não existe modelo infalível, mas existem modelos mais compatíveis com a realidade atual e as necessidades pessoais, sociais e ambientais. Para existirem, as organizações precisam evoluir continuamente. O modelo de gestão não fica fora desse processo evolutivo.

[8] Veja mais detalhes sobre prática da Zappos em https://www.businessinsider.com/how-zappos-determines-salaries-in-holacracy-2015-7.

[9] SEMCO, Insanity that Works - A Philosophy of Participation and Involvement. Epic Work epic Life. Disponível em: https://epicworkepiclife.com/semco-insanity-that-works/.

[10] Sociocracia e autogestão tornam empresa de tecnologia referência no setor. Rede Jornal Contábil, 14 de julho de 2020. Disponível em: https://www.jornalcontabil.com.br/empresa-de-tecnologia-referencia-no-setor/amp/.

6 COMO A LEGISLAÇÃO LIMITA E POSSIBILITA AS NOVAS ESTRUTURAS ORGANIZACIONAIS?

A CLT (Consolidação das Leis Trabalhistas) traz uma série de exigências para a definição de cargos nas empresas brasileiras. As empresas evolutivas também estão sujeitas às definições da CLT, mesmo que utilizem outras formas de vínculo com as pessoas que contribuem com a organização. Contratos com pessoas jurídicas (PJs) ou microempreendedores individuais (MEIs) são opções possíveis, mas trazem algumas restrições para a atuação das pessoas na organização, não podendo haver a eventualidade e a pessoalidade, muitas vezes necessárias para a execução de determinadas responsabilidades. Algumas organizações adotam o modelo societário, viabilizando que todos sejam sócios da organização e evitando, dessa forma, limitarem-se às exigências da CTL. Contudo, apesar desse modelo trazer mais liberdade quanto a definição de papéis e a remuneração, ele é mais viável para pequenas empresas e consultorias.

A CLT exige que todos os empregados tenham atribuído apenas um cargo em sua carteira de trabalho. Frente a isso, é preciso encontrar saídas legais para viabilizar que uma pessoa assuma mais de um papel e que possa mudar de papéis na organização. As alternativas encontradas pelas organizações evolutivas brasileiras passam por decisões que precisam de análise jurídica e consciência de riscos assumidos. Veja algumas delas:

- *Definir cargos amplos e genéricos* para viabilizar maior dinamismo, e assim permitir que as pessoas assumam papéis que se encaixem no escopo do cargo. Assim, em vez de atribuir um cargo com escopo restrito, que traz especificidade de atuação, como "Analista de Mídias Sociais" ou "Analista de Comunicação Interna", escolhe-se cargos com escopo mais amplo para trazer mais possibilidades de energizar uma variedade maior de papéis. No exemplo, a escolha de cargo seria mais genérica, como "Analista de Comunicação" ou "Analista de Marketing".
- *A remuneração* do empregado deve seguir a referência do cargo que está definido e do papel que ocupa a maior parte do tempo do empregado. Essa definição deve considerar as competências e o nível de senioridade. Na medida em que ocorrem as mudanças de papéis e as novas divisões do tempo de trabalho entre os papéis, pode ocorrer a mudança de cargo e de salário, conforme políticas internas.
- As pessoas devem *desempenhar na maior parte do seu tempo de trabalho um papel principal*, relacionado ao cargo que está registrado em sua carteira. Dessa forma, no tempo restante, ela pode

desempenhar outros papéis para os quais tem habilidades e foi indicada pelo time. Este deve ser um processo de transição e desenvolvimento, em que a pessoa desempenha atividades de um papel de maior complexidade e responsabilidade, mas ainda não recebe a remuneração por ele. A organização precisará assumir riscos trabalhistas. Contudo, pode definir um período em que isso ocorra e tratar como um investimento em desenvolvimento, dando oportunidade de aprendizado na prática para garantir que a pessoa assuma o novo papel como papel principal apenas quando efetivamente estiver o desempenhando dentro das exigências do papel.

- Uma vez que na atual CLT não é viável *redução de salário*, as mudanças devem ocorrer sempre para aumentar o nível de responsabilidade e complexidade atribuída à pessoa, de forma que assuma papéis e dedique cada vez mais tempo a papéis que têm remunerações iguais ou superiores à remuneração atrelada ao seu cargo.
- *Haver formas transparentes e concretas de demonstrar os resultados e as entregas* dos empregados, para garantir que pessoas que geram impacto diferenciado na organização tenham remunerações diferenciadas das demais, reduzindo, assim, as possibilidades de passivos trabalhistas. Pode-se usar métodos formais de feedbacks de pares e clientes, assim como definir indicadores de resultados do time e mensurar a contribuição individual para os resultados do time. Dessa forma, deixa-se mais claro quais critérios foram usados para se definir o salário, evitando ações de equiparação salarial.
- Dar *transparência aos processos* de promoções ou definir um *grupo* com competências diversas e complementares para tomar decisões sobre salários é uma alternativa usada para reduzir vieses cognitivos, injustiças e riscos trabalhistas. Nesses formatos, as críticas ao processo são levantadas e já consideradas para adaptação dos processos, trazendo evolução contínua.

É relevante trazer o entendimento de que as organizações evolutivas trabalham suas políticas e suas práticas com base em combinados claros e objetivos, sempre considerando a legislação vigente e fortalecendo vínculos de confiança entre as pessoas. Entende-se que a legislação é uma referência importante para a conduta organizacional, mas que ela não está aderente a todas as mudanças e às evoluções ocorridas nas organizações. Dessa forma, acredita-se que a mudança dos níveis de consciência e as novas necessidades sociais provocam a mudança na legislação; não o contrário.

7 TENDÊNCIAS

Há mais de 500 anos antes de Cristo, Heráclito, importante filósofo pré-socrático, dizia que a única constante do universo é a mudança. Segundo ele, *"ninguém pode entrar duas vezes no mesmo rio, pois, quando nele se entra novamente, não se encontra as mesmas águas, e o próprio ser já se modificou. (...) Portanto, o real é sempre fruto da mudança"*. Em pleno século XXI, com a aceleração das mudanças frente à disseminação das tecnologias, a humanidade ainda tem dificuldade de lidar com antigos desafios: fome, saúde, saneamento, mudanças climáticas, educação e violência. Os modelos mentais e os níveis de consciência que nos trouxeram até aqui estão mostrando os seus limites. O físico alemão Albert Einstein dizia que não conseguimos resolver um problema com base no mesmo raciocínio usado para criá-lo. Assim, não temos outra saída: precisamos de novas formas de pensar, de nos relacionar, colaborar, consumir e trabalhar para conduzirmos ações que efetivamente trarão evolução para a humanidade.

Frente a um mundo complexo, passamos a usar a referência dos organismos vivos dentro e fora das organizações. A metáfora da máquina para lidar com um mundo hiperconectado não se aplica mais. Pessoas e organizações são sistemas complexos. Suas conexões são múltiplas, dinâmicas e não lineares. Ao alterarmos uma variável desse sistema, inevitavelmente mudamos as demais, transformando todo o sistema. Dessa forma, diferentemente do que acontece com uma máquina, que podemos dividir em partes observáveis, perceber como interagem entre si de modo ordenado e prever as causas e os efeitos, em uma organização temos mais dificuldade em generalizar, prever e controlar. Essas habilidades, que foram tão valorizadas nas organizações, não mais nos levam para um novo nível de consciência e, consequentemente, a um novo patamar evolutivo da sociedade. Tudo que tende a ser estável ou previsível está fadado a fracassar em um mundo de mudanças constantes.

A tendência é termos cada vez mais organizações com estruturas fluidas, adaptáveis, regenerativas, que são resilientes e rápidas para aprender continuamente e se transformar frente à realidade que se apresenta. No lugar de desenhar organogramas ou planos de carreira, precisamos direcionar nosso olhar para processos de evolução pessoal, que irão sustentar a construção de novas práticas organizacionais. No lugar de definir de antemão como o trabalho deve ser realizado, precisamos de espaços de comunicação transparente, combinados claros e estímulo à criatividade e à inteligência coletiva. No lugar do medo da escassez que leva à necessidade de controle, precisamos perceber que tudo se auto-organiza. Novas habilidades são exigidas para se lidar com a complexidade, entre elas perceber, reagir e adaptar-se àquilo que emerge.

As organizações como conhecemos hoje são reflexo da nossa visão de mundo atual, nosso estágio presente de desenvolvimento enquanto sociedade. Para mudarmos o mundo, precisamos antes mudar a nós mesmos. Precisamos evoluir como seres humanos para mudar de paradigma. Essa é a grande mudança para líderes organizacionais e também para os profissionais de Gestão de Pessoas.

BIBLIOGRAFIA

FELONI, Richard. *How Zappos decides how much to pay employees under its new "self-management" system*. Business Insider, 24 de julho de 2015. Disponível em: https://www.businessinsider.com/how-zappos-determines-salaries-in-holacracy-2015-7.

HITT, M. A.; MILLER, C. C.; e COLELLA, A. *Comportamento organizacional: uma abordagem estratégica*. Rio de Janeiro: LTC, 2007.

KOCH-GONZALEZ, Jerry e RAU, Ted J.. *Muitas vozes uma canção: autogestão por meio da sociocracia*. Curitiba: Editora Voo, 2019.

LALOUX, Frederic. *Reinventando as Organizações: um guia para criar organizações inspiradas no próximo estágio da consciência humana*. Curitiba: Editora Voo, 2017.

ROBERTSIN, Brian L. *Holocracia: o novo sistema de gestão que propõe o fim da hierarquia*, 2016.

SEMCO, Insanity that Works - A Philosophy of Participation and Involvement. *Epic Work epic Life*. Disponível em: https://epicworkepiclife.com/semco-insanity-that-works/.

SILVA, Davi Gabriel da. Estrutura organizacional no O2: papéis e círculos. *Target Teal*. 10 de outubro de 2017. Disponível em: https://targetteal.com/pt/blog/estrutura-organizacional-no-o2/.

REDE JORNAL CONTÁBIL. Sociocracia e autogestão tornam empresa de tecnologia referência no setor. *Rede Jornal Contábil*, 14 de julho de 2020. Disponível em: https://www.jornalcontabil.com.br/empresa-de-tecnologia-referencia-no-setor/.

SUGESTÕES DE PERGUNTAS E RESPOSTAS PARA DISCUSSÃO DO CAPÍTULO

1. Como conduzir a implementação de novas estruturas organizacionais?

2. Qual é o papel da área de Gestão de Pessoas no processo de transformação da estrutura organizacional?

3. Qual a importância da tecnologia nos processos de transformação organizacional?
4. Como preparar as pessoas para os novos modelos de gestão?
5. Nos novos modelos de gestão, vemos a importância de cada pessoa assumir responsabilidades. Como ficam as pessoas que não conseguem ou não querem assumir responsabilidades?
6. Quais são as principais consequências da mudança da centralidade de cargo para papel na estrutura organizacional?
7. Quais são as opções alternativas ao organograma para a representação da empresa?
8. Como conduzir a carreira frente à imprevisibilidade?
9. Como lidar com a legislação trabalhista brasileira frente ao processo de transformação da estrutura organizacional?
10. Cite exemplos de empresas que já adotam novos modelos de gestão no Brasil.

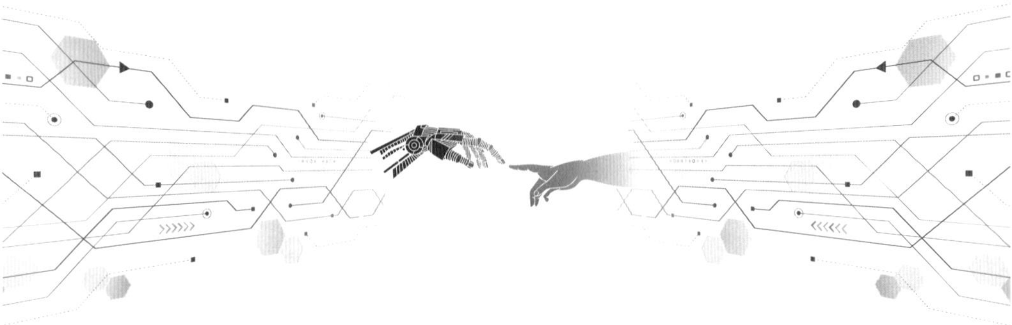

Planejamento sucessório

Juliana Costa Gonçalves
Indira Barreto Trindade

OBJETIVOS DO CAPÍTULO

Apresentar e ajudar na construção das etapas capazes de sustentar o processo de sucessão. Discriminar e cuidar, de maneira diferenciada, da sucessão gerencial e da sucessão nas empresas familiares. O capítulo mostra a estreita relação entre o processo de sucessão, tanto com as funções de Gestão de Pessoas quanto com o papel das lideranças.

1 INTRODUÇÃO AO PROCESSO SUCESSÓRIO

A sucessão de liderança é um evento ou processo potencialmente disruptivo, inevitável e que toda organização enfrenta. Algumas empresas passam por esse evento de modo leve e outras vivenciam um contexto traumático. Falar sobre esse tema dentro das corporações, sejam elas familiares ou não, nunca foi uma pauta simples de se conduzir. Entretanto, nota-se que, nos dias de hoje, a busca pelo diálogo acerca dessa matéria surge de forma mais recorrente, sobretudo porque o resultado decorrente desse processo causa impacto direto na sobrevivência, no êxito, no crescimento e na perenidade das organizações.

Diante dessa perspectiva, há dois extremos. Em um dos extremos temos um processo sucessório bem planejado e que pode levar a transições relativamente mais suaves e causar um impacto positivo no desempenho pós-sucessão. No outro extremo temos as transições não planejadas, que podem abalar e comprometer fortemente o resultado das organizações, ocasionando insucesso e eventualmente a sua extinção.

Somado a esse contexto, observa-se que o aumento da competição nos mercados e a rápida evolução das novas tecnologias e dos meios de comunicação têm requerido que as empresas sejam cada vez mais capazes de atrair, reter e desenvolver talentos que atendam às exigências do meio em que atuam. Diante dessa realidade, a continuidade da existência de uma organização ao longo do tempo requer uma sucessão constante e ininterrupta de pessoas para preencher as posições-chave.

Posto isso, é necessário admitir que o plano de sucessão perpassa um processo de identificação e desenvolvimento de pessoas que sejam capazes de assumir posições táticas e estratégicas dentro das organizações. Nesse sentido, é importante ressaltar que o processo de sucessão não deve ser confundido com o processo de recrutamento interno (RI), visto que o segundo se propõe a identificar profissionais que sejam capazes de assumir posições operacionais.

Sucessão é, em sua essência, um processo que permite o melhor aproveitamento daquele que é o mais importante ativo que as empresas possuem: os talentos e as competências dos colaboradores para a execução das estratégias corporativas. Pode-se ainda complementar dizendo que é um planejamento voltado para os interesses da empresa, com o propósito de manutenção da relevância do negócio em seu segmento de atuação.

Algumas das razões que impulsionam e estão diretamente associadas ao contexto da sucessão estão relacionadas à aposentadoria, à solicitação de desligamento do funcionário para ingressar em um novo emprego, à realocação em novas atividades, à alocação em cargos no mesmo nível, à necessidade de recursos para atender a novas estratégicas corporativas, e até mesmo ao baixo desempenho.

Cabe destacar que a sucessão pode ser de dentro ou de fora da organização. A sucessão por pessoas de dentro revela um sentimento compartilhado entre os funcionários de que eles podem crescer à medida que a organização cresce. Portanto, a organização precisa estimular o crescimento e o desenvolvimento do seu colaborador. Eles devem olhar para dentro para identificar o potencial e esforçar-se para preparar as pessoas para responsabilidades mais elevadas e variadas.

Não obstante, a organização pode entender como necessário buscar talentos de fora em certas circunstâncias. Esse movimento pode ocorrer, por exemplo, quando pessoas qualificadas e competentes não estão disponíveis internamente, quando a empresa está planejando lançar uma grande expansão ou diversificação de programas que requeiram novas ideias etc.

Note-se que a dependência total de fonte interna pode causar estagnação para a organização e, da mesma maneira, a dependência total de talentos externos pode promover a estagnação nas perspectivas de carreira do indivíduo dentro da empresa, o que pode, por sua vez, gerar uma sensação de frustração.

2 ETAPAS DO PROCESSO SUCESSÓRIO

Figura 1. Etapas do processo sucessório

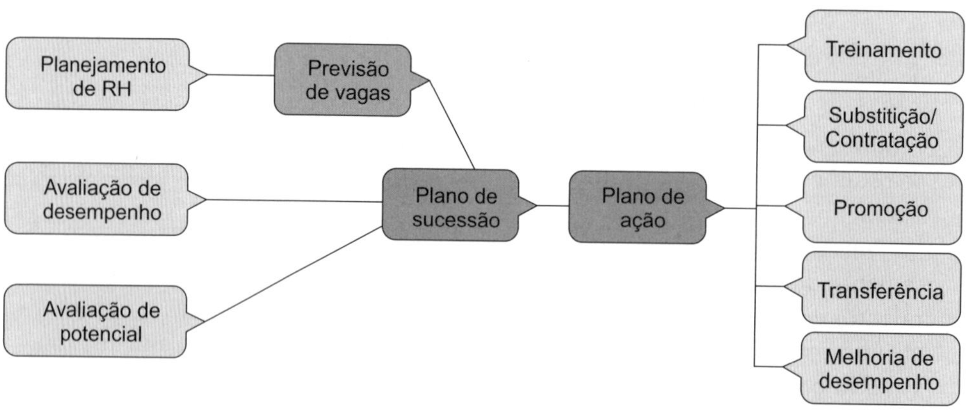

Fonte: Adaptado de Pontes (2005).

O plano de sucessão representa um dos produtos mais significativos do processo de planejamento em recursos humanos. Para obter sucesso organizacional, as empresas devem ter em mente a formulação dos planos de sucessão, assim haverá competência e desempenho para atingir os objetivos da organização, além de garantir a continuidade ativa de sua missão e oferecer aos seus empregados possibilidade de desenvolvimento profissional e de carreira. Ainda nessa perspectiva, a empresa estará antevendo o curto e o longo prazos, em relação à sua necessidade de pessoal, de maneira organizada e estratégica (LUCENA, 1999).

O primeiro passo dessa jornada é o planejamento das necessidades de sucessão.

2.1 Planejamento de RH

Nessa fase é importante ter uma visão sobre o negócio da empresa e o planejamento estratégico. Essa é uma etapa em que é necessário entender o cenário atual da empresa no atingimento de resultados e indicadores-chave de performance. Daí, observa-se no planejamento o cenário futuro, para identificar em termos de resultados os recursos e as competências necessárias para a conquista desses resultados. A comparação da estrutura nesses dois cenários vai propiciar a identificação das necessidades de sucessão.

Feito esse estudo, o próximo passo seria diagnosticar qual é nossa situação atual em termos dos potenciais sucessores.

2.2 Avaliação de Desempenho

Dentro do contexto sucessório, é uma ferramenta de gestão de pessoas que tem por finalidade medir o nível de performance de um colaborador ou de uma equipe em relação ao conjunto da empresa. Engloba etapas de identificação, diagnóstico e análise do comportamento de um colaborador durante certo intervalo de tempo.

Além de avaliar os resultados até então obtidos no passado, também importa saber quais são os limites desconhecidos e ainda inexplorados de cada profissional. Trata-se da avaliação de potencial.

2.3 Avaliação de Potencial

Diante do plano de sucessão, essa ferramenta colabora com a identificação das habilidades e das capacidades dos funcionários de uma empresa. Contribui com a identificação dos pontos fortes e de melhoria, além dos traços de personalidade do colaborador, permitindo que o RH conheça melhor os talentos da empresa e saiba como desenvolvê-los.

Avaliada a "oferta" de profissionais, deve-se compreender melhor o lado da previsão da "demanda" por profissionais no futuro.

2.4 Previsão de Vagas

Processo no qual é possível identificar a necessidade de recursos para preenchimento de novas vagas, de substituição dos colaboradores atuais e de alterações em cargos e remuneração — o que é necessário para o crescimento horizontal e o vertical.

Até este ponto foram definidas a situação presente (Avaliação de Desempenho) e uma previsão de futuro (Avaliação de Potencial) em termos de ofertas de competências individuais. Ao mesmo tempo, já temos uma estimativa sobre as demandas futuras de espaços organizacionais a serem preenchidos ao longo do tempo.

A próxima etapa agora seria então conceber como pode se dar a caminhada do presente para o futuro. É o "plano de sucessão", objeto do próximo tópico.

2.5 Plano de Sucessão

É a extrapolação de uma situação presente para uma situação futura. Para um plano de sucessão ser exitoso é necessário que os cargos estejam devidamente organizados e em carreiras. O objetivo desse plano é analisar possíveis substitutos de vagas futuras, levando-se em conta prováveis candidatos internos. Essa análise advém de um inventário de recursos humanos internos, ou seja, avaliação de potencial e desempenho, habilidades, aptidões e o desempenho apresentado por cada funcionário.

Caminho pensado, a organização constrói então o "passo a passo" desta trajetória. É o "Plano de Ação".

2.6 Plano de Ação

Formado por um conjunto de estratégias que, a partir da análise do RH sobre o plano de sucessão, culminam na alteração da estrutura da empresa. Em sua maioria é formado por: treinamento, substituição ou contratação, promoção, transferência e melhoria do desempenho.

3 NECESSIDADE DE ALTERAÇÃO DO PROCESSO DE SUCESSÃO: DO TRADICIONAL PARA O CONTEMPORÂNEO

Uma das formas de se avaliar a efetividade de um processo sucessório é olhar a manutenção e a evolução do seu quadro de funcionários, visto que estes são os recursos mais importantes para a execução e o alcance das estratégias corporativas.

No atual cenário, e pela primeira vez no contexto de trabalho moderno, gerações distintas (*Baby Boomers*, Geração X, Geração Y e Geração Z) estão trabalhando lado a lado e competindo por oportunidades. Cada uma dessas gerações, tendo atingido a maioridade em diferentes ambientes sociais, culturais e econômicos, seguiu desenvolvendo valores fundamentalmente distintos e capacidades de trabalho próprias. Essas diferenças levantam uma ampla gama de desafios e complexidades para as organizações e para a área de gestão de pessoas, incluindo atrair, desenvolver e reter pessoas com motivadores diferentes e em vários estágios/momentos de suas carreiras. Ainda assim, há um desafio abrangente: identificar e contratar profissionais mais jovens com potencial para se tornarem os CEOs, CFOs e outros executivos *C-suite* de amanhã a fim de liderar as empresas no futuro, enquanto continua a alavancar a experiência, o conhecimento e a sabedoria dos profissionais mais experientes.

Assim como a Gestão de Pessoas sustentada por uma configuração célere gera mudanças na forma de *selecionar*, *avaliar*, e *recompensar* talentos, o planejamento sucessório também precisa de ajustes[1].

O que foi aplicado há anos não cabe no contexto atual, desse modo, a seguir são apontadas algumas diferenças que estão presentes no modelo de sucessão tradicional vs. o modelo contemporâneo.

As provocações servem como reflexão para identificar possibilidades mais ágeis e consistentes de se planejar a sucessão.

Modelo Tradicional	Modelo Contemporâneo
A carreira é considerada estrita, sendo assim, o profissional tem dois caminhos — ou sobe na hierarquia, ou deixa a empresa.	Os caminhos possíveis a se percorrer são diversos e flexíveis.
O que importa de fato neste contexto são as demandas do negócio.	Para além de olhar para o negócio, analisa-se também o perfil de competências, a personalidade, as ambições e os sonhos de cada um.
O propósito da sucessão implica necessariamente em alcançar um melhor cargo e maior remuneração. Os cargos são predeterminados e, por consequência, são fixos.	A finalidade da sucessão é direcionada especialmente para o refinamento de competências e para a evolução da pessoa concomitante com o desenvolvimento da empresa.
O gestor decide sobre o tema sucessão.	Existe a possibilidade de cada um determinar o seu próprio título, assim, esse processo assume um caráter de menor formalidade.
Processos de sucessão tendem a ser pouco claros.	As equipes colaboram diretamente com a nominação dos futuros gestores.

(Continua)

(Continuação)

Modelo Tradicional	Modelo Contemporâneo
A sucessão é determinada considerando-se alguns candidatos em uma relação que atendem a uma série de pré-requisitos.	Transparência em quem substitui quem e o porquê de tal substituição.
	Todos podem ser considerados, por isso há menos burocracia e amarras processuais.

4 O LÍDER E O SEU PAPEL NO PROCESSO SUCESSÓRIO

Uma das incumbências de maior importância, impacto e representatividade no trabalho do líder diz respeito à sua capacidade de formar líderes que em algum tempo possam sucedê-lo dentro da organização ou se tornarem líderes em outros ambientes. É necessário dizer que essa prática não depende da configuração da empresa ou do seu tamanho (familiar ou conglomerado; nacional ou multinacional; de capital fechado ou aberto) e das estruturas organizacionais (sociocracia, holocracia e humanocracia etc).

Nesse sentido, é esperado que o líder não deixe em segundo plano o planejamento no médio e longo prazos sobre a passagem de bastão a outro profissional que esteja preparado para assumir o comando, colaborando assim com a manutenção e a durabilidade do negócio.

Considerando e refletindo sobre a realidade exposta, nota-se que tudo se inicia com a formação de uma relação de potenciais gestores que possam chegar ao topo da pirâmide organizacional. Aspectos como formação educacional, capacidade para gerir o negócio, conhecimento da indústria e/ou segmento do negócio, desempenho, habilidade no trato com pessoas e experiência comprovada na liderança de times de trabalho (ainda que essa experiência tenha sido construída a partir de liderança indireta). Somado a todos esses elementos, outro ponto fundamental é destacar a importância da atitude do profissional, visto que este figura de forma complementar a todos os demais.

Cabe destacar que, na maior parte das vezes, numa promoção a um posto mais alto, o novo executivo não está totalmente preparado e, diante dessa seara, é recomendado e esperado que o líder principal dedique parte de seu tempo para ensinar e partilhar com os possíveis sucessores experiências vivenciadas no comando do negócio. O líder principal deve, diante desse cenário, desempenhar de modo organizado o papel de "mentor" junto aos profissionais que poderão sucedê-lo.

Compete aqui abrir um espaço para falar especificamente sobre o processo sucessório e a realidade vivenciada pelas *startups*. Nesse caso, observa-se desafios que aparentam ser ainda maiores, pois a configuração dessas empresas, em sua maioria, é de pequeno porte. São organizadas em estruturas funcionais que dificilmente têm um forte corpo executivo, e possuem um dinamismo de negócios diferente de outras empresas tradicionais do mesmo porte. Assim, é costumeiro o movimento pela busca de profissionais no mercado.

5 A GESTÃO DE PESSOAS E O SEU IMPACTO NO PROCESSO SUCESSÓRIO

A literatura recente sobre uma abordagem estratégica para a área de RH enfatiza, primordialmente, a necessidade de alinhamento entre gestão de pessoas e estratégia organizacional e entre as estratégias, políticas e práticas de Recursos Humanos (ANTHONY, PERREWÉ e KACMAR, 1996; ULRICH, 2000).

Diversas empresas brasileiras se manifestam preocupadas com o processo de sucessão dos profissionais-chave em suas estruturas hierárquicas.

Adicionando-se a esse evento, é possível perceber que a rápida evolução das novas tecnologias, dos meios de comunicação e o aumento da competição dos mercados têm exigido que as empresas, apoiadas pela área de RH, sejam capazes de atuar com foco em captar, reter e desenvolver os talentos humanos capazes de se adaptar às exigências do meio no qual atuam.

Fleury e Fleury (2004) destacam que a área de RH deve adotar um papel relevante frente ao desenvolvimento da estratégia da organização, na medida em que cuida com mais propriedade de atrair, manter e desenvolver as competências necessárias à realização dos objetivos organizacionais. Os autores observam ainda que o diálogo sobre gestão por competências como alternativa da área para sua legitimação na esfera decisória e estratégica impõe aos profissionais de RH o desafio de comprovar sua efetividade com resultados tangíveis para a organização. Desse modo, a questão da sucessão nas empresas é tema relevante para a gestão estratégica de pessoas na medida em que representa um processo organizacional capaz de facilitar a gestão das competências atuais e futuras necessárias à estratégia organizacional.

Eventos externos de natureza adversa e extrema podem ocasionar impactos importantes para as empresas e seus desdobramentos refletem na área de gestão de pessoas, exigindo esforços ainda maiores para que os objetivos associados ao planejamento sucessório não sofram prejuízo. Cabe como exemplo a pandemia do coronavírus, ocorrida em 2020, que causou impactos sobre os esforços de planejamento de sucessão, pois fez com que muitos deixassem o planejamento de lado, para outra época, pelo menos por algum tempo. Mas as consequências da pandemia também estão mudando a forma como o planejamento de sucessão é feito e continuará a ser feito.

Companhias que prosperaram em conjunturas normais podem estar paralisadas na economia de hoje, sendo forçadas a mudar a sua estratégia de negócio para promover a retenção e a manutenção do cliente. Percebe-se que eventos como esse exigem um tipo diferente de líder em vez do que está designado atualmente. O planejamento da sucessão pode ser difícil em momentos de maior estabilidade, entretanto, o que essa crise nos ensinou foi isto: é fundamental que as empresas nunca parem de identificar e desenvolver pessoas para se tornarem futuros líderes.

6 O PAPEL DA TECNOLOGIA NO PROCESSO SUCESSÓRIO

A tecnologia está revolucionando fundamentalmente o processo de planejamento de sucessão. Inteligência artificial (IA), aprendizado de máquina e outras tecnologias emergentes podem identificar sucessores em potencial, fornecendo insights baseados em dados sobre tudo, desde níveis de produtividade até capacidades de liderança.

Como forma de contribuir com o processo de identificação de sucessores fortes, os líderes devem definir as principais métricas antes de iniciar o processo de planejamento de sucessão, observá-las e adequá-las com base nas habilidades que o negócio precisa para ter sucesso a longo prazo. Então, a tecnologia atuando nesse processo de sucessão pode identificar quais funcionários estão se destacando nessas áreas.

Desde o rastreamento do desempenho do funcionário e a recomendação de sucessores até a identificação de lacunas de habilidades, a tecnologia desempenha um papel crescente no planejamento da sucessão.

Quando os líderes têm muitos "dados na ponta dos dedos", é fácil começar a tomar decisões puramente com base nos números. Mas ter "conversas profundas" com os funcionários é fundamental para continuar a apoiar seus objetivos de carreira e ser transparente sobre seu progresso.

7 REFLEXÕES SOBRE O PROCESSO SUCESSÓRIO

O planejamento da sucessão há muito faz parte do pensamento de qualquer profissional que atua na área de gestão de pessoas. Contudo, a pandemia nos brindou com desafios significativos.

As organizações estão em modo de sobrevivência e o planejamento de sucessão foi colocado em segundo plano, criando um ponto cego, focando tão somente as necessidades do dia a dia para garantir que as portas se mantenham abertas.

Assim, recomenda-se que se aproveite esse momento para se concentrar no crescimento e no desenvolvimento de futuros líderes, dando-lhes alguma vantagem para quando retornarem aos negócios pós-pandemia. Na empresa familiar, todavia, esse desafio tem notas adicionais de aventura.

8 POR QUE É TUDO DIFERENTE NA EMPRESA FAMILIAR?

O desenvolvimento dos profissionais em busca de competências e habilidades visando a alcançar os cargos de liderança, como citado anteriormente, deveria ser também o padrão quando se pensa em sucessão para os cargos de diretoria e/ou presidência dentro das empresas familiares. Entretanto, a sucessão no ambiente de uma família empresária tem suas especificidades; elas distanciam a racionalidade da avaliação de competências e resultados alcançados dos temas afetivos-emocionais, que se tornam muito mais preponderantes do que deveriam ser. Vale pontuar que, ao falar de uma empresa familiar, o que temos são relações familiares fusionadas ao ambiente empresarial. Equação que altera bastante a lógica das empresas familiares de pequeno e médio portes, com exceção para as de grande porte quando apresentam uma governança corporativa e familiar madura.

As organizações familiares são a forma predominante de empresas em todo o continente. Elas nascem do sonho de um empreendedor(a), ou empreendedores(as), que enxerga(m) lá na frente; normalmente, bem à frente das demais pessoas. Ousados(as), sonhadores(as), determinados(as), persistentes e impossíveis. Sim, somente pessoas com esse perfil são capazes de construir os impérios empresariais que são a locomotiva da economia mundial. Esse sonho inicial que move montanhas passa a ser compartilhado com toda a família que, independentemente do seu desejo pessoal, torna-se parte desta história e, sobretudo, da sua continuidade ou sua perpetuidade.

Alguns fundadores tentam convencer os demais que criaram suas empresas familiares para seus filhos: "*Fiz tudo isto para você, meu fillho!*" Será mesmo? Empresas familiares são realizações dos sonhos pessoais dos próprios fundadores. É verdade que fundadores(as) desejam genuinamente que a empresa sobreviva à sua existência. É um tema delicado, pode-se dizer.

Alguns fundadores(as) se consideram imortais; outros tantos têm a certeza de que ninguém vai fazer melhor do que eles; mas alguns trabalham corretamente para garantir a perpetuidade e a continuidade do seu sonho empresarial. Este é o ponto central do tema deste capítulo: a perpetuidade, que se pode entender como a continuidade da empresa com as próximas gerações ou, em outras palavras, a sucessão.

Como citado na primeira parte deste capítulo, a sucessão empresarial nada mais é do que a transferência de liderança com profissionais qualificados e preparados para o novo cargo. Para promover o desenvolvimento profissional de uma equipe e assegurar sua qualificação, como citado anteriormente, existem uma variedade de instrumentos e metodologias de responsabilidade dos profissionais de recursos humanos das organizações. A mesma lógica vale para a sucessão dos fundadores em empresas familiares, certo? Deveria ser, pode-se garantir. Infelizmente, em grande parte das empresas familiares, sobretudo as de médio porte, a racionalidade que pauta a condução do processo sucessório não está sozinha. Por quê? Porque o contexto é uma empresa familiar ou, para ficar mais claro, uma família empresária formada por seres humanos.

9 REALIDADE DAS EMPRESAS FAMILIARES: CONTEXTO E ESPECIFICIDADES

Cerca de 85% das empresas no mundo são familiares e, no Brasil, os números não são diferentes. No Brasil, as empresas familiares respondem por 65% do PIB e por 75% da força do trabalho. Das 200 maiores empresas do país, 76 são controladas por famílias e respondem por 1/3 do faturamento das 200. Diante desses números, é possível perceber a importância desse tipo de organização para o desenvolvimento econômico das cidades, dos estados e do país.

Entretanto, infelizmente, somente 4% dessas empresas chegam à quarta geração. O que significa dizer que a taxa de mortalidade das empresas familiares é altíssima. Ao falar em mortalidade, não significa necessariamente que a empresa deixou de existir, ainda que, em alguns casos, seja exatamente isso que ocorra. Mas, em muitas situações, a empresa deixa de pertencer à família fundadora. Fusão, aquisição, divisão dos negócios, venda da empresa; são inúmeras as ações tomadas aparentemente em função da estratégia do negócio.

No entanto, uma análise com mais profundidade se deparará com uma família que não teve maturidade para lidar com o ambiente da empresa. Ao se falar de empresa familiar, entende-se um negócio empresarial, mas, antes de mais nada, temos uma família: amor, afeto, carinho e cuidado. Mas existem ainda mágoas, ciúmes, disputas, vingança, competitividade e muitos outros sentimentos que rodeiam a existência humana e as famílias empresárias.

É nesses contextos que precisamos compreender a sucessão. Pensar na perpetuidade da sua maior criação — a empresa — por meio de seus filhos é a maneira mais natural para a grande parte dos(as) fundadores(as). Essa escolha significa manter a consanguinidade nos negócios. Razão e emoção. Dito isso, fica a pergunta: como esperar toda a lógica racional de um planejamento sucessório de liderança como apresentado no início deste capítulo dentro do contexto de uma empresa familiar?

10 CAUSAS DA MORTALIDADE

Pesquisas revelam que a principal causa do desaparecimento das empresas familiares (75%) são as brigas entre os herdeiros. Na sequência, 60% das causas são os conflitos familiares, o que significa dizer que são as dificuldades de relacionamento interpessoal entre os membros da família empresária. Pior do que isso, ainda segundo a pesquisa, 50% deste percentual da mortalidade poderia ser evitado. O que significa dizer que é possível identificar hoje temas que poderão no futuro causar problemas no ambiente da família empresária. E, ao antecipá-los, a recomendação é que possíveis soluções já sejam definidas, em tempos de harmonia e diálogo. Assim, quando no futuro, se esses problemas de fato surgirem, a família já teve a oportunidade de conversar sobre as melhores soluções a serem implantadas. A falta de um sucessor somada aos conflitos entre familiares e herdeiros traz uma boa noção da realidade. O sonho do fundador de dar continuidade por meio de seus filhos revela um distanciamento com a realidade das famílias empresariais e, consequentemente, o não cuidado com as questões inerentes nesses contextos.

O que se encontra na maioria dos casos é a entrada das novas gerações da família para trabalhar na empresa familiar sem os cuidados imprescindíveis para se garantir a boa perpetuidade. Herdeiros sem perfil, sem qualificação, sem competência e habilidades, com pouca ou nenhuma experiência; algumas vezes sem comprometimento e responsabilidade e, muitas vezes, em ambientes cheios de privilégios. Definitivamente não se deve generalizar, mas pode-se dizer que a maior parte das empresas familiares precisa desenvolver uma nova mentalidade alinhada com a profissionalização.

No caso de empresas familiares, a profissionalização é, antes de mais nada, a mudança de um *mindset*. Significa buscar uma nova mentalidade com a separação dos sistemas da família, da gestão e da propriedade, como dito por John Daves e Renato Tagiuri (1978), ao desenvolverem o Modelo dos Três Círculos (Figura 2) que, rapidamente, tornou-se a estrutura central de organizações para entender os sistemas das empresas familiares.

Figura 2. Modelo dos Três Círculos

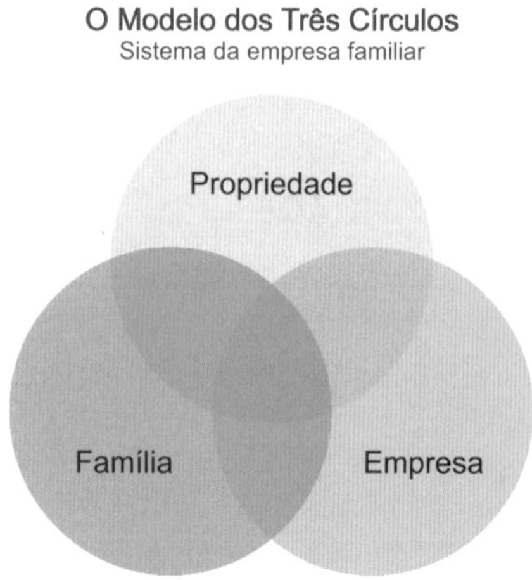

Fonte: Adaptado de Gersick *et al.* (1997, p.6).

É imprescindível ainda estabelecer regras de convivência entre os membros das diferentes gerações, com a construção dos Acordos de Sócios e Protocolos de Família, além de definir as estruturas de poder com a Governança Corporativa.

11 PROFISSIONALIZAÇÃO: QUE VENHAM OS COMPETENTES

Ao se tratar dos processos sucessórios nas empresas familiares, a importante mudança de mentalidade se refere a entender que, assim como os demais líderes de qualquer organização, deve-se ter qualificação e competência para trabalhar na empresa da família, sobretudo membros das novas gerações. Neste mundo "VUCA" (de volatilidade, incerteza, complexidade e ambiguidade) e competitivo como nunca antes visto, a sobrevivência empresarial depende das pessoas ou, melhor dizendo, de profissionais competentes, sejam eles da família ou não. Isso significa dizer que os membros das novas gerações que desejem trabalhar na empresa de sua família e, sobretudo, sonhem com a sucessão da liderança, precisam se preparar com dedicação e afinco para tal desafio.

Escolher os competentes significa o início da profissionalização da empresa familiar. Em um passado recente, consultores de empresas familiares defendiam que todos os membros das novas gerações da família proprietária deveriam sair da empresa. Muitas famílias ainda sofrem os traumas dessa mentalidade. Como a ideia é ter os competentes e qualificados, qual seria o problema se este profissional competente fosse também da família? Leve em consideração que, além de ser qualificado, este membro da família tem esta história empresarial no sangue; ele vive esta experiência deste seu nascimento dentro e fora de casa, compartilha os valores, respira e transpira o legado, aspectos subjetivos e intangíveis de uma história empresarial familiar que um profissional de mercado seguramente não tem, por mais bem preparado que seja. Isso significa questionar: por que não permitir que aquele membro da família que deseja perpetuar o projeto empresarial fundado pela sua família, e que é um profissional competente e qualificado, trabalhe na empresa familiar?

Quando se fala em qualificados e competentes, considere um profissional verdadeiramente bem preparado para o cargo que está ocupando ou pleiteando. Competência atestada pelo processo de seleção da empresa, por meio de testes, *assessments* e, sobretudo, desempenho, metas alcanças, resultados e crescimento para os negócios gerados. Um profissional que, independentemente do seu sobrenome, seria contratado — e desejado — em qualquer outra empresa do mercado. Não é o mundo ideal? Competência e qualificação somadas a laços consanguíneos e ao orgulho do pertencimento.

Agora, se porventura não seja este o perfil dos membros da família que desejam trabalhar na empresa da família, esta não é uma opção possível. Vale lembrar que as novas gerações que assumem cargos executivos da empresa familiar têm que, por obrigação, aumentar o capital da família; o que significa trazer dinheiro novo. Por essa razão, herdeiros despreparados devem, por mais difícil que seja para um pai fundador reconhecer essa incompetência, buscar outros caminhos profissionais. Aqui não é o caso de "não ajudar", mas, sobretudo, de "não atrapalhar". Em se tratando dessa realidade, comum em muitas empresas familiares, fazer uma sucessão com profissionais qualificados do mercado é, sem dúvida, a melhor das opções para se garantir a perpetuidade dos negócios. Vale pontuar que não existe certo ou errado, vale a melhor das soluções diante das reais circunstâncias.

12 TRANSIÇÃO DO SUCEDIDO

No Brasil, e não é diferente no restante do mundo, a sucessão familiar ocorre nos piores momentos da vida de um fundador. Qual momento é este? Da morte ou do afastamento por doença, infelizmente. Nesse momento, pode-se dizer que o sucessor, a empresa, os funcionários e a própria família não estão preparados para o desafio empresarial agravado pelas circunstâncias.

Quando se fala em planejamento, quer-se dizer P-L-A-N-E-J-A-R; algo que se faz ao longo de um período de tempo, que pode ser três, cinco, sete ou até dez anos. É um período em que os membros da nova geração serão preparados em etapas para promover seu desenvolvimento e, sobretudo, para comprovar sua competência e sua capacidade de liderança na empresa, na família e no patrimônio; além de legitimar sua liderança empresarial.

Muito se fala em preparar o sucessor, e pouco é dedicado a preparar o sucedido. Um(a) fundador(a) que dedicou sua vida à construção de um sonho, hoje um projeto empresarial de sucesso, a menos que seja afastado por uma doença, não tem perfil para se acomodar na rotina de casa ao lado de esposa ou marido, filhos e netos somente. Pode-se dizer que seres como estes são eternamente movidos por desafios, motivações e que corre na veia deles(as) o desejo pela realização e pelo trabalho. Isso nos leva a dizer que um novo desafio precisa surgir na vida deles(as). Qual será sua nova realização?

As possibilidades são infinitas: presidente do Conselho de Administração da empresa, conselheiro de administração de outras empresas, professor, palestrante, mentor de jovens empreendedores, dedicar-se a causas sociais, assumir cargos em entidades de classe, aventurar-se na política, e até mesmo empreender ao lado dos netos e sobrinhos. Ou, quem sabe, escrever um livro. Sem falar nas possibilidades de lazer: viajar para conhecer o mundo, estudar, ler mais, praticar um esporte, aprender a cozinhar... O que não faltam são possibilidades e, com certeza, com tantas alternativas, esse sucedido vai precisar de tempo e planejamento. O importante é compreender que os desafios desse novo ciclo são fundamentais para que eles(as) estabeleçam a distância necessária do negócio, seja uma distância emocional-afetiva, seja o distanciamento físico. Não existe a possibilidade de continuar trabalhando com seus novos desafios dentro de uma sala na própria empresa. Assim, a sucessão, com certeza absoluta, não iria funcionar. O sucessor precisa ter seu espaço. Com a sombra do fundador rondando fisicamente a empresa, o sucedido dificilmente terá a oportunidade de legitimar sua liderança diante da sua equipe e construir sua própria história.

Ainda falando do sucedido, outro aspecto muito relevante é o financeiro. São dezenas de fundadores(as) que não promovem a sucessão por falta de condições financeiras. O que significa isso? Significa entender que um(a) fundador(a) que exerceu o cargo de CEO por longos anos de sua vida, tendo direito a uma boa remuneração financeira determinada, precisa planejar como será sua renda depois que não exercer mais o cargo de CEO.

É preciso destacar um ponto bem particular. Uma empresa familiar, entenda-se aqui os acionistas, tem um compromisso financeiro com o fundador(a) por toda a sua vida. O mesmo não se repete com os demais CEOs familiares que a empresa vier a ter. Mas, com o fundador, esse compromisso é moral. Isso significa dizer que a empresa — juntamente com o fundador(a) — precisa planejar como será depois. Vale a reflexão que, nesse momento da vida de um fundador, ele já criou os filhos, já casou as filhas, já tem sua moradia e outras casas, e já acumulou seu patrimônio. Muitos já têm uma situação financeira equilibrada e organizada. Mas essa não é a realidade de todos. E mudar o padrão de vida não é o desejável. Portanto, é importante esta reflexão durante o período de planejamento, visando avaliar quais serão suas "remunerações" após sua saída do cargo máximo da empresa. Dividendos, remuneração como presidente do conselho/conselheiro, investimentos, imóveis, *royalties* de algum produto criado e qualquer outra forma que for pensada. O importante é refletir e planejar com a antecedência necessária e não deixar que esse assunto se torne um impeditivo para a concretização da sucessão.

E, por fim, muito importante nesse planejamento é um apoio psicológico ao fundador(a). É neste momento que assuntos-fantasmas visitam a mente deles nas madrugas de insônia. A sucessão pode apresentar significados assustadores, como a finitude da vida, o fim da capacidade produtiva e até mesmo sexual, o fim do poder e do prestígio, a mudança do padrão financeiro, as limitações físicas e inclusive um novo papel na dinâmica da sua família nuclear. São muitas mudanças que afetam, sim, os aspectos psicológico e emocional deste que sempre foi o líder, e que precisam ser trabalhadas para não se deixar que sejam associadas a um momento de perda, mas sim a um momento de mudanças na vida, ciclos que se fecham para que novos surjam. Pois assim é a vida.

13 ETAPAS DE DESENVOLVIMENTO DA FAMÍLIA EMPRESÁRIA

Depois de tantas importantes reflexões para que a sucessão seja uma transição de liderança, podemos identificar fases importantes no desenvolvimento da família empresária que são todas fundamentais para o sucesso de um planejamento sucessório; o que podemos chamar de ***Ciranda de Desenvolvimento da Família Empresária***.

Na fase **Formação de Valores** é importante iniciar o trabalho com os valores da família, ainda de uma forma lúdica, mas já inserir, valorizar e destacar os valores dessa família que, naturalmente, devem ser percebidos no cotidiano familiar e da empresa. Muitos dos valores são facilmente identificados na história dos fundadores, na construção da empresa. Por isso, esta também é a fase de resgatar e contar a história dos avós e/ou pais para que todos se apropriem da origem da empresa.

Na fase da **Integração de Herdeiros**, temos que trabalhar a integração dos membros da nova geração, sobretudo aqueles que não vivem na mesma cidade e, portanto, já não desenvolvem uma convivência cotidiana. A integração, a convivência, o conhecimento do perfil dos irmãos e primos farão toda diferença no futuro, quando esses primos e irmãos compartilharem os cargos de uma diretoria ou as cadeiras de um conselho de administração e, juntos, tomarem importantes decisões nos negócios.

Figura 3. Ciranda de Desenvolvimento da Família Empresária

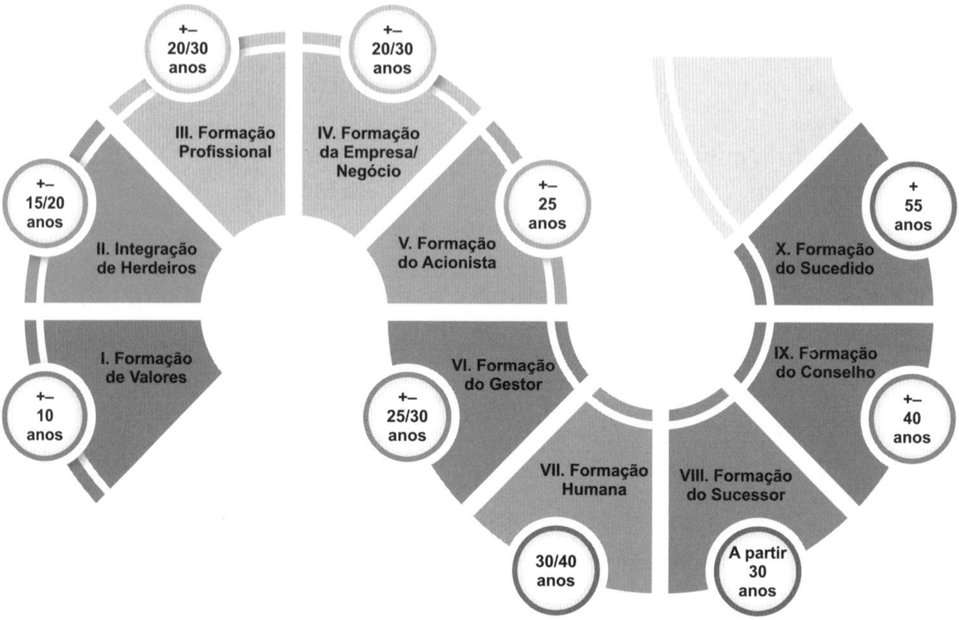

Fonte: Autor.

A fase de **Formação Profissional** é quando os jovens começam a identificar suas aptidões profissionais e fazem suas escolhas. Portanto, é o momento de apoiá-los nesta busca até mesmo com ajuda profissional externa, especialmente para aqueles jovens que não reconhecem seus sonhos pessoais. Testes vocacionais, perfis psicológicos e até mesmo visitas à empresa, às fábricas, à matriz e às filiais, conversas com profissionais de diferentes formações para ampliar o universo e as possibilidades. Ainda dentro dessa etapa, vale o estágio de férias, os programas de estágio e para trainees, para se iniciar a carreira profissional.

A fase de **Formação da Empresa** é um aprofundamento maior no conhecimento da empresa da família: toda a história, as pessoas que participaram dessa história, os valores, a visão e a missão, os produtos, os concorrentes, o mercado, a estratégia da empresa e seus diferenciais, cenários futuros e, claro, todos os números financeiros da empresa. É essencial visitar fisicamente as unidades e conversar com os profissionais. Se a empresa já tiver a governança corporativa, deixar esse jovem participar como ouvinte do Conselho de Administração.

A etapa seguinte é a **Formação do Acionista**, ou seja, independentemente de se os herdeiros irão trabalhar ou não no negócio da família, todos são futuros acionistas. Portanto, chegou o momento de dar a todos a consciência desse papel, conhecer o que significa fazer parte de uma empresa familiar, a dinâmica das famílias, com seus direitos, responsabilidades e obrigações.

Já a etapa de **Formação do Gestor** é para aqueles que escolhem se dedicar ao negócio nos cargos de liderança. Então, chega a hora de trabalhar duro para que eles tenham a melhor das formações possíveis. Além da faculdade já concluída, é preciso um robusto projeto de desenvolvimento, com cursos de especializações, MBA nas melhores escolas de negócio no Brasil e, se for viável financeiramente, no exterior. *Assessments* e *mentoring* também são opções para acelerar seu desenvolvimento de forma assistida.

Neste momento, é importante uma reflexão valiosa para as famílias empresariais: ter ou não ter experiência em outras empresas. Esta é a melhor decisão que um herdeiro pode ter para sua própria formação: trabalhar em um ambiente neutro, onde o seu sobrenome não determina quem você é. Esta é uma oportunidade única para esses jovens "aprenderem" a trabalhar sem um ambiente de privilégios ou escassez de oportunidade e falta de reconhecimento; além de ser a situação ideal para atestar sua competência e sua capacidade, contribuindo, com isso, para o fortalecimento da sua autoestima — sentimento essencial para o futuro de um bom profissional.

A etapa de **Formação Humana** ocorre em uma fase da vida em que todos os seres humanos buscam por algo "maior". É o momento das reflexões filosóficas em busca de respostas para a vida e sobre a humanidade, promovendo transformações importantes para cada um e, consequentemente, para a família empresária.

Chega a hora de uma dedicação robusta para os herdeiros com desejo e perfil para o processo sucessório na etapa da **Formação do Sucessor**. É hora de desafiar profissionalmente, dar oportunidade e avaliar resultados, desafiar a capacidade de liderança, perceber a relação do candidato com o poder e as relações humanas. É o momento que o candidato da família tem para provar que ele é a melhor escolha para perpetuar o projeto empresarial dela.

Paralelamente, trabalha-se a **Formação dos Conselheiros**, ou seja, os demais herdeiros que não estarão no negócio se preparam para ser os melhores conselheiros do Conselho de Administração e/ou da Família. Lembre-se: ser conselheiro exige experiência profissional e executiva e também muita qualificação. Não basta ter sobrenome. A última etapa, a **Formação do Sucedido**, já foi bem explorada no item anterior. Quais serão os próximos desafios do fundador?

14 FATORES-CHAVE DE SUCESSO

A dinâmica de uma empresa familiar apresenta algumas armadilhas que merecem atenção. Todo cuidado é pouco para contribuir com o sucesso de um planejamento sucessório e, sobretudo, para a perenizarão de um empreendimento.

A primeira delas é não confundir propriedade herdada com capacidade adquirida. A condição de herdeiro com direitos de herdar o patrimônio familiar não significa capacidade de gerenciar os negócios. O mesmo se aplica a não respeitar as regras de mercado para a remuneração, seja do trabalho ou do capital; membros da família que trabalham na empresa têm que receber salário de mercado, nem mais e nem, pior ainda, abaixo do mercado. A remuneração do herdeiro deve ser de acordo com a política salarial da empresa. Não existem regalias ou condições diferenciadas simplesmente porque se é da família proprietária. Privilégio é o melhor caminho para se formar péssimos profissionais.

Outra armadilha relevante é acreditar que as novas gerações serão comprometidas com o trabalho da mesma maneira que os fundadores. O contexto e, sobretudo, as condições de vida de cada geração são diferentes. Grande parte dos(as) fundadores(as) trabalhou para sobreviver, por necessidade. É uma situação bem diferente da de seus filhos. Como disse o filósofo Jean Jacques Rousseau, o homem é produto do meio que vive.

E, por fim, não se pode deixar de falar deste grande erro que é obrigar os filhos a trabalhar na empresa da família, sem que isso seja genuinamente o desejo de cada um deles. Forçar e impor essa condição é a chave para o fracasso empresarial e a infelicidade dos descendentes acompanhada de doenças físicas e emocionais.

15 REFLEXÃO SOBRE O PROCESSO SUCESSÓRIO FAMILIAR

Não é possível dizer que a sucessão na empresa familiar é diferente do que foi mencionado na primeira parte deste capítulo. Esteja certo de que tudo que foi descrito faz todo sentido e também é recomendado para a sucessão nas famílias empresárias. Bom seria que fossem somente esses aspectos racionais muito bem conduzidos pelos profissionais de recursos humanos das empresas.

Como foi dito no início, quando se fala de sucessão nas empresas familiares, são muitos outros os aspectos que precisam ser avaliados e considerados para se garantir uma sucessão bem feita. Pode-se demitir um executivo com baixo desempenho e contratar outro mais qualificado. Mas não se demite um filho, irmão ou primo dos papéis familiares. As relações familiares existem para sempre. Essa é a razão pela qual o ambiente da empresa familiar é bem mais amplo e complexo do que uma empresa sem essas especificidades. Conscientizar-se dessas particularidades das organizações familiares é o primeiro passo para não fazer parte das estatísticas de mortalidade mundiais. Já é um bom caminho.

BIBLIOGRAFIA

ANTONY. W. P.; PERREWÉ, P. L.; KACMAR, K. M. *Strategic resource management*. [S.I.]: Harcourt Brace & Co, 1996.

FLEURY, M. T. L.; FLEURY, A. *Competitive strategies and core competencies*: Perspective for the internationalization of industry in Brazil, Integrated Manufacturing Systems, Kempston, v.14, n.1, 2004.

GERSICK, K. E. *et al. De Geração para Geração: ciclo de vida da empresa familiar.* 2 ed. São Paulo: Negócio, 1997.

PONTES, B. R. *Avaliação de Desempenho: Nova Abordagem*. 7 ed. São Paulo: LTR, 2005.

ULRICH, Dave (Org.) *Recursos Humanos Estratégicos: novas perspectivas para os profissionais de RH*. São Paulo: Futura, 2000.

SUGESTÕES DE PERGUNTAS E RESPOSTAS PARA DISCUSSÃO DO CAPÍTULO

1. Como os RHs dentro das organizações podem contribuir com o planejamento sucessório? Qual o seu entendimento sobre esse tema e qual a sua contribuição dentro da organização em que atua?
2. Como você percebe o diálogo e o nível de interesse sobre a pauta da sucessão de liderança na empresa em que você trabalha? Você considera que essa temática faz parte da estratégia da empresa?
3. Como os profissionais da sua empresa têm se comportado diante do autodesenvolvimento, considerando o desejo de se tornarem em algum momento sucessores?
4. Existe na sua empresa algum programa de desenvolvimento estruturado para profissionais mapeados como potenciais sucessores?

5. A sua empresa investe em ferramentas que promovam o processo sucessório ser trabalhado de forma assertiva e efetiva? Em caso afirmativo, reflita se elas estão aderentes ao contexto contemporâneo e acompanham os sinais do mercado proporcionando competitividade e perenidade à organização em seu segmento.
6. Como os acionistas e herdeiros de sua empresa familiar veem a empresa daqui a 10/15/20 anos?
7. O tema da sucessão é conversado abertamente na sua família ou é um tabu?
8. Os herdeiros tiveram a oportunidade de estudar e escolher a profissão livremente?
9. Existem na família herdeiros interessados em dar continuidade ao projeto empresarial? Se sim, como eles estão se preparando para esse desafio?
10. Como o(a) fundador(a) está se preparando para o momento da transição da liderança na empresa?

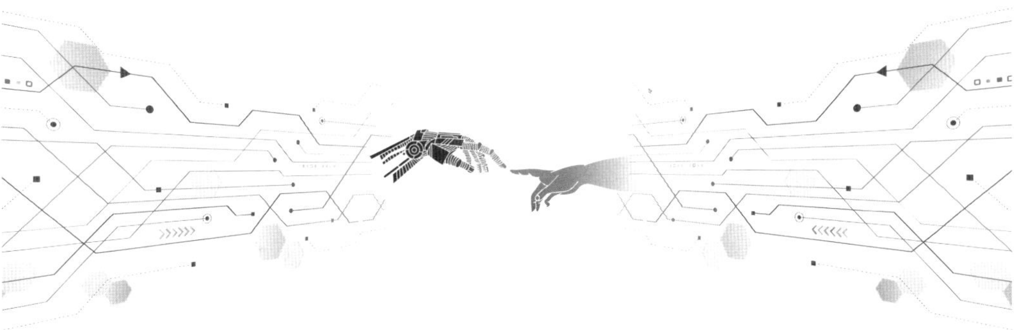

Gestão de pessoas no setor público

LUCIANA SILVA CUSTÓDIO

OBJETIVOS DO CAPÍTULO

A Gestão de Pessoas no setor público vem, ao longo das últimas décadas, buscando de maneira consistente o aprimoramento de suas políticas por meio da apreensão de novos conceitos e práticas. Obviamente, o esforço de modernização que se vê, tendo na gestão por competência o eixo central, ainda percorre um árduo caminho de enfrentamentos de construtos, concepções arraigados e traços culturais ainda pouco permeáveis às mudanças.

Neste capítulo, objetiva-se compreender de maneira geral a Gestão de Pessoas no setor público, levando-se em conta o esforço de modernização nesse setor como um todo.

1 INTRODUÇÃO

O gerenciamento de pessoas no setor público é um tema que, cada vez mais, desperta o interesse em face não apenas do alcance e da capilaridade desse setor, mas também pelo conhecimento gerado em função da necessidade de ajuste de modelos conceituais originariamente construídos para uma lógica típica de mercado. Tais ajustes propiciam não apenas o surgimento de novas práticas, mas também a evolução de modelos já existentes considerando as especificidades das organizações públicas e os desafios impostos por esse cenário em particular.

Não se trata simplesmente de apropriação pelo setor público de práticas consagradas nas organizações privadas, mas sim de uma adequação que considera, na absorção de práticas exógenas, a cultura e os elementos materiais típicos do setor público. Não mais as tecnologias são importadas, transpostas, mas sim os conceitos.

> "O conceito assume, portanto, uma posição central no processo de transposição de tecnologias para a organização pública. Ser capaz de tomar uma tecnologia gerencial, reconhecê-la como objeto cultural produzido em um contexto específico, e a ele vinculado em termos de pressupostos e significados, constitui um passo importante do processo de transposição significativa. Identificar nessa tecnologia os conceitos que lhe são intrínsecos e definidores de sua forma — adentrar a sua substância conceitual, em vez de apenas limitar-se ao seu formato — constitui outro ponto importante" (BERGUE, 2010, p.36).

Há, portanto, ainda conforme Bergue (2010, p.36), o imperativo de identificação inicial dos conceitos que norteiam as práticas de gestão largamente utilizadas no setor privado para uma posterior "ressignificação, seguindo-se a construção de soluções gerenciais endogenamente orientadas".

A percepção do ambiente interno é crucial para a devida modelagem dos conceitos, uma vez que as organizações públicas são sensivelmente mais complexas que as demais organizações, não apenas em seus componentes e propósitos, mas também no que se refere ao alcance de sua atuação e às relações de poder estabelecidas interna e externamente (BERGUE, 2010).

Neste capítulo, o objetivo é traçar o contorno de como a Gestão de Pessoas no setor público atua de maneira geral, levando-se em conta o esforço de modernização na gestão pública e tendo a gestão por competência como eixo central. No entanto, é impensável fazê-lo sem que se (re)estabeleça minimamente uma trajetória que explique e dê sentido às atuais práticas administrativas. Tal apanhado histórico tem seu corte, para este estudo, na substituição (paulatina) do modelo burocrático weberiano pelo modelo gerencial.

2 TRAJETÓRIA DE MUDANÇAS

O *modus operandi* típico do setor público tem a sociedade como um forte elemento de pressão para seu aprimoramento. Na década de 1970, com as crises do petróleo, boa parte dos países que vinham experimentando uma onda de crescimento a partir da Segunda Guerra Mundial começa a questionar o papel do Estado, até então fortemente ligado à manutenção econômica e ao bem-estar social.

> "O tipo de Estado que começava a se esfacelar em meio à crise dos anos 70 tinha três dimensões (econômica, social e administrativa), todas interligadas. A primeira dimensão era a keynesiana, caracterizada pela ativa intervenção estatal na economia, procurando garantir o pleno emprego e atuar em setores considerados estratégicos para o desenvolvimento nacional (...). O *Welfare State* correspondia à dimensão social do modelo. Adotado em maior ou menor grau nos países desenvolvidos, o Estado de bem-estar tinha como objetivo primordial a produção de políticas públicas na área social (educação, saúde, previdência social, habitação etc.) para garantir o suprimento das necessidades básicas da população. Por fim, havia a dimensão relativa ao funcionamento interno do Estado, o chamado modelo burocrático weberiano, ao qual cabia o papel de manter a impessoalidade, a neutralidade e a racionalidade do aparato governamental" (ABRUCIO, 1997, p.6).

Uma grande recessão econômica vivida nos anos 1980 atingiu os governos e gerou uma grave crise fiscal. Esses dois fatores, no entanto, apesar de terem contribuído fortemente para o enfraquecimento do modelo de Estado então vigente, não foram os únicos. Somam-se à crise econômica e fiscal a inaptidão dos governos para resolver seus problemas (a chamada ingovernabilidade) — que demonstrava a incapacidade dos governos em resolver os problemas econômicos e sociais — e uma diminuição do poder do Estado frente à condução da política macroeconômica. Com efeito, a globalização e as mudanças tecnológicas alteraram o centro do poder enfraquecendo o governo que não mais detinha o controle dos fluxos comerciais e financeiros (ABRUCIO, 1997; CAPOBIANGO; NASCIMENTO; SILVA; FARONI, 2013; CARNEIRO; MENICUCCI, 2011).

Assim, com menos recursos, mais déficits e menos poder, o Estado enfrentava uma crise sistêmica e o desafio que se colocava à época era torná-lo novamente funcional. Conforme Bresser-Pereira (1998, p.5), "a crise do Estado impôs a necessidade de reconstruí-lo; a globalização tornou imperativo redefinir suas funções". Era preciso substituir a burocracia weberiana por um modelo mais eficiente.

Içado por países que percorreram este caminho na década de 1980 — inicialmente Grã-Bretanha, Estados Unidos, Austrália e Nova Zelândia, seguidos por países da Europa Continental e o Canadá —, o Brasil inicia uma nova reforma na administração pública em meados dos anos 1990.[1]

> "A partir de então a reforma do Estado se torna imperiosa. Problemas considerados cruciais como o ajuste fiscal, a privatização e a abertura comercial, cujo ataque vinha sendo ensaiado nos anos anteriores, são, então, atacados de frente. A reforma administrativa, entretanto, só se tornou um tema central no Brasil em 1995 (...). Nesse ano ficou claro para a sociedade brasileira que essa reforma se tornara condição, de um lado, da consolidação do ajuste fiscal do Estado brasileiro, e, de outro, da existência no país de um serviço público moderno, profissional e eficiente, voltado para o atendimento das necessidades dos cidadãos" (BRESSER-PEREIRA, 1998, p.5).

A pressão social por serviços de maior qualidade oferecidos pelo ente público, controle e transparência dos gastos públicos, combate à corrupção, entre outras demandas representou um catalisador para que esse setor reformulasse suas práticas de gestão de forma geral.

1 "A primeira tentativa de reforma gerencial da administração pública brasileira data do final dos anos 60, através do Decreto-Lei 200, de 1967. (...) A reforma iniciada pelo Decreto-Lei 200 foi uma tentativa de superação da rigidez burocrática, podendo ser considerada como um primeiro momento da administração gerencial no Brasil. (...) Toda a ênfase foi dada à descentralização mediante a autonomia da administração indireta, a partir do pressuposto da rigidez da administração direta e da maior eficiência da administração descentralizada. (...) O Decreto-Lei 200 teve, entretanto, duas consequências inesperadas e indesejáveis. De um lado, ao permitir a contratação de empregados sem concurso público, facilitou a sobrevivência de práticas patrimonialistas e fisiológicas. De outro lado, ao não se preocupar com mudanças no âmbito da administração direta ou central, que foi vista pejorativamente como "burocrática" ou rígida, deixou de realizar concursos e de desenvolver carreiras de altos administradores. (...) Desta maneira, a reforma administrativa embutida no Decreto-Lei 200 ficou pela metade e fracassou. A crise política do regime militar, que se inicia já em meados dos anos 70, agrava ainda mais a situação da administração pública, na medida em que a burocracia estatal foi identificada com o sistema autoritário em pleno processo de degeneração" (BRESSER-PEREIRA, 1998, p.11).

A burocracia vigente, embora padecesse de inúmeras disfunções que foram se apresentando e se cristalizando à medida que o tempo passou, foi implantada nos anos 1930 em substituição ao modelo patrimonialista. Este, por sua vez, era característico de monarquias absolutas, marcado pela ausência de distinção entre o patrimônio público e o privado, onde se estatiza todos os aspectos da vida (TRAGTENBERG, 1989) e o nepotismo e o empreguismo, até mesmo a corrupção, eram práticas institucionalizadas (BRESSER-PEREIRA, 1998; BLONSKI *et al.*, 2017).

De acordo com Weber (1982, p.282), a burocracia "tem um caráter 'racional': regras, meios, fins e objetivos dominam sua posição". Por assim ser, naquele momento de democracia nascente, a burocracia se estabeleceu como uma resposta necessária aos problemas que desmoralizavam o serviço público. Eram necessários controles rígidos, regulação de rotina e dos processos de trabalho, decisões centralizadas em uma estrutura de comando piramidal, impessoalidade nas ações, profissionais capacitados para suas funções e para manterem o distanciamento adequado da face política do setor público (FARIA e MENEGHETTI, 2011; SALM e MEGASSO, 2009).

Do modelo patrimonialista à burocracia weberiana e à administração pública gerencial tem-se, portanto, um percurso marcado pela transição do autoritarismo para a democracia. No entanto, sob a ótica da burocracia, a administração pública deve se assentar na racionalidade absoluta garantida pelas práticas burocráticas. Já pelo prisma da administração pública gerencial, o *New Public Management* (NPM), a administração pública deve expressar os interesses e as demandas sociais, sendo suficientemente transparente, ágil e flexível para garantir o razoável atendimento dos anseios da sociedade.

> "A administração pública gerencial, sem ser ingênua, parte do pressuposto de que já chegamos num nível cultural e político em que o patrimonialismo está condenado, em que o burocratismo está excluído, porque é ineficiente, e em que é possível desenvolver estratégias administrativas baseadas na ampla delegação de autoridade e na cobrança *a posteriori* de resultados" (BRESSER-PEREIRA, 1998, p.9).

Como forma de superação do modelo burocrático, o NPM centrava-se na adaptação e na absorção pelo setor público dos conhecimentos gerenciais desenvolvidos e consagrados no setor privado. O Estado deixaria de ser um prestador de serviço para assumir um papel de regulador e provedor dos mesmos. Para tanto, conforme Costa (2008), se faziam necessárias não apenas uma alteração no plano institucional-legal, mas também alterações na cultura e no modelo de gestão.

Paes de Paula (2005) cita como principais características desse modelo: a administração profissional, autônoma e organizada em carreiras; descentralização administrativa; maior competição entre as unidades administrativas; disciplina e parcimônia no uso dos recursos; indicadores de desempenho transparentes; maior ênfase dos resultados; e ênfase no uso de práticas originadas no mercado (PAES DE PAULA, 2005, p.131–132).

Em linhas gerais, pode-se dizer que ainda hoje perdura no país um modelo híbrido de gestão que, embora seja alvo de pressões advindas de atores externos, ainda conserva em seu cerne práticas tipicamente burocráticas, e até práticas do antigo patrimonialismo, coexistindo com ações notadamente forjadas no modelo de administração pública gerencial.

Secchi (2009, p.365) alerta sobre a necessidade de se desvincular do discurso de ruptura de modelos e de se adotar a ideia de "processo cumulativo de mudanças nas práticas e valores" (SECCHI, 2009 *apud* CARMO *et al.*, 2018). Schikmann (2010) corrobora ao afirmar que a administração pública possui traços de cada um dos três períodos em seus modelos de gestão, o que torna esse setor um ambiente complexo e desafiador para a gestão de pessoas.

Para essa área em especial, a reforma inaugurada no Brasil na década de 1990 trouxe algumas premissas já apontadas como necessárias em reformas anteriores, mas que, por uma questão de contexto, não foram suficientemente fortalecidas a ponto de alterar muitos dos paradigmas então vigentes. Isso, no entanto, não impossibilitou que antigas proposições fossem retomadas, novos construtos fossem desenvolvidos e avanços fossem realizados.

3 A GESTÃO DE PESSOAS NO SETOR PÚBLICO

Falar em Reforma Administrativa é falar, em linhas gerais, de um conjunto sistêmico de mudanças que afetam o funcionamento de diversas instâncias do setor público: fiscal, orçamentário/financeiro, fluxos de trabalho, controle e combate à corrupção, pessoal etc.

A depender do momento histórico, do direcionamento filosófico do governo e dos anseios sociais, algumas áreas recebem um peso maior e podem ser objeto de reforma. O objetivo macro é, sempre, melhorar a capacidade e a qualidade institucional e o funcionamento da máquina pública federal, estadual e/ou municipal.

Do percurso que se realizou neste capítulo, é possível perceber que, em muitos países, a lógica do gerencialismo (o *New Public Management*) propôs um serviço público mais flexível, voltado para a busca de resultados, melhor atendimento a demandas sociais, eficiência e efetividade das ações do ente governamental, assimilando práticas típicas do setor privado.

A modificação das práticas dos órgãos públicos para a configuração de um modelo pautado por resultados impôs a ruptura com alguns dos padrões gerenciais vigentes e o repensar, sistemático e profundo, de outros. No âmbito da gestão de pessoas, "a preocupação central inicialmente, quanto a essa área, esteve relacionada à necessidade de reduzir a folha de pagamentos e de priorizar o enxugamento da máquina administrativa em detrimento da reformulação de políticas de gestão de pessoas que conferissem relevância no que tange à profissionalização e ao desenvolvimento das pessoas" (OLIVEIRA, CKAGNAZAROFF e SILVEIRA, 2020, p.3).

De acordo com Longo (2007), a gestão dos recursos humanos teria que enfrentar desafios relacionados às suas práticas que, necessariamente, deveriam se alinhar à estratégia da organização, direcionando a ação das pessoas para os resultados organizacionais almejados. A administração pública gerencial destacou a gestão dos recursos humanos como um elemento essencial na gestão estratégica e na geração de resultados (COSTA, 2008).

Em termos conceituais, Schikmann (2010) trata a gestão estratégica nos seguintes termos: "Se refere a um tipo de gestão que se preocupa com os objetivos e metas da organização e com o desempenho e as formas de atuação mais adequados para concretizá-los, considerando-se o curto, o médio e o longo prazos" (SCHIKMANN, 2010, p.18). A pactuação com os resultados, de acordo com a autora, deve considerar não apenas o nível macro da organização, mas também o nível individual.

Nessa linha de raciocínio, Longo (2007) acrescenta que é necessário influenciar a conduta das pessoas a fim de que se adequem aos objetivos estabelecidos pela estratégia organizacional. No entanto, ainda para esse autor, imbricada no ambiente político, a gestão — seja ela pública ou privada — está sujeita às mudanças oriundas desse ambiente, o que pode gerar alterações na estratégia organizacional, trazendo mais complexidade à tarefa de alinhar a ação das pessoas à estratégia da organização.

Outro desfio que ainda hoje se impõe a área de gestão de pessoas no setor público é estabelecer a necessária evolução de suas Unidades de Recursos Humanos (URH), mais dedicadas a atividades tecno-normativas, para uma área de atuação mais abrangente e profunda, que assuma seu lugar estratégico na organização.

Para Longo (2007), a função de gerenciamento de pessoal, típica das URH, constitui "uma função indireta, de segunda ordem, concebida como um mero apoio às atividades (...) verdadeiramente criadoras de valor" (LONGO, 2007, p.49). O autor defende que a superação desse quadro se daria por meio da aproximação mútua da função de recursos humanos ao eixo central do management organizacional e deste para a função de recursos humanos. "Desde o vértice estratégico até o escalão inferior de sua cadeia hierárquica, precisam abraçar a gestão de recursos humanos, assumi-la como sua" (LONGO, 2007, p.50).

Bergue (2010) amplia o conceito de gestão de recursos humanos alçando-o a um construto maior em termos de alcance e conteúdo: a gestão (estratégica) de pessoas. O autor ressalta que a gestão estratégica de pessoas implica que a organização compartilhe não apenas no discurso, mas de maneira efetiva, a ideia de que "a gestão de pessoas e tudo o que lhe seja afeto sejam elementos considerados efetivamente nas decisões da alta administração" (BERGUE, 2010, p.45). Dessa forma, a gestão estratégica de pessoas pode ser definida pelos seguintes elementos: a função Recursos Humanos próxima à alta administração; os servidores e agentes políticos no centro da organização; e a gestão de pessoas sendo compreendida não como uma função exclusiva da unidade técnica (área de RH), mas sim como compromisso de todos os gestores da organização.

Segundo esse autor, a "gestão de pessoas é uma relação que envolve múltiplos atores, as lideranças e os demais membros das equipes, em todos os níveis e áreas da organização. Nessa relação todos são coprodutores dos resultados; todos são responsáveis, seja pela qualidade da relação, seja pelo resultado do trabalho, ou pela saúde do ambiente, enfim" (BERGUE, 2019, p.13).

Pelo exposto, percebe-se que, mais do que mudanças formais na nomenclatura e/ou na estrutura física das áreas, é preciso que se opere uma alteração de paradigmas e o consequente direcionamento das ações.

O bom desempenho perseguido pela gestão pública alcança o nível das pessoas. O planejamento estratégico se desdobra, ramifica-se e individualiza-se. "Mesmo considerando as iniciativas adotadas por diversas organizações públicas brasileiras no sentido de transformar os 'departamentos de pessoal' em autênticas unidades de gestão de pessoas, esse novo perfil de gestão estratégica precisa ser consolidado com a efetiva realização de suas atividades típicas" (SCHIKMANN, 2010, p.17).

Sob esse aspecto, a Gestão de Pessoas deve lidar com a necessidade do estabelecimento de uma política que oferecerá o respaldo adequado para a sustentabilidade da gestão organizacional (SCHIKMANN, 2010). O grande desafio, para Farias e Gaetani (2002), "é formular uma política integrada e abrangente de Recursos Humanos, de forma a conferir maior organicidade e coesão à Administração Pública" (FARIAS e GAETANI 2002, p.5).

Assim, os subsistemas de gestão de pessoas no setor público devem ser (re)modelados de maneira a compor regras que estejam integradas, que se retroalimentem de forma coerente. Tal integração "deve se basear em um conjunto básico de premissas a serem utilizadas como diretriz para o enunciado de todas as definições incluídas no conjunto de políticas de gestão de pessoas" (SCHIKMANN, 2010, p.18).

Portanto, em que pesem as peculiaridades do setor público e do ambiente político, o planejamento e alocação da força de trabalho, atração e seleção de pessoal, desenvolvimento pessoal e profissional, gestão do desempenho, estrutura de carreira, sistema de recompensas etc. são subsistemas que devem ser orientados por premissas integradas não apenas entre si, mas também à estratégia norteadora da organização, sendo conduzidas por uma unidade de gestão de pessoas ciente do seu papel e do impacto de suas ações para a organização e os fins a que ela se propõe junto à sociedade.

A gestão por competências emerge no setor público como o referido elemento integrador.

3.1 A gestão de pessoas por competências

Competência pode ser definida como "um saber agir responsável e reconhecido, que implica mobilizar, integrar, transferir conhecimentos, recursos, habilidades, que agreguem valor econômico à organização e valor social ao indivíduo" (FLEURY, 2001 p.21). Joel Souza Dutra (2001) enriquece essa definição ao acrescentar a capacidade de entrega como a materialização dos conhecimentos, habilidades e atitudes do indivíduo.

Assim, de maneira resumida, não basta saber fazer, mas é preciso realmente fazê-lo. É um "saber mobilizar-se", conforme Antonello e Pantoja (2010) e Boterf (2002). Para aquelas autoras, competência é a "capacidade do indivíduo de pensar e agir dentro de um ambiente particular, supondo a capacidade de aprender e de se adaptar a diferentes situações, a partir da interação com outras pessoas" (ANTONELLO e PANTOJA, 2010, p.83). Boterf (2002) elucida que a competência é resultante da conjunção do saber agir, do querer e do poder agir, e estaria em constante construção na interação com o ambiente (BOTERF, 1994).

> "O poder agir, segundo Boterf (2002), está relacionado a um contexto facilitador, que fornece os meios apropriados ao desenvolvimento e mobilização de competências, as atribuições delegadas aos funcionários e as redes relacionais de informação que os indivíduos possuem. Portanto, o profissional não é competente sozinho, pois necessita de um suporte da organização. Este diz respeito às ferramentas e equipamentos necessários para execução do trabalho, bem como de uma rede de relacionamentos e de informações disponíveis em banco de dados. Conforme este autor, à medida que o profissional possui os meios e as condições necessárias para poder agir dentro da organização, juntamente com o querer agir e com o saber agir, conseguirá desenvolver e mobilizar suas competências" (ANTONELLO e PANTOJA, 2010, p.85–86).

A gestão por competência pressupõe sua utilização como um padrão ou norma para a seleção de pessoal, o planejamento de carreiras e a sucessão, a avaliação do desempenho e o desenvolvimento pessoal (HOOGHIEMSTRA, 1992 *apud* LONGO, 2007, p.38).

A gestão por competências define, portanto, as competências e os perfis profissionais necessários à organização e, com base nessas definições, estabelece o fio condutor — eixo central, conforme Longo (2007) — por meio do qual devem atuar os macroprocessos de Gestão de Pessoas. Esta atuação integrada é fundamental para o fortalecimento recíproco das ações: o planejamento de recursos humanos realiza o dimensionamento e a alocação dos perfis, "(...) a avaliação de desempenho e de competências analisa o desempenho das pessoas portadoras dos perfis profissionais definidos e verifica a efetividade, oferecendo insumos para a definição da capacitação continuada" (LONGO, 2007, p.38).

Corroborando com essa perspectiva integrada das ações de gestão de pessoas amparadas pela gestão por competência, Capuano (2015) afirma que "a gestão por competências constitui um verdadeiro 'estilo de vida' de uma organização que planeja sua força de trabalho, recruta e seleciona talentos, avalia o desempenho individual, reconhece, promove, remunera e substitui seus executivos, gerentes e colaboradores com base em competências" (CAPUANO, 2015, p.392).

Em uma lógica instalada pela busca por resultados, atendimento a demandas sociais cada vez mais complexas, flexibilização e transparência nas ações nas ações dos governos, a gestão por competência ganha espaço na gestão estratégica de pessoas no setor público em diversos países. Para Capuano (2015), a gestão por competência tem se constituído nas últimas três décadas como "verdadeira plataforma metodológica para gestão meritocrática de mudanças em busca de melhor desempenho" (CAPUANO, 2015, p.371). Em Carmo (2018), tem-se a afirmativa de que "a gestão por competências no setor público implica em um enfoque amplo e integrador, considerando conhecimentos técnicos e outras características pessoais" (CARMO *et al.*, 2018, p.171).

Entre países desenvolvidos[2] que compõem a Organização para Cooperação Econômica e Desenvolvimento — OCDE (*The Organization for Economic Co-operation and Development* — OECD), três características comuns se fizeram presentes na adoção do modelo de gestão por competências no setor público. Tais características são ilustradas na Figura 1.

No Brasil, duas das três características expostas — contexto de crise e vontade política de mudança — estavam nitidamente presentes e impelindo

[2] Bélgica, Estados Unidos, França e Reino Unido (CAPUANO, 2015).

o governo a buscar alterações e impor rupturas com o modelo burocrático decadente. A formação dos líderes foi sendo estruturada com o tempo, na medida em que se foi reconhecendo como central a determinação das competências de lideranças mais adequadas à efetivação das mudanças necessárias na gestão do setor público.

Figura 1. Características comuns de países desenvolvidos que adotaram o modelo de gestão por competência do setor público

Fonte: Adaptado de Capuano (2015).

Esse desafio foi registrado pela OCDE em uma publicação do ano de 2017 referente ao alto desempenho do setor público:

> "No caso do Brasil, a OCDE destacou que o aperfeiçoamento da capacidade, produtividade e inovação no setor público é cada vez mais necessário para que se possa alcançar as expectativas do cidadão brasileiro e restabelecer a confiança no governo. Mas, para que esse aperfeiçoamento seja efetivo, é necessário focar as competências necessárias para os altos administradores públicos brasileiros e analisar os mecanismos que reforçam essas competências e os incentivos existentes para que se possa inovar" (ENAP, 2020, p.12).

A gestão de pessoas por competência no país tem como marco legal, no governo federal, o Decreto n° 5.707/2006, que institui a Política Nacional de Desenvolvimento de Pessoal (PNDP) e adota a gestão por competências.

O seu foco é na capacitação e no direcionamento de esforços para a aprendizagem contínua nas instituições públicas, de forma a propiciar o desenvolvimento de competências individuais e institucionais (SILVA e MELLO, 2013).

Em 2019, por meio do Decreto nº 9.991 de 28 de agosto de 2019, houve a tentativa de aprimoramento da PNDP por meio da incorporação de práticas do mercado de trabalho "tendo como pilares: ser justa e equânime, ser transparente e ter foco no planejamento e na governança" (ENAP, 2020, p.5).

Apesar desse aparato legal e de outros que o sucederam não apenas no nível federal, mas em outros entes da federação, Amaral (2006) ressalta a necessidade de autonomia e de flexibilidade na gestão para que se possa efetivamente realizar a gestão por competência no setor público.

Assim, para que a gestão por competência se estabeleça de maneira efetiva no setor público, conforme Carmo *et al.* (2018), ainda é necessária a superação de entraves conceituais e culturais, de amarras normativas e estruturais que inviabilizam alguns avanços que poderiam ser alcançados por esse setor a partir da gestão de pessoas por competência. Nesse contexto, Capuano (2015) destaca que a gestão por competência não pode ser considerada instrumento de reformas pontuais, mas sim de mudanças estruturantes na Administração Pública. Há que se repensar o conjunto de crenças e valores (*ethos* do setor público) promovendo mudanças de base.

É preciso que se rompa tanto quanto possível a rigidez burocrática ainda vigente. É necessário que se pense de forma genuína nos objetivos dos órgãos públicos para que se mapeie corretamente as competências necessárias e as já existentes (SILVA e MELLO, 2013). Nesse movimento, Capuano (2015) chama a atenção para a necessidade do mapeamento de metacompetências essenciais que devem traduzir não as competências disponíveis, mas sim aquelas relacionadas à concretização da visão de futuro dos governos.

Todavia, a despeito dos inúmeros desafios enfrentados para a efetiva implantação da gestão por competências no setor público, é possível catalogar um conjunto de organizações públicas que têm aplicado com sucesso a gestão por competência (SILVA e MELLO, 2013).

Universidades públicas, bancos, empresas públicas e órgãos da administração direta (ministérios e secretarias de estado) figuram entre as inúmeras instituições públicas brasileiras nas quais a gestão de pessoas por competência já é uma realidade (OCDE, 2010).

Dentre os macroprocessos que compõem a gestão de pessoas no setor público sob a nova lógica dominante — a gestão por competência —, a Provisão de Pessoas, o Desenvolvimento e a Gestão do Desempenho serão brevemente analisados neste capítulo. A escolha dos construtos se deu em face do impacto destes subsistemas no ambiente organizacional e da importância destacada de cada um deles na gestão por competências.

2.1.1 *Provisão de pessoas - planejamento da força de trabalho*

O imperativo do desempenho e do alcance dos resultados inaugura nas organizações públicas a necessidade de reflexão sobre o perfil necessário para o desempenho das tarefas, a quantidade de profissionais necessários para a obtenção dos resultados pactuados, bem como o estabelecimento de uma estratégia de (re)alocação de funcionários que seja compatível com os perfis e quantitativos necessários à organização (SCHIKMANN, 2010).

> "(...) inclui a definição de estratégias e ações para viabilizar o suprimento dessas necessidades, alinhadas aos objetivos e metas organizacionais, integradas ao seu planejamento estratégico, vinculadas às disponibilidades orçamentárias e dentro das exigências legais. O Planejamento de recursos humanos tem como pressuposto o envolvimento da alta direção e dos diversos níveis gerenciais, além de representantes de todas as áreas da organização. Ele também pressupõe a construção de um cenário futuro para a definição de perfis profissionais e composição qualitativa e quantitativa do quadro de pessoal" (SCHIKMANN, 2010, p.21).

No entanto, em que pese a busca pelo perfil mais adequado aos postos de trabalho, o instituto do concurso público, tal como é concebido, vai de encontro à proposta de adequação (subjetiva) às funções desempenhadas.

Possuindo por imperativo legal a necessidade do estabelecimento de critérios objetivos — provas e títulos — para cumprir sua faceta democrática e isonômica, o mais significativo meio de entrada de servidores acaba por não considerar o perfil de competências do candidato ao cargo público.

A Constituição do Brasil estabelece no art. 37 as regras para ingresso no setor público por meio de concurso público: "A investidura em cargo ou emprego público depende de aprovação prévia em concurso público de provas ou de provas e títulos, de acordo com a natureza e a complexidade do cargo ou emprego, na forma prevista em lei, ressalvadas as nomeações para cargo em comissão declarado em lei de livre nomeação e exoneração" — Redação dada pela Emenda Constitucional nº 19, de 1998 — (BRASIL, 1988).

Dessa forma, o concurso se configura como um instrumento à disposição da administração pública por meio do qual busca-se obter "moralidade, eficiência e aperfeiçoamento do serviço público e, ao mesmo tempo propiciar igual oportunidade a todos os interessados que atendam aos requisitos da lei, fixados de acordo com a natureza e a complexidade do cargo ou do emprego, consoante determina o art. 37, II, CF" (MEIRELLES, 1999, p.357).

> "Embora tenha o inegável mérito democrático de abrir oportunidades para todos os cidadãos formalmente aptos e tornar o processo seletivo tecnicamente criterioso, transparente e auditável, o atual modelo de concurso público não permite uma avaliação completa da competência do candidato e não permite, também, a seleção de perfis para funções executivas e gerenciais" (CAPUANO, 2015, p.391).

De fato, a despeito do caráter democrático que o concurso público possui, ressaltado por Meirelles (1999) e Capuano (2015), o recrutamento e a seleção realizados por concursos públicos têm, conforme Schikmann (2010), o foco nos cargos a serem preenchidos e não em competências. Ademais, a "forma genérica como os cargos são descritos possibilita a alocação das pessoas em áreas com características muito diferentes, mas, de fato, não supre as reais necessidades em relação às competências necessárias para a realização de suas atividades típicas" (SCHIKMANN, 2010, p.17).

A autora enfatiza que ainda há um longo percurso a ser vencido para que se ajuste efetivamente a contratação para cargos no setor público, as competências requeridas para cada posição a ser preenchida e o perfil do profissional contratado.

É importante considerar, todavia, a reflexão realizada por Farias e Gaetani (2002) relacionando o incremento qualitativo da força de trabalho no governo federal com entrada de profissionais concursados para carreiras estratégicas de governo. Nas palavras dos autores, "ondas de profissionalização se sucedem com cada entrada no governo de um quadro de profissionais em geral bem selecionados, treinados para ingressar na administração dentro de uma nova visão de Estado" (FARIAS e GAETANI, 2002, p.5).

Pelo exposto, percebe-se que, para determinados cargos e carreiras do setor público, o concurso público ainda é um meio de seleção eficiente. Contudo, há que se pensar — com a profundidade e a isenção necessárias à gravidade do tema — para quais postos de trabalho essa ferramenta realmente gera benefícios ao selecionar, dentro dos limites impostos por esse instituto (o concurso público), profissionais para cargos diversos da máquina pública.

2.1.2 *Desenvolvimento pessoal e profissional e Gestão do Desempenho*

Significativos também são os desafios que se colocam para a Gestão de Pessoas no setor público no que se refere ao desenvolvimento do servidor — sob a ótica profissional e pessoal — e à gestão do desempenho.

As mudanças que as organizações públicas têm implementado nos últimos anos não afetam apenas os processos de trabalho, mas impõem, conforme Antonello e Pantoja (2010), a construção e o desenvolvimento de novos perfis de competências profissionais. Para as autoras, a necessidade de tais competências alça os processos de aprendizagem ao patamar de "mecanismos essenciais ao desenvolvimento de novas competências requeridas para que os indivíduos e grupos possam apresentar padrões de desempenho efetivo no trabalho, dentro de um ambiente de gestão cada vez mais dinâmico e complexo" (ANTONELLO e PANTOJA, 2010, p.51).

Gaetani (1998) e Longo (2007), estabelecem uma relação direta entre a qualidade dos serviços prestados pelos órgãos públicos e o nível de desenvolvimento dos servidores. Asseveram os autores que uma efetiva melhoria na qualidade dos serviços públicos está fortemente relacionada à profissionalização[3] e ao desenvolvimento da força de trabalho.

Igualmente norteada pela lógica instalada da gestão por resultados é necessário que se estabeleça uma estratégia de desenvolvimento de pessoas que possibilite o aprimoramento contínuo do quadro de pessoal.

Para além do preparo técnico para o trabalho, é importante que se invista em um ambiente que favoreça e estimule a aprendizagem constante, que não propicie somente a aquisição de conhecimento ou o contato com experiências formativas apenas ligadas às atribuições do cargo, mas que também dê condições de aplicação concreta e sistemática dos conhecimentos adquiridos.

As organizações devem criar, segundo Silva e Mello (2013), mecanismos para "ampliar a capacidade e o compartilhamento da aprendizagem. Tais mecanismos envolvem a adoção de modelos, o desenvolvimento de sistemas educacionais e, inclusive, investimentos em programas de treinamento

3 "A profissionalização é um desafio histórico, inescapável, permanente e contemporâneo. Histórico porque trata-se de uma tarefa inacabada. É inescapável porque nenhum país desenvolveu-se de forma sustentável sem profissionalizar sua administração pública. É um desafio permanente porque vai colocar-se sempre, para qualquer tipo de Estado. Finalmente, trata-se de um desafio contemporâneo porque precisa incorporar novos conteúdos, necessidades e tecnologias para ser enfrentado" (FARIAS e GAETANI, 2002, p.2).

e desenvolvimento, que têm uma função importante para o desenvolvimento de competências" (SILVA e MELLO, 2013, p.114).

É preciso ter em mente o desenvolvimento de competências atuais e futuras, necessárias à concretização dos projetos organizacionais. Nesse aspecto, Antonello (2005) esclarece que "não basta enriquecer a gama de recursos do profissional para que as competências se vejam automaticamente ampliadas, pois seu desenvolvimento passa pela integração e pela aplicação sinérgica desses recursos nas situações, e isso precisa ser aprendido" (ANTONELLO, 2005, p.36 *apud* ANTONELLO e PANTOJA, 2010, p.83).

Assim, há que se pensar não apenas na aquisição do conhecimento necessário para a realização das tarefas, mas também no planejamento estratégico da organização e nos resultados almejados, e promover ações que antecipem a apreensão de conteúdos e o desenvolvimento de competências necessários ao futuro que se desenha para a organização e para os indivíduos a ela vinculados. "É preciso identificar as capacidades dos servidores para então propor planos de desenvolvimento e capacitação, de maneira articulada, sistêmica e estratégica (SILVA e MELLO, 2013, p.116).

O desenvolvimento e o aprimoramento do trabalhador estão no cerne da gestão por competências. Ambos devem estar vinculados a uma gestão do desempenho que não apenas mensure ao final de um período avaliatório o desempenho do servidor, mas que possibilite a identificação de lacunas de conhecimento que devem ser solucionadas por meio da capacitação/desenvolvimento profissional (SCHIKMANN, 2010).

Para Longo (2007), as abordagens tracionais centradas na medição do desempenho, que geram, obviamente, debates relacionados a técnicas e métodos de avaliação mais confiáveis, tendem a ser superadas por "orientações de gestão de caráter mais relacional, centradas no crescimento profissional das pessoas" (LONGO, 2007, p.19).

Assim, para esse autor, a medição do desempenho deixa de ser um amontoado de técnicas cuja finalidade é, ao fim ao cabo, aplicar medidas administrativas como retribuir, promover, punir etc. A gestão do desempenho profissional "tende a ser vista cada vez mais como uma forma de estimular as competências e a motivação dos empregados para a obtenção de melhoras de desempenho" (SPENCER e SPENCER, 1993, p.264 *apud* LONGO, 2007).

Nesse sentido, a despeito da discussão sobre a "subjetividade de determinados critérios adotados e a tendência à complacência por parte dos avaliadores, se bem utilizada, a avaliação de desempenho é uma das ferramentas mais poderosas de uma organização. Visa ao desenvolvimento profissional e das competências individuais e organizacionais que possibilitem o alcance de metas estratégicas" (SCHIKMANN, 2010, p.24).

De fato, profissionais mais preparados para exercer suas atividades, que são estimulados pela organização a aprender, a aplicar o que aprendem e a se desenvolver, que se percebam avaliados de maneira objetiva e justa em suas entregas, tendem a estabelecer relações com o trabalho que vão além do contrato formal. Cria-se, assim, um ambiente propício para o desenvolvimento de comportamentos de cidadania organizacional (CCO).[4]

Schikmann (2010) destaca que o alinhamento dos objetivos individuais e da equipe aos objetivos organizacionais implica em um envolvimento diferenciado dos funcionários. Quando o indivíduo percebe que a organização realiza de forma justa e com equidade as suas obrigações, ele passa a retribuir com contribuições além do previsto no contrato de trabalho (SIQUEIRA, 2003), agindo de forma discricionária e realizando para além do que está estabelecido na descrição dos cargos (FERNANDES, RIBEIRO e ASSIS, 2020).

Esse comprometimento passa por um sentimento de responsabilização pelos resultados da organização, para se sentir parte do processo de conquista das metas organizacionais. Segundo Morrisson (1994), quando os CCO estão presentes, estimulados por meio de práticas de gestão de pessoas, há

4 Organ (1988, p.4) conceitua a Cidadania Organizacional como "comportamentos discricionários, não direta ou explicitamente reconhecidos pelo sistema de recompensas formal, e que no conjunto promovem o funcionamento eficaz da organização". Estudos recentes apontam que, mesmo que haja reconhecimento formal e recompensa, ainda assim pode-se considerar a existência de comportamentos de cidadania organizacional (FERNANDES, RIBEIRO e ASSIS, 2020). Segundo Siqueira (2003) *apud* Fernandes, Ribeiro e Assis (2020), "o bom cidadão em sua organização é capaz de se envolver em atos de cooperação e de ajuda mútua, busca seu autodesenvolvimento, oferece sugestões criativas que melhorem seu ambiente de trabalho e colabora com a preservação da imagem da organização. A cidadania organizacional faz emergir um comprometimento espontâneo de todos com a organização, intensificando o sentimento de pertencer a uma comunidade, e evidencia elementos como a participação e a parceria, fazendo prevalecer uma vontade pessoal de cooperar e de contribuir para o alcance dos objetivos organizacionais (SIQUEIRA, 2003; MATTOS, 2015). Na visão de Cohen e Vigoda (2000), o Comportamento de Cidadania Organizacional (CCO) pode ser muito útil para as organizações, especialmente para aquelas que são públicas. Para os autores, uma melhor compreensão do ambiente organizacional na esfera do serviço público pode contribuir para uma maior qualidade dos serviços prestados ao cidadão. Rayner, Lawton e Williams (2012) também corroboram com esse pensamento ao argumentarem que o comportamento de cidadania dos funcionários públicos tende a melhorar o relacionamento destes com os cidadãos que buscam o serviço público e, ainda, pode garantir que os valores e as crenças próprios das organizações públicas, como a cidadania, a democracia e o interesse público, se tornem mais evidentes" (FERNANDES, RIBEIRO e ASSIS, 2020, p.2).

uma melhora dos serviços prestados. Isso vai ao encontro das demandas sociais por um serviço público tempestivo e de melhor qualidade.

3 UMA DISCUSSÃO EM CURSO

Decorridas mais de duas décadas de esforço para efetiva migração para o modo gerencialista de gestão, o setor público no Brasil ainda se vê pressionado a alterar padrões de trabalho, elementos culturais, filosóficos e normativos. Muitos dos axiomas presentes na ruptura do modelo burocrático e na ascensão do gerencialismo continuam pautando as demandas atuais por mudanças no setor.

> "A exigência de transparência e ética, a crescente escassez de recursos em todas as esferas e a necessidade de aproximação do usuário, em relação aos serviços públicos, reforçam a abordagem por meio da eficácia e da descentralização. Isso exige um aumento da flexibilidade, da prontidão e da capacidade de adaptação dessas organizações, implicando o uso de novas tecnologias, especialmente o da tecnologia da informação, e da modernização da estrutura normativa, organizacional e de pessoal" (SCHIKMANN, 2010, p.13).

Nesse sentido, já há alguns anos, o governo federal tem empreendido esforços para alterar algumas das relações historicamente preservadas no setor público. Uma agenda de reformas tem sido amplamente debatida. O ano de 2020 se encerrou com a expectativa de alterações legais que, na área de gestão de pessoas, trarão novos contornos para a relação que o setor público estabelece com seu funcionalismo, bem como propiciará alguma flexibilidade em relação a questões viscerais da gestão de pessoas nesse setor. Em linhas gerais, é

> "urgente relacionar a noção conceitual de competências ao formato vigente de planos e descrições de cargos, aos conceitos de carreira existentes, aos limites (e mesmo possibilidades) que a Constituição e a legislação ordinária impõem à admissão, à remuneração e à avaliação de desempenho de servidores na administração pública etc. Sem o estabelecimento dessas conexões com o cotidiano, múltiplas em termos de experiências e de realidades organizacionais, o conteúdo normativo resulta fragilizado em significado" (BERGUE, 2010, p.39).

As lições do cotidiano têm mostrado as mudanças no mundo do trabalho, e a multiplicidade de vínculos que podem ser estabelecidos entre o trabalhador e a organização têm pressionado o setor público a reestruturar seu regramento de forma a permitir que outras relações, igualmente legais, possam ser utilizadas.

O avanço das tecnologias de informação e conhecimento (TIC) e a ampliação e a melhoria de sistemas corporativos propiciam mudanças não somente na maneira como as tarefas são realizadas, mas afetam diretamente no quantitativo de servidores necessários para a realização de determinadas funções.

Pari passu ao incremento tecnológico, muitas atividades tornam-se obsoletas ou mesmo desnecessárias com o passar dos anos e é imperioso que o vínculo contratual estabelecido possa permitir a alteração das atividades desenvolvidas ou mesmo a própria extinção do vínculo empregatício. Atualmente, o vínculo do servidor efetivo é praticamente indissolúvel, sendo rompido apenas em raras exceções, e a descrição dos cargos, em sua esmagadora maioria, impossibilita o intercâmbio de atividades.

O regime de previdência, a manutenção da estabilidade, a realização de processos seletivos mais simplificados e com período contratual predeterminado, o acúmulo de cargos públicos etc. estão entre os pontos-objeto da atual reforma.

Diante desse cenário, faz-se atual a reflexão realizada no início deste século por Farias e Gaetani (2002):

> "Quaisquer que sejam as escolhas a serem feitas nesta esfera terão implicações duradouras. Não se pode alimentar a ilusão de que é possível acumular as vantagens de formas organizacionais distintas. Do ponto de vista organizacional, o apelo dominante é o da flexibilização em nome da eficiência e agilidade. Do ponto de vista da gestão, o emparelhamento com a dinâmica do mercado é naturalmente mais atrativo. Em contrapartida, do ponto de vista dos recursos humanos, os quadros técnicos aspiram a estabilidade e previdência integral. Do ponto de vista do controle governamental, normas que assegurem *accountability* são fundamentais. A dificuldade de se optar entre pacotes de ganhos e perdas indissociáveis encontra-se no cerne do dilema do enquadramento de um significativo número de instituições na esfera pública estatal ou pública não estatal. Esta não tem sido uma tarefa fácil para o governo atual e assim continuará para o próximo" (FARIAS e GAETANI, 2002, p.11).

A possibilidade de atrair, reter e utilizar bem novos talentos e gerar competências individuais e institucionais alinhadas aos desafios múltiplos enfrentados, por vezes altamente complexos e mutáveis, vai ao encontro da necessidade premente de modernização da esfera pública.

4 CONCLUSÕES

Pelo exposto neste capítulo, percebe-se que, embora muitos avanços tenham sido realizados, ainda existem diversos desafios e indagações sobre a implantação genuína da gestão de pessoas no setor público, focada na competência, alinhada à estratégia organizacional e objetivando ao atendimento das demandas da sociedade.

Talvez as respostas almejadas e a efetivação da evolução necessária e definitiva para a gestão de pessoas nesse setor só aconteçam com o tempo e desde que haja a confluência de forças internas e externas atuando de forma sinérgica. Os exemplos históricos, nacionais e internacionais, representam não apenas fonte de inspiração quanto a isso, mas, sobretudo, de aprendizado.

BIBLIOGRAFIA

ABRUCIO, Fernando Luiz. O impacto do modelo gerencial na administração pública – Um breve estudo sobre a experiência internacional recente. p.52. *Cadernos ENAP*; n. 10. Brasília: ENAP, 1997.

AMARAL, H. K. Desenvolvimento de competências de servidores na administração pública brasileira. *In*: *Revista do Serviço Público*. Brasília 57 (4): 549-563 Out/Dez 2006.

ANTONELLO, C. S.; PANTOJA, M.J. Aprendizagem e o desenvolvimento de competências. *In:* CAMÕES, M.R.; PANTOJA, M.J., BERGUE, S.T. *Gestão de pessoas*: bases teóricas e experiências no setor público – Brasília: ENAP, 2010.

BERGUE, S.T. Especialização em Gestão de Pessoas no Serviço Público: uma perspectiva da vivência docente no contexto curso. *In*: CAMÕES, M.R., PANTOJA, M.J., BERGUE, S.T. *Gestão de pessoas*: bases teóricas e experiências no setor público – Brasília: ENAP, 2010.

_____ *Gestão de pessoas: liderança e competências para o setor público*. Brasília: ENAP, 2019.

BLONSKI, F. *et al.* O controle gerencial na perspectiva do *New Public Management*: o caso da adoção do *Balanced Scorecard* na Receita Federal do Brasil. *Administração Pública e Gestão Social*, v. 9, n. 1, p. 15-30, 2017.

BOTERF, G. *Construire les competences individuelles et collectives*. Paris: Éditions D'Organisations, 2002.

_____, G. *De la compétence*. Paris: Les éditions dórganisation, 1994.

BRASIL. *Constituição da República Federativa do Brasil*. 1988.

_____. Decreto nº 5.707, de 23 de fevereiro de 2006. Institui a Política e as Diretrizes para o Desenvolvimento de Pessoal da administração pública federal direta, autárquica e fundacional, e regulamenta dispositivos da Lei nº 8.112, de 11 de dezembro de 1990. Diário Oficial da República Federativa do Brasil, Brasília, DF, 24 de fevereiro de 2006.

_____. Decreto nº 7.133, de 19 de março de 2010. Regulamenta os critérios e procedimentos gerais a serem observados para a realização das avaliações de desempenho individual e institucional e o pagamento das gratificações de desempenho.

BRESSER-PEREIRA, L. C. Uma reforma gerencial da Administração Pública no Brasil. *Revista do Serviço Público*, v. 49, n. 1, p. 5-42, 1998.

CAPOBIANGO, R. P.; NASCIMENTO, A. L.; SILVA, E. A.; FARONI, W. Reformas administrativas no Brasil: uma abordagem teórica e crítica. *Revista de Gestão*, v. 20, n. 1, p. 61-78, 2013.

CAPUANO, E. A. Gestão por competências no setor público: experiências de países avançados e lições para o Brasil. *Revista Do Serviço Público*, 66(3), 371 - 394. https://doi.org/10.21874/rsp.v66i3.574, 2015.

CARMO L.J.O. *et al.* Gestão estratégica de pessoas no setor público: percepções de gestores e funcionários acerca de seus limites e possibilidades em uma autarquia federal. *Rev. Serv. Público*. Brasília 69 (2) 163-191 abr/jun, 2018.

COHEN, A.; VIGODA, E. Do Good Citizens Make Good Organizational Citizens? An Empirical Examination of the Relationship Between General Citizenship and Citizenship Organizational Behavior in Israel. *Administration & Society*, v. 32, n.5, p.596-624, 2000.

COSTA, F. L. Brasil: 200 anos de Estado; 200 anos de administração pública; 200 anos de reformas. *Revista de Administração Pública* – Rio de Janeiro, v. 42, n. 5, p.829-74, 2008.

DUTRA, J. S. (org). *Gestão por competências*. São Paulo: Editora Gente, 2001.

ENAP. Experiências de avaliação de desempenho na administração pública federal. *Cadernos ENAP 19*. Brasília: ENAP, 2000.

_____. *Competências essenciais de liderança para o setor público brasileiro*. Brasília, 2020. Disponível em: https://repositorio.enap.gov.br/bitstream/1/5715/1/COMPET%C3%8ANCIAS%20ESSENCIAIS%20DE%20LIDERAN%C3%87A%20PARA%20O%20SETOR%20P%C3%9ABLICO%20BRASILEIRO_compressed.pdf. Acessado em 19 jan. 2021.

FARIA, J. H. de; MENEGHETTI, F. K., Burocracia como organização, poder e controle. *Rev. Adm. Empresa*. São Paulo, v. 51, n. 5, p. 424-439, 2011.

FARIAS, P.C.L, GAETANI, F. *A política de recursos humanos e a profissionalização da administração pública no Brasil do século XXI*: um balanço provisório. VII Congresso Internacional del CLAD sobre la Reforma del Estado y de la Administración Publica, Lisboa, Portugal, 8-11 Oct. 2002.

FERNANDES, K. M. S.; RIBEIRO, L. M. de P.; e ASSIS, L. B de. Comportamento de cidadania organizacional estudo de caso com servidores públicos de uma IFES. *Perspectivas Em Gestão & Conhecimento*, *10*(2), 101-119, 2020.

FLEURY, A.; FLEURY, M. T. L. *Estratégias empresariais e formação de competências*. São Paulo: Atlas, 2001.

HOOGHIEMSTRA, T. Gestión integrada de recursos humanos. *In*: MITRANI, A. e outros (comp.). *Las competencias, clave para una gestión integrada de los recursos humanos*. Bilbao, Deusto, 1992.

LONGO, F. *Mérito e flexibilidade: a gestão das pessoas no setor público* – São Paulo: FUNDAP, 2007, 246 p.

MATTOS, R. de. *A Liderança Cidadã: Construindo um Propósito Coletivo*. Ed. Livre, 2015.

MEIRELLES, Hely Lopes. *Direito Administrativo brasileiro*. 24ª ed. atualizada por AZEVEDO, Eurico de Andrade *et al*. São Paulo: Malheiros, 1999.

MORRISON, E. W. Role definitions and organizational citizenship behavior: The importance of the employee's perspective. *Academy of management journal*, v. 37, n. 6, p. 1543-1567, 1994.

OLIVEIRA, K.P. de; CKAGNAZAROFF, I.B.; SILVEIRA, M. C. da. A carreira de Especialistas em Políticas Públicas e Gestão Governamental de Minas Gerais e os desafios de retenção: análise comparativa de 2009 e 2019. *Revista do Serviço Público* (RSP), Brasília 71 (4) 987-1022 out/dez 2020.

ORGAN, D. W. *Comportamentos de cidadania organizacional: A síndrome do bom soldado*. Lexington Books / DC Heath and Com, de 1988.

PAES DE PAULA, Ana P. *Por uma nova gestão pública*. Rio de Janeiro: FGV, 2005.

RAYNER, J.; LAWTON, A.; WILLIAMS, H. M. Organizational citizenship behavior and the public service ethos: Whither the organization? *Journal of business ethics*, v. 106, n. 2, p.117-130, 2012.

SALM, J. F.; MENEGASSO, M.E. *Os pressupostos para a implementação do novo serviço público e o capital social*. *In*: Colóquio Internacional sobre Poder Local: desenvolvimento e gestão social de territórios, 11, 2009, Salvador. Anais...Salvador, BA: [...], 2009.

SCHIKMANN, R. Gestão Estratégica de Pessoas: bases para a concepção do Curso de Especialização em Gestão de Pessoas no Serviço Público *In*: CAMÕES, M.R., PANTOJA, M.J., BERGUE, S.T. *Gestão de pessoas: bases teóricas e experiências no setor público* – Brasília: ENAP, 2010.

SILVA, F. M.; MELLO, S. P. T. A implantação da gestão por competências: práticas e resistências no setor público. *Revista Eletrônica de Administração e Turismo* – ReAT, v. 2, n. 1, p. 110-127, 2013.

SIQUEIRA, M. M. M. Proposição e análise de um modelo para comportamentos de cidadania organizacional. *Revista de Administração Contemporânea*, v. 7, n. SPE, p. 165-184, 2003.

TORRES, M. D. de F. *Estado, democracia e administração pública no Brasil*. Rio de Janeiro: FGV, 2004.

TRAGTENBERG, M. *Administração, poder e ideologia*. São Paulo: Cortez, 1989.

WEBER, M. *Ensaios de sociologia*. 5 ed. Rio de Janeiro: LTC Editora, 1982.

ZARIFIAN, Philippe. *O modelo da competência*: trajetória histórica, desafios atuais e propostas. São Paulo: Editora Senac São Paulo, 2003.

SUGESTÕES DE PERGUNTAS E RESPOSTAS PARA DISCUSSÃO DO CAPÍTULO

1. Cite pelo menos duas razões que fizeram a administração pública brasileira implantar práticas do gerencialismo.
2. Qual a importância da integração dos subsistemas de gestão de pessoas na gestão por competência?
3. Por que não se pode falar em uma aplicação plena da gestão por competência na administração pública brasileira?
4. Quais são as principais disfunções do patrimonialismo que o modelo burocrático buscou combater?
5. Por que não se pode falar que há uma plena superação de práticas típicas dos modelos patrimonialista e burocrático na gestão pública?
6. Por que o concurso público, tal como estabelecido hoje, não pode ser considerado como uma ação dentro dos parâmetros da gestão por competência?
7. Por que a sociedade pode ser considerada um elemento importante para a mudança de práticas no setor público?
8. Descreva pontos importantes da Reforma Administrativa vivida pelo Brasil na década de 1990.
9. Aponte quais destes pontos ainda necessitam de mudanças para a superação dos problemas no setor público, sobretudo os que se referem à gestão de pessoas neste setor.
10. Pode-se dizer que já existe no setor público a vivência da gestão de pessoas em sua faceta estratégica? Justifique sua resposta.

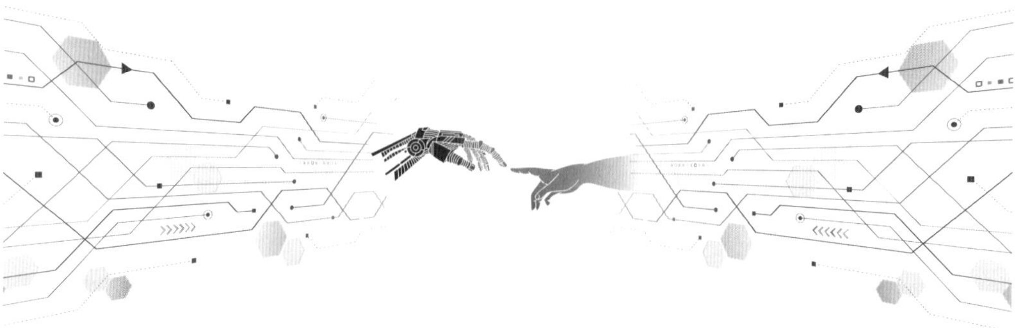

Global Mobility

Indre Nardi de Assis Medeiros
Wander Thomé

OBJETIVOS DO CAPÍTULO

Que o nosso leitor saiba da importância, das contribuições, dos desafios e dos melhores caminhos para fazer da *global mobility* uma estratégia de fortalecimento das competências organizacionais a partir das experiências internacionais de seus profissionais.

1 INTRODUÇÃO

> "Empresas que querem sobreviver e prosperar no cenário atual precisam compartilhar informação em todo o mundo. A mobilidade é essencial para isso" (MESTRE, 2012, p.3).

Há muitas décadas a busca empresarial por prosperidade econômica leva os líderes de negócios a estabelecerem como meta a conquista de novos mercados, o que muitas vezes significa uma expansão internacional. Para que a expansão ou o amadurecimento de um negócio seja viável, diversas organizações convidam os funcionários que possuem alta performance em determinado conhecimento ou habilidade a se fixarem temporariamente em localidades-alvo a fim de cumprirem missões de alto valor agregado ao negócio. A partir do momento em que esses movimentos internacionais se tornam mais numerosos dentro das organizações, surge a necessidade de se criar diretrizes claras e bem fundamentadas para que papéis e responsabilidades sejam definidos entre a empresa e os potenciais parceiros externos, trazendo organização, fluidez e consistência aos processos de transferência.

A transferência de longo prazo de funcionários altamente capacitados que possam cumprir certa tarefa no exterior talvez seja a razão mais antiga pela qual as empresas passaram a desenvolver programas de Recursos Humanos que estruturavam as premissas dos programas tradicionais de expatriação. Entretanto, essa não é a única razão da transferência temporária ou permanente da força de trabalho de uma companhia.

À medida que a atividade econômica ganhava maior tração global, com a participação ativa de mercados emergentes, a busca global por talentos se tornou mais acirrada. Se a mão de obra local não satisfaz as necessidades de uma atividade econômica, por que não buscar um profissional de outro país para transferir know-how e formar futuros líderes que presarão pela sustentabilidade saudável dos negócios nesse determinado local? Se certa equipe precisa desenvolver seus membros para assumirem cargos de liderança, por que não lançar mão de intercâmbios de curta, média ou longa duração para desenvolver esses talentos, expondo-os a contextos desafiadores que os auxiliem em sua formação? Se determinado projeto precisa passar por verificações técnicas e/ou gerenciais escassas em certa localidade, por que não convidar um profissional competente de outra unidade de negócio para solucionar a questão? Se um profissional que demonstra uma performance de trabalho satisfatória ao longo dos anos sinaliza à sua liderança o desejo de desenvolver-se em uma carreira internacional, por que não viabilizar uma jornada no exterior que o mantenha engajado e que possa mitigar o risco de *turnover*? Essas questões impulsionaram discussões sobre o mapeamento, o desenvolvimento, a aquisição e a gestão de talentos dentro do RH, tornando-se importantes tanto para a companhia quanto para seus funcionários e, como consequência, muitas empresas crescentemente conceberam seu programa de mobilidade global como parte integrante da forma como fazem negócios em um mundo cada vez mais dinâmico e globalizado.

Entretanto, a aspiração por uma expatriação, procedente do conselho administrativo e/ou do próprio profissional, não significa que os programas de mobilidade não tenham obstáculos que dificultam sua viabilização. De acordo com a edição de 2020 do relatório "Worldwide International Policy and Practice" publicado pela consultoria Mercer, primeiramente, o alto custo que as transferências podem gerar frequentemente inviabiliza a mobilidade devido à restrição de orçamento das empresas.

Em segundo lugar, as questões familiares dos indivíduos que estão sob a iminência de serem transferidos podem impedir a aceitação de uma proposta de expatriação, seja devido à potencial lacuna no orçamento familiar pelo companheiro ou cônjuge não ser elegível ao visto ou permissão de trabalho para ser empregado no exterior, seja devido a questões de saúde ou integração cultural dos familiares no país de destino, e assim por diante.

Em terceiro lugar, a estruturação do programa de expatriação, isto é, a dificuldade em se identificar o profissional correto dentro de seu quadro de funcionários devido à ausência de processos de mapeamento, e a identificação e avaliação de conhecimento necessários para a execução da missão internacional.

Em quarto lugar estão os gargalos na gestão de carreira que falham na concepção de caminhos inteligentes e integrados à internacionalização de sua força de trabalho como forma de desenvolvimento de *soft* e *hard skills* que conduzam seus funcionários a cargos importantes de sua estrutura organizacional; com planos de sucessão de lideranças insuficientes ou mesmo inexistentes.

Por fim, o local de destino das transferências também pode ser um obstáculo à mobilidade. Nem sempre as empresas operam em locais atrativos que trazem a sensação de maior qualidade de vida em relação à localidade de origem. Determinados segmentos industriais — como, por exemplo, óleo e gás, mineração e construção — podem gerar a hesitação de funcionários em aceitar uma missão em localidades remotas, seja devido à maior exposição a riscos de segurança, e/ou devido à infraestrutura insuficiente da região, condições precárias em telecomunicações e dificuldade de integração cultural e social, por exemplo.

Além dos obstáculos comuns para a expatriação, o aspecto prático para se transferir um funcionário de um país para o outro exige que o gestor das mobilidades internacionais tenha conhecimento interdisciplinar em temas como: remuneração e benefícios, gestão de talentos, finanças, folha de pagamentos, direito trabalhista, migratório, aduaneiro (para mudança de bens domésticos), seguro social, tributário, seguros internacionais, além de um forte senso de urgência, prioridade e a busca efetiva de solução de problemas. Dessa forma, se as expatriações são propostas a profissionais identificados como talentos e se o custo de sua operacionalização é elevado, essas duas razões, apesar de não serem as únicas, são suficientes para evidenciar a imprescindibilidade de os programas de mobilidade global terem como base uma proposta de valor ao empregado significante, que preze pela boa experiência do funcionário durante sua jornada e que seja gerenciada por profissionais que se harmonizam com os valores e as motivações da companhia.

2 DEFINIÇÕES PARA FINS DESTE CAPÍTULO

Os profissionais de mobilidade global fazem uso de nomenclaturas importantes para o entendimento da dinâmica das transferências. Diversos termos são utilizados em inglês, devido à necessidade natural da utilização do idioma para a execução dos programas de expatriação. Primeiramente, a própria área de mobilidade global pode ter nomes variados de empresa para empresa, e frequentemente são intituladas como: mobilidade internacional (*international mobility*), mobilidade global (*global mobility*) ou gestão de expatriados (*expat management*). Majoritariamente, as empresas vinculam essa área à Diretoria de Recursos Humanos, como subfunção de Remuneração e Benefícios. Entretanto, há empresas que desconectam a função de Mobilidade Global do RH e conectam-na diretamente ao CEO, para que ganhe autonomia e agilidade na tomada de decisão e na condução dos processos inerentes a ela.

- Expatriação (*expatriation*): realocação ou transferência temporária ou permanente de um indivíduo ou profissional para o exterior.
- *International assignment* ou *assignment*: uma missão internacional que, por sua vez, pode se traduzir em diversos tipos de mobilidade internacional diferentes, de curto, médio e longo prazos.
- Expatriado (*expat/outbound*): indivíduo ou profissional com contrato de trabalho originalmente baseado no exterior e que assume temporariamente ou permanentemente uma missão em outro país.

É comum a utilização de temos como impatriação (*impatriation*) e impatriado (*inpats/inbound*), que apenas mudam o ponto de referência de origem e destino dos respectivos termos, expatriação e expatriado. Por exemplo, se uma empresa sediada no Brasil tem dois expatriados oriundos da unidade de negócios baseada no Canadá, pode-se dizer que o Brasil possui dois impatriados do Canadá, enquanto o Canadá possui dois expatriados no Brasil.

- **Repatriação**: retorno do indivíduo ou profissional do país de destino para o país de origem.
- **Localização**: aplicação de um contrato de trabalho seguindo as diretrizes do país de destino, que pode ou não ser derivada do término de um contrato de expatriação de longo prazo prévio.

3 COMO TEM SIDO ATÉ ENTÃO

Assim como as organizações e demais estratégias de Recursos Humanos, os programas de expatriação não são estáticos. Pelo contrário, como apresentado na introdução deste capítulo, os diferentes estágios de integração e desenvolvimento econômicos mundial, somados ao avanço tecnológico, impactam a maneira com que as organizações enviam sua força de trabalho para novos territórios. A partir do momento em que o volume de expatriações aumenta, que se diversificam entre diferentes origens e destinos e que se tornam extensíveis aos demais níveis de cargos (não somente de executivos), os programas de mobilidade se tornam mais complexos. As companhias passam a estruturar pacotes de remuneração alternativos ao modelo tradicional e segmentam suas políticas de mobilidade, conforme quatro diretrizes principais:

1. Os motivos e objetivos principais dos projetos que requeiram uma missão internacional.
2. Os diferentes grupos de funcionários de sua organização, que estejam em determinados estágios de carreira e que potencialmente possuam necessidades diferentes.
3. O tempo necessário para execução de determinada missão no exterior.
4. A estimativa de custo adequada para a viabilização da transferência.

O próximo passo natural do desencadeamento desses fenômenos é a utilização de tecnologias que auxiliem na gestão das informações de cada indivíduo expatriado. A densidade de dados que o gestor de expatriação precisa verificar constantemente é alta, e pode incluir desde a data de validade de documentos como visto e passaporte do profissional (e, inclusive, de familiares, se esses o acompanharam no exterior), datas de transporte de bens domésticos, prazo para devolução de imóveis locados, gestão das rotinas de tributação pessoal, rastreamento do período de permanência em outros países, reembolso de despesas, verificação das condições de compliance inerentes às transferências, atualização de montantes para pagamento de incentivos de mobilidade, até o início do processo de repatriação ou de localização do funcionário.

Outro fenômeno que emergiu como tendência dos programas de mobilidade foi a busca por flexibilização dos pacotes de remuneração e benefícios.

Talvez por uma necessidade crescente em se ouvir o que os profissionais têm a dizer sobre sua experiência na empresa, as lideranças de muitas companhias são desafiadas a desenvolver um leque de opções pelas quais o funcionário pode ou não aderir mediante sua própria vontade. Por exemplo, um item típico do pacote de expatriação de um indivíduo que é relocado em mobilidade temporária e de longo prazo é um bilhete aéreo por ano entre a localidade de origem e o destino da transferência tanto para o expatriado quanto para os dependentes que, porventura, tenham o acompanhado na mudança internacional. Esse benefício era pouco questionado enquanto o número e o tipo de expatriação eram limitados ou restritos a determinados cargos. Porém, o cenário não foi o mesmo quando as empresas começaram a expatriar profissionais que não tinham interesse em voltar para o país de origem até sua repatriação, ou profissionais solteiros. Enquanto um expatriado com três filhos teria direito a quatro passagens de ida e volta por ano, o solteiro teria direito a apenas uma. Por que não trazer flexibilidade para esse item do pacote de expatriação? Por que não permitir que o funcionário escolha poder viajar do país de destino para outro país de sua escolha que não seja o país de origem? Por que não dar a opção ao funcionário de poder trocar outro benefício do pacote de expatriação para adquirir mais um bilhete aéreo anual para o país de origem da transferência? Esse é um exemplo simples de como algumas empresas passam a redefinir as diretrizes da estratégia de mobilidade. Afinal, como certa empresa deseja se projetar ou ser percebida por seus funcionários, como aquela que adota modelos enrijecidos ou que está aberta a flexibilizar de maneira responsável e alinhada às regras de compliance e *duty of care*?

Finalmente, é razoável considerar que cada empresa esteja em um estágio diferente de maturidade de suas políticas e práticas que apoiam as missões internacionais. Entretanto, os diferentes rumos que as companhias decidem tomar convergem para uma mesma necessidade: a estratégia de mobilidade deve refletir a proposta de valor da empresa e operar de forma integrada, principalmente em parceria com a área de gestão de talentos. Muitas empresas ainda estão nesse caminho, pois já reconheceram que a atuação isolada da gestão de expatriação fragmenta a estratégia de gestão da força de trabalho e impacta na realização dos objetivos estratégicos de uma companhia. Nesse sentido, é evidente o papel protagonista que uma área de mobilidade bem estruturada pode assumir como parceira do negócio e essencial para o seu crescimento.

4 MAPA DO PROCESSO DE MOVIMENTAÇÃO DE PROFISSIONAIS PELO MUNDO

Entre as décadas de 1970 e 1990, a expansão internacional das empresas levou diversas organizações a recorrerem a transferências internacionais de profissionais para o atingimento de suas estratégias de negócio. A contratação de mão de obra local em determinada geografia ocorreria quando necessário, ao mesmo tempo que executivos e profissionais de elevado conhecimento gerencial e técnico se apresentavam como o meio mais rápido e seguro de tornar as ambiciosas missões internacionais bem-sucedidas. Por isso, pode-se observar que, historicamente, as expatriações desse período possuíam características particulares.

Em primeiro lugar, os profissionais transferidos de um país para outro assumiam cargos de alto nível hierárquico nas empresas. Isso significa dizer que os altos executivos seriam convocados a assumir missões internacionais de negócio e, comumente, estariam dedicados a viver em outras terras por um período de dois a cinco anos. Após o cumprimento da tarefa, retornavam para o país de origem e prosseguiam sua jornada profissional. Como efeito lógico, a segunda característica marcante desse período é que, em se tratando da expatriação de executivos, a essência dos pacotes de remuneração e benefício de expatriação incorporavam incentivos representativos e pagamentos elevados. Adicionalmente, o local de destino das missões internacionais era, frequentemente, remoto e não tão atrativo por si só. As indústrias que iniciaram esse movimento em maior escala eram de construção, mineração e os demais segmentos que se apoiavam sobre os recursos naturais como *core business*. Isso significa que havia um fluxo tendencioso de expatriações de apenas um sentido, isto é, de profissionais que partiam de empresas sediadas nos Estados Unidos da América e na Europa em direção a outras regiões do globo, principalmente do Ocidente para o Oriente.

Entretanto, nos vinte anos seguintes, entre 1990 e 2010, o cenário internacional apresentava um nível de dinamismo de mercado com novos atores, como as economias emergentes, o que revelou maior interdependência econômica global. Apesar das expatriações ainda serem predominante do Ocidente para o Oriente, ou de economias mais robustas para economias em desenvolvimento, os fluxos de expatriações tomaram rumos diversos, incluindo aqueles do hemisfério Norte para o hemisfério Sul, do Oriente para o Ocidente e do hemisfério Sul para o Norte. Isso significa que, enquanto em 1970 transferia-se um profissional da empresa matriz para a empresa subsidiária, a partir de 1990 a empresa subsidiária também havia iniciado o processo de transferência de funcionários que agregavam alto valor ao negócio para a empresa matriz ou, ainda, entre subsidiárias. Os objetivos das expatriações passaram a se diversificar e o nível hierárquico dos expatriados passava a ser não tão marcadamente de executivos, mas extensivo a faixas de carreira mais táticas ou de gerência e coordenação. Consequentemente, ao se transferir profissionais em estágios diferentes na progressão de carreira, por motivos diversos, entre localidades não necessariamente remotas e por períodos variados, as propostas de remuneração e benefícios também foram ajustadas. Os pacotes se tornavam menos agressivos, com incentivos mais razoáveis, ao mesmo tempo que a pressão para contenção ou redução de custos dos negócios se firma como imperativo, principalmente a partir dos anos 2000. O pano de fundo de tantas interações alavancadas pelo avanço tecnológico era evidente: a necessidade eminente por aquisição de profissionais de alta performance nomeados como "talentos".

Diante desse breve resumo da história das movimentações profissionais entre países, nota-se a transição de um programa de mobilidade global de apenas um modelo de pacote de expatriação, tradicionalmente baseado na inicial demanda por executivos e de alto custo, para um modelo de segmentação em tipos alternativos de mobilidade e, posteriormente, de flexibilização, sendo amplamente utilizados como mecanismos estratégicos e trazendo maior complexidade da gestão das transferências internacionais.

4 LEGISLAÇÃO RELACIONADA A ESSE TEMA

Expatriação:
A expatriação foi regulamentada no Brasil pela Lei 7.064 de dezembro de 1982. Para esses casos é importante salientar que não ocorre a suspensão ou extinção do contrato de trabalho, ocorrendo apenas a transferência do empregado.

Na prática, é necessário entender os trâmites legais trabalhistas para que o empregado esteja resguardado em seus direitos previdenciários e trabalhistas, pois existem países que não possuem acordo internacional de previdência social com o Brasil.

O Brasil possui atualmente os seguintes acordos internacionais de Previdência Social:

- **Acordos multilaterais:** Mercosul (que tem como países signatários: Argentina, Brasil, Paraguai e Uruguai); Convenção Iberoamericana (em vigor para os países: Argentina, Bolívia, Brasil, Chile, El Salvador, Equador, Espanha, Paraguai, Peru, Portugal e Uruguai);
- **Acordos bilaterais:** Alemanha, Bélgica, Bulgária (em processo de ratificação pelo Congresso Nacional); Cabo Verde, Canadá, Chile, Coreia, Espanha, Estados Unidos (entrada em vigor: 01/10/2018); França, Grécia, Itália, Israel (em processo de ratificação pelo Congresso Nacional); Japão, Luxemburgo, Moçambique (em processo de ratificação pelo Congresso Nacional); Portugal, Quebec, Suíça (em processo de ratificação pelo Congresso Nacional). Além desses, outros países encontram-se em fase de negociação.

Esses acordos internacionais de previdência social destinam-se a qualquer cidadão que realizar ou tiver realizado atividades nesses países. São beneficiários também dos acordos internacionais de previdência social todos os seus dependentes que estejam ou tenham estado sujeitos ao Regime Geral de Previdência Social (RGPS) e aos Regimes Próprios de Previdência Social (RPPS), quando previsto no acordo, e, no país acordante.

Em todos os acordos de previdência social são garantidos os benefícios que têm por objetivo a cobertura dos riscos de invalidez, idade avançada (velhice) e morte que, na legislação previdenciária do Brasil, consolida-se por meio da concessão da aposentadoria por invalidez, aposentadoria por idade e pensão por morte. Em alguns acordos são garantidas também as prestações decorrentes de acidentes do trabalho ou de doenças profissionais, como auxílio-doença. As prestações (benefícios) e o âmbito de aplicação material são definidos em cada acordo. Todos os acordos são disponibilizados no site da previdência social.[1]

Os acordos internacionais de previdência social preveem o instituto do deslocamento temporário (o período é estabelecido em cada acordo), que permite ao trabalhador continuar vinculado ao sistema previdenciário do país de origem quando deslocado para outro país por iniciativa da empresa à qual esteja vinculado e que tenha sede em um dos países acordantes. Nesse caso, o deslocamento é solicitado pela empresa, com a indicação do período em que o empregado ficará deslocado, na forma prevista em cada acordo, visando à isenção de contribuição previdenciária do trabalhador no país acordante de destino (país onde ele for trabalhar), situação em que esse trabalhador permanece vinculado à legislação previdenciária do país de origem. Com isso, o trabalhador não sofrerá consequências por ocasião de sua aposentadoria, na qual o período em que vigorar a expatriação será considerado como tempo de trabalho.

Ao empregado deslocado será fornecido Certificado de Deslocamento Temporário, cuja solicitação deve ser apresentada antes da efetiva saída do trabalhador do país de origem. No Brasil a solicitação é feita pela empresa ao INSS, que encaminhará o pedido à Agência da Previdência Social de Atendimento de Acordos Internacionais competente. Os formulários para solicitação do Certificado de Deslocamento Temporário encontram-se disponíveis no site da Previdência Social.[2]

A legislação sobre Previdência Social (INSS), Fundo de Garantia por Tempo de Serviço (FGTS) e Programa de Integração Social (PIS/PASEP) é

[1] http://www.previdencia.gov.br/a-previdencia/assuntos-internacionais/.

[2] www.previdencia.gov.br. Busque em assuntos internacionais, na opção formulários para Acordos Internacionais.

aplicada mesmo quando o trabalhador é expatriado, então a empresa deverá fazer todos os recolhimentos. Além disso, será necessário fazer a retenção do Imposto de Renda na fonte. O trabalhador precisa ficar atento às regras sobre a declaração que deve ser enviada anualmente à Receita Federal para evitar irregularidades.

Os direitos dos trabalhadores transferidos no período de expatrio:
O salário que será pago após a transferência deverá ser fixado em moeda nacional, mediante acordo entre as partes. É importante destacar que o salário recebido pelo trabalhador antes da expatriação deverá ser mantido pelo menos até o teto do INSS estipulado pelo governo. Os reajustes e aumentos compulsórios previstos pelas leis brasileiras deverão ser repassados ao trabalhador.

A CLT garante ao trabalhador um adicional de 25% da sua remuneração, mas a Lei 7.064/1982 permite que as partes negociem o valor livremente, porém, se a transferência for de forma definitiva, não há que se falar no direito do adicional.

A lei garante também ao expatriado o direito a férias no Brasil após dois anos de trabalho no exterior, sendo responsabilidade da empresa custear a viagem, incluindo as despesas do cônjuge e dos dependentes.

A empresa também deverá fazer um seguro de vida e acidentes pessoais para o expatriado que cubra o período desde o embarque para o exterior até o retorno ao Brasil. O valor deve ser equivalente a, no mínimo, doze vezes a sua remuneração mensal. Também pode-se negociar escola para os filhos, planos de aposentadoria e outros direitos.

Imposto de Renda:
O cidadão brasileiro, pessoa física no exterior a serviço do Brasil, mantém as condições de residente no Brasil e sujeita-se à apresentação da Declaração de Ajuste Anual de acordo com as mesmas normas aplicáveis às demais pessoas físicas residentes no país. Aqui vale destacar que todos os valores recebidos pelo trabalhador no exterior devem ser tributados de imposto de renda também no Brasil. Esses valores recebidos mensalmente no exterior devem ser convertidos para moeda do país de origem obedecendo às regras legais de conversões determinadas pelo Banco Central do Brasil e posteriormente registrados em folha de pagamento para as devidas tributações.

Quem não precisa declarar? O cidadão brasileiro que:

a. tenha se retirado do Brasil em caráter definitivo; ou
b. que tenha saído temporariamente, mas passado à condição de não residente no Brasil (a partir de doze meses consecutivos), de ausência;

c. deverá apresentar Declaração de Saída Definitiva do País à Receita Federal do Brasil. Após a apresentação dessa declaração, a renda recebida no exterior não mais será tributada no Brasil, mas, sim, no país onde o cidadão brasileiro seja oficialmente residente. Nesse caso, será retida na fonte a parcela correspondente do IR apenas sobre rendimentos de aplicações financeiras feitas no Brasil.

Considerações:
É importante destacar o papel do Departamento de Pessoal nesse processo de expatriação, no qual devem ser observados e acompanhados os prazos legais de vencimentos de vistos, o tempo de trabalho no exterior, benefícios, férias, Seguro de Vida, FGTS, Participação nos Resultados e principalmente toda tratativa de Imposto de Renda na Fonte, evitando futuras autuações da Receita Federal tanto para empresas quanto para os trabalhadores.

Impatriação:
A legislação brasileira que administra todo o processo de migração está definida na Lei 13.445 de 24/05/2017.

A lei determina que, a fim de se contratar um estrangeiro para trabalhar no Brasil, é necessário ter autorização do Ministério da Justiça e Segurança Pública e trata-se de um processo burocrático que precisa ser iniciado com bastante antecedência à admissão. Além disso, é importante saber que o trabalhador estrangeiro terá os mesmos direitos trabalhistas que os trabalhadores brasileiros, a exemplo de Férias, 13° Salário, FGTS, Jornada de Trabalho legal, Descanso Semanal Remunerado etc.

Mas, antes da admissão, deve-se requerer e preparar toda a documentação para a contatação, lembrando que a empresa poderá contratar somente um terço de estrangeiros em relação aos empregados brasileiros.

Em primeiro lugar, o estrangeiro precisa de um visto de trabalho válido no seu passaporte, denominado visto temporário, que tem duração de três meses a dois anos. Posteriormente, a partir do momento que chega no país para trabalhar, é necessário requerer o CPF em até 90 dias, sendo que a empresa somente poderá fazer a admissão dos trabalhadores que já tenham emitido esse documento.

A CTPS (Carteira de Trabalho e Previdência Social), assim como a inscrição no PIS/PASEP, é de caráter obrigatório e pode ser emitida pelo estrangeiro presencialmente na Delegacia Regional do Trabalho; ou ele pode tirar a Carteira de Trabalho Digital.

O PIS (Programa de Integração Social) é uma contribuição social paga pelas empresas e é considerado um benefício social para os trabalhadores, sendo que o número é gerado assim que o trabalhador consegue o seu primeiro emprego e/ou esse número será gerado de forma automática quando a CTPS for emitida.

Por fim, o Contrato de Trabalho que todo trabalhador deverá assinar contendo todas as regras e normas acordadas entre as partes.

A contratação de estrangeiros é feita por meio do e-Social, conhecido como Sistema de Escrituração das Obrigações Fiscais, Previdenciárias e Trabalhistas, que comunica todas as informações sobre os trabalhadores ao Governo Federal; assim todos os registros e informações sobre os trabalhadores ficam à disposição do poder público. Essas informações fazem com que todas as ações fiscais e trabalhistas fiquem registradas em um único banco de dados, eliminando redundâncias de informações e permitido que o sistema do e-Social faça todo o controle dos direitos trabalhistas e previdenciários dos trabalhadores.

Do ponto de vista tributário, o estrangeiro que ingressa no Brasil com visto de trabalho é imediatamente considerado residente fiscal para fins de apuração do Imposto de Renda, conforme determina a Instrução Normativa da Secretaria da Receita Federal nº 208/2002, artigos 2º e 3º, ao passo que o portador de visto técnico deve observar o prazo limite de 184 dias para não ter vinculação fiscal com o país. Caso o trabalhador não seja residente fiscal no Brasil, todos os pagamentos efetuados ficam sujeitos à retenção do Imposto de Renda na Fonte (IRRF), à alíquota de 25%.

É importante observar que a pessoa que receber salário no Brasil e no exterior deve declará-los mensalmente à RFB, por meio do Carnê-Leão, diante disso, recomenda-se um cuidadoso planejamento, caso a caso, para a adoção dessa modalidade.

Outro ponto importantíssimo é que o trabalhador, ao deixar o Brasil, além de se planejar, precisará apresentar dois documentos exigidos pela Receita Federal do Brasil: "A Comunicação de Saída Definitiva do País", que comunica formalmente a data de saída do país, e a "Declaração de Saída Definitiva", que tem como objetivo declarar e tributar os rendimentos obtidos entre o dia 1º de janeiro e a data efetiva da saída.

BIBLIOGRAFIA

GLOBAL mobility: the new business imperative. New York: Mercer, 2011. Disponível em: https://www.imercer.com/uploads/Europe/pdfs/mobility_ef_wh.pdf. Acesso em 10 mar. 2024.

MEIER, Olivier. Four essential concepts to understand current mobility practices. New York City: Mercer, 2023. Disponível em: https://mobilityexchange.mercer.com/insights/article/four-essential-concepts-to-understand-current-mobility-practices. Acesso em 23.abr.2024.

MEIER, Olivier. Talent mobility: lessons from a challenging year. New York: Mercer, 2020. Disponível em: https://mobilityexchange.mercer.com/insights/article/talent-mobility-lessons-from-a-challenging-year. Acesso em 14.mai.2024.

MEIER, Olivier. Virtual international assignments: making sense of a confusing debate. New York City: Mercer, 2020. Disponível em: https://mobilityexchange.mercer.com/insights/article/virtual-international-assignments-making-sense-of-a-confusing-debate. Acesso em 27.mar.2024.

RASETTI, Kati . Transforming global mobility: the journey toward optimization, automation, and business partnering. New York City: Mercer, 2023. Disponível em: https://mobilityexchange.mercer.com/insights/article/transforming-global-mobility-the-journey-toward-optimization-automation-and-business-partnering. Acesso em 12.mar.2024.

TALENT Mobility 2020. The next generation of international assignments. [S.l.: PricewaterhouseCoopers, c2010. Disponível em: https://www.pwc.com/gx/en/managing-tomorrows-people/future-of-work/pdf/talent-mobility-2020.pdf. Acesso em 13.mar.2024.

TERNES, Christof . Flexible talent mobility policies. New York: Mercer, 2019. Disponível em: https://mobilityexchange.mercer.com/insights/article/flexible-talent-mobility-policies. Acesso em 14.mar.2024.

SUGESTÕES DE PERGUNTAS E RESPOSTAS PARA DISCUSSÃO DO CAPÍTULO

1. Como as transferências internacionais podem auxiliar na internacionalização de empresas?
2. Qual a importância em desenvolver programas flexíveis de mobilidade global?
3. Em linhas gerais, qual a diferença entre o perfil das expatriações de 1970 e o de hoje em dia?
4. Qual a finalidade dos Acordos Internacionais de previdência social e quem são os beneficiados?
5. Durante o período do expatrio o empregador fica isento de alguns encargos que oneram a sua folha de pagamento. Quais seriam esses tributos?
6. Valores que o expatriado receber no exterior devem ser tributados de Imposto de Renda no Brasil?
7. Por quanto tempo um trabalhador estrangeiro pode permanecer trabalhando no Brasil?
8. Como fica a situação do estrangeiro no Brasil do ponto de vista tributário?

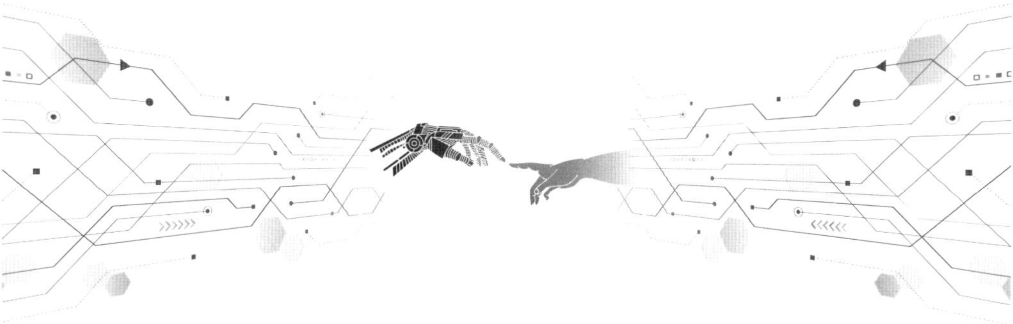

Business Partner

FABIANA DUTRA

OBJETIVOS DO CAPÍTULO

Queremos que os leitores descubram ou atualizem sua visão sobre o que é e para que serve, no contexto atual, o profissional de Business Partner.

1 INTRODUÇÃO

Para iniciarmos a nossa jornada sobre a importância da função de Business Partner (BP) para os profissionais de Recursos Humanos (RH) e para os líderes de negócio, é importante entendermos que o termo Business Partner não nasceu dentro da área de Recursos Humanos como todos acreditam. O termo Parceiro de Negócios foi criado pela área de tecnologia na década de 1980 dentro da área comercial, com o objetivo principal de transformar o vendedor em um agente de negócios capaz de trabalhar com soluções múltiplas para os seus clientes. Esse profissional se tornou capaz de enxergar e de trabalhar com uma perspectiva ampliada, atuando com o seu cliente de forma mais profunda, conectando áreas e oferecendo soluções completas.

Por que esse termo ganhou grande força dentro da comunidade de Recursos Humanos? Como essa função está amadurecendo nas organizações? É o que iremos percorrer neste capítulo.

Por meio de uma análise da economia e do mundo dos negócios, Dave Ulrich, professor de negócios na Ross School of Business da Universidade de Michigan e cofundador do The RBL Group, percebeu que as exigências e os modelos de negócio das empresas estavam evoluindo com novas atividades e competências. Foi nesse momento que ele entendeu que, se o modelo de negócio e atuação da área de RH não acompanhasse toda essa evolução, esta área não iria agregar valor para a performance das organizações.

Assim, em seu livro *Human Resource Champions*, Dave cria um modelo de atuação dos profissionais de Recursos Humanos com o principal objetivo de aproximar a área de RH das áreas de negócios.

> ***"Se o RH permanecer no nível transacional, o departamento se tornará pouco produtivo e ineficiente ao negócio. Se o RH for estratégico, mas não tiver a capacidade de realizar tarefas operacionais, ele perderá credibilidade. Encontrar novas e inovadoras formas de realizar ambos os processos é um desafio do RH de hoje."*** (Dave Ulrich)

E foi assim que, em 1990, o termo Business Partner ganhou muita relevância e importância dentro da comunidade de Recursos Humanos. Um modelo muito inovador para a época, que provocou muitas discussões e reflexões a respeito do seu significado para o novo RH. Qual era essa "atuação estratégica com o negócio"?

É interessante entendermos que, até 1990, os profissionais da área de RH tinham funções extremamente operacionais e que apenas executavam as tarefas essenciais, como: treinamentos, folha de pagamento, controle da quantidade de colaboradores, contratações e demissões, ações de engajamento, desenvolvimentos voltados para as atividades técnicas e pouco comportamentais e as relações de trabalho com o colaborador e o sindicato.

Sendo assim, a função de HRBP não existia como proposto pelo Dave. Por exemplo, na minha experiência profissional em uma grande indústria automobilística existia uma função chama REPO (Report), a qual tinha um vínculo hierárquico com a área de Relações Sindicais e um olhar muito mais para o controle e o policiamento dos comportamentos dos colaboradores que, porventura, estivessem se relacionando com os sindicatos ou descumprindo alguma norma interna da empresa. Nada tinha a ver com os processos e com como o negócio acontecia, e muito menos com a produtividade da área. Sendo assim, começou a existir um desconforto dentro da comunidade de Recursos Humanos por não sabermos muito bem por onde começar!

E é exatamente nesse momento que Dave insere mais uma máxima para os profissionais de RH: "*Value is created by what you recieved*".[1] Isso significa que os profissionais de RH somente iriam gerar valor para o negócio se quem estivesse recebendo os resultados de suas atividades e contribuições entendesse e percebesse que os resultados haviam agregado, no seu dia a dia, contribuições para um diferencial no alcance da sua performance, consequentemente entregando os objetivos da organização.

Gerar valor para os negócios é uma responsabilidade de todo e qualquer profissional dentro de uma organização, independentemente da sua função, cargo e ou salário.

Mas não foi apenas por isso que Dave elaborou um novo modelo. As maiores preocupações eram o novo perfil de competências e os comportamentos esperados para os colaboradores das organizações. Nesse sentido, os profissionais de Recursos Humanos deveriam acompanhar essa evolução e, principalmente, ter essas novas competências e atitudes de um mundo corporativo mais moderno, que cuida da imagem da sua empresa por meio de uma cultura coerente e consistente.

Sendo assim, essa é a importância de o RH ser visto como uma área que gera valor e não apenas controles, normas, políticas e processos, no que tange à gestão de pessoas.

O modelo de Dave traz uma atuação mais forte do profissional de RH dentro do desenvolvimento das Competências Organizacionais, ou seja, cultura, ambiente de trabalho, rituais, hábitos organizacionais e como os processos de trabalhos dentro das organizações é desenhado. Amplia, assim, a visão do profissional e desafiando a quebra de vários paradigmas dentro da própria comunidade de Recursos Humanos.

1 Em tradução livre: "O valor é criado pelo que você recebeu."

E o que significa isso na prática? Que a área de RH deveria ter uma nova função denominada Human Resources Business Partner (HRBP), cujo objetivo é gerenciar as estratégias de RH alinhadas às estratégias do negócio, facilitando o alcance dos objetivos/resultados.

E sendo assim, e para que possamos falar sobre o desenvolvimento das competências organizacionais, duas novas atuações foram exigidas para essa nova função de HRBP, as quais não eram, até então, praticadas dentro da comunidade dos profissionais de Recursos Humanos, que são:

1. **Conhecimento dos cenários interno e externo do negócio** – entender os cenários atual e futuro em que o seu negócio está inserido e projetar as suas necessidades e as demandas de forma a antecipar os impactos da implantação de novas tecnologias ou processos no que tange a gestão, e potencializar os talentos individuais das pessoas, gerando assim uma maior vantagem competitiva para a organização.

   Fica cada vez mais evidente a necessidade de acompanharmos a evolução dos negócios em suas diversas amplitudes e competências e anteciparmo-nos às tendências, considerando também os stakeholders e a implantação de novas tecnologias.
2. **Participar das conversas a respeito da performance do negócio** – iniciar conversas a respeito da performance do negócio em todas as suas esferas com as lideranças. Muito mais do que saber dizer os principais indicadores de performance do negócio e como eles estão, é necessário entender como funciona em seus macroprocessos, interfaces e todo o ecossistema das vantagens competitivas.

   Além disso, também era necessário mudar a forma como a estrutura da área de Recursos Humanos era desenhada com os seus processos tradicionais e extremamente burocráticos. A grande questão foi: como desenhar novas práticas em RH para que as estratégias organizacionais fossem alinhadas com a gestão de pessoas, gerando o verdadeiro sentido de valor agregado?

Esse novo modelo foi apresentado em uma matriz de quatro boxes (Parceiros Estratégicos, Agente de Mudança, Parceiro Administrativo e Colaboradores Campeões) no livro de Dave, o que deixou claro para os profissionais de Recursos Humanos que a sua visão e a sua atuação deveriam ser ampliadas.

2 DEFINIÇÕES PARA FINS DESTE CAPÍTULO

É importante nos alinharmos quanto aos conceitos que vamos utilizar neste capítulo, a fim de mantermos a clareza a respeito das funções que serão citadas para explicarmos e aprofundarmos o entendimento e a aplicação desse novo e importante ponto de virada no papel da área de Recursos Humanos, especificamente na função HRBP.

Utilizaremos as seguintes nomenclaturas:

- **RH | Recursos Humanos** – área também conhecida como Gestão & Gente, Pessoas & Cultura, Gente & Gestão. Área que atualmente conhecemos mais como Recursos Humanos e que tem as áreas técnicas, conhecidas como COEs (Center of Expertises), os HRBP e as atividades de relações trabalhistas, e departamento pessoal.
- **HRBP | Human Resources Business Partner** – função de um profissional da área de Recursos Humanos que atua de forma generalista, com foco em um cliente ou um grupo de clientes internos. Essa função atua de modo transversal em todos os subsistemas da área de Recursos Humanos, de forma a garantir que os processos, as normas e as políticas sejam cumpridos e que os colaboradores sejam organizados de maneira mais estratégica e eficiente para o alcance dos objetivos do negócio.
- **COEs | Center Of Expertise (Centro de Expertise)** – também conhecidas como áreas técnicas, são as áreas responsáveis pelos principais processos da área de Recursos Humanos, como por exemplo: Remuneração e Benefícios, Desenvolvimento Organizacional, Desenvolvimento da liderança, Gestão de Talentos, Atração e Seleção.
- **Clientes Internos** – são as áreas internas dentro da empresa que recebem suporte dos profissionais de Recursos Humanos, por exemplo: Área de Finanças, Compras, Jurídico, entre outras. Estão fora do perímetro da área de RH.

3 A EVOLUÇÃO DO HR BUSINESS PARTNER

Para explicar a evolução da função do HRBP dentro das organizações e da área de Recursos Humanos desde 1997 (quando Dave Ulrich publicou o seu livro) até os atuais dias, precisamos entender que iremos abordar mais como uma transformação de papéis e responsabilidades do que propriamente uma evolução. Evoluir diz respeito a melhorias incrementais, e eu particularmente acredito em uma transformação na qual o RH vem se reinventando e desconstruindo paradigmas no que tange à gestão de pessoas que até então nem sequer eram questionáveis.

E essa transformação está no fato de que muitas coisas aconteceram e ou evoluíram em outras esferas e competências que impactaram de forma grandiosa o comportamento do ser humano. Para que vocês possam relembrar, de 1997 a 2020, são 23 anos, nos quais a grande evolução aconteceu e acontece na tecnologia, possibilitando às pessoas tornarem a sua casa cada vez mais tecnológica. Há vinte anos, iniciamos a compra online, começamos a utilizar aparelhos de telefone móveis e iPods. A Apple lançou o seu novo conceito de celular, a Skype agilizou e aproximou conversas com pessoas distantes, redes sociais cresceram etc.

Foi nesse contexto que empresas passaram a evoluir e acelerar os seus processos, pois os consumidores aumentaram o seu nível de exigência no que tange à qualidade, à tecnologia e à agilidade. E dessa forma o conceito de parceiro de negócios evoluiu drasticamente de funções e resultados para uma lógica de como o RH entrega valor aos funcionários, organizações, clientes, investidores e comunidades por meio do talento individual (competência, força de trabalho, pessoas) das lideranças em toda a organização, definindo assim novas capacidades da organização (cultura, local de trabalho, sistemas) que geram maiores vantagens competitivas.

Mas, se dentro da área de RH as interfaces já não aconteciam de forma natural, imagine esse processo de se integrar com as diferentes áreas dentro de uma empresa e com as suas diferentes necessidades. Você consegue imaginar um HRBP trazendo para dentro de uma cultura de RH controladora e engessada que as lideranças precisavam de respostas mais rápidas (o que exigia processos mais ágeis e integrados) e de treinamentos para o time que estivessem mais alinhados às novas competências e habilidades de um futuro mais tecnológico e interligado?

Esse, no meu ponto de vista, foi o divisor de águas na grande transformação do modelo de negócio do RH, pois profissionais que até então estavam focados em executar e controlar processos e atividades ligados ao dia a dia, iniciam uma jornada para entender temas como:

- Como o RH poderá agregar mais valor para o negócio?
- Quais são os principais fatores críticos de sucesso que irão moldar a forma de organização do negócio do RH?
- Quem são os clientes das áreas de RH? Ou, quem é o cliente da área de RH?
- Como o RH poderá contribuir com a competitividade da empresa?
- Como o RH poderá apoiar a liderança para aumentar a produtividade dos colaboradores e garantir uma melhor experiência para os mesmos?

Frente a tantas perguntas, os profissionais e líderes de RH iniciam uma busca constante por transformação, a qual deveria entregar uma gestão mais integrada com a necessidade do negócio, acompanhando as evoluções dos mercados interno e externo.

Essa adaptação e essa transformação estão em uma jornada dividida em fases; não acredito que o modelo está maduro e arrisco-me a dizer que desde 2021, e com a grande questão da pandemia da Covid-19, iniciamos a quarta fase desta transformação.

Gosto de nomear essas três fases como:

1. Adaptação organizacional – um movimento de aproximação.
2. Presença silenciosa.
3. Transformação digital do RH.

A primeira grande transformação da área de Recursos Humanos foi no seu desenho organizacional. Profissionais de RH foram alocados para a nova função chamada de parceiro de negócios (HRBP). Com maior conhecimento dos processos de gestão de pessoas, esses profissionais foram alocados como pontos de referência dentro das áreas nomeadas como "Clientes Internos".

Nesse momento, iniciava-se o primeiro movimento de um RH mais próximo do negócio. Mas isso não trouxe grandes inovações para o time de RH ou para os clientes internos, pois esse movimento evidenciou uma grande ineficiência dos processos da área e a ausência de soluções para os problemas dos colaboradores, além, claro, da falta de conhecimento e repertório dos profissionais na função de HRBP quanto às dinâmicas do negócio.

Aqui, faço um parêntese para as empresas de tecnologia, pois nessa época, no início dos anos 2000, eu estava trabalhando em uma multinacional no ramo de telefonia celular e recordo-me que o time de RH estava oferecendo excelentes soluções para facilitar o dia a dia dos colaboradores em algumas experiências. Sendo assim, o desafio do HRBP era conhecer muito bem o negócio, para, junto com a liderança, desenvolver alternativas de gestão e potencialização do capital humano na realização das suas atividades no dia a dia.

Em 2004, essa empresa de telecom na qual eu trabalhava já oferecia um portal para os colaboradores terem acesso e gestão da sua folha de pagamento, férias e declarações para fins de Imposto de Renda, algo que até o ano de 2019 não existia na indústria automobilística, mais especificamente na empresa onde trabalhei. Faço esse parêntese pois precisamos entender que existiam e ainda existem níveis de maturidade diferentes quanto às práticas de gestão de pessoas nas organizações. Não é possível generalizar as questões processuais da área de RH. Nessa primeira fase, é exigido um conhecimento mais profundo quanto ao funcionamento e às dinâmicas do negócio.

E é nesse cenário que é iniciada **a segunda adaptação e transformação** da atuação e do posicionamento da área de Recursos Humanos. Uma *presença silenciosa* é como eu nomeio a vivência da nossa função dentro do ambiente do negócio. Tenho tranquilidade em dizer que eu a nomeei dessa forma, pois não apenas vi, mas vivenciei, como o HRBP é uma presença silenciosa nas reuniões dos líderes de negócios, os quais eram os meus clientes internos.

Foi nesse momento que em algumas empresas os HR Business Partners começaram a participar das reuniões semanais do negócio, mas de forma silenciosa, ou seja, estavam presentes nessas reuniões juntamente com os líderes do negócio, mas as participações se concentravam em apresentar a agenda de gestão de pessoas, status de contratações e ou solicitações infinitas de promoções, ações de desenvolvimento e ações de clima.

Apesar de ser uma presença silenciosa, estar nesses momentos foi e é essencial para os profissionais amadurecerem o seu entendimento e conhecimento do negócio, e suas dinâmicas e interfaces. Foi possível entender e perceber o negócio como um fluxo de atividades em que o resultado final depende de um input no momento correto e de um output de qualidade! E, assim, novos comportamentos e atitudes foram acontecendo dentro da área de Recursos Humanos que iniciaram uma evolução muito importante para essa nova atuação, a qual de fato começava a entregar valor, como Dave havia indicado.

Estes são alguns dos comportamentos e das atividades que se iniciaram com essa presença silenciosa:

- **Maior Interação** entre o *front line* (linha de frente) os **HRBPs**, o *back office* (bastidores) e os **COEs** a respeito das dores que os líderes e os colaboradores tinham com os atuais processos e atividades das áreas de Recursos Humanos.

  Estar mais próximo das áreas traz à tona uma necessidade de respostas mais ágeis para o cliente interno, o que significa um olhar bem criterioso quanto à necessidade de algumas práticas que geram apenas burocracia e quanto à ausência de informações importantes disponibilizadas mais rapidamente, como, por exemplo, indicadores que demonstravam o crescimento da empresa em serviços e produtos versus o crescimento de pessoas, ou mesmo informações a respeito do nível de competências dos times para determinadas atividades e gaps identificados com o novo avanço da tecnologia.
- **Comitês de alinhamento entre os HRBPs** com atuação fragmentada, ou seja, cada profissional atende uma área diferente; inicia-se uma série de reuniões internas para consolidar os diversos pontos e visões que cada área apresentava sobre a performance de outras áreas. Essa reunião tinha como objetivo construir uma visão sistêmica, o

clima organizacional e alinhar os principais desafios da empresa no que tange a gestão de pessoas.

Uma das novas rotinas e ou atividades da área de RH foram as reuniões entre os HR Business Partners; em algumas empresas essas reuniões eram chamadas de Comitê de Clima Organizacional ou mesmo Comitê de HRBP. E era nesses comitês que os HRBPs compartilhavam as dores comuns dentro da empresa, assim como as percepções e a visão das áreas quanto à performance de outras áreas. Por exemplo: o que a área de engenharia percebia de pontos fortes ou fracos da área de compras, ou o que a área de finanças sinalizava quanto à maturidade da gestão financeira de orçamentos dentro da empresa.

Estar próximo e entender o negócio também trouxe esta outra visão para os profissionais da área de Recursos Humanos: a performance do negócio exigia uma maior integração entre as demais áreas. E, assim, a visão de talentos transversais ganha uma amplitude fantástica.

Para mim, esse foi o maior ganho e avanço no que tange à gestão de talentos. Afinal, quando uma área de manufatura elogia um profissional da área de compras, por exemplo, isso expõe uma transversalidade de talentos que até então não era visível ou possível. Possível porque as práticas de gestão de pessoas sempre identificaram os talentos como propriedade da área e não da empresa.

E a grande questão nesse momento foi: qual é o papel do RH? Como navegar em tantos paradoxos de forma a organizar todas as novas informações que estavam surgindo, ou que estavam chegando para o time de Recursos Humanos?

Para alguns CHRO (Chief Human Resource Officer), ou Diretores de Recursos Humanos/ Head de Pessoas, o entendimento foi: sinalizar para os *heads* das demais áreas os problemas e as interfaces que eram levantados e não se envolverem, deixando com que o negócio se movimentasse de forma autônoma e, posso dizer, até um pouco descontrolada/desorganizada, para solucionarem os problemas. Isso gerou e gera algumas situações como: desconforto entre as áreas, um sentimento de que o RH estava presente apenas para "levantar ou ouvir problemas" e desconfianças.

Mas outros líderes de RH entenderam que esta era a oportunidade de se aproximar dos líderes e entender mais o negócio, e assim se posicionaram como, de fato, parceiros de negócios. Assumiram as suas vulnerabilidades e abriram-se como facilitadores e solucionadores das questões do negócio. Buscaram integrar o negócio por meio de oportunidades de análises organizacionais.

E, nessa abordagem, os profissionais de RH tiveram e têm uma **integração com os líderes do negócio** muito mais intensificada. Foi criado um novo modelo de acompanhamento dos temas de gestão de pessoas, ou seja, encontros semanais com as lideranças para que fossem analisados os itens críticos de desenvolvimento, clima, gestão dos profissionais mais talentosos ou mesmo a identificação de pessoas com grande potencial. Essa integração constrói o início de uma relação muito mais próxima das lideranças com o RH, mas também um elo de maior confiança entre os profissionais das demais áreas com o time de Recursos Humanos.

Os benefícios desta fase de uma presença silenciosa para a transformação dos processos, rituais e governanças da área de pessoas foram diversos, desde uma maior clareza do que era o negócio e suas necessidades para alavancar as performances das organizações até uma maior consciência das áreas técnicas de RH (COEs), de que precisavam mudar ou até mesmo evoluir em suas práticas. Assim, os processos de RH passaram a evoluir considerando a necessidade de melhorar a experiência dos seus "clientes internos", líderes e colaboradores.

Após essa fase na qual o profissional de RH se abriu para navegar nos paradoxos do ambiente organizacional, foi notório o senso de urgência criado dentro da comunidade de Recursos Humanos em atualizar e acelerar o processo de transformação digital, que tinha menos a ver com a utilização da tecnologia e mais a ver com o novo mindset (forma de pensar) no que tange à relação do líder com o colaborador, mas principalmente na relação de trabalho dos colaboradores com a empresa.

E, sendo assim, em meados de 2012 acredito que iniciamos a **terceira fase, muito tímida, a respeito da transformação digital**, uma aceleração forte desse processo frente às novas exigências do mercado consumidor. E por quê? Simplesmente porque os colaboradores estavam tendo experiências muito mais positivas em sua vida pessoal do que dentro das organizações, pois já era possível uma maior autonomia de compra online e facilidades com documentações digitais, por exemplo.

Em 2012, o Google sinalizou que em 2014 lançaria o Google Glass, um equipamento que permite o acesso à internet através de suas lentes. Fotografar exatamente o que estão vendo, visualizar mapas, acessar a agenda de contatos, receber notificações de mensagens e até participar de chamadas em vídeo. Tudo controlado por meio de comandos de voz. Em 2014, o Banco Inter inseriu no mercado um conceito de banco digital, surgiram cheios de vantagens especiais, como a isenção de taxas de manutenção e tarifas de DOC e TED. Além disso, estão reduzindo a complexidade e a burocracia tão criticadas nos bancos tradicionais.

E, frente a tudo isso, o RH precisou acelerar algumas transformações olhando todo o ciclo de vida do colaborador, desde a sua experiência como candidato até o momento do seu desligamento; e por que o desligamento? Porque tudo estava e está se tornando mais humanizado. Consistência e coerência são fatores essenciais para se manter a marca empreendedora atraente e forte. E, agora, você pode imaginar a importância e o impacto do profissional de HRBP nesse contexto? Não era apenas uma questão dos processos de Recursos Humanos, e sim de todo o negócio, pois, com a nova atuação e a proximidade com o negócio, entender que a evolução tecnológica exigia da área de Recursos Humanos processos mais rápidos também exigia entender e avaliar onde o colaborador estava "perdendo tempo" e ou tendo um esforço muito maior do que o necessário para a execução das suas atividades.

E é nesse contexto de saber olhar para fora e transformar o interno que o HRBP inicia, juntamente com todo o time de RH, uma busca constante por transformação, mas também por apoiar os líderes de negócios a acelerar a sua busca por alta performance por meio dos processos e principalmente da correta utilização dos talentos internos na organização.

Frente a tudo isso, só é possível conseguir velocidade com organização e disciplina forte. E é sobre esse novo modelo de atuação que iremos tratar agora. Como o HRBP se organizou e orientou a sua atuação para suportar esse movimento de adaptação e transformação, não apenas dos processos da área de RH, mas de toda a organização.

4 O MODELO DE GESTÃO DE PESSOAS PARA O HR BUSINESS PARTNER

O modelo que irei apresentar refere-se ao modelo que eu desenvolvi em 2010 quando estava responsável como HRBP de algumas áreas técnicas e de estratégia dentro de uma das maiores empresas da Indústria Automobilística do mundo. E desde então, este é o modelo que utilizo para a minha gestão como executiva de Recursos Humanos.

Este modelo visa ampliar a visão do profissional de RH que atua como parceiro de negócios para a realização de uma leitura do negócio frente às suas tendências e como estas deverão ser implementadas e como irão impactar o ambiente de trabalho, as pessoas e o uso das tecnologias. Acrescenta-se a essa leitura o vínculo do desenvolvimento das iniciativas de RH para as áreas do negócio e para o próprio negócio do RH, ou seja, o HRBP com uma atuação estratégica é capaz de apoiar as estratégias da empresa e alavancar o negócio e a performance do RH em paralelo, alinhando as práticas de gestão de pessoas às evoluções das práticas no negócio.

Nomeie essa responsabilidade ou função do profissional de HRBP de: o **ELO DA ALAVANCAGEM©** — um método de gestão elaborada por mim ao longo da minha experiência e vivência como HRBP.

Neste modelo apresento uma matriz de gestão na qual existem quatro pilares com duas visões distintas, conforme a tabela a seguir:

Tabela 1. Visão Sistêmica do Modelo HRBP - ELO DA ALAVANCAGEM©

Pilares / Visões	Negócio	Ambiente de Trabalho*	Pessoas	Tecnologia
Áreas do Negócio	Tendências e necessidades futuras do negócio. Diagnóstico do momento atual das capacidades estratégicas.	Quais os impactos nos ambientes de trabalho, sejam eles físicos ou online? Como fortalecer a cultura da empresa para este negócio por meio dos ambientes de trabalho?	Quais serão as *hard* ou *soft skills* que irão prevalecer como vantagens competitivas? Entendimento dos esforços necessários para se alcançar a qualificação profissional dos colaboradores (desenvolvimentos, treinamentos, *job rotations, turnovers* etc.)	Qual o nível de maturidade tecnológica atual do negócio e as principais dores dos colaboradores na execução das atividades? Qual o plano de priorização que irá fortalecer a ausência de gaps nas skills e garantir a aceleração da performance? Quais comportamentos essas novas tecnologias irão fortalecer ou enfraquecer na cultura organizacional?
Área de Recursos Humanos	Desenho organizacional, hábitos, rituais corporativos, princípios e valores culturais, macroprocessos e seus *owners.* Quais são as iniciativas para o negócio do RH que precisam ser adaptadas e transformadas? Qual o modelo de servir que o RH irá definir para apoiar esse negócio?	Como é o fluxo de comunicação entre líderes e liderados? Quais são as rotinas de conexões entre o time e entre áreas? Como é o processo de correção de rotas e ou erros? Como o RH está se inserindo no ambiente de trabalho da empresa?	Quais são as competências, habilidades e comportamentos que deverão ser exigidos? Quais exemplos de comportamentos serão apresentados? Como o RH irá demonstrar no seu dia a dia esses comportamentos? Quais vínculos com processos e atividades serão desenhados?	Qual a prioridade da área de TI nos processos da empresa. Como a área de RH e TI irão se posicionar a respeito das experiências dos colaboradores para fortalecer os processos? Quais prioridades de transformação sistêmica irão fortalecer princípios de valores do jeito de servir da sua empresa?

É importante entendermos que, nesse modelo, o profissional de HRBP precisa enxergar o negócio a partir de duas óticas.

Na primeira, diz respeito ao conhecimento da *dinâmica do negócio*, ou seja, se atuo em uma indústria alimentícia, por exemplo, preciso entender cenários, tendências, cadeia de fornecedores e todo e qualquer mercado que possa impactar o meu negócio — de forma mais específica, a área que eu atendo dentro deste negócio. Ou seja, se dentro dessa indústria eu sou HRBP da área de suprimentos/compras, preciso entender como essas atividades estão evoluindo. Quais são as melhores práticas do mercado? Existem ferramentas e processos que estão reduzindo esforços desnecessários? Processos mais simples? A partir dessa visão mais ampliada, eu como HRBP posso indicar para os centros de expertises (COE's) as principais inovações do mercado e as tendências de negócio para se desenvolver trilhas de aprendizagem ou mesmo novos treinamentos técnicos, por exemplo.

Sendo assim, é importante entender que, nesta primeira visão, o profissional de Recursos Humanos NÃO olha PESSOAS, e sim o NEGÓCIO. E, sim, o maior desconforto de alguns profissionais está nisso, pois até então a área de Recursos Humanos sempre deveria olhar, apenas, para as pessoas. Mas, no meu entender, essa é uma grande falha, pois, muito mais do que conhecer as pessoas e avaliar os seus comportamentos, precisamos como profissionais de HRBP entender que ambientes moldam comportamentos. Se as pessoas com os talentos e habilidades corretas estão atuando em um ambiente ou posição errada, elas podem não estar tendo todo o seu talento colocado a favor da produtividade da empresa. Saber onde elas irão gerar maior resultado para a empresa utilizando o seu talento e potencial é o melhor cuidado com as pessoas.

Na segunda visão, que deve estar conectada com a primeira porque não são distintas, devemos olhar para o time de Recursos Humanos e entender que todo o ecossistema de RH precisa atuar para apoiar o negócio com novas ideias, processos e mecanismos de acelerar o potencial humano, mas também evoluir. Ou seja, voltemos ao exemplo do profissional que trabalha em compras e tem o conhecimento de práticas mais ágeis de negociação e ou dos processos de comprar em um click, utilizados em outras empresas. Concorda que esta é a expectativa que este profissional terá para realizar as suas atividades na sua empresa? Afinal, para que ter esforços desnecessários, que não geram valor, se no mercado já existem ferramentas e métodos mais eficazes?

Então, nessa visão, ao mesmo tempo em que pensa em novos modelos de gestão de talentos, desenvolvimento, políticas de remuneração e formas de atrair e contratar para atender a essa nova necessidade e ou antecipar o desenvolvimento dos colaboradores para um futuro, o RH também precisa se atualizar.

O que isso significa? Vamos a exemplos práticos. Hoje a comunidade de RH busca desenvolver, junto com os CEOs, a visão de uma empresa centrada no cliente, ou seja, trilhas de desenvolvimento e treinamentos são realizadas para que líderes e liderados entendam o conceito do que é, por exemplo,

Customer Experience (Experiência do Cliente), e como o negócio precisa se adaptar e implementar essa mentalidade para buscar uma vantagem competitiva. Agora, do que adianta todo o negócio buscar e ter esse entendimento, se a área de RH não navegar também nesses conceitos e buscar analisar e compreender os impactos de uma mentalidade centrada no cliente sem a empresa ser centrada nas pessoas?

Quando uma empresa falar de Customer Experience, ela está falando de uma mentalidade de experiência, e, ao entendermos isso, o RH precisa mapear todos os impactos que esse novo conceito e modelo de gestão do negócio irá gerar para a experiência dos colaboradores. Sendo assim, quais serão as exigências para as práticas de gestão de pessoas? O que muda nos processos e políticas de RH? Como a cultura da empresa deverá atuar? Isso é a coerência e consistência que mencionei no início deste capítulo!

Concluindo, falar de data analytics, Customer Experience, metodologias agile e inteligência artificial, ou qualquer outra inovação para o negócio, sempre irá exigir uma leitura para o Negócio do RH, por isso o **ELO DA ALAVANCAGEM©** exige que o RH evolua em suas práticas JUNTO com o negócio. Essa é a atuação estratégica e o ponto de equilíbrio do negócio. Quando desenvolvi essa metodologia fiz o desenho a seguir para exemplificar o equilíbrio e o desequilíbrio da atuação do profissional de HRBP.

Figura 1. Elo de alavancagem

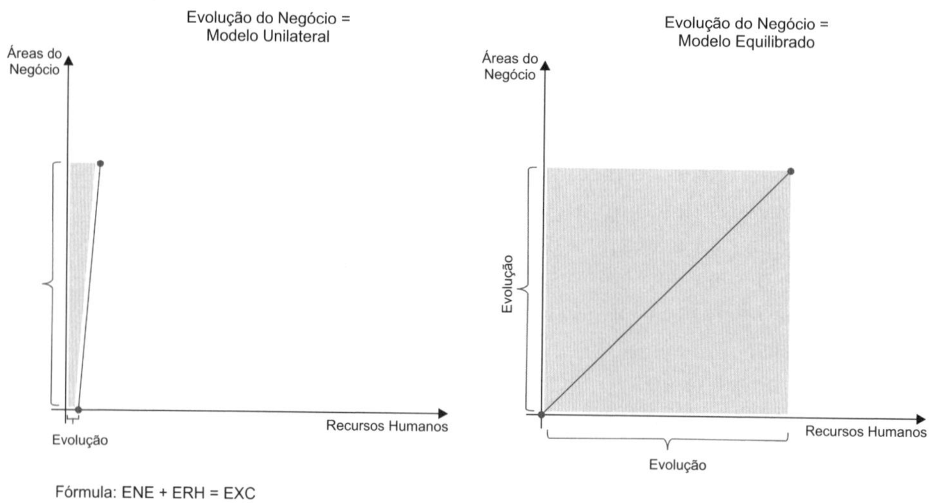

FÓRMULA: EVOLUÇÃO DO NEGÓCIO (ENE) + EVOLUÇÃO DO RECURSOS HUMANOS (ERH) = EXPERIÊNCIA DAS PESSOAS COMO VANTAGEM COMPETITIVA(EXC)

No Modelo Unilateral, o profissional na função de HRBP não entende a sua importância e o seu impacto no resultado da empresa e, normalmente, esse desconhecimento prático causa estes fenômenos na performance organizacional: lentidão na velocidade de mudança da empresa, baixo engajamento, marca empregadora fraca, silos organizacionais e ausência do sentimento de pertencimento.

E, é por isso que, aos olhos da liderança e dos colaboradores, o time de RH não está trazendo a coerência e a consistência para o negócio. A empresa fala em agilidade, mas os processos de RH que impactam a cultura da empresa são lentos e burocráticos, muitas vezes se justificando pelas leis trabalhistas.

Já no Modelo Equilibrado, o profissional atua como um parceiro de negócios de fato, entendendo que ele é o **ELO** entre as áreas de negócio e a evolução das práticas e mentalidades da área de RH. E é isso que acelera a evolução da empresa, agiliza os processos de tomada de decisão, melhora o nível de engajamento e da experiência do colaborador, transformando-se em vantagem competitiva. As áreas criam um forte ecossistema em que se ajudam para alcançarem os resultados mais rapidamente.

Nesse modelo, a imagem do RH é a de um parceiro estratégico de negócios. Entende que todo tema do negócio precisa ser traduzido em práticas de gestão de pessoas, gerando vantagem competitiva para a empresa.

Mas existem alguns conceitos dentro dessa tabela que facilitam o entendimento e a atuação estratégica do HRBP. O que entendo como Negócio, Ambiente de Trabalho, Pessoas e Tecnologia nas duas visões que descrevi acima? Confira a seguir!

- **Negócio** – diz respeito a entender e conhecer as dinâmicas, as tendências, os cenários. Mas, também, entender os conceitos e os impactos da missão, a visão e os valores, a lógica organizacional (por que somos organizados desta forma? – organogramas), os *macroprocessos* e as cadeias de valor que impactam a performance da empresa, as posições-chave da organização, as interfaces e as interdependências internas e externas e o equilíbrio organizacional (*span of control*, número de níveis na organização); monitorar os KPIs de performance e gestão do negócio; entender e conhecer tudo o que é terceirizado e suas motivações; e vivenciar e aplicar as práticas de gestão de projetos, modelos de governanças, rituais e hábitos corporativos.
- **Ambiente de trabalho** – seja ele online ou físico, algumas análises e percepções devem ser frequentes e contínuas, já que é nesse pilar

que a cultura é certificada. Analisar o comportamento coletivo em situações de comemoração, desafios e tranquilidade; saber como é organizado o layout, ou como as pessoas se organizam em grupos, e quais são as suas afinidades; como a liderança engaja e inspira o time; como é a experiência do colaborador na realização das atividades no seu dia a dia, mas também em cada jornada que ele tem, desde que sai da sua casa ou se levanta até o momento no qual a jornada é finalizada; análise da inclusão da diversidade, seja qual for o nível de diversidade da empresa. Saber como está a inclusão agora facilita muito o entendimento do como tratar D&I, níveis de autonomia e fluxos de comunicação! As crenças organizacionais são conhecidas nesse pilar.

- **Pessoas** – programas de desenvolvimento, talentos, líderes e técnicos, identidade das lideranças, modelo de evolução do conhecimento e habilidades das pessoas. Estar ciente e atento para o que as pessoas estão buscando a fim de se desenvolverem FORA da empresa; experiências de vida, parcerias com universidades, plataformas de curadorias de informações, gestão dos talentos reconhecidos de todos os empregados — ou seja, não é saber somente se a liderança reconhece ou não a pessoa como líder, mas sim conhecer os talentos individuais das pessoas, e como elas poderão dar suporte ao negócio da empresa!
- **Tecnologia** – onde ela está faltando ou não está facilitando o dia a dia dos colaboradores para a execução das atividades? Entender quais são as posições-chave e os macroprocessos e como a experiência do colaborador acontece é tão estratégico quanto conhecer as pessoas. E a parceria com a área de tecnologia acontece nesse momento, pois os investimentos devem ser pautados em processos e posições (áreas) que irão acelerar a performance, e essa visão, o HRBP, a área de tecnologia e a área de finanças terão que realizar em conjunto!

Lembre-se, essa análise dos quatro pilares deve acontecer tanto para o negócio das áreas quanto para o negócio dos Recursos Humanos. O RH é um negócio e, portanto, deve contribuir e atuar no resultado da empresa e não apenas gerir pessoas, até porque a responsabilidade de gerenciar pessoas é sempre do líder.

Agora que já ampliamos a visão da importância e do impacto da função do HRBP para a evolução do negócio, vamos nos aprofundar na questão dos indicadores que irão monitorar a performance do negócio, do HRBP e dos Recursos Humanos. Isso mesmo, avaliar o negócio dos Recursos Humanos não tem a ver com a quantidade de programas e ou projetos realizados, mas sim com o impacto que as iniciativas geram no negócio da empresa.

5 INDICADORES RELACIONADOS A ESTE TEMA

Para iniciarmos a explicação a respeito de quais indicadores são importantes para uma empresa e ou o HRBP acompanhar, é essencial alinharmos alguns conceitos, como:

- **Indicadores de Performance** – são aqueles utilizados para monitorar o alcance ou não de uma meta preestabelecida. Por exemplo: market share, churn, lucro líquido.
- **Indicadores de monitoramento** – são aqueles que monitoram um comportamento, gerando tendências e ou sinalizando novos comportamentos. *Turnover*, imagem da marca, saúde e segurança no trabalho.
- **Indicadores de Gestão** – a partir de um conjunto de outros indicadores, estabelece a qualidade da gestão. Pesquisa de engajamento, experiência, satisfação, reclamações.

Um HRBP precisa monitorar essas três características de indicadores, sendo assim, indico os seguintes indicadores:

- **Indicadores de Performance** – receita líquida, EBTA, custo fixo, custo variável, market share, churn de clientes, NPS, quantidade de produção (caso seja uma indústria), custo per capita, margem por serviço e ou produto.
- **Indicadores de monitoramento** – turn over por liderança, não apenas da empresa ou por área, tem que ser por liderança, pesquisas de reputação e imagem da marca, indicadores de desligamentos (motivação, tempo de empresa, por liderança), participação em treinamentos, quantidade de denúncias na área de compliance, indicadores de reclamações dos clientes.
- **Indicadores de Gestão** – pesquisa de engajamento, NPS, qualidade dos fornecedores.

O mais importante em uma gestão de indicadores é o constante monitoramento e análise dos resultados. Aqueles KPIs que estão ligados aos processos de Recursos Humanos devem ser organizados de acordo com o ciclo de vida do colaborador.

6 TENDÊNCIAS

Pensem em um Lego, esta é a grande tendência das organizações. E o que isso significa? Que empresas irão se unir, sejam elas concorrentes ou não; empresas serão modulares, processos poderão ser realizados em qualquer lugar e não necessariamente no mesmo local. Isso dependerá da combinação de três vertentes: Custo x Competências x Logística. O ambiente digital será tão fragmentado, mas ao mesmo tempo tão conectado, que nenhuma divisão ou silos organizacionais serão sustentáveis, ou seja, a performance da empresa começará a cair e ficará evidente a necessidade de quebrar muros internos nas organizações. Sendo assim, você pode estar se perguntando: então como será a área de Recursos Humanos? E a função de HRBP nesse possível cenário?

Acredito que será fragmentada, ou melhor, ela irá se fragmentar até um ponto em que a função do HRBP terá um foco extremamente ou unicamente estratégico. Os novos centros de serviços compartilhados irão eliminar várias atividades e interações operacionais que hoje existem entre a área de RH e os líderes. Todos os processos serão construídos pensando nas jornadas que as pessoas dentro da sua organização exercem de acordo com a sua função.

A maior evolução da função do HRBP tem a ver com a sua nova atuação junto ao modelo de alta performance, conhecido como High Performance Organization (HPO). Nesse modelo, o profissional de HRBP manterá a sua atuação como ELO, contudo atuando mais nos insights estratégicos junto ao negócio, influenciando o crescimento do negócio, atendendo às expectativas da liderança com entregas mais ágeis e simples, sendo promotores do engajamento, pois entendem que não dependem apenas da liderança, mas sim de um ecossistema com o negócio, o ambiente de trabalho, as pessoas e a tecnologia. Serão profissionais que dominam o conhecimento do negócio a tal ponto que conseguirão traduzir uma dor do cliente em uma dor do colaborador, conectando as experiências no negócio.

É importante sinalizar que um RH estratégico terá poucas pessoas na função de HR Business Partner, sendo assim, esse será o melhor indicador para sinalizar o nível de maturidade de uma área de Recursos Humanos, ou seja, quanto maior o número de pessoas nas áreas de RH Business Partner menos estratégica é a área.

7 IDENTIDADE

Mas e o nome? Continuará a se chamar Diretoria de Recursos Humanos? Se hoje em dia essa discussão já acontece de forma intensa, imagino que esse tema incomodará cada vez mais a comunidade de Recursos Humanos, porque as novas atividades, atitudes e comportamentos dos profissionais irão mudar tanto que um nome restrito e diminuto para o maior bem das empresas não caberá e não trará identidade com o que de fato essa área irá cuidar: a EXPERIÊNCIA DAS PESSOAS. Sendo assim, acredito muito que a ampliação da atuação e o valor agregado, que as funções de HRBP e dos COSs irão trazer, farão com que essa área seja reconhecida como uma área que cuida das experiências das pessoas. E entendendo que o conceito da palavra experiência é representado por duas outras: Conhecimento e Prática. Tenho muita convicção que esta nova área se chamará Experiência das Pessoas e será reconhecida como uma área estratégica e não mais um *staff*.

BIBLIOGRAFIA

ULRICH, Dave. *Human Resource Champions*. 1 ed. Estados Unidos, Havard Business School Press, 1996.

ULRICH, Dave. *HR from the OUTSIDE IN*. 1 ed. Estados Unidos, MHP Professional.com, 2012.

DUTRA, Fabiana. *ELO da Alavancagem*. 1 ed. Brasil, autoria própria, 2010.

DUTRA, Fabiana. *BEP® Business Experience Partner*. 1 ed. Brasil, autoria própria, 2024.

NAVIN, Peter; CREELMAN, David. *The CMO of People*: Manage Employees Like Customers with an Immersive Predictable Experience that Drives Productivity and Performance. DelG Press, 2018.

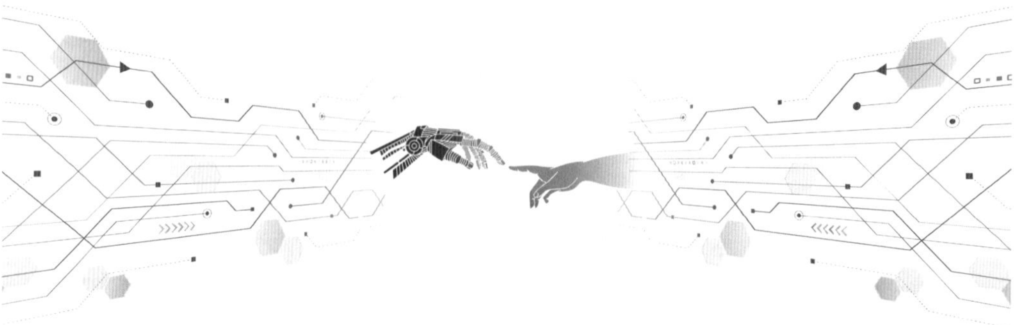

Indicadores de RH e People Analytics

Sérgio Araújo Teixeira
Amanda Aguilar Godinho
Mayra Felix Silva
Fernanda Cristina Costa Couto

OBJETIVOS DO CAPÍTULO

Que o leitor revise seus conceitos de indicadores e as principais contribuições históricas para a discussão em torno deste tema. É importante ainda que ele reconheça os diferentes tipos de métricas, indicadores de RH, as fontes dos dados e as maneiras de testar sua veracidade. Além do cálculo e do monitoramento dos indicadores, cresce a cada dia a importância da sua análise e respectiva tomada de decisão. O capítulo pretende discutir ainda a mudança de foco representada pelos OKRs (*Objective Key Results*) e o uso do analytics como tendência. Da mesma forma, demonstrar o quanto o uso do apoio da informática e da estatística eleva o padrão de cobrança em torno do papel do profissional de gestão de pessoas.

1 INTRODUÇÃO

O enunciado "Quem não mede, não gerencia" e os corolários "Quem não gerencia, não melhora" e "Quem mede mal, gerencia mal" fazem parte da base filosófica dos modelos de Gestão da Qualidade. Joseph Juran, uma das principais autoridades nesta área de conhecimento em gestão, atribuía alta importância ao uso de métricas para aferir os resultados dos processos que afetam a qualidade dos produtos e a relação com os clientes, não permitindo a existência de lacunas entre o medido e o gerenciado. Outra autoridade da mesma estatura de Juran, William Edwards Deming, costumava utilizar-se da famosa citação com relação à importância da análise de dados para a solução de problemas: "Em Deus, nós confiamos. Todos os outros devem trazer dados." Inaugurava-se, assim, o modelo de administração baseado em fatos e dados. Dessa forma, a cultura de indicadores se fortalece com o movimento desencadeado pelos modelos de gestão da qualidade, principalmente o *TQC* (*Total Quality Control*), de inspiração japonesa, e o *TQM* (*Total Quality Management*), na linha norte-americana. Ambos os modelos são convergentes na maioria dos pontos e passaram a ter ampla aplicação nas organizações de manufatura com foco nos processos e visando à melhoria de qualidade, custo e prazo. Posteriormente, essa abordagem, com a sua filosofia e os seus métodos de gestão, teve a adoção estendida para praticamente todas as funções de uma organização.

A evolução da tecnologia, com ênfase na análise de dados e na utilização da inteligência artificial (analytics), está permitindo às organizações consolidarem o conceito de "organização orientada por dados", uma vez que é possível explorar grandes quantidades de dados (big data), estruturados ou não, visando gerar insights ou identificar padrões para auxiliar na elaboração de estratégias do negócio. Assim, além da análise de dados do passado com a busca de correlações que indiquem relações de causa e efeito envolvendo múltiplas variáveis que explicam os resultados, torna-se possível a realização de análises preditivas, em que a combinação da teoria com a estatística traz à tona a importância dos algoritmos para gerar *outputs* capazes de predizer comportamentos ou resultados futuros com elevado grau de confiabilidade.

Esse contexto indica a existência de tendência de evolução na forma de encarar a dimensão a ser assumida pelos indicadores. Trata-se de evoluir da perspectiva de estatística para algo mais poderoso como ferramenta de gestão. Isso significa que a visão antiga dos chamados indicadores tradicionais, na maioria das vezes comuns em todas as organizações ou quase padronizados entre elas, precisa avançar para permitir a obtenção do diferencial competitivo, único em cada organização, com o auxílio das ferramentas disponibilizadas pela tecnologia de tratamento de dados, a fim de transformar dados em informação e informação em conhecimento, para dar suporte à tomada de decisão. A questão maior passa a ser a exploração da riqueza contida nos dados, chamados de "novo petróleo".

2 O QUE SÃO INDICADORES?

Em uma definição clássica, indicadores de desempenho são informações quantitativas ou fatos relevantes que expressam o desempenho de produtos ou processos, em termos de eficiência, eficácia e nível de satisfação e, em geral, permitem acompanhar a evolução ao longo do tempo. Alguns exemplos: índice de lucratividade, índice de satisfação de clientes, taxa de gravidade em acidentes, índice de *turnover* de empregados, índice de absenteísmo / presenteísmo etc.

Conforme a orientação metodológica adotada, os indicadores podem se apresentar com denominações diferentes, mantendo o significado.

Tabela 1. Denominação dos Indicadores Conforme a Linha Metodológica

	Nomenclatura adotada para o indicador	
Metodologia	**Efeito**	**Causa**
BSC - *Balanced Scorecard*	Indicador de ocorrência (*lag*)	Indicador de tendência (*lead*)
TQC - Qualidade Total	Item de controle	Item de verificação
FPNQ - Fundação Prêmio Nacional da Qualidade	*Outcome*	*Driver*
Técnicas estatísticas	Variável dependente	Variável independente

Fonte: Autores.

É de suma importância a distinção e a compreensão ao se tratar de indicadores de **efeito** ou de **causa** quando utilizados encadeados para se explicar determinado fenômeno. E isso se aplica tanto na construção de cadeias de valor representadas pelos indicadores quanto nos processos de análise e solução de problemas. Atuar sobre os efeitos é o mesmo que remover sintomas sem que haja bloqueio das causas. Como simples ilustração, tem-se a analogia com o caso em que uma pessoa se encontra em estado febril (a temperatura elevada do corpo é o efeito). Toma-se um antitérmico que abaixa a febre, mas não cura o mal ou a causa raiz da elevação da temperatura. A pesquisa de causas da febre pode indicar a existência de determinado vírus (causa), cujo tratamento é uma dosagem de medicamento que combate o vírus e bloqueia a causa raiz. Uma forma de representar situações desse tipo é a construção de diagramas de causa e efeito, nos quais fica clara a relação entre os dois tipos de indicadores e como podem atuar de forma combinada na direção dos resultados esperados.

Figura 1. Diagrama de Causa e Efeito

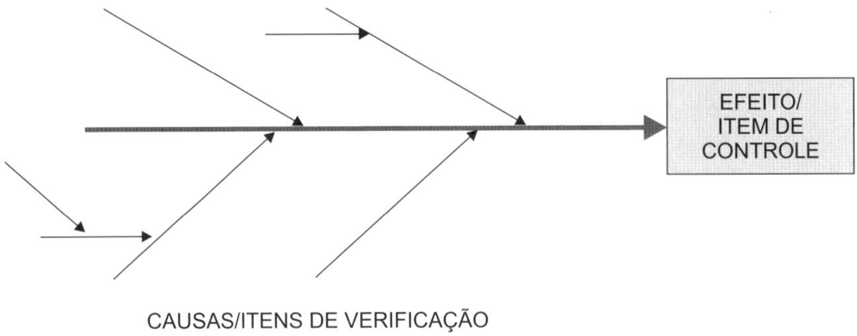

Fonte: Autores.

Independentemente da nomenclatura utilizada, Indicadores ou *KPIs* (*Key Performance Indicators*) — como têm sido chamados quando os mais importantes indicadores de uma área ou empresa são agrupados — devem ser interpretados como respostas a perguntas e criadores de realidades, perguntas essas que a organização faz a si mesma ou aos outros. Assim, são construídos os indicadores de desempenho. Se se quer "ver" determinada coisa, pergunta-se sobre ela. E, quando as respostas dizem respeito a perguntas pontuais, têm-se dados isolados e pontuais. Quando são feitas essas mesmas perguntas de forma regular, por exemplo, todo mês, têm-se respostas que permitem a construção de uma série histórica e que podem indicar uma tendência. O conjunto de indicadores selecionados reflete aquilo julgado importante para a gestão do negócio. E, se os números apresentados por esses indicadores não satisfazem, tenta-se alterar o rumo das coisas por meio de ações ou iniciativas, redirecionando os resultados para o alcance da meta.

A partir dessas intervenções constrói-se uma nova realidade, conforme é percebida pelas pessoas. É o observador criando a realidade. Por exemplo: se for entendido que o papel do RH é prover serviços de RH a baixo custo, reforça-se essa realidade por meio de indicadores para medir a produtividade, a eficiência e os custos dos processos de RH. Por outro lado, se o entendimento é de um RH impulsionador da estratégia do negócio, procura-se ver, por meio de indicadores específicos, quão bem está sendo cumprida essa missão. Aí, inicia-se a criação de nova realidade para o RH, que é a de gerar vantagens competitivas através da execução da estratégia do negócio. Dessa forma, um dos desafios é identificar quais indicadores agregarão valor para o alcance dos resultados e não apenas utilizar os indicadores que são mais facilmente apurados ou mesmo os mais conhecidos no mercado, pois cada organização tem objetivos estratégicos distintos e não faz sentido nos espelharmos em práticas que não condizem com a realidade da organização em que estamos inseridos.

Enquanto ferramentas de decisão, estão associados às fases de planejamento e controle que geram o contexto necessário à sua utilização efetiva. Ou seja, eles têm significado quando observados no seu contexto, pois um indicador fora do contexto pode ser a resposta certa para a pergunta errada.

Indicadores podem surgir na forma de três categorias de métricas: métricas estatísticas, métricas de processos e métricas estratégicas. Mas somente as métricas de processos e as estratégicas possuem os atributos para atender à tomada de decisão. As métricas estatísticas ou de monitoramento são levantamentos isolados, despreocupados de qualquer relação causal e, em geral, adotados como dados primários no apoio à realização de análises e estudos.

Figura 2. Três Categorias de Métricas

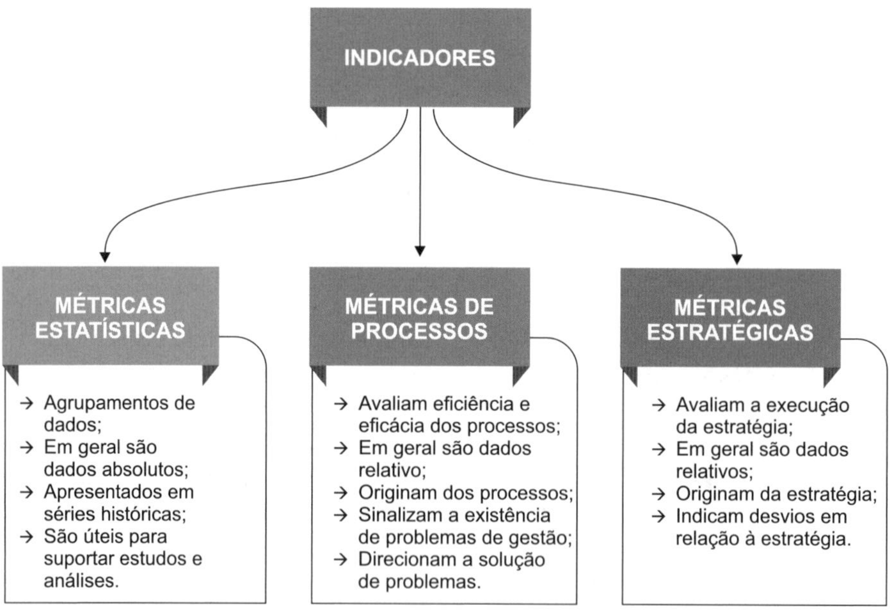

Fonte: Autores.

Um indicador aumenta o poder da ferramenta de gestão quando tem o seu contexto definido e representado pelas relações de vínculo. Assim, é importante observá-lo sob duas perspectivas: os atributos e as relações. Enquanto a perspectiva dos atributos mostra a evolução histórica e indica se está aumentando ou diminuindo, evidenciando a distância em relação à meta, a perspectiva das relações tem ênfase na conexão do atributo com outros atributos e/ou resultados, estabelecendo-se vínculos causais diretos entre eles. O ideal é medir os atributos e também as relações, preferencialmente buscando os indicadores com vínculos de causalidade e alta correlação para a construção das cadeias de relacionamentos.

2.1 A Anatomia de um Indicador

Dissecar um indicador significa conhecer todos os elementos visíveis e os aparentemente ocultos e os seus limites.

Figura 3. Anatomia de um Indicador

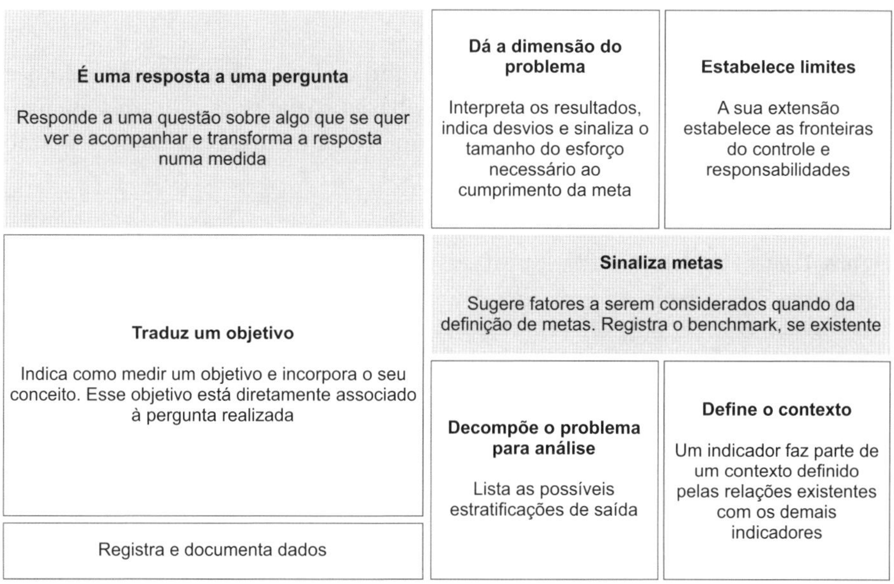

Fonte: Autores.

A definição final do indicador é concluída quando se faz o registro da documentação. O exemplo a seguir se refere a um indicador utilizado no modelo de BSC (*Balanced Scorecard*).

Tabela 2. Documentação de Indicador

ASSERTIVIDADE NA SELEÇÃO - POSIÇÕES-CHAVE
Definição: nível de acerto no suprimento de vagas através do recrutamento e seleção de candidatos externos e internos para ocupar as posições-chave do quadro gerido pela empresa.
Perspectiva do BSC: aprendizado e crescimento.
Aplicação: Empresa xyz.
Método de cálculo • As posições-chave são aquelas que constam do quadro gerido pela Empresa xyz e são validadas pelo seu Comitê de Carreira. Não são consideradas aquelas classificadas exclusivamente pelo Centro Corporativo ou Unidade, para a sua própria gestão. • No intervalo de 6 a 12 meses após cada admissão oumovimentação interna o empregado será avaliado por instrumento próprio. • O instrumento de avaliação - "Controle de Resultado de Seleção" - pontua a adequaçao do empregado às exigências da posição numa escala de 0 a 100%. • É considerado acerto quando o avaliado atender no mínimo 80% das exigências requeridas. • Considera-se como movimentação quando o empregado mudar de cargo e de atribuições simultaneamente. • Fórmula de cálculo: $\frac{(\text{N° de empregados com} >= 80\%\text{, avaliados 6 a 12 meses após a admissão ou movimentação}) \text{ X } 100}{(\text{N° de empregados admitidos ou movimentados avaliados})}$
Unidade: %
Definido por: Gerência Corporativa de Desenvolvimento, Treinamento, Carreira & Sucessão
Periodicidade: Mensal
Fonte: Controle de seleção - AHGDT
Consolidação: somente resultado do Centro Corporativo
Observações:

Fonte: Autores.

Uma vez definido e documentado o indicador, sua utilização adota a versão resumida, contendo os elementos básicos que possibilitam a mensuração, a análise e a identificação de parâmetros e metas, bem como a gestão do indicador de forma geral.

Figura 4. Visão Final de um Indicador com os Dados de Acompanhamento

Objetivo	Descrição do indicador	Critério de medição	Melhor	Meta	Realizado	% Realização
Criar oportunidades de desenvolvimento interno	Aproveitamento interno	((Número de empregados selecionados) / (Número total de vagas preenchidas))*100	↑	50%	60%	120%
Reduzir a vulnerabilidade das posições-chave	Risco sucessório	(1,0 – índice de adequação aos parâmetros do plano de sucessão)	↓	0,30	0,40	66,7%

Fonte: Autores.

3 INDICADORES DE RH

Construir o sistema de indicadores de RH constitui-se no teste final dos nossos conhecimentos sobre o papel e a contribuição da área para o negócio, conforme o modelo mental para a gestão de pessoas incorporado pela organização. O desafio a enfrentar é o de traduzir elementos conceituais, subjetivos e situações paradoxais relacionadas à gestão de pessoas em uma estrutura de medidas organizada, lógica e capaz de fazer compreender como o RH se transforma em impulsionador dos resultados do negócio.

O processo de mensuração em RH deve reconhecer a relação entre o sucesso da força de trabalho e o sucesso da empresa, ou seja, permitir uma visão de fora (visão do negócio) para dentro do RH. Assim, o sistema de indicadores em Recursos Humanos deve representar uma arquitetura de RH, propiciando respostas a todas as perguntas a partir desse modelo. O conjunto de indicadores estabelecidos precisa estar alinhado e encadeado numa lógica de causa e efeito, deixando evidente o modelo de gestão de pessoas adotado.

A construção de uma arquitetura demonstra a criação de valor por meio do RH e deve ser iniciada com a compreensão da diferença entre os serviços de RH e aquilo que impulsiona o desempenho da estratégia do negócio. Significa reconhecer as diferenças entre o RH Tradicional e o RH Estratégico, sendo:

- **RH Tradicional** – plataforma provedora de serviços de qualidade e custos otimizados: o foco são os processos de RH. Necessidade de indicadores capazes de medir a eficiência dos processos de RH.
- **RH Estratégico** – parte da execução da estratégia do negócio: o foco é a estratégia organizacional. Necessidade de indicadores capazes de medir a capacidade de execução da estratégia.

Figura 5. Diferenças de Enfoque entre o RH Tradicional e o RH Estratégico

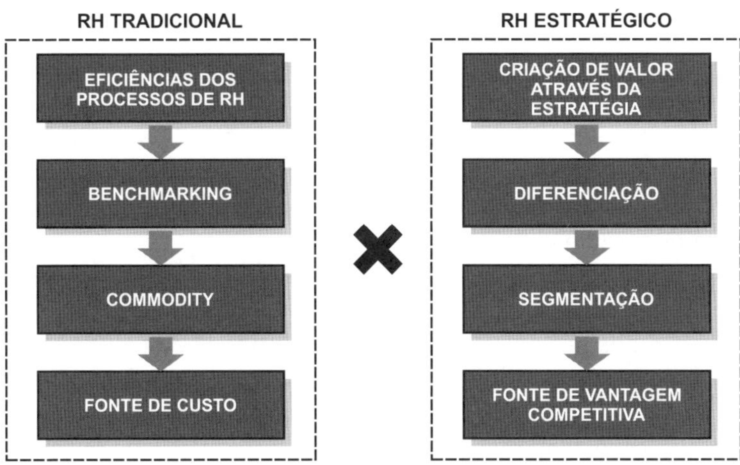

Fonte: Autores.

Os indicadores estratégicos da força de trabalho da empresa se baseiam em necessidades estratégicas singulares e não nos *benchmarks* ou paradigmas externos disponíveis. Enquanto os indicadores, na visão tradicional, são, em regra geral, de origem transacional e da rotina dos processos, os indicadores na visão estratégica são preponderantemente obtidos a partir de fontes não transacionais, por meio de instrumentos específicos de apuração, a exemplo de pesquisas para captar atitudes e comportamentos.

O estabelecimento de indicadores no campo da excelência operacional obedece à estrutura dos processos de RH adotados pela organização, que são responsáveis por assegurar a competitividade da mão de obra. Torna-se, então, necessário o mapeamento dos processos de RH para os quais buscar-se-á a excelência nas suas operações. A figura a seguir exemplifica o mapeamento, com a discriminação dos macroprocessos.

Indicadores estratégicos e operacionais, quando combinados e encadeados a partir da lógica de criação de valor de RH, representam fielmente a construção dos resultados na organização, conforme o entendimento próprio de como isso ocorre. Uma arquitetura representando essa cadeia de valor assume o papel de explicitação do modelo mental desenvolvido pelo RH, voltado para os resultados do negócio. Todos os desdobramentos de planejamento e operacionalização — tais como objetivos, indicadores, metas e iniciativas — passam a estar alinhados aos elementos dessa arquitetura.

Tal encadeamento lógico tem a seguinte leitura, de baixo para cima, construindo-se os pilares de sustentação:

- **Organização de RH** – a organização e o seu funcionamento existem exclusivamente para dar suporte aos processos. É formada pela estrutura, pelo efetivo e pelas instalações, constituindo a parte visível. Os elementos-chave da organização de RH podem ser traduzidos no big data de RH que contempla a massa de dados da gestão de pessoas, nas competências críticas dos profissionais de RH, na tecnologia utilizada para a automação dos processos, análise de dados e predição (people analytics) e também nos recursos necessários à realização dos objetivos consolidados na peça orçamentária envolvendo custeio e investimento.
- **Processos de RH** – o conjunto integrado dos processos constitui a engrenagem responsável por mover o RH. A qualidade e a performance dos processos têm a responsabilidade de tornar competitiva a mão de obra. Alguns processos são predominantemente transacionais, constituindo uma Plataforma de Serviços e, portanto, com baixa capacidade de transformação. Essa capacidade fica a cargo dos demais processos de natureza transformacional que promovem os movimentos da organização para o futuro e no sentido dos objetivos estabelecidos. Lidam com Planejamento & Organização, Desempenho & Gestão de Consequências, Liderança & Sucessão e

Figura 6. Macroprocessos de RH

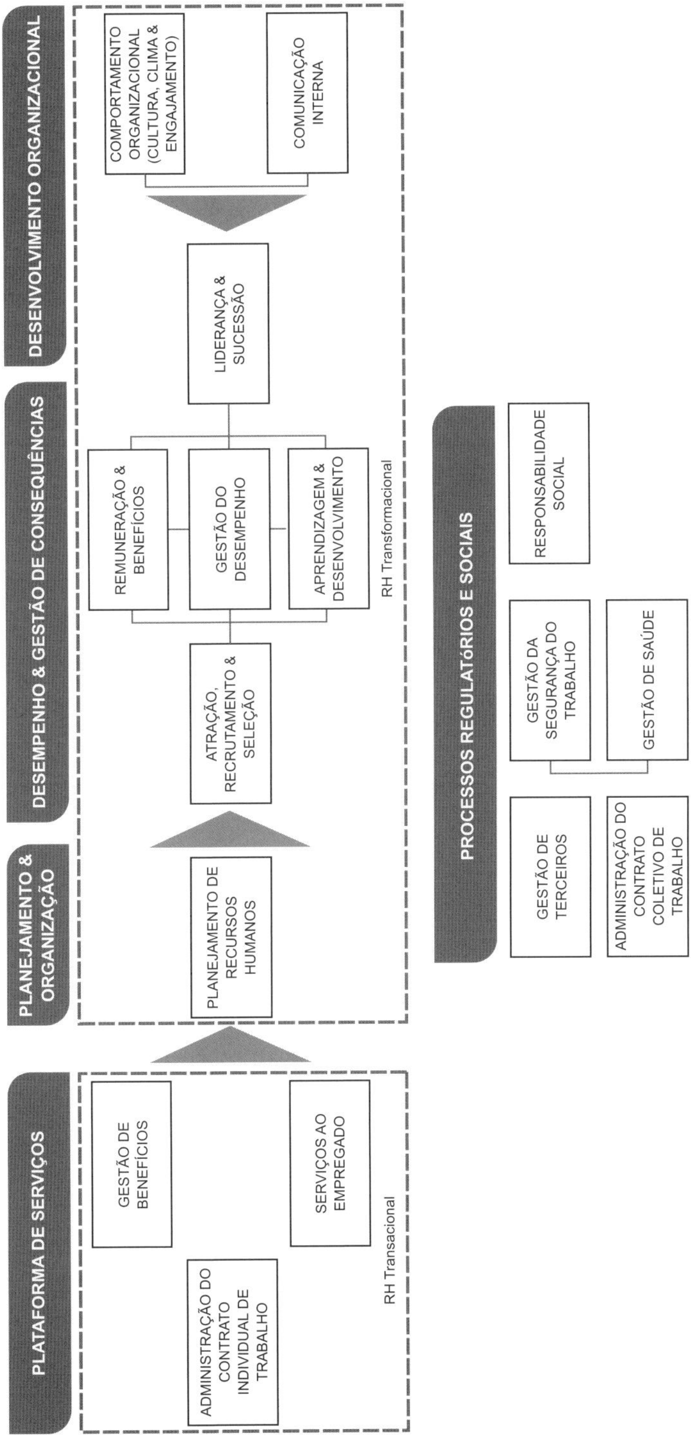

Fonte: Autores.

Figura 7. Cadeia de Valor de RH – como o RH contribui para a criação de valor para o negócio

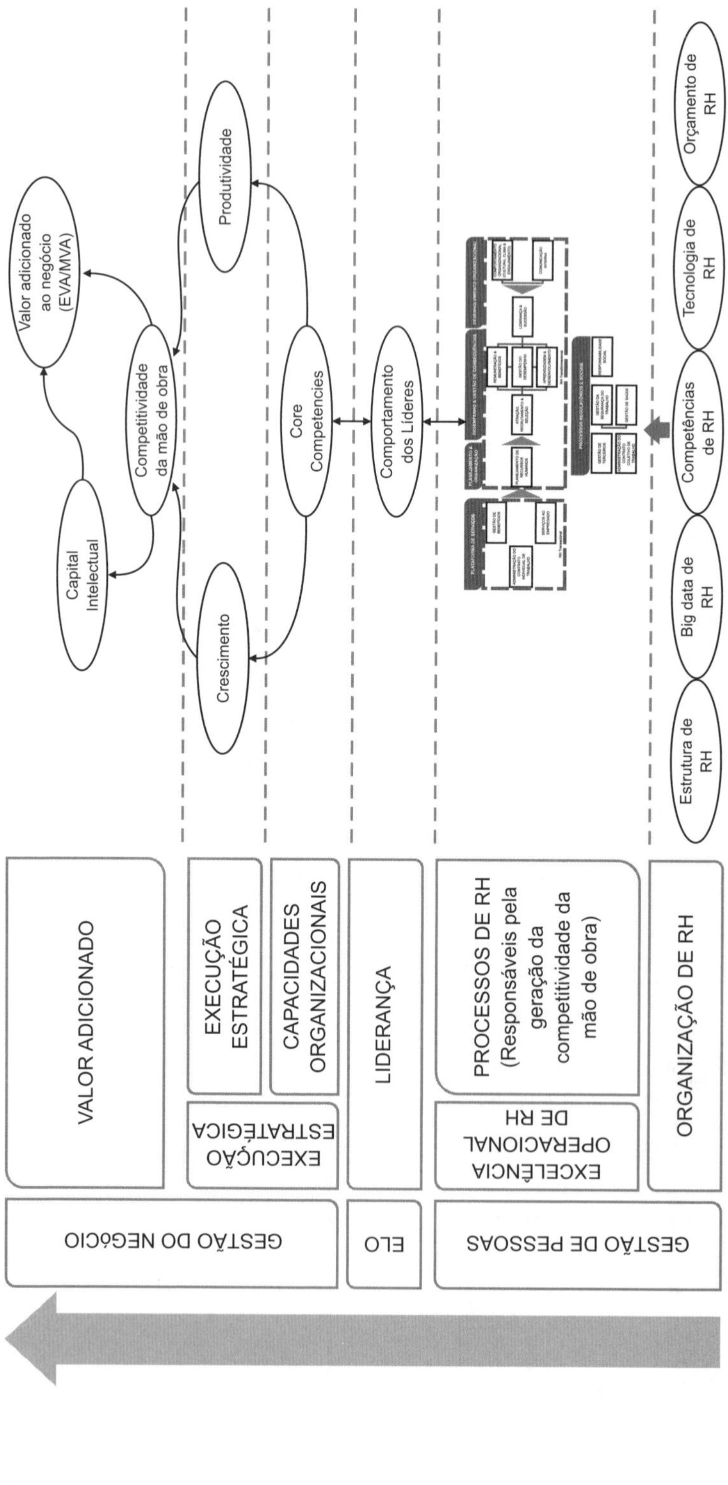

Fonte: Autores.

o Desenvolvimento Organizacional. Além disso, há também outro grupo de processos de RH denominado Processos Regulatórios & Sociais, cujo escopo é composto por áreas como Gestão de Terceiros, Administração de Contratos Coletivos, Gestão da Segurança do Trabalho, Gestão da Saúde, Responsabilidade Social e Segurança Patrimonial. Além de sincronizados, os processos devem ser eficientes e eficazes. Os seus resultados levam ao cumprimento de um dos pilares da missão do RH, que é o de tornar competitiva a mão de obra, situação essa a ser comprovada por meio de medidas de produtividade. Cada processo, por sua vez, é projetado levando-se em conta os fornecedores (internos e externos), os *inputs* de alimentação do fluxo, os *outputs* e os clientes. Devem possuir indicadores para medir os resultados em termos de eficiência (medidas dentro da função RH) e eficácia (medidas do lado de fora de RH e junto aos clientes) e propiciar o gerenciamento da rotina com processos estáveis e confiáveis, além de promover a melhoria contínua.

- **Liderança** – o comportamento da liderança é o elo crítico entre a Gestão do Negócio e a Gestão de Pessoas (o estratégico e as operações de RH). Aqui se insere o papel do perfil da liderança que, além das competências comportamentais, incorpora os elementos diferenciadores (únicos de cada organização) derivados das capacidades organizacionais requeridas para a execução da estratégia do negócio. Desse modo, busca-se assegurar a prática do modelo de gestão e da execução estratégica por meio das competências de liderança.
- **Capacidades organizacionais** – capacidades organizacionais ou *core competencies* são resultantes da decodificação das estratégias em termos do que é requerido como competência da organização para criar a capacidade de executar a estratégia proposta. Ao passar da capacidade organizacional para a competência pessoal, cria-se a conexão entre o RH e os resultados do negócio, uma vez que as competências pessoais passam a ser refletidas e tratadas em grande parte nos processos de gestão de pessoas, a exemplo de Planejamento & Organização, Atração, Recrutamento & Seleção, Remuneração & Benefícios, Aprendizagem & Desenvolvimento e Liderança & Sucessão.
- **Execução estratégica** – as opções estratégicas estão aqui representadas pelos dois vetores universais: Crescimento e Produtividade. Quaisquer que sejam as estratégias definidas (em regra geral se enquadram, na visão macro, em um desses dois vetores), além de subsidiar a identificação das capacidades organizacionais requeridas, são responsáveis por adicionar valor ao negócio. As estratégias, *inputs* para o planejamento de RH, têm origem no planejamento estratégico da organização.

- **Valor adicionado** – todo o caminho relatado tem um único alvo: elevar o Valor Adicionado ao negócio, seja por meio do aumento do valor do Capital Humano, do *EVA* (*Economic Value Added*) ou do *MVA* (*Market Value Added*). Essas são as medidas efetivas que captam a contribuição do RH, juntamente com as das demais funções organizacionais.

A arquitetura de criação de valor apresentada sintetiza todo o escopo de RH, seja ele operacional ou estratégico. É possível, por meio dos desdobramentos, construir o conjunto de objetivos, indicadores, metas e iniciativas totalmente alinhados aos propósitos organizacionais.

Para distinguir o estratégico do operacional, um dos caminhos é adotar a metodologia do *BSC* (*Balanced Scorecard*), contemplando o escopo da função de RH para aqueles objetivos responsáveis pela execução estratégica. Essa metodologia propicia a distinção do que é estratégico, alinhado em quatro perspectivas desdobradas por meio do Mapa Estratégico, do *Scorecard* e das Iniciativas. Dentro do conjunto *Scorecard* estão os indicadores responsáveis pela mensuração dos objetivos estratégicos de RH e pelo estabelecimento de metas.

Figura 8. Modelo do BSC

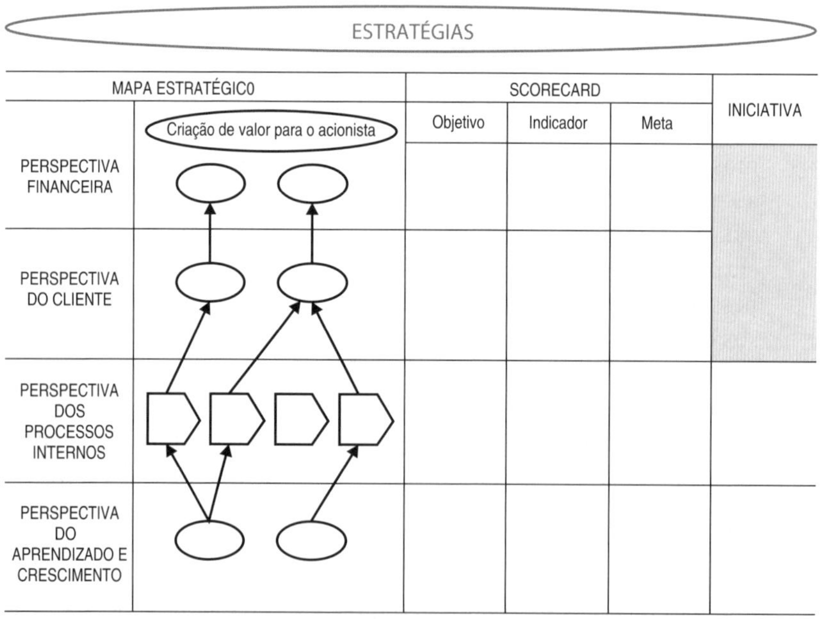

Fonte: Autores.

Uma vez elaborado o Mapa Estratégico de RH nas quatro perspectivas, definindo a cadeia de valor, o estabelecimento dos indicadores é realizado tendo os objetivos a serem alcançados na condição de direcionadores, permitindo o alinhamento estratégico entre objetivos e medidas de resultado. O conjunto encontrado é único de cada organização, pois representa o pensamento estratégico ou o modelo mental que essa organização adota para a gestão de pessoas dentro de um negócio específico.

Figura 9. Exemplo de Indicadores Estratégicos a partir do Mapa Estratégico de RH

PERSPECTI VA		SCORECARD		
		OBJETIVO		INDICADOR
		RÓTULO DO MAP A ESTRA TÉGICO	DESCRIÇÃO DO OBJETIVO	
FINANCEIRA OU DO ACIONIST A			Criar valor para o Acionista	Valor de mercado adicionado (MVA)
		Crescimento do Capital Humano	Promover o crescimento do Capital Humano	Variação do valor de capital intelectual
			Variar o custo total do emprego em proporção menor que a variação da receita	VMO - Variabilidade do custo da mão de obra
CLIENTES OU ST AKE HOLDERS DE RH	VALOR P ARA O EMPREGADO	Remuneração competitiva	Praticar remuneração total anual competitiva	Grau de percepção da EVP - atributo Remuneração
PROCESSOS INTERNOS DE RH		Ambiente de trabalho e engajamento	Tem um ambiente de trabalho saudável com pessoas e equipes engajadas	Índice de percepção de valor e atitudes no trabalho
		Renda total meritocrática	Praticar uma remuneração anual total (Fixa+Variável+Benefícios) com base no mérito	Competitividade da remuneração total
		Eficácia em Recrutamento & Seleção	Aumentar a eficácia do R&S reduzindo o desligamento nos primeiros 12 meses após admissão	Retenção no 1º ano de empresa
		Atração, desenvolvimento e retenção de talentos	Desenvolver e reter talentos	Retenção de pessoas-chave
		Prontidão da sucessão	Reduzir o risco de vacância nas posições-chave	Número de sucessores prontos por posição-chave
		Capacitação nas competências críticas	Capacitar as pessoas nas competências técnicas críticas do negócio	Índice de capacitação nas competências críticas
		Alinhamento da cultura à estratégia da Marca	Alinhar a cultura com a estratégia da Marca	Fit cultural (índice de adequação à cultura desejada)
		Custo tota do emprego (CTE)	Melhorar a relação CTE e resultado	Participação do CTE no Custo Operacional Total
		Saúde e segurança do trabalho	Reduzir os riscos de acidentes no trabalho	Taxa de gravidade de empregados próprios
		Promoção da saúde	Reduzir os riscos de adoecimento	Risco de adoecimento
		Vulnerabilidade social	Reduzir a vulnerabilidade social de empregados e familiares	Vulnerabilidade social
APRENDIZAGEM E CRESCIMENT O	CA P. INTELEC.	Competências do profissional de RH	Ter equipes de RH de alto desempenho	Índice de capacitação nas competências críticas de RH
	CA P. DA INFORMA - ÇÃ O	Modelagem e análise de dados de gestão de pessoas	Tomar decisão para gestão de pessoas com base em dados	Consecução do projeto People Analytics
		Automação e transformação digital em RH	Planejar plataforma de transformação digital de RH	Consecução do plano de automação dos processos
		Automação para gestão de pessoas	Dar suporte ao processo de gestão com Informações dos Processos de RH gerando agilidade ao processo	Painel de informações estruturado
	CA P. ORGANI- ZACIONAL	Parceiria RH - Gestor de Linha	Consolidar e atualizar o modelo de consultoria intern a de RH - Business Partner	Índice de adequação do processo de concultoria interna de RH
		Governança de RH	Direcionamento, planejamento, execução, controle, avaliação e melhoria das ações de RH	Cumprimento da agenda de governança

Fonte: Autores.

Já os indicadores operacionais, aqueles responsáveis pela excelência operacional de RH, são desdobrados a partir da estrutura dos processos, conforme mostra a figura a seguir. Esse conjunto é apenas uma amostra de indicadores de processos, não esgotando o tema. Outros poderão ser acrescentados se justificados dentro do modelo e dos conceitos de gestão de pessoas adotados em cada organização.

Figura 10. Indicadores de Excelência Operacional em RH - Processos

PROCESSO	OBJETIVO	INDICADOR
Administração do contrato individual de trabalho	Assegurar que as condições contratadas e as obrigações legais sejam cumpridas	Geração de processos trabalhistas Estoques de processos trabalhistas Vulnerabilidade legal Absenteísmo sem causas médicas
Gestão de Benefícios	Assegurar o cumprimento do plano de benefícios e proporcionar atendimento ao empregado e familiares	Custo dos benefícios per capita
Serviços ao empregado	Propiciar ao empregado condições e infraestrutura adequadas ao exercício das suas funções	Qualidade no refeitório Qualidade no transporte Pontualidade da rota
	Otimizar os recursos de capital humano no curto, médio e longo prazo.	Custo Total do Emprego (CTE)
Atração, recrutamento seleção		
Remuneração & Benefíci		
Gestão de Desempenho		
Aprendizagem & capaci		
Liderança e Sucessão		

Comportamento Organizacional	Fortalecer a cultura organizacional desejada (valores, ritos, rituais, símbolos)	Adequação à cultura desejada
	Promover um ambiente de trabalho propício à produtividade	Clima Promover total de desligamento
	Promover o engajamento através da conexão entre o empregado e os objetivos organizacionais	Engajamento
Comunicação interna	Apoiar a organização visando a fortalecer o engajamento - envolvimento racional e emocional - dos empregados para a realização de suas iniciativas	Eficácia da comunicação Imagem interna
Gestão de terceiros	Ter como parceiros os terceiros e assegurar baixa vulnerabilidade legal nas relações contratuais	Vulnerabilidade nos contratos de trabalho
Administração de contrato coletivo de trabalho	Promover o diálogo social e o alinhamento dos objetivos das empresas e dos sindicatos visando relações duradouras	Acordos coletivos Cumprimento dos acordos
Gestão da segurança do trabalho	Assegurar condições de trabalho que garantam a preservação da integridade física de empregados e terceiros	Taxa de gravidade próprios + terceiros Taxa de frequência (SPT + CPT) próprios + terceiros
Gestão da saúde	Promover o bem-estar físico, mental e social dos empregados	Sinistralidade Custo da saúde (plano de saúde + faltas remuneradas + acidentes de trabalho + FAT + outros) per capita Absenteísmo médico Incidência de fatores de risco de saúde Afastamento
Responsabilidade Social	Promover o desenvolvimento econômico, social e cultural das comunidades do entorno	Risco social

Fonte: Autores.

3.1 Gestão dos Resultados por meio dos Indicadores

Para se transformarem em ferramentas de gestão, os indicadores devem ser acompanhados e geridos dentro de uma rotina e rituais próprios, obedecendo ao fluxo de análise e à geração de soluções. Desvios em relação à meta ou tendências desfavoráveis devem ser tratados na forma de problemas para os quais são pesquisadas as causas, utilizando-se das metodologias de análise e solução de problemas, e geradas as soluções na forma de projetos ou planos de ação. Projetos ou planos de ação sempre devem ser encarados como a solução (presumivelmente a melhor) para um problema identificado.

3.2 OKRs e Indicadores

OKR (*Objectives and Key Results*) ou Objetivos e Resultados-chave é um sistema de metas para criar alinhamento e cadência em torno de metas mensuráveis. São frequentemente definidos, medidos e reavaliados, em geral, com periodicidade trimestral. Uma meta tem que listar o que vai ser realizado e a maneira como isso será medido o seu atingimento. Seus resultados-chave devem ser quantitativos e mensuráveis, embora, na prática, os

Figura 11. Fluxo da rotina de gestão de resultados

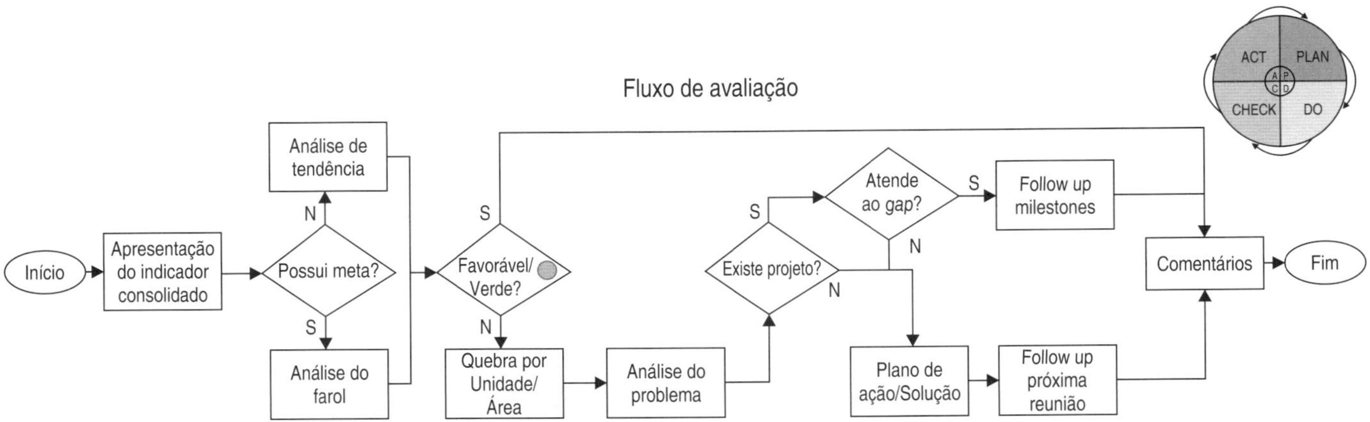

Fonte: Autores.

resultados-chave surjam numa combinação de medidas de valor e medidas de atividades.

John Doerr define uma fórmula para o estabelecimento de OKRs, que consiste em responder:

Eu vou *(objetivo)* **medido por** *(esse conjunto de Resultados-chave)*

Exemplo de um OKR estabelecido pela Intel (empresa na qual esse modelo foi inicialmente desenvolvido e aplicado):

Trata-se de uma abordagem metodológica de planejamento, comumente aplicada a projetos. Logo, os indicadores adotados se caracterizam como indicadores de progresso. Não há preocupação com séries históricas e, sim, com marcos de realização das ações futuras planejadas.

Figura 12. Objetivo corporativo da Intel

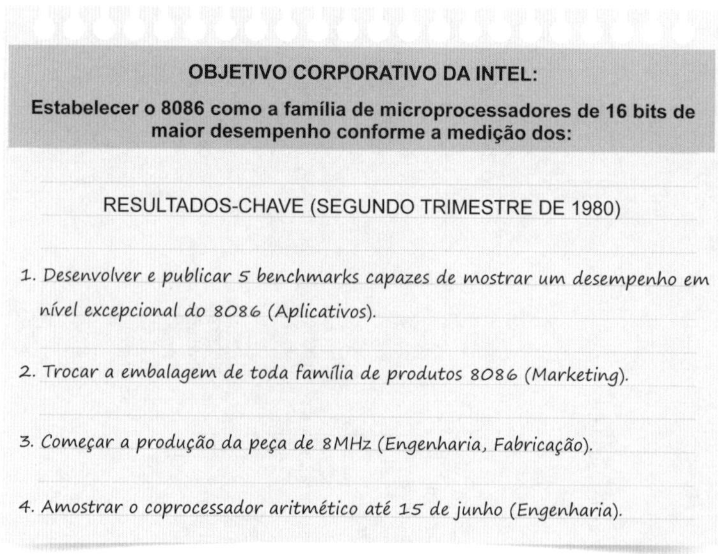

OBJETIVO CORPORATIVO DA INTEL:
Estabelecer o 8086 como a família de microprocessadores de 16 bits de maior desempenho conforme a medição dos:

RESULTADOS-CHAVE (SEGUNDO TRIMESTRE DE 1980)

1. Desenvolver e publicar 5 benchmarks capazes de mostrar um desempenho em nível excepcional do 8086 (Aplicativos).
2. Trocar a embalagem de toda família de produtos 8086 (Marketing).
3. Começar a produção da peça de 8MHz (Engenharia, Fabricação).
4. Amostrar o coprocessador aritmético até 15 de junho (Engenharia).

Fonte: John Doerr (2019).

3.3 Analytics

Não é recente a adoção, pelas organizações, de uma abordagem científica para os processos de gestão, com o objetivo de maximizar a aplicação dos seus recursos físicos, financeiros e humanos, encontrando soluções para os problemas de todos os níveis, do operacional ao estratégico. Nesse contexto, o uso da ciência de dados para melhorar a eficiência das operações e impulsionar a inovação passou a ganhar importância no mundo empresarial com o surgimento de novas ferramentas e técnicas, assim como a exploração de novas fontes e aplicações de dados. As organizações que evoluem nesse sentido vão se tornando orientadas por dados. Significa, mais do que apenas instalar as ferramentas e os aplicativos certos, fazer com que a análise de dados faça parte da sua estratégia de negócios, seus sistemas, processos e cultura. Trata-se de criar uma mentalidade na qual análises baseadas em fatos suportem todas as decisões de negócios, em todos os níveis da organização.

A orientação por dados utiliza conceitos e metodologias denominados analytics, que é o processo com o uso aplicado de dados, análises e raciocínio sistemático por meio do qual são gerados insights e tomadas as decisões de forma mais eficiente. Essa inteligência analítica (analytics) é um campo abrangente e multidimensional que utiliza técnicas matemáticas, estatísticas, de modelagem preditiva e *machine learning* para encontrar padrões e conhecimentos significativos nos dados.

As operações envolvendo analytics podem ser utilizadas nas mais diversas áreas, como no marketing, na contabilidade, em Recursos Humanos, nas atividades de gestão etc. Tudo depende dos dados que são analisados e das formas como eles são utilizados.

É importante ressaltar que dados por si só não são suficientes para auxiliar na tomada de decisão. Entretanto podem ser considerados a matéria-prima para criação da informação. A informação, por sua vez, é um conjunto de dados organizados ou processados inseridos dentro de um contexto oportuno e preciso. A partir da informação, temos então o conhecimento que, de forma simples, pode ser considerado a informação em ação, ou seja, é o processamento da informação baseado em significados, padrões, tendências e valores.

Figura 13. Resumo de Características de Dados, Informação e Conhecimento

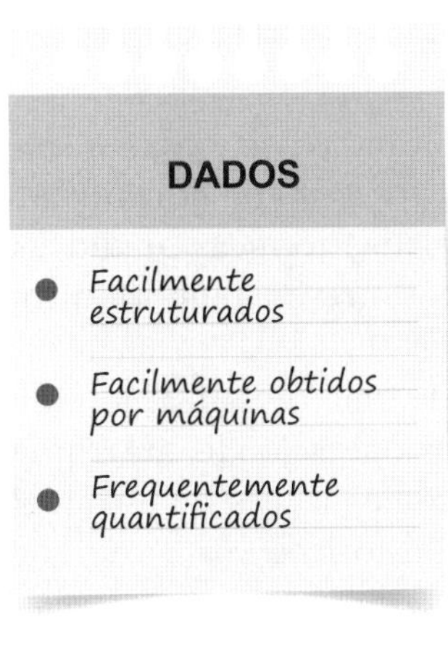

Fonte: Adaptado de Davenport (1998).

Figura 14. Fases do *analytics*

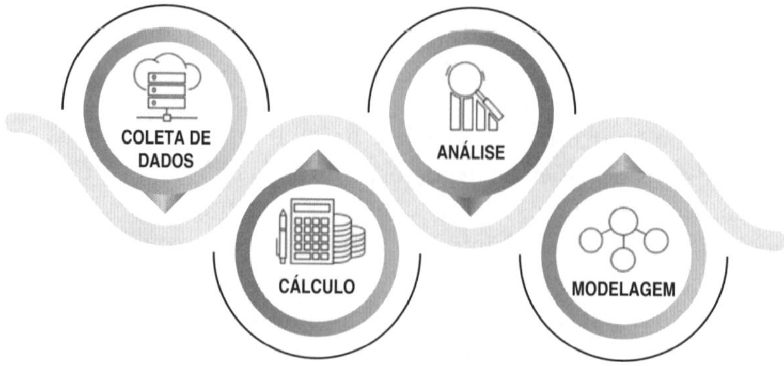

Fonte: Autores.

- **Coleta dos Dados:** essa etapa irá sustentar toda a análise futura e poderá contemplar a coleta de dados provenientes de diversas fontes, estruturadas e não estruturadas, como dados cadastrais, demográficos e relacionados ao negócio que possam ser associados ao objeto do tema em estudo. É importante buscar as informações capazes de responder a perguntas ou hipóteses relacionadas ao negócio.
- **Cálculo:** os dados coletados deverão ser lapidados pois constituem um conteúdo bruto, e é nesse momento que se inicia a sua avaliação para buscar as respostas às perguntas e hipóteses levantadas anteriormente. Quanto mais diversos os conjuntos de dados coletados, mais possibilidades estarão disponíveis para a próxima etapa — a análise.
- **Análise:** esse é um dos momentos mais importantes do analytics, em que se busca tomar decisões com base nos dados avaliados e nos resultados dos cálculos da etapa anterior. É possível encontrar tendências, lacunas e oportunidades relacionadas à força de trabalho da organização.
- **Modelagem:** é o último passo e consiste na criação de relacionamento entre os dados por meio do cruzamento de todas as informações obtidas. São aplicadas técnicas analíticas para se descobrir conexões entre os dados, prever comportamentos, entre outros.

A análise dos dados de uma organização pode ocorrer desde a simples interpretação de relatórios operacionais até a previsão de cenários futuros com a formulação de recomendações de estratégias a serem adotadas por meio da análise de dados históricos.

Segundo um estudo realizado pela consultoria PwC, dentro de uma organização podem existir quatro níveis de maturidade quanto à aplicação do analytics, sendo eles:

Figura 15. Níveis de Maturidade do *analytics*.

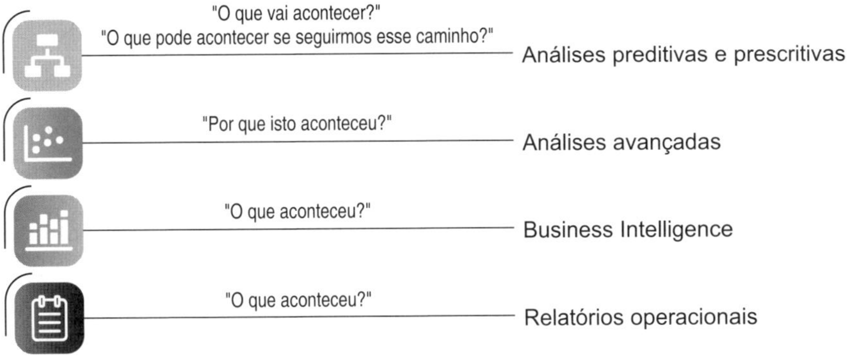

Fonte: Autores.

No primeiro nível tem-se os relatórios operacionais, que são construídos em planilhas de Excel, de forma manual e sob demanda. Como exemplo de indicadores temos a quantidade de funcionários por cargo, filial ou tipo de contrato. Geralmente os dados são pouco consistentes e exigem bastante esforço e tempo para a sua transformação em relatórios. Uma forma de otimizá-los é automatizar a coleta dos dados e a criação dos relatórios, o que nos aproximaria do segundo nível, denominado *BI* (*Business Intelligence*).

O segundo nível é caracterizado pelo uso do BI, que consiste no processo de coleta, organização e análise de dados que oferecem apoio à gestão do negócio. As diversas ferramentas de BI existentes, como por exemplo Power BI, Tableau e Qlik, podem acessar e avaliar grandes volumes de dados exibindo seus resultados em relatórios analíticos que contêm painéis gráficos e mapas, a fim de fornecer aos usuários a democratização de acesso a informações úteis ao negócio, como receita por empregado, quantidade de horas extras por tipo de mão de obra, taxas de absenteísmo, dentre outros. Os dados podem ser importados de forma automatizada e periódica e compartilhados via web de forma pública ou com regras de acesso específicas. Em geral, os relatórios desse nível fornecem informações suficientes para planejamentos de ações a curto prazo e já possuem certo nível automatização, entretanto são simples e pouco funcionais quanto ao cruzamento de dados e à identificação de tendências.

É importante ressaltar que o primeiro e o segundo níveis de maturidade do analytics podem ser classificados como análise descritiva dentre os quatro tipos de dados existentes, pois buscam responder à pergunta "*O que aconteceu?*" e descrevem um evento passado ou atual.

O terceiro nível consiste em análises avançadas com riqueza e diversidade de dados, onde há a construção de correlações entre os dados de diferentes assuntos, sendo possível obter insights não triviais. Além disso, é possível identificar tendências e propor ações de médio prazo. Como exemplo tem-se o *turnover* por período de experiência, os índices de absenteísmo por tempo de casa, dentre outros.

Nesse caso, considerando os tipos de dados existentes, tem-se a análise de diagnóstico em que a pergunta a ser respondida é "*Por que isto aconteceu?*". O objetivo principal é explorar as relações de causas e efeitos entre os dados.

O quarto nível é composto pela disponibilidade de modelos preditivos e prescritivos para a tomada de decisão, onde os dados são usados como informação estratégica para prever cenários futuros e identificar estratégias recomendadas para o negócio. Alguns indicadores comuns são a previsão de funcionários que irão se desligar da empresa e a previsão das taxas de promoção, transferências internas e ofertas de mão de obra para planejamento de disponibilidade de recursos. Quanto aos tipos de dados, as perguntas a serem respondidas que configuram a análise preditiva e prescritiva são, respectivamente, "*O que vai acontecer?*" e "*O que pode acontecer se seguirmos esse caminho?*".

Embora sempre que se fala em analytics vem à mente os recursos tecnológicos associados às ferramentas de *BI* (*Business Intelligence*) e IA (Inteligência Artificial), existem várias outras ferramentas e técnicas que permitem a realização da análise de dados. Talvez, a mais próxima de um BI seja o Excel, com os seus avançados recursos gráficos, estatísticos, tabelas dinâmicas e o VBA. Outras, a título de exemplo, são o uso da estatística multivariada, da análise fatorial (confirmatória e exploratória) e da modelagem de equações estruturais (SEM), além de vários softwares disponíveis como o SAS, R, Knime, Matlab.

4 *PEOPLE ANALYTICS* - APLICAÇÃO DO *ANALYTICS* PARA RECURSOS HUMANOS

Muitas organizações, independentemente do tamanho ou da forma de gerenciamento de pessoal, têm utilizado o analytics para aumentar a sua competitividade no mercado. O processo de tomada de decisão deixa de ser apoiado somente na intuição dos líderes para ser baseado em dados, tornando-se mais assertivo e menos suscetível a preconceitos, crenças e opiniões pessoais.

O próprio RH tem buscado adaptar técnicas modernas de análise de dados para auxiliar no processo de tomada de decisão acerca da força de trabalho das organizações. Nesse contexto surge o *people analytics* que, segundo Shrivastava, Nagdev e Rajesh (2018), auxilia as organizações na compreensão e na interpretação de grandes volumes de dados relacionados aos seus funcionários, à identificação de tendências e padrões em conjuntos de dados, à prevenção das necessidades da organização e seus empregados, à priorização das atividades de RH de acordo com seu impacto e à eliminação da subjetividade na tomada de decisão, por meio de softwares que cruzam informações de pessoas e do negócio. São utilizadas técnicas analíticas como mineração de dados, análise preditiva e análise contextual para compreensão do comportamento social humano e, então, para transformação dos dados em conhecimento.

Em geral, dados e informações sobre os colaboradores de uma empresa são gerados pelo sistema de Planejamento de Recursos Empresariais, também conhecido como *ERP* (*Enterprise Resource Planning*), por sistemas específicos de gestão de pessoas ou até mesmo por planilhas eletrônicas. Os dados provenientes dessas e de diversas outras fontes podem ser considerados transacionais, cuja fonte são processos internos repetitivos, como ponto eletrônico e férias, e não transacionais, como, por exemplo, resultados de avaliação de desempenho e de pesquisas de clima organizacional.

Embora importantes, esses dados não são suficientes para entender a dinâmica e os impactos dos processos de gestão de pessoas no negócio. A eles devem ser agregados dados relativos aos aspectos comportamentais, características individuais, competências, perfil, performance individual, resultados de processos do negócio e todos os demais possíveis de se capturar para formar uma grande massa de dados, que pode ser chamada de *big data* de RH. O big data é a matéria-prima básica a ser trabalhada e transformada, com a aplicação de técnicas estatísticas e matemáticas e o uso tecnologia para a análise de dados, responsável por gerar *insights* e descobrir novos padrões responsáveis por impactar os resultados do negócio

Um ponto importante é entender como o people analytics interage com os indicadores de RH. Por meio das ferramentas de BI pode-se promover a automatização das extrações dos indicadores e criar *dashboards* com eles para a gestão dos processos e das iniciativas estratégicas. Além disso, o teste das hipóteses levantadas nas pesquisas de possíveis causas torna-se mais científico quando é baseado em dados relacionais para análise dos problemas que envolvem a mão de obra.

A adoção do people analytics envolve a integração de três elementos básicos: o big data, com novas fontes de dados; o profissional de RH, do qual será exigido um novo conjunto de competências; e a tecnologia de dados, que será responsável pelo processamento e pelo suporte à análise.

O *modus operandi* do people analytics passa a ser o grande orientador do trabalho dos profissionais que atuam como parceiros do negócio, uma vez que possibilitará que eles façam a conexão, com base em dados, entre as soluções de RH e os problemas relacionados à gestão de pessoas.

Figura 16. Integração entre Tecnologia, *Big Data* e o Profissional de RH

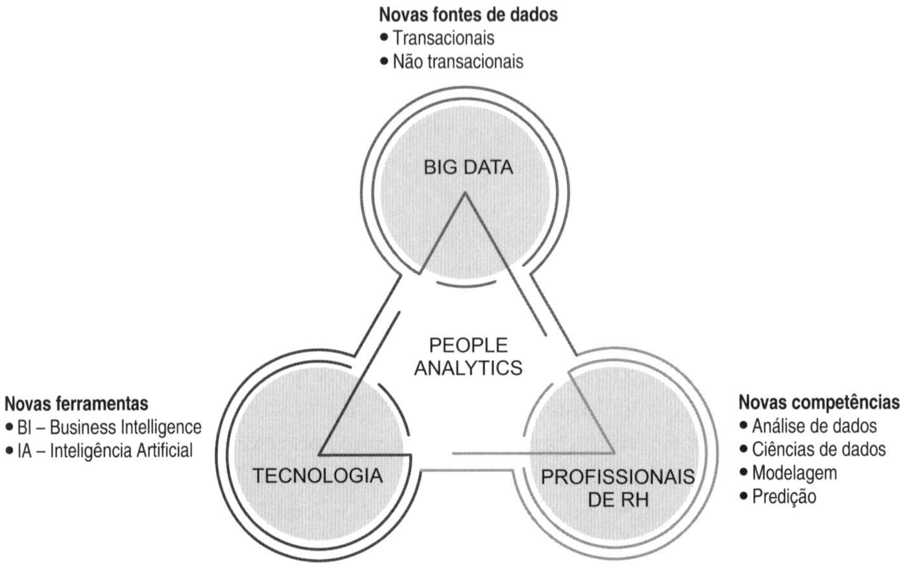

Fonte: Autores.

Algumas experiências de empresas demonstram o poder do people analytics, como no caso do Google, que foi um dos pioneiros no uso de dados para tomar decisão sobre sua força de trabalho. Conforme afirmam Davenport, Harris e Shapiro, o *Oxygen Project*, cujo objetivo principal era determinar quais as características de um bom gestor, foi um dos projetos entregues utilizando essa abordagem. Por meio da análise de alguns dados, como o desempenho dos liderados, e do resultado de pesquisas respondidas pelos colaboradores, a equipe do projeto dividiu os líderes em quatro grupos conforme sua pontuação, para a realização de entrevistas visando a identificar as melhores práticas. Como resultado, foram identificados os seguintes comportamentos comuns em bons gestores: capacidade de desenvolvimento de sua equipe, empoderamento do time e comunicação. Além disso, um bom líder também deve ter uma visão estratégica, auxiliar o desenvolvimento da carreira dos seus liderados e possuir habilidades técnicas que possam contribuir e assistir a equipe quando necessário. Shrivastava, Nagdev e Rajesh também afirmam que, com o resultado da pesquisa, foi possível entender como os colaboradores esperam ser liderados e fornecer informações sobre as regras e as responsabilidades que um gestor deve ter no contexto do Google. Inclusive, todos os insights fornecidos pela pesquisa foram incorporados aos treinamentos e programas de desenvolvimento dos empregados.

Outro exemplo do Google merecedor de destaque é o estudo sobre o desempenho das equipes. O Projeto Aristóteles, conforme relatado por Charles Duhigg no livro *Mais Rápido e Melhor*, após analisar milhares de dados utilizando ferramentas e conceitos de people analytics, chegou a alguns achados. Entre eles está o de que, contrário ao senso comum, pensava-se precisar de super astros (empresa só de talentos), entretanto não foi isso que o estudo revelou. A revelação é que se pode reunir uma equipe de pessoas medianas e, se as ensinarmos a interagir do jeito certo, elas farão coisas que nenhum super astro conseguiria realizar. A hipótese de que as "equipes boas" tinham sucesso porque seus integrantes eram mais inteligentes não se confirmou. Os testes de QI realizados de antemão reforçaram a conclusão de que a inteligência individual não apresentava relação com o desempenho da equipe. Ou seja, juntar dez pessoas inteligentes em uma sala não queria dizer que elas resolveriam problemas de forma mais inteligente — na realidade, muitas vezes essas pessoas eram superadas por grupos compostos de outras avaliadas com pontuação menor nos testes de intelecto, mas que pareciam mais inteligentes enquanto grupo.

Um terceiro exemplo de como o people analytics pode trazer benefícios tangíveis para a organização ocorreu na empresa Nielsen, onde descobriu-se que era possível evitar 5 milhões de dólares em custos nos negócios ao reduzir 1% no *turnover* dos colaboradores. O estudo proporcionou a criação de programas de recrutamento interno uma vez que também identificou que a mobilidade interna era um dos principais fatores que auxiliava na retenção de funcionários. A empresa também criou outros programas utilizando essa abordagem, como aumentar a representatividade das mulheres em papéis de liderança e promover uma análise para o recrutamento mais assertivo em universidades.

Por sua vez, a consultoria McKinsey, considerada uma das líderes mundiais no mercado de consultoria empresarial, também utilizou o people analytics para auxiliar na definição de estratégias relacionadas à sua força de trabalho. O principal objetivo do projeto realizado era entender as causas das demissões de seus colaboradores e, para isso, coletaram diversos dados e várias hipóteses foram levantadas. Inicialmente, acreditava-se que as principais causas de desligamento eram relacionadas à avaliação de desempenho e à remuneração. Entretanto, o estudo identificou que programas de mentoria e coaching influenciavam muito mais a permanência dos colaboradores. Como resultado, a empresa investiu nessas áreas e reduziu entre 20% e 40% os riscos de seus funcionários deixarem a organização.

Nesse novo contexto, novas competências são exigidas dos profissionais de Recursos Humanos. É importante que habilidades como pensamento analítico e capacidade de resolução de problemas, além de conhecimentos sobre o negócio, os softwares de levantamento e tratamento de dados, as linguagens de programação, entre outros, sejam desenvolvidos por esses profissionais para que consigam pensar de forma estratégica e possam agregar ainda mais valor para o negócio e excelência para os processos de RH.

5 CONCLUSÕES

Uma mentalidade que busca encontrar as verdades a partir dos dados vem se instalando e se consolidando nas organizações. O *feeling* vai cedendo espaço para os fatos e os dados, atribuindo caráter científico à tomada de decisão. E essa tendência tem o suporte da tecnologia para a mineração e o tratamento de grandes volumes de dados; evolui em ritmo acelerado e coloca-se à disposição para o apoio à tomada de decisão em todas as áreas de conhecimento ou tipos de empreendimento. Nesse contexto, insere-se a gestão dos Recursos Humanos com a adoção dos indicadores de performance e o people analytics. Os dois se complementam e potencializam a capacidade para a promoção de uma gestão de pessoas de forma eficiente, eficaz e orientada para os resultados do negócio, o que ocorre quando são realizados dois movimentos em RH.

O primeiro movimento a ser feito é trazer para dentro do RH as melhores práticas de gestão com a visão de se buscar a melhoria contínua e a excelência dos seus processos. Isso se deve ao fato de que a competitividade da mão de obra é resultante da qualidade dos processos internos adotados para a gestão de pessoas. Para essa missão, os Indicadores de RH cumprem papel primordial.

O segundo movimento é levar o RH para dentro do negócio como elemento da estratégia da organização. Para que isso aconteça, além trabalhar com os Indicadores de RH alinhados às estratégias e medir a sua execução, é necessário conhecer as suas relações de vínculos numa perspectiva de causa e efeito. E o people analytics surge como forte aliado, contribuindo para o tratamento dos dados, a criação de painéis de controle com os indicadores-chave, as análises, os testes de hipóteses relacionadas a possíveis causas e o exercício da predição.

Tanto no primeiro movimento quanto no segundo está a presença relevante do profissional de RH. Em ambos fica evidenciado o desafio, que consiste em traduzir quadros, mapas, índices etc. em ações. Há algo nisso tudo que este livro não pode ensinar. É o profissional da área de Gestão de Pessoas que, em nome da construção e da sustentação do seu espaço, precisará evoluir da era da "digitação" para a era "digital".

BIBLIOGRAFIA

BECKER, Brian E.; HUSELID, Mark; e ULRICH, Dave. *Gestão Estratégica de Pessoas com "Scorecard" – Interligando pessoas, estratégia e performance.* Editora Campus, 2001.

DAVENPORT, Thomas H. *Ecologia da informação: porque só tecnologia não basta para o sucesso na era da informação.* 4 ed. São Paulo: Futura, 1998.

DAVENPORT, Thomas; HARRIS, Jeanne; SHAPIRO, Jeremy. *Competing on Talent Analytics.* Harvard Business Review, v. 88, n. 10, p.1-6, out. 2010.

DIAS, Mariana. *People Analytics: o que é, benefícios e como aplicar no RH.* Gupy, 2021. Disponível em: <gupy.io/blog/people-analytics>. Acesso em 21 jan. 2021.

DOERR, John. *Avalie o que Importa – Como o Google, Bono Vox e a Fundação Gates sacudiram o mundo com os OKRs.* Rio de Janeiro: Alta Books Editora, 2019.

PWC. People Analytics: Estágio atual da análise de dados aplicada à gestão de pessoas no Brasil, 2015. Disponível em: https://www.pwc.com.br/pt/10minutes/assets/10min-hr-analystics-14.pdf. Acesso em 21 jan. 2021.

Relatório do Comitê Temático, Planejamento do Sistema de Medição do Desempenho, FPNQ Fundação para o Prêmio Nacional da Qualidade (2ª Edição).

BEATTY, Richard; BECKER, Brian; e HUSELID, Mark. *Scorecard para Recursos Humanos.* Editora Campus, 2005.

KAPLAN, Robert S.; e NORTON, David P. *A Estratégia em Ação – Balanced Scorecard.* Editora Campus, 1997.

KAPLAN, Robert S.; e NORTON, David P. *Mapas Estratégicos – Convertendo ativos intangíveis em resultados tangíveis.* Editora Campus, 2004.

TEIXEIRA, Sérgio Araújo. *Gestão Estratégica de Pessoas – Indicadores de RH.* PUC-MG/IEC, 2009. Apostila.

SHRIVASTAVA, Shweta; NAGDEV, Kritika; RAJESH, Anupama. *Redefining HR using people analytics: the case of Google.* Human Resource Management International Digest, v. 26, n. 2, p. 3-6, mar. 2018.

VIDIGAL, Alexia Ribeiro; GODINHO, Amanda Aguilar; MACHADO, Jessica Ramires; SALUME, Paula Karine. *People analytics aplicado em uma empresa de transporte e logística. In*: XXII SEMEAD: Seminários em Administração da Faculdade de Economia, Administração e Contabilidade da Universidade De São Paulo. São Paulo: FEA/USP, 2019.

SUGESTÕES DE PERGUNTAS E RESPOSTAS PARA DISCUSSÃO DO CAPÍTULO

1. Qual é a origem dos Indicadores de Desempenho/Performance?
2. Defina, claramente, o que são Indicadores de Desempenho/Performance.
3. Como são definidos os Indicadores de Desempenho/Performance para cada empresa?
4. Qual é um dos maiores desafios ao se desenvolver e implantar Indicadores de Desempenho/Performance na área de RH?
5. Qual a correlação entre o tipo de RH (Tradicional ou Estratégico) e a elaboração de Indicadores de Desempenho/Performance?
6. Como os Indicadores de RH são estruturados com base nas quatro perspectivas do Mapa Estratégico do BSC?
7. O que fazer para transformar Indicadores de Desempenho/Performance em verdadeiras ferramentas de gestão?
8. O que são OKRs e qual é uma das fórmulas para seu estabelecimento?
9. O que é analytics?
10. O que é o people analytics?
11. O que é o big data de RH?

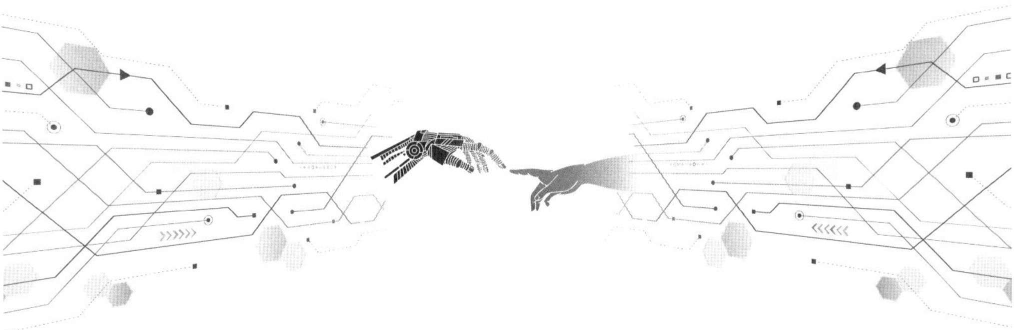

O futuro do trabalho

Sérgio de Oliveira Birchal

OBJETIVOS DO CAPÍTULO

O objetivo deste capítulo é fazer uma breve resenha acerca do debate sobre o futuro do trabalho. Para isso, ele vai cobrir parte da literatura existente sobre o assunto desde meados do século XIX até os dias de hoje. Dada a complexidade do tema e a abundância de contribuições, este capítulo focou, principalmente, nos debates nas áreas da economia, da sociologia, da teoria das organizações e da história, sem a pretensão de esgotar a literatura pertinente.

1 INTRODUÇÃO

Qual será o futuro do trabalho? Será que vai haver trabalho e emprego para todo mundo? Será que as novas tecnologias, como robôs e Inteligência Artificial, irão eliminar o trabalho humano? Como serão as novas relações de trabalho? Essas e muitas outras perguntas relacionadas ao futuro do trabalho têm sido feitas constantemente por grandes pensadores ao longo dos últimos dois séculos, pelo menos.

Mudanças na natureza do trabalho, no local de trabalho, nos instrumentos de trabalho e nas habilidades necessárias para o trabalho, ou seja, no mundo do trabalho, não são uma novidade na história humana. Porém, desde a Revolução Industrial o mundo do trabalho vem passando por mudanças de grande impacto. Com certeza, uma das primeiras e mais importantes mudanças no mundo do trabalho ocorreu com a introdução da máquina a vapor e do tear mecânico nos primórdios da Revolução Industrial, na virada do século XVIII para o século XIX. A introdução da máquina movida a vapor representou uma enorme ruptura com os padrões de trabalho vigentes até então. Ela marcou, também, o início de uma era caracterizada pelo desenvolvimento de muitas outras novas tecnologias aplicadas aos processos produtivos. A introdução da máquina em larga escala deu origem, também, a um dos movimentos trabalhistas mais conhecidos e debatidos da história econômica: o ludismo.

O ludismo foi um movimento de trabalhadores da indústria de têxtil, que ocorreu na Inglaterra durante o final do século XVIII até cerca da década de 1830, e que se notabilizou pela destruição de máquinas como forma de protesto frente às novas e precárias condições de trabalho.[1] O movimento ludista teve como consequência um crescente interesse intelectual acerca do futuro do trabalho. Esse interesse só aumentou desde então, gerando um enorme e acalorado debate acerca do tema ao longo dos últimos dois séculos e meio.

Este capítulo destaca as mudanças tecnológicas disruptivas produzidas pelos processos de mecanização e automação dos últimos 250 anos como uma das principais forças por trás das grandes transformações no mundo do trabalho. Porém, os autores que debatem o assunto se dividem quanto às consequências dessas transformações para os trabalhadores e para o mundo do trabalho. Para uns, as mudanças são uma benção para a humanidade. O efeito de longo prazo dessas mudanças seria o surgimento de uma nova sociedade, na qual os seres humanos se livrariam do trabalho repetitivo,

[1] Ver Eric J. Hobsbawm. *Os Trabalhadores: estudos sobre a história do operariado.* São Paulo: Paz e Terra, 2000. Ver Capítulo 2 especificamente.

alienante, fisicamente exaustivo, insalubre e perigoso. Ao mesmo tempo, eles teriam uma menor carga de trabalho e mais tempo livre para se dedicar às atividades de lazer. Para outros, entretanto, elas são uma maldição. A mecanização e a automação do processo produtivo seriam responsáveis pelo desemprego em larga escala, pelo aumento da pobreza e da desigualdade social e pela escalada dos conflitos sociais.

Portanto, este capítulo busca fazer uma breve resenha acerca do debate sobre o futuro do trabalho. O objetivo é cobrir parte da literatura existente sobre o assunto desde meados do século XIX até os dias de hoje. Dada a complexidade do tema e a abundância de contribuições, este capítulo focou, principalmente, os debates nas áreas da economia, da sociologia, da teoria das organizações e da história, sem a pretensão de esgotar a literatura pertinente. Assim, este capítulo se inicia com uma análise das primeiras contribuições e encerra-se com trabalhos recentes e atuais, seguindo a ordem cronológica em que foram publicados. Finalmente, o capítulo está organizado em três partes. Além desta introdução, ele contém uma breve resenha da literatura acadêmica sobre o futuro do trabalho e uma conclusão.

2 UM BREVE RESUMO DO DEBATE ACERCA DO FUTURO DO TRABALHO

Dois dos primeiros autores a tratar explicitamente da questão do futuro do trabalho na sociedade capitalista industrial foram Marx e Engels, em meados do século XIX. Ao contrário de muitos pensadores de sua época, Marx e Engels acreditavam que o capitalismo era apenas mais um estágio histórico no desenvolvimento da sociedade humana. Esse estágio seria determinado, entre outras coisas, pelo grau de desenvolvimento tecnológico dos meios de produção, concentrados nas mãos de um pequeno grupo de pessoas proprietárias (os capitalistas). Marx e Engels acreditavam, ainda, que as tensões internas do próprio capitalismo conduziriam à sua autodestruição e substituição por uma sociedade sem classes e apátrida: a sociedade comunista. Portanto, a tecnologia teria um papel fundamental na evolução histórica da sociedade, de capitalista para socialista e, posteriormente, comunista.

Nessa sociedade pós-capitalista (comunista), o crescente uso da tecnologia teria o propósito de reduzir a carga de trabalho e de expandir o tempo livre e não o de explorar e alienar o ser humano, como ocorria sob o capitalismo. Nessas circunstâncias, Marx e Engels acreditavam que o trabalho se transformaria em uma atividade não alienante e autorrealizadora. Ou seja, a tecnologia serviria para aumentar a liberdade humana e o seu bem-estar, dentro e fora do trabalho. Ainda haveria a necessidade do trabalho para atender às demandas materiais da sociedade. No entanto, graças ao desenvolvimento da tecnologia, o trabalho tomaria cada vez menos tempo das pessoas, deixando mais tempo livre para elas se dedicarem a atividades criativas de sua escolha. Com a crescente automação, o trabalho repetitivo, alienante, insalubre e perigoso seria eliminado, com o consequente aumento da qualidade de vida no trabalho. As relações trabalhistas também seriam transformadas e os trabalhadores gozariam do controle direto sobre o seu trabalho. Haveria, então, um novo elemento criativo na natureza do trabalho, mais condizente com a natureza humana. O trabalho seria vivido como uma atividade livre e autorrealizadora, como as demais atividades que as pessoas desenvolvem fora dele.[2]

As ideias de Marx e Engels com relação ao futuro do trabalho inspiraram uma série de outros pensadores, entre eles John Maynard Keynes. Partindo de um ponto de vista ideológico distinto daquele defendido por Marx e Engels, Keynes também tinha uma visão otimista em relação ao desenvolvimento econômico e ao progresso tecnológico de longo prazo da economia capitalista e o seu impacto sobre o mundo do trabalho. Graças ao progresso econômico e tecnológico, o mundo atingiria um estágio de abundância material tal que as pessoas iriam se livrar de pseudo princípios morais (tais como, a avareza e o amor pelo dinheiro), que caracterizariam as sociedades capitalistas, e dedicar-se-iam à verdadeira arte de viver. Apesar de suas muitas deficiências, Keynes acreditava que o capitalismo levaria a humanidade para esta nova “boa” sociedade. Ou seja, a evolução social como fruto do desenvolvimento da tecnologia e da abundância material. Uma sociedade cuja produção está amplamente robotizada é uma sociedade na qual a humanidade trabalha muito pouco e tem muito tempo livre. Assim, Keynes defendia a redução da carga de trabalho via automação.[3]

Escrevendo nos turbulentos anos de 1930, Keynes estava interessado em encontrar uma solução para o desemprego tecnológico. Ele afirmava que a acumulação contínua de capital iria acabar por criar um mundo de menos horas de trabalho e mais horas de lazer. No longo prazo, o problema do desemprego tecnológico seria solucionado pela substituição do ser humano pela tecnologia. Isso diminuiria o fardo do trabalho sobre as pessoas e o progresso tecnológico levaria a uma sociedade do lazer. Keynes acreditava que, por volta da década de 2030, a semana de trabalho seria de apenas 15 horas.

Assim sendo, o problema social não seria o de encontrar emprego para as pessoas, mas o de encontrar maneiras de preencher o tempo de lazer com

[2] Marx e Engels. *Manifesto do Partido Comunista.*

[3] John Maynard Keynes. *Economic Possibilities for our Grandchidren. In*: L. Pecchi e G. Piga (orgs.), Revisiting Keynes: economic possibilities for our children. Cambridge, MA: MIT Press: 2010, pp. 17-26.

atividades criativas. A sua preocupação era de que o hábito do trabalho estivesse tão enraizado na mente das pessoas que demandaria tempo para os trabalhadores se adaptarem a uma situação na qual o trabalho ocupasse apenas algumas horas por semana. A transição para uma semana de trabalho mais curta era carregada de esperança e promessa de uma vida melhor, centrada no lazer. Keynes acreditava, por exemplo, que o desejo por dinheiro desapareceria com o tempo. Na medida em que a sociedade assegurasse os meios para uma menor carga de trabalho, novos valores morais, de um estágio mais elevado, prevaleceriam e guiariam o comportamento humano. Nesse futuro melhor (pós-capitalista) imaginado por Keynes, a sociedade valorizaria mais a arte e a beleza do que a luta pelo ganho econômico e, consequentemente, procuraria gastar mais tempo em atividades criativas fora do trabalho.[4]

Marx, Engels e Keynes acreditavam que a tecnologia e a automação levariam a humanidade para uma sociedade centrada no lazer e em atividades criativas. Eles compartilhavam de uma visão otimista com relação ao futuro do trabalho e viam a tecnologia como o meio para alcançá-lo; acreditavam que, atingido determinado patamar de abundância material, o ser humano buscaria valores mais altruístas; e imaginavam uma sociedade organizada em torno do lazer. No entanto, Marx e Engels acreditavam que a sociedade do lazer seria alcançada por meio de uma revolução social. Keynes, por sua vez, acreditava numa evolução da sociedade capitalista para uma pós-capitalista (sem especificar qual), centrada na redução do trabalho e no aumento do lazer.

Por mais ingênuas que as ideias desses autores possam parecer, é interessante notar que as preocupações externadas por eles inspiraram um projeto de lei aprovado pelo Congresso dos Estados Unidos (*Fair Labor Standards Act of 1938*), reduzindo a semana de trabalho padrão para 30 horas. Porém, com a aproximação da Segunda Guerra Mundial, a lei acabou nunca mais sendo assinada pelos presidentes da República daquele país.[5] De qualquer forma, as ideias de Marx, Engels e Keynes continuaram a inspirar outros a pensar para além do presente e imaginar o futuro do trabalho. Além disso, eles deram início à ideia da "sociedade do lazer", que seria muito popular nas décadas seguintes.

Nas décadas de 1960 e de 1970, a ideia de que a automação no futuro iria nos libertar do trabalho, deixando-nos com mais tempo para ser gasto em atividades de lazer, era amplamente aceita e não somente por

[4] Keynes. *Economic Possibilities for our Grandchidren*, pp. 21-6.

[5] J. Grossman. *Fair Labor Standards Act of 1938: Maximum Struggle for a Minimum Wage*. U.S. Department of Labor. Disponível em: https://www.dol.gov/general/aboutdol/history/flsa1938.

especialistas no assunto. Em 1963, por exemplo, o então primeiro-ministro Inglês, Harold Wilson, falava a respeito de um até então "impensável padrão de vida e da possibilidade de lazer em escala inacreditável".[6] De acordo com Smigel, durante aquela época, um dos principais pressupostos acerca da automação era que ela iria trazer consigo drásticas reduções no número de horas necessárias de trabalho.[7] Dewhurst estimava que, por volta do ano 2000, a semana média de trabalho nos Estados Unidos seria de 15 horas.[8] Faunce, por sua vez, observou que o efeito líquido do desenvolvimento de máquinas de transferência rápida, de instrumentos de inspeção eletrônica e da tecnologia de computadores, seria um aumento da produção por hora/homem e uma aceleração do crescimento da taxa de produtividade da indústria norte-americana. Seria o crescimento da produtividade da economia norte-americana que tornaria possível a redução nas horas de trabalho e o aumento do tempo disponível para o lazer. Uma evidência desse fato era que, nos cem anos antes da década de 1960, o número médio de horas trabalhadas por trabalhadores empregados nos setores não agrícolas nos Estados Unidos havia decrescido de algo em torno de 65 horas para perto de 40 horas por semana. Além disso, esse declínio havia ocorrido de forma constante, numa média de aproximadamente três horas por década.[9]

Com a crise econômica dos anos 1970 e a emergência da microeletrônica, no entanto, emergiram visões nem tão positivas acerca do futuro do trabalho e da sociedade do lazer. Jenkins e Sherman, por exemplo, escreveram sobre o colapso do trabalho nesse período. Os autores falavam sobre o início de uma nova revolução industrial, baseada na microeletrônica, com profundos impactos sobre o trabalho e as perspectivas de emprego. O potencial de crescimento da produtividade trazido por essa revolução industrial ameaçaria elevar os níveis de desemprego. Assim, as sociedades industrializadas não seriam capazes de criar trabalho de forma contínua para todos no futuro.[10] O crescimento do desemprego faria com que muitas pessoas não tivessem como satisfazer as suas obrigações financeiras e impediria um grande número de jovens de alcançar um alto e crescente padrão de vida, o que era tido

6 Reproduzido em The Independent. *There's just so much to do, and so little time*. 25 out. 1993, p.14.

7 E.O. Smigel. *The Leisure Society*. In: I. Taviss (ed.), The Computer Impact, Englewood Cliffs, 1970, pp.104-6.

8 J.F. Dewhurst. *America's Needs and Resources, A New Survey*. Nova York, 1955, citado em Ibid., p.104.

9 W.A. Faunce. *Automation and Leisure*. In: E.O. Smigel org., Work and Leisure: A Contemporary Social Problem. New Haven, 1963, pp.86-7.

10 C. Jenkins e B. Sherman. *The Collapse of Work*. Londres, 1979.

como um direito deles. No entanto, para evitar essas consequências indesejáveis, os autores postulavam a "revolução do lazer".[11]

Nos anos 1980, Parker identificou quatro proposições sobre as maneiras pelas quais o avanço tecnológico iria mudar a relação entre o trabalho e o lazer. A primeira proposição era que o lazer iria assumir cada vez mais um caráter de trabalho. Isto é, na medida em que a tecnologia abrisse a possibilidade de menos tempo gasto no trabalho, aumentaria o tempo disponível para o lazer, que poderia ser usado em trabalhos da escolha pessoal de cada um. A segunda proposição é a de que a tecnologia iria diminuir de forma crescente a distinção entre trabalho e lazer. De acordo com a terceira proposição, as atitudes e os valores relacionados ao trabalho e ao lazer mudariam como um resultado dos desenvolvimentos tecnológicos. A ética do lazer emergiria, deslocando o trabalho como o centro do significado e o objetivo da vida. O lazer se tornaria a área central do significado, da realização e da identidade pessoal, com o trabalho se transformando apenas em um meio para se atingir esses fins. A quarta proposição era que a influência da tecnologia na relação trabalho/lazer iria levar a um maior reconhecimento das diferenças individuais no que tange às necessidades de atividades de trabalho e de lazer.[12]

Se até a década de 1970 as expectativas com relação ao futuro do trabalho não eram otimistas, os anos 1980 e 1990 foram marcados por um pessimismo ainda maior, fruto da onda global de desregulamentações das leis trabalhistas, das privatizações e do *downsizing* organizacional. O resultado foi uma precarização em larga escala das relações de trabalho.

Assim, por essa época, a ideia de uma sociedade do lazer já era alvo de críticas importantes. Para Seabrook, por exemplo, a promessa de uma sociedade centrada mais no lazer do que no trabalho era apenas uma resposta da sociedade industrial às muitas críticas direcionadas a ela nos anos 1960 e 1970, especialmente nos países mais ricos. Seabrook acreditava que as populações dos países desenvolvidos teriam poucas razões para abrir mão de seu alto e sofisticado padrão de vida em prol de um mundo mais igualitário. Dessa forma, seriam ilusórias as promessas de lazer ilimitado.[13]

A perspectiva incerta acerca do futuro do emprego nos anos 1980 e 1990 foi o foco da análise de vários outros autores também, dentre eles, Charles

[11] Jenkins e Sherman. *The Collapse of Work*.

[12] S. Parker. *Leisure and Work*. Londres, 1983, pp.104-7.

[13] Seabrook, Jeremy. *Working-class childhood*. Gollancz, 1982.

Handy[14] e Jeremy Rifkin.[15] Segundo Handy, foi na década de 1970 que o cenário familiar do mundo do trabalho começou a dar mostras inequívocas de mudanças. As grandes empresas, que haviam sido a residência diurna por toda a vida de tantas pessoas, começavam a desaparecer e a tradição do homem saindo de casa para trabalhar e ganhar, sozinho, o sustento da família praticamente deixou de existir. Em vez disso, o desemprego de longo prazo se tornou algo cada vez mais familiar na carreira das pessoas de quase todos os níveis sociais e o trabalho ganhava outro significado. O emprego em tempo integral havia se transformado em uma commodity escassa.

O velho padrão se desintegrava e dava lugar a um novo mundo do trabalho, onde: (1) a sociedade do emprego em tempo integral estava se transformando na sociedade do trabalho em tempo parcial; (2) força de trabalho e habilidades manuais estavam dando lugar ao conhecimento como base para os novos negócios e os novos empregos; (3) a indústria estava em declínio e o setor de serviços crescia em importância; (4) hierarquias e burocracias davam lugar a redes e parcerias; (5) a carreira de um único emprego era cada vez mais rara e entrava na moda a mobilidade entre diferentes empregos e constantes mudanças na carreira; (6) a terceira idade estava se tornando mais importante para um crescente número de pessoas; e (7) os estereótipos estavam sendo desafiados, tanto no trabalho quanto em casa, assim como os papéis não eram mais tão rígidos como tinham sido até então. Ou seja, o mundo do trabalho vivia um contexto de muitas mudanças: o emprego tinha se tornado menos seguro, cada vez mais de tempo parcial, além da crescente participação das mulheres e de outros grupos minoritários da sociedade.[16]

Além disso, Handy afirmava que o mercado de trabalho oferecia uma quantidade substancial de oportunidades, para um número cada vez menor de pessoas muito bem pagas e sobrecarregadas. Para o restante da sociedade, pairava uma enorme interrogação sobre as suas perspectivas futuras de trabalho. Handy via o surgimento de uma nova era tão diferente da realidade das gerações mais novas que a ideia de trabalhar 47 horas por semana, por 47 semanas, por 47 anos, que todos estavam acostumados a trabalhar (e muitos ainda o faziam), poderia parecer tão pouco natural para os mais jovens quanto o trabalho infantil parecia nos anos 1990.[17]

Na visão do autor, o lazer não é a solução, pois o lazer é o contrário do trabalho. Segundo Handy, quando as pessoas não estão trabalhando, elas estão desempregadas. Para as pessoas usarem parte do seu tempo para fazer

[14] C. Handy. *The Future of Work*. Oxford: Blackwell Publishers, 1984.

[15] J. Rifkin. *The End of Work*. Nova York, G. P. Putnam's Sons, 1995.

[16] Handy. *The Future of Work*, p. x.

[17] Handy. *The Future of Work*, p. x.

o que elas realmente gostam e querem fazer, elas terão que trabalhar.[18] No entanto, a solução da sociedade de "emprego em tempo integral para todos para o resto da vida" seria inviável. Segundo o autor:

> A solução não é fazer um corte universal e drástico nos salários, o que seria tanto impraticável quanto injusto, mas olhar para além do emprego, para uma sociedade que seja menos fixada no emprego em seus valores, em suas estruturas e em seus sistemas. Os sinais são de que nós já estamos sendo forçados em direção a um mundo onde o trabalho é uma parte necessária da vida, mas é somente uma parte dela. Emprego para todos, sim, mas não mais empregos para todos para sempre.[19]

O futuro, portanto, é apresentado como extremamente competitivo, exigindo que todos se engajem em educação continuada, que desenvolvam constantemente novas e mais adequadas habilidades, que se preparem para mais de uma profissão ao longo da vida e que desenvolvam a cultura do "emprego por conta própria". Segundo Handy, as empresas de tecnologia, com um pequeno staff e a utilização de muito trabalho temporário e de meio período, caracterizariam a economia e o mundo do trabalho do futuro.[20]

Rifkin também argumentava que o mundo estava entrando numa nova fase da história caracterizada por um constante e inevitável declínio dos empregos. O desemprego global na primeira metade da década de 1990 estava, então, em seu nível mais alto desde a Grande Depressão de 1930. O número de pessoas subempregadas ou totalmente sem trabalho crescia rapidamente na medida em que milhões de novos entrantes no mercado de trabalho se tornavam também vítimas de uma extraordinária revolução tecnológica. O tão esperado impacto das novas tecnologias sobre o trabalho estava finalmente se fazendo sentir. Computadores sofisticados, robôs, telecomunicações e outras tecnologias de ponta estavam substituindo rapidamente os seres humanos em praticamente todos os setores econômicos: indústria, comércio, serviços financeiros, transporte, agricultura e governo.

Segundo Rifkin, as pessoas tendiam a desenvolver um falso senso de segurança com relação aos seus empregos. No entanto, muitos empregos desapareceriam e jamais ressurgiriam. Trabalhadores de chão de fábrica, secretárias, recepcionistas, funcionários administrativos, caixas de banco, vendedores, operadores telefônicos, bibliotecários, atacadistas e gerentes

18 Jean-Louis Maxim. *The Future of Work in a Changing World: Charles Handy*. Disponível em: http://aurora.icaap.org/index.php/aurora/article/view/52/65.

19 Handy. *The Future of Work*, p. xi.

20 Ibid., p. xi.

médios eram apenas alguns dos empregos que estavam destinados à extinção. Alguns dos novos empregos criados eram, na sua maioria, de baixa remuneração e, geralmente, temporários:

> Na agricultura, na indústria e nos serviços as máquinas estão substituindo rapidamente o trabalho humano e elas prometem uma economia cuja produção será praticamente automatizada até meados do século XXI.[21]

Assim, as pessoas deveriam se afastar da desilusão do retreinamento para velhos empregos inexistentes ou em vias de desaparecer e refletir sobre o impensável para se preparar para um mundo em que a produção e a venda de bens e serviços em massa não existiria mais. A transição de uma sociedade baseada no emprego em massa no setor privado para uma baseada em critérios não mercadológicos para a organização da vida social iria requerer repensar a atual forma de enxergar o mundo. Redefinir o papel do indivíduo numa sociedade sem emprego formal em massa seria, talvez, a questão mais relevante dessa nova era.[22]

Por critério não mercadológico da organização da vida social, Rifkin tinha em mente o aumento do papel do terceiro setor e do trabalho voluntário, que ele entendia ser capaz de absorver o tempo deixado pelo emprego formal. No futuro, um número crescente de pessoas ao redor do mundo iria gastar menos tempo no trabalho e teria mais tempo livre. Porém, a forma como as pessoas iriam empregar esse maior tempo livre dependeria do arranjo social que resultasse de negociações políticas.

Basicamente, haveria duas possibilidades. Na primeira, o tempo livre seria impingido de forma coercitiva, involuntária, como resultado de trabalho em tempo parcial, das demissões em massa e do desemprego em larga escala. Se o desemprego em massa, de um tipo desconhecido na história, viesse a ocorrer como resultado de uma substituição em larga escala de pessoas por máquinas, então as chances do desenvolvimento de uma sociedade mais humana e solidária (e uma visão de mundo baseada na transformação da alma humana) seriam improváveis. Nesse caso, o curso mais provável dos eventos futuros seria a convulsão social, a violência numa escala sem precedentes e a guerra. Na segunda, o lazer seria fruto dos ganhos de produtividade, com semanas de trabalho menores e boa remuneração. Tudo dependeria das negociações políticas. Assim, se o caminho seguido fosse o de permitir aos trabalhadores se beneficiar dos ganhos de produtividade, com semanas de trabalho menores e rendimentos adequados, existiria mais tempo de lazer do

21 Rifkin. *The End of Work*, p. xv.

22 Ibid., p. 235.

que em qualquer outro período da história moderna. Além disso, o tempo livre poderia ser utilizado para renovar os laços comunitários e rejuvenescer o legado democrático. Uma nova geração poderia transcender os estreitos limites do nacionalismo e começar a pensar e a agir como membros da raça humana, com compromissos compartilhados entre si, com a comunidade e com a biosfera em geral.[23]

A visão apocalítica de Rifkin, por sua vez, contrasta com o tom mais prudente de Micklethwait e Wooldridge.[24] Esses autores focaram o futuro do trabalho dos gerentes, cujas mudanças já eram evidentes no fim da década de 1990. Naquela década, os gerentes estavam sendo descartados como desnecessários, mesmo que pouco tempo antes eles tivessem sido considerados os responsáveis pelo sucesso econômico dos Estados Unidos no período pós Segunda Guerra[25]. Na verdade, o que estava em extinção era o cargo em si, o cargo como unidade de poder e local de onde os demais trabalhadores são controlados. Além disso, as leis básicas do trabalho estavam sendo viradas de ponta-cabeça. No passado, a maioria dos gerentes ia trabalhar numa grande empresa, onde tinham uma grande chance de uma carreira segura e previsível. O tempo de empresa significava mais poder, escritório maior, um cargo melhor e uma remuneração cada vez mais alta. Com o *downsizing*, a terceirização, a subcontratação e o movimento do home office dos anos 1990, as pessoas estavam se transformando em trabalhadores temporários:[26]

> Isso [a precarização do trabalho dos gerentes] foi um golpe para uma geração que desperdiçou os seus anos de universidade lendo sobre o efeito esperado da escassez demográfica e da tecnologia sobre o trabalho: menos horas de trabalho, salários maiores.[27]

Para Micklethwait e Wooldridge, os empregos dos gerentes não estavam chegando ao fim, mas se transformando, na medida em que a economia se tornava mais intensiva em conhecimento. O problema estava mais no emprego dos mais pobres e menos instruídos do que no emprego dos próprios gerentes. Porém, os autores nutriam certo otimismo quanto ao futuro do

23 Ibid., p. 248.

24 J. Micklethwait e A. Wooldridge. *Os Bruxos da Administração:* como entender a Babel dos gurus empresariais. Rio de Janeiro: Campus, 1998.

25 Em 1977, Alfred D. Chandler Jr., o grande historiador de empresas, publicou um livro cujo tema era o sucesso econômico da revolução gerencial nas empresas americanas e que se intitulava *A Mão Visível:* a revolução gerencial. Alfred D. Chandler Jr. *The Visible Hand*. Harvard University Press: Cambridge, MA, 1977.

26 Micklethwait e Wooldridge. *Os Bruxos da Administração*, pp. 158-9.

27 Ibid., p. 159.

trabalho baseados em épocas anteriores, principalmente, após a Revolução Industrial do século XIX, quando houve grandes e disruptivas mudanças no mundo do trabalho. Os empregos destruídos pela mecanização e pela automação nos últimos 250 anos foram substituídos por um número maior de empregos criados nos novos setores econômicos que surgiam. No entanto, tal transição nunca foi indolor, como atestam o movimento ludista, do início do século XIX, e a Comuna de Paris, em meados daquele mesmo século, entre outros movimentos sociais ao longo dos últimos 250 anos. Ou seja, o desemprego tecnológico seria um mal necessário causado pela destruição criadora do progresso tecnológico, mas passageiro. Além disso, Micklethwait e Wooldridge apostavam no inevitável crescimento do home office, nas novas formas de trabalho (em equipe, à distância e por projetos) e nas novas relações de trabalho (mais participativas, menos hierarquizadas e mais fluidas).[28]

Adotando uma abordagem mais ampla do que a de Micklethwait e Wooldridge, no fim da década de 1990, De Masi acreditava que a sociedade estava transitando de uma sociedade industrial para uma pós-industrial. Para ele, o advento pós-industrial é:

> (...) uma revolução épica, profunda, global, não um simples retoque, uma aceleração de marcha ou uma mudança de rota em relação à sociedade industrial a que estávamos habituados há dois séculos (...).[29]

O termo "pós-industrial" indicaria um modelo de sociedade mundial inteiramente novo, que se moveria "sob o signo da conexão e da reintegração de trabalho e vida, casa e escritório, quantidade e qualidade, ética e negócio, bens e serviços".[30] Segundo De Masi, nessa nova sociedade pós industrial: 1) predominaria o trabalho intelectual, sobretudo o de tipo criativo; 2) tenderia a não haver operários e camponeses; 3) o tempo livre prevaleceria sobre o tempo de trabalho; 4) haveria uma crescente substituição do ser humano pelos computadores e pelos robôs, que assumiriam parte das atividades de decisão, o trabalho perigoso, repetitivo e enfadonho; 5) a tecnologia absorveria o trabalho repetitivo (físico ou intelectual) de mera execução, restaria aos seres humanos o monopólio do trabalho criativo, que por sua natureza seria perfeitamente conciliável com a desestruturação do tempo e do espaço de trabalho; 6) o local de trabalho não se constituiria mais em uma variável

[28] Ibid., pp. 158-81.

[29] Domenico De Masi. *O Futuro do Trabalho*: fadiga e ócio na sociedade industrial. Rio de Janeiro: José Olympio, 3ª ed., 2000, p. 220.

[30] De Masi. *O Futuro do Trabalho*, p. 221.

independente na equação das empresas, assim como o horário rigidamente sincronizado não se constituiria mais em exigência real da produção; 7) a nova organização do trabalho seria mais baseada em objetivos do que em processos; 8) as lideranças seriam do tipo mais funcional e informal; e 9) o trabalho executado na unidade de tempo e de lugar do grande escritório centralizado daria lugar a uma gestão mais autônoma, flexível, subjetiva e descentrada do próprio trabalho.

Assim, nos anos 1980 e 1990, os autores discorriam sobre as grandes mudanças no mundo do trabalho que já estavam em curso e mostravam-se menos otimistas com relação ao futuro do trabalho, quando comparados com os autores das décadas anteriores. A ideia de uma sociedade do lazer, muito popular nas décadas de 1960 e 1970, perdia parte do seu apelo diante da realidade que os trabalhadores enfrentavam. O mundo do trabalho estava se tornando menos estruturado e previsível para os trabalhadores, e as relações de trabalho, mais precárias. O emprego, tal como nós o conhecíamos até a década de 1980, estava em vias de desaparecer. Nas duas primeiras décadas do século XXI, a crise financeira de 2008 e a crise sanitária causada pela Covid-19 tiveram enormes impactos sobre o futuro do trabalho e ajudaram a manter em alta o interesse global pelo debate acerca do tema. Nesse contexto de crises e desenvolvimentos tecnológicos disruptivos sobressaem, entre muitos outros, as contribuições de Harari e de Skidelsky.

Harari discute como será o mercado de trabalho em meados do século XXI. Para ele, o aprendizado de máquina e a robótica irão mudar quase todas as modalidades de trabalho. Dado que os seres humanos possuem dois tipos de habilidades (a física e a cognitiva), no passado as máquinas competiam com os seres humanos principalmente em habilidades físicas. No entanto, os seres humanos se mantiveram à frente das máquinas em capacidade cognitiva:

> Por isso, quando trabalhos manuais na agricultura e na indústria foram automatizados, surgiram novos trabalhos no setor de serviços que requeriam o tipo de habilidade cognitiva que só os humanos possuíam: aprender, analisar, comunicar e acima de tudo compreender as emoções humanas.[31]

Com o rápido desenvolvimento da Inteligência Artificial (IA), no entanto, as máquinas estariam começando a superar os seres humanos nas habilidades cognitivas, inclusive na compreensão das emoções. Isso quer dizer que a IA poderia superar o desempenho humano até mesmo em tarefas que supostamente exigem "intuição". Por isso, a ameaça de perda de emprego

[31] Yuval Noah Harari. *21 Lições para o Século 21*. Rio de Janeiro: Companhia das Letras, 2018.

não resultaria apenas da ascensão da tecnologia da informação, mas de sua confluência com a biotecnologia.

Além disso, segundo Harari, a IA também usufruiria de modo exclusivo de habilidades não humanas, transformando a diferença entre essa tecnologia e um trabalhador humano em uma questão também qualitativa e não apenas quantitativa. Segundo o autor, a IA possuiria duas habilidades especialmente importantes, que os seres humanos não possuem: a conectividade e a capacidade de atualização. Os seres humanos, por sua vez, são seres individuais, o que tornaria difícil conectar um ao outro e se certificar de que estão todos atualizados. Os computadores, por outro lado, não são indivíduos, o que tornaria fácil integrá-los numa rede flexível. É por essa razão que a humanidade estaria diante não da substituição de milhões de trabalhadores humanos individuais por milhões de robôs e computadores individuais, mas, provavelmente, da substituição de humanos individuais por uma rede integrada.

Ao menos no curto prazo, a IA e a robótica provavelmente não eliminarão por completo setores inteiros da economia. Se é verdadeiro que os trabalhos que requeiram especialização numa faixa estreita de atividades padronizadas serão automatizados, substituir os seres humanos por máquinas em tarefas menos padronizadas, que exijam o uso simultâneo de uma ampla variedade de habilidades e que envolvam lidar com cenários imprevisíveis, é uma tarefa muito mais complicada. Assim como o cuidado, a criatividade também coloca obstáculos especialmente difíceis para a automação. Entretanto, no longo prazo, nenhuma atividade permaneceria totalmente imune a ela.[32]

O desaparecimento de muitos empregos tradicionais, da arte aos serviços de saúde, seria parcialmente compensado pela criação de novos trabalhos para os seres humanos. A IA, por exemplo, poderia ajudar a criar novos empregos e, em vez dos seres humanos competirem com ela, eles poderiam concentrar-se nos serviços demandados pela própria IA. Assim, seria possível que o mercado de trabalho em 2050 se caracterizasse pela cooperação e não pela competição entre humanos e a IA.

O problema desses novos empregos é que eles provavelmente exigirão altos níveis de especialização, e não resolverão, portanto, os problemas dos trabalhadores não qualificados que estão desempregados. Dessa forma, apesar do surgimento de muitos novos postos de trabalho para os seres humanos, ainda assim poderíamos testemunhar o aparecimento de uma nova classe de "inúteis". Poderíamos de fato ficar com o que há de pior dos dois mundos, sofrendo ao mesmo tempo de altos níveis de desemprego e de escassez de

[32] Harari. *21 Lições para o Século 21*, pp. 35-6.

trabalho especializado. Além disso, nenhum trabalho estará livre da ameaça da automação, porque o aprendizado de máquina e a robótica continuarão a se aprimorar. Consequentemente, a criação de novos empregos e o retreinamento de pessoas para ocupá-los serão processos recorrentes. A revolução da IA não seria um divisor de águas após o qual o mercado de trabalho iria se acomodar num novo equilíbrio. Ela será uma torrente de rupturas cada vez maiores:

> Em 2050 não apenas a ideia de "um emprego para a vida inteira", mas até mesmo a ideia de uma profissão para a vida inteira", parecerão antediluvianas.[33]

Ademais, segundo Harari, o fato de que em ciclos anteriores de automação surgiram novos empregos para compensar quaisquer perdas não seria garantia de que isso iria se repetir novamente nas condições muito diferentes do século XXI. No século XXI, o desafio posto pela tecnologia da informação e pela biotecnologia é muito maior do que o desafio que representaram, em épocas anteriores, os motores a vapor, as ferrovias e a eletricidade.

As soluções potenciais teriam que responder às seguintes questões: o que fazer para impedir a perda de empregos? O que fazer para criar empregos novos? O que fazer se a perda de empregos superar consideravelmente a criação de novos empregos? Pressupondo que os novos empregos não serão apenas trabalhos bem remunerados, que não irão requerer muito esforço e que exigirão altos níveis de especialização à medida que a IA continuar a se aperfeiçoar, os seres humanos serão obrigados a adquirir constantemente novas habilidades e a mudar de profissão.

Portanto, se, apesar de todos os nossos esforços um percentual significativo do gênero humano for excluído do mercado de trabalho, teremos de explorar novos modelos de sociedade, de economia e de política pós-trabalho.

Assim, para lidar com as rupturas tecnológicas e econômicas inéditas do século XXI será preciso que a humanidade desenvolva novos modelos sociais e econômicos. Esses novos modelos deveriam orientar-se pelo princípio de que o importante é proteger os humanos e não os empregos. A sociedade deveria se ater em prover as necessidades básicas das pessoas e em proteger seu status social e sua autoestima. Nesse sentido, um modelo novo que atrai cada vez mais atenção é o da renda básica universal (RBU) e/ou o subsídio público de serviços básicos universais, no lugar da renda.[34]

33 Ibid., p. 42.

34 Ibid., p. 47.

Skidelsky,[35] por sua vez, explica que, desde que as máquinas se tornaram parte do processo da produção industrial, o desemprego tem sido visto tanto como uma promessa quanto uma ameaça. A preocupação dominante tem sido a ameaça de desemprego permanente em larga escala causado pela mecanização. Porém, segundo Skidelsky, os economistas têm tratado o assunto como um problema temporário e transitório. Com o tempo, parte da mão de obra desempregada seria absorvida em novos empregos e a outra parte iria usufruir de mais lazer, tornado possível graças aos ganhos de produtividade. O problema, ressalta o autor, é que a perda de empregos para as máquinas é imediata e palpável, enquanto os ganhos são indiretos e a longo prazo. Ou seja, a ameaça imediata versus a promessa futura. O medo do desemprego permanente se baseia no medo de que as máquinas iriam roubar o sustento dos trabalhadores e o seu propósito na vida. Não é de surpreender, portanto, que o medo do desemprego em massa surja sempre que há uma onda de inovações tecnológicas, tal como vem ocorrendo nas duas primeiras décadas do século XXI. Assim, a velha questão, "As máquinas são uma ameaça ou uma promessa?", ganha pertinência e urgência no início dos anos 2020.[36]

A velocidade e o poder da mecanização têm se acelerado dramaticamente. Foi a tecnologia da informação e digital que determinou essa nova onda de inovações e aprofundou ainda mais a mecanização no mundo do trabalho. Skidelsky afirma que:

> é difícil compreender a enormidade das mudanças que estão ocorrendo sob os nossos olhos; nós não temos distância suficiente delas. Mas a história e a teoria podem nos oferecer alguma orientação.[37]

Segundo Skidelsky, a teoria desenvolvida a partir da automação é diferente, em alguns aspectos, daquela que emergiu com o processo de mecanização. Se, por um lado, a automação irá causar a substituição de pessoas por máquinas, por outro, ela aumentará a capacidade dos seres humanos de complementar ou de trabalhar com máquinas em processos de produção híbridos, processos que utilizam trabalho humano e trabalho das máquinas. Assim, os seres humanos continuarão a adicionar valor ao trabalho das máquinas. No entanto, essa teoria otimista tem duas grandes falhas: uma

35 Robert Skidelsky, *The Future of Work*. *In*: Robert Skidelsky and Nan Craig (orgs.), Work in the Future: The Automation Revolution, Palgrave Macmillan, 2020, pp. 9-21.

36 Ibid., p. 10.

37 Ibid., p. 20.

relacionada à complementariedade máquina/ser humano e outra relacionada às compensações.

O problema relacionado à complementariedade máquina/ser humano é que a ideia parte de uma superestimação da capacidade humana de aumentar a sua capacidade mental na mesma velocidade em que as máquinas aumentarão a delas. Na economia do conhecimento, uns poucos serão capazes de acompanhar o ritmo da evolução das máquinas, enquanto a maioria ficará para trás. Esses já podem ser encontrados em empregos cada vez mais precários, sem grandes possibilidades de avanço no trabalho ou com salários menores e em protestos contra a automação e contra um dos seus principais agentes, a globalização. Mesmo que tudo isso seja apenas um efeito temporário da substituição das pessoas por máquinas, até os teóricos mais otimistas concordam que o tempo de transição perdurará por décadas. O choque provocado pela crescente automação será altamente disruptivo e até mesmo destrutivo. Para Skidelsky, a solução seria a distribuição equitativa dos ganhos gerados pela automação e a garantia de uma renda mínima que compense a crescente precariedade no mercado de trabalho, na medida em que a robotização pressiona os salários para baixo e elimina empregos.[38]

Portanto, na medida em que transcorrem os anos, e até mesmo os séculos, a ideia da sociedade do lazer vem perdendo o seu apelo. Assim, se há consenso entre os pensadores analisados aqui de que as inovações tecnológicas têm criado mudanças disruptivas no mundo do trabalho desde a primeira Revolução Industrial, destruindo postos de trabalho e transformando as relações trabalhistas, há pouco consenso sobre o que fazer para evitar um cataclisma social. Lazer, menor carga de trabalho, mudança de valores e de mentalidade, educação continuada, múltiplas carreiras, renda básica universal e garantia das necessidades básicas por parte dos governos têm sido algumas das soluções propostas pelos pensadores analisados neste capítulo.

3 CONCLUSÕES

Este capítulo se iniciou afirmando que a discussão acadêmica acerca do futuro trabalho pode ser dividida entre (1) os autores que acreditam que a crescente mecanização e automação do trabalho é uma benção para a humanidade, livrando-a do trabalho insalubre, perigoso e alienante, e (2) os autores que defendem que ela pode ser uma maldição, provocando o desemprego em massa, a desqualificação do trabalho humano, a pobreza, a desigualdade e a desordem social.

[38] Ibid., pp. 20-1.

Ao longo do capítulo foi possível notar, também, que muitos autores deram uma grande importância ao surgimento de uma nova mentalidade e de novos valores, qualquer que seja o futuro do trabalho. Eles são entendidos como condição necessária para as pessoas se habituarem a uma vida com menos tempo dedicado ao trabalho e mais ao lazer ou a um novo futuro do trabalho mais competitivo e com uma maior e crescente interação homem/máquina. No primeiro caso, as pessoas deveriam desenvolver o gosto por atividades mais altruístas e criativas e dar menos importância ao dinheiro e aos bens materiais. No segundo, as pessoas deveriam desenvolver continuamente a capacidade de adquirir novas habilidades e preparar-se para uma vida sem emprego para todos, para a vida inteira. A automação, fruto da microeletrônica, da informática, da inteligência artificial e dos robôs, ameaçaria a ocupação (e a própria existência) daqueles que não têm a mentalidade e as qualificações necessárias para esta nova realidade. As soluções propostas vão da revolução social e a emergência da sociedade do lazer à criação de políticas sociais de ajuda àqueles que não teriam como sobreviver de outra forma.

Neste ponto, é importante ressaltar que os dados disponíveis desde os anos 1990 sobre o mercado e as condições de trabalho na virada do século XX para o XXI não apontam para uma jornada de trabalho menor ou menos intensa. Muito pelo contrário. A evidência disponível desde o início da década de 1990 é a de que a "revolução do lazer" ainda não aconteceu (se é que ela um dia acontecerá). Na verdade, os milhões de desempregados e subempregados, vítimas das mudanças radicais no mundo do trabalho, possuem uma quantidade ilimitada, mas indesejável, de tempo para lazer e pouco dinheiro para aproveitá-lo. Para a maioria daqueles que estão empregados, o número de horas trabalhadas por semana na verdade aumentou. Apesar de ser verdadeiro o fato de que a semana de trabalho nos setores industriais nos países desenvolvidos e emergentes tenha diminuído para 40 horas semanais no início da década de 1990, é também verdade que o emprego na indústria diminuiu e mais e mais pessoas trabalham no setor de serviços, em que a semana de trabalho cresceu de uma média de 40 para 48 horas. O advento da *gig economy*[39] e as suas precárias condições de trabalho é um exemplo de como as relações de trabalho para uma grande maioria de trabalhadores se deteriorou.

[39] Para uma discussão sobre o tema ver Woodcock, Jamie e Mark Graham. *The gig economy*. Londres: Polity Press, 2019; Prassl, Jeremias. *Humans as a service: The promise and perils of work in the gig economy*. Oxford University Press, 2018; e Duggan, James, *et al*. *Algorithmic management and app-work in the gig economy: A research agenda for employment relations and HRM*. In: *Human Resource Management Journal*, 30.1 (2020): 114-132, entre outros.

Além disso, a tecnologia moderna aumentou em vez de diminuir a intensidade do trabalho. O grande número de novas tecnologias de comunicação, tais como os smartphones, a internet, os computadores pessoais, os tablets, as redes sociais, entre outros, aumentou a urgência para que as pessoas respondam de maneira mais imediata e que tomem decisões mais rapidamente. A tecnologia também se tornou mais intrusa, de forma que os trabalhadores podem ser contatados à noite, nos finais de semana ou em qualquer lugar.

Portanto, a evidência disponível a partir dos anos 1990 nos países desenvolvidos e emergentes demonstra que, até então, a automação da vida moderna tem aumentado o desemprego, a produtividade e a intensidade do trabalho, em vez de produzir a tão esperada e decantada "revolução do lazer". Parece que o resultado final é o meio do caminho entre a "promessa" e a "ameaça" defendidas pelos autores analisados.

É muito provável que as recentes transformações no mundo do trabalho continuarão a gerar um importante desemprego tecnológico e uma maior precarização das relações trabalhistas, especialmente para os menos capacitados. No entanto, é pouco provável que as novas tecnologias irão tornar o trabalho humano dispensável. Por maior que seja a evolução das máquinas, seria preciso que a humanidade tivesse um conhecimento muito maior do cérebro humano e do seu funcionamento. Apesar dos inúmeros avanços no conhecimento sobre o nosso cérebro, esse conhecimento ainda é muito limitado. Dado que sabemos muito pouco a esse respeito, é impossível que a tecnologia seja capaz de imitar e suplantar as capacidades mentais do ser humano, por mais sofisticadas que essas novas tecnologias possam ser. A criatividade, a curiosidade, a inventividade, a sensibilidade e a improvisação são, entre outras, capacidades cognitivas que escapam ao domínio das mais avançadas tecnologias disponíveis ou em desenvolvimento.

A enorme literatura acerca do futuro do trabalho é evidência inequívoca do interesse que o tema desperta entre os acadêmicos, desde Karl Marx. No entanto, a discussão não se restringe mais apenas ao círculo acadêmico. Ela tem crescido e extrapolado os muros das instituições acadêmicas. A conjugação de eventos como a Queda do Muro de Berlim, o fim da Guerra Fria, o rápido desenvolvimento das tecnologias de informação, o surgimento da web e a crescente globalização tiveram profundos impactos no mundo do trabalho dos anos de 1990 em diante.

As pessoas mais negativamente afetadas constituem um grande contingente e vêm pressionando os governos e as elites governantes por ações mais efetivas. É nesse contexto que agências governamentais,[40] empresas de con-

[40] Como o FED, o Banco Central Europeu, o Tesouro dos Estados Unidos, o Banco da Inglaterra, entre outras.

sultoria,[41] agências multilaterais,[42] *think tanks*[43] e fóruns de debates internacionais[44] debruçaram-se definitivamente sobre o tema do futuro do trabalho. Essa participação se torna ainda mais intensa nas primeiras décadas do século XXI, período marcado pela Grande Recessão de 2008, pelo surgimento da Indústria 4.0 e, mais recentemente, pela pandemia da Covid-19.

Em tempos de pandemia, é impossível não fazer alguma reflexão da sua influência sobre o futuro do trabalho. Ao mesmo tempo, porém, é muito arriscado fazer afirmações categóricas acerca de suas consequências de médio e longo prazos. De qualquer forma, é indiscutível que a pandemia da Covid-19 intensificou tendências que já existiam no mundo do trabalho, tais como o home office e a economia de baixo contato, por exemplo. As empresas estão percebendo a diminuição de custos com escritórios e a melhoria de produtividade de muitos trabalhando remotamente. Obviamente, nesse caso, o que se tem no momento é um arranjo de última hora para enfrentar a pandemia. Além disso, as relações entre funcionários, fornecedores e consumidores têm se caracterizado pelo baixo contato. Porém, na medida em que a pandemia se estender no tempo, ela tenderá a acelerar a consolidação desses e de outros novos hábitos e costumes do mundo do trabalho.

Finalmente, a discussão sobre o futuro do trabalho tem se ampliado e diversificado. Ela não se restringe mais à questão do desemprego tecnológico e à ideia da sociedade do lazer. O debate, nos dias de hoje, incorpora novos temas, tais como: o trabalho remoto; o retorno do trabalho ao lar e as suas consequências para as relações familiares; a crescente participação das mulheres no mercado de trabalho e em posições de poder; a relação entre ser humano/máquina; as novas formas de gestão de pessoas; a crescente participação de pessoas de diferentes culturas, credos religiosos, orientações sexuais, etnias e idades; as consequências das mudanças demográficas, principalmente, o aumento da expectativa de vida das pessoas (as pessoas estão vivendo mais e, graças aos desenvolvimentos da medicina, estão chegando a idades mais avançadas em melhores condições físicas e mentais, quando comparadas com seus pais e avós; assim, a vida "útil" das pessoas irá se expandir, exigindo que preconceitos quanto à idade desapareçam); as questões éticas e morais sobre o significado do trabalho; e as mudanças climáticas e o trabalho, entre outras. Ou seja, a discussão sobre o futuro do

[41] Entre elas, a McKinsey e a Delloite.

[42] Como a OCDE, o FMI, o Banco Mundial e a OIT, entre outras.

[43] Institute for the Future of Work (IFOW). Disponível em: https://www.ifow.org/about-us/introduction.

[44] Um dos principais fóruns de debates internacionais é o World Economic Forum.

trabalho deverá crescer ainda mais no futuro previsível e as evidências históricas deverão confirmar algumas hipóteses e derrubar outras, além de levantar novas discussões.

BIBLIOGRAFIA

Hobsbawm, Eric J. *Os Trabalhadores: estudos sobre a história do operariado*. São Paulo: Paz e Terra, 2000.

Marx, Karl e Engels, Friedrich. *Manifesto do Partido Comunista*. São Paulo: Edipro, 2015.

Keynes, John Maynard. *Economic Possibilities for our Grandchidren*. In: L. Pecchi e G. Piga (orgs.), Revisiting Keynes: economic possibilities for our children, Cambridge, MA: MIT Press: 2010.

Grossman, J. *Fair Labor Standards Act of 1938: Maximum Struggle for a Minimum Wage*. U.S. Department of Labor. Disponível em: https://www.dol.gov/general/aboutdol/history/flsa1938.

The Independent. *There's just so much to do, and so little time*. 25 out. 1993, p.14.

Smigel, E.O. *The Leisure Society*. In: I. Taviss (ed.), The Computer Impact, Englewood Cliffs, 1970.

Dewhurst, J.F. *America's Needs and Resources, A New Survey*. Nova York, 1955.

Faunce, W.A. *Automation and Leisure*. In: E.O. Smigel org., *Work and Leisure: A Contemporary Social Problem*. New Haven, 1963.

Jenkins, C. e Sherman, B. *The Collapse of Work*. Londres, 1979.

Parker, S. *Leisure and Work*. Londres, 1983.

Handy, C. *The Future of Work*. Oxford: Blackwell Publishers, 1984.

Rifkin, J. *The End of Work*. Nova York, G. P. Putnam's Sons, 1995.

Maxim, Jean-Louis. *The Future of Work in a Changing World: Charles Handy*. Aurora Online. Disponível em: http://aurora.icaap.org/index.php/aurora/article/view/52/65.

Micklethwait, J. e Wooldridge, A. *Os Bruxos da Administração: como entender a Babel dos gurus empresariais*. Rio de Janeiro: Campus, 1998.

Chandler Jr., Alfred D. *The Visible Hand*. Harvard University Press: Cambridge, MA, 1977.

De Masi, Domenico. *O Futuro do Trabalho: fadiga e ócio na sociedade industrial*. Rio de Janeiro: José Olympio, 3ª ed., 2000, p. 220.

Harari, Yuval Noah. *21 Lições para o Século 21*. Rio de Janeiro: Companhia das Letras.

Skidelsky, Robert. *The Future of Work*. In: Robert Skidelsky e Nan Craig (orgs.), *Work in the Future: The Automation Revolution*. Palgrave Macmillan, 2020.

Woodcock, Jamie, e Mark Graham. *The gig economy*. London: Polity Press, 2019.

Prassl, Jeremias. *Humans as a service: The promise and perils of work in the gig economy*. Oxford University Press, 2018.

Duggan, James, *et al. Algorithmic management and app-work in the gig economy: A research agenda for employment relations and HRM*. In: *Human Resource Management Journal*, 30.1 (2020): 114-132.

Seabrook, Jeremy. *Working-class childhood*. Gollancz, 1982.

SUGESTÕES DE PERGUNTAS E RESPOSTAS PARA DISCUSSÃO DO CAPÍTULO

1. Pode-se dividir os autores analisados neste capítulo em dois grupos. O que cada um desses dois grupos afirma sobre as consequências de longo prazo das mudanças no mundo do trabalho?
2. O que aconteceu com a ideia da sociedade do lazer?
3. Qual a relação entre trabalho e lazer?
4. Por que a mentalidade é tão ressaltada pelos autores?
5. O que tem ocorrido com o trabalho nos anos 2000?
6. O que há de comum entre as mudanças no mundo do trabalho ao longo dos últimos 250 anos?
7. Qual a diferença entre mecanização e automação?
8. Quais as principais ameaças do novo mundo do trabalho?
9. Por que o debate sobre a demissão em massa dos gerentes, que foram considerados como os principais responsáveis pelo sucesso econômico dos EUA até a década de 1970, a partir dos anos 1990 é importante para a discussão sobre o futuro do trabalho?
10. Dado que o futuro do trabalho (assim como o futuro de uma maneira geral) é muito incerto, qual deveria ser a capacidade mais importante dos trabalhadores?

Índice